LA PARTICIPATION

DES

HOMMES LIBRES AU JUGEMENT

DANS LE DROIT FRANC

PAR

ÉDOUARD BEAUDOUIN

PROFESSEUR A LA FACULTÉ DE DROIT DE GRENOBLE

PARIS

L. LAROSE ET FORCEL

Libraires-Éditeurs

22, RUE SOUFFLOT, 22

—

1888

LA

PARTICIPATION DES HOMMES LIBRES

AU JUGEMENT

DANS LE DROIT FRANC

Extrait de la *Nouvelle Revue de droit français et étranger*.

LA PARTICIPATION

DES

HOMMES LIBRES AU JUGEMENT

DANS LE DROIT FRANC

PAR

ÉDOUARD BEAUDOUIN

PROFESSEUR A LA FACULTÉ DE DROIT DE GRENOBLE

PARIS

L. LAROSE ET FORCEL

Libraires-Éditeurs

22, RUE SOUFFLOT, 22

1888

IMPRIMERIE
CONTANT-LAGUERRE

BAR-LE-DUC

LA

PARTICIPATION DES HOMMES LIBRES

AU JUGEMENT

DANS LE DROIT FRANC (1).

La question que je me propose d'étudier n'est pas nouvelle. La solution que j'en donnerai le sera sur certains points, mais la plupart du temps ne fera que répéter des opinions depuis longtemps connues. Il doit être cependant permis de revenir encore une fois sur ces très anciennes discussions, même au risque de dire ce qu'on a dit déjà, et cela pour deux raisons. La première, c'est que beaucoup de systèmes ont été imaginés, mais que nulle vérité ne s'est encore imposée à tous et ne peut être considérée comme définitivement démontrée. La question reste donc ouverte. Or je suis persuadé que ce problème de la participation des hommes libres au jugement, sur lequel depuis Savigny on a tant écrit et des choses si diverses, est susceptible d'être tranché avec toute la certitude que comportent de pareilles matières, si l'on a soin de classer les

---

(1) Voici les documents juridiques dont j'aurai à faire usage principalement, et l'indication des éditions dont je me servirai : — La *Loi Salique*, édition Hessels et Kern, Londres, 1880. La *Loi des Ripuaires*, édition Sohm, dans les *Monumenta Germaniæ historica, Leges,* in-fol., t. V, fascicule 2, Hannovre, 1883. Les autres lois germaniques d'après le même recueil des *Monumenta, Leges,* in-fol., t. III et IV, Hannovre, 1863 et 1868. Les Capitulaires, pour la période antérieure à 827, édit. Boretius, dans le même recueil, *Legum Sectio,* t. II, in-4º, 1883 ; et pour la période postérieure à 827, édit. Pertz, dans les *Monumenta; Leges,* in-fol., t. I et II, 1835 et 1837. (L'édition de Boretius, encore inachevée, ne comprend pas les capitulaires postérieurs à cette date.) Les formules, à la fois d'après l'édition de Zeumer, *Monumenta, legum Sectio,* t. V, in-4º, 1ʳᵉ partie 1882, 2º partie 1887 ; et d'après le recueil de M. de Rozière, 3 vol., Paris, 1859-1861.

documents avec ordre, et de les lire attentivement tels qu'ils se présentent, sans idée faite d'avance, et avec la ferme volonté de se laisser mener par eux, au lieu de les ranger pour ainsi dire en bataille, comme afin de les lancer à l'assaut des opinions que l'on combat. La seconde raison qui servira d'excuse à cette étude est que la question, pour être très ancienne, est très actuelle aussi, ayant fait l'objet dans ces dernières années de travaux importants et originaux. Je ne crois pas ces travaux décisifs ; si d'ailleurs je les croyais tels, il est évident que j'en recommanderais la lecture au lieu d'écrire moi-même ; ou plutôt, personne n'ayant eu besoin de recommandation pour les lire, je garderais un silence reconnaissant. Mais la présence de ces ouvrages, et la célébrité même que l'un d'entre eux a acquise depuis un an, ôte à celui qui écrit sur ces questions, comme à ceux qui le liront, l'ennui de ne s'occuper que de livres oubliés et de systèmes morts.

Il s'agit de résoudre la question suivante : Comment les hommes ont-ils été jugés durant la période qui va de l'invasion des Francs à la formation du régime féodal ? Etaient-ils jugés par les hommes libres du pays, ou par des notables, ou tout simplement par des fonctionnaires que le roi nommait pour rendre la justice. Je préviens tout d'abord que je n'entends m'occuper dans cette étude que de la juridiction du droit commun ; ce qui signifie, en d'autres termes, que je laisserai de côté les juridictions ecclésiastiques et les tribunaux d'immunité, qui sont les uns et les autres des tribunaux exceptionnels. Réduite aux termes que je viens d'indiquer, la question n'en est pas moins très complexe. Elle a été discutée, depuis longtemps déjà, par tous ceux qui ont traité de l'ancien droit français ou de l'ancien droit germanique, et spécialement par ceux qui se sont occupés de l'organisation judiciaire. On peut, à l'heure qu'il est, passer assez vite sur beaucoup de ces livres qui en leur temps rendirent de bons services, mais dont presque toutes les idées ont été reprises et pour ainsi dire renouvelées par les auteurs plus modernes qui ont traité depuis eux les mêmes questions (1) ; cependant

---

(1) Voir notamment : Maurer, *Geschichte der altgermanischen Gerichtsverfahrens*, Heildelberg, 1824 ; Rogge, *Ueber das Gerichtswesen der Germanen*, Halle, 1820 ; Unger, *Die altdeutsche Gerichtsverfassung*, Gœttingue, 1842 ;

il n'est pas permis de négliger, même aujourd'hui, ni Savigny (1), ni Pardessus (2), à l'école desquels on apprendra toujours. D'une façon générale pourtant, on doit recourir à des ouvrages plus récents. En tête de ces ouvrages, et sans oublier les bons et utiles manuels de droit germanique et de droit français (3), il me suffira d'indiquer les trois livres auxquels tous les lecteurs ont déjà pensé, *la Procédure civile* de Bethmann-Hollweg (4), la *Constitution germanique* de Waitz (5), et surtout l'admirable ouvrage de Sohm sur l'*ancien droit public et l'ancienne organisation judiciaire* (6). Depuis l'apparition de ces livres, on est revenu plusieurs fois encore sur la question qui fait l'objet de cette étude. Le droit primitif, celui de la loi Salique et celui des débuts de l'empire franc, ont été exposés dans les livres de M. Thonissen (7) et de M. Fahlbeck (8). M. Beauchet, dans son *Histoire de l'organisation judiciaire* (9), a pour ainsi dire dressé le bilan de nos acquisitions scientifiques, et, s'il n'a apporté sur la question présente aucune idée nouvelle, il a donné l'exposé très fidèle

Laferrière, *Histoire du droit français*, III, Paris, 1852, p. 215 et suiv., 414 et suiv ; Siegel, *Geschichte der deutschen Gerichtsverfahrens*, Giessen, 1837 ; Lehuërou, *Histoire des institutions carolingiennes*, Paris, 1843. P. 370-413 ; Walter, *Deutsche Rechtsgeschichte*, 2º édition, Bonn, 1857, I, p. 16, 101 et suiv., II, p. 278 à 280. Je n'ai cité, bien entendu, que les ouvrages les plus importants.

(1) Savigny, *Histoire du droit romain au moyen âge* (trad. Guenoux), 1839, I, p. 130 à 194.

(2) Pardessus, *Loi Salique*, Paris, 1843.

(3) Principalement : Schulte, *Histoire du droit et des institutions de l'Allemagne* (trad. Marcel Fournier), Paris, 1882, p. 341-348 ; Zœpfl, *Deutsche Rechtsgeschichte*, 4º édition, III, Braunschweig, 1872, p. 318-342 et 370-410 ; Ginoulhiac, *Histoire générale du droit français*, 1884-1885, p. 170-178 ; 289-292.

(4) Bethmann-Hollweg, *Der Civilprocess des gemeinen Rechts in geschichtlicher Entwicklung*, Bonn, IV (1868), V (1871).

(5) Waitz, *Deutsche Verfassungsgeschischte*, Kiel, I, 3º édition, 1880, passim ; II, 2º partie, 3º édition, 1882, p. 135 et s.; IV, 2º édition, 1885, p. 365 et s.

(6) Sohm, *Die Fränkische Reichs-und Gerichtsverfassung*. Weimar, 1871.

(7) Thonissen, *L'organisation judiciaire, le droit pénal et la procédure pénale de la loi salique*, 2º édition, Bruxelles et Paris, 1882.

(8) Fahlbeck, *La royauté et le droit royal francs* (traduction Kramer), Lund, 1883.

(9) Beauchet, *Histoire de l'organisation judiciaire en France. Époque franque*, Paris, 1886.

des opinions présentées jusqu'ici et bien discuté les raisons
de chacune d'elles. M. Guillaume Sickel a consacré un article
du *Journal de Savigny* (1), au problème du jugement par les
hommes libres. Enfin, dans un mémoire récent, M. Fustel de
Coulanges, rompant avec toutes les opinions reçues, a écrit
sur la même question, étudiée exclusivement à l'époque antérieure aux réformes de Charlemagne, les pages brillantes,
originales et séduisantes qu'ont lues aujourd'hui tous les historiens (2). Tandis que jusqu'à ce jour l'opinion unanime
voulait que la justice dans le royaume des Francs eût été
rendue soit par tous les hommes libres, soit par des notables pris au milieu d'eux, M. Fustel de Coulanges a tenté
de démontrer que le roi et le fonctionnaire du roi étaient au
contraire les seuls juges. Déjà dans son *Histoire des institutions de la France* (3) il avait énoncé la même doctrine,
mais en l'appuyant seulement sur quelques passages des
historiens de ce temps-là, et sans entrer dans le détail de
l'explication de chacun des textes. Cette étude méticuleuse et
complète où tous les documents seraient critiqués, et toutes
les difficultés affrontées, il vient aujourd'hui de nous la donner; et de tous ceux qui, comme moi, ne se sentent pas con-
vertis, aucun n'hésitera à dire qu'il était impossible de conduire une longue et très délicate discussion avec plus d'habi-
leté, ni de tirer des textes un aussi merveilleux parti, ni de
faire avec plus d'aisance son chemin droit à travers plus
d'encombres. Plusieurs comptes-rendus ont été consacrés à
l'ouvrage de M. Fustel de Coulanges; les uns sont absolument
rebelles à l'idée nouvelle, les autres font au moins des réser-
ves (4); mais tous sont d'accord pour considérer ce beau
travail comme un modèle de l'art d'exposer des idées et de
mettre en valeur des documents. Je vais reprendre cette

(1) W. Sickel, *Die Entstehung des Schöffengerichts (Zeitschrift der Savigny-Stiftung; germanist. Abtheilung,* VI, 1885, p. 1 et s.).

(2) Fustel de Coulanges, *Recherches sur quelques problèmes d'histoire.*
Paris, 1885; *L'Organisation judiciaire dans le royaume des Francs,* p. 357 et s.

(3) *Id., Histoire des institutions de l'ancienne France,* 1 (2ᵉ édition). Paris,
1877, p. 506 et s.

(4) Paul Fournier, *Revue des questions historiques,* juillet 1886, p. 183 et
suiv.; Viollet, *Revue critique,* 9 août 1886, p. 113 et suiv.; Dareste,
Journal des savants, décembre 1886, p. 728 et suiv.

question, moins pour discuter les systèmes auxquels elle a
donné naissance que pour analyser avec le plus de précision
qu'il sera possible les documents à l'aide desquels on peut la
résoudre. Je crois que de cette analyse sortira une doctrine
qui sur quelques points contredira les idées généralement
admises, sur un plus grand nombre au contraire les confir-
mera, et sur tous répandra quelque clarté.

Je diviserai ce travail en deux parties. J'étudierai dans la
première partie la période antérieure à la formation et à l'organisation de l'Etat franc, j'entends par là cette époque primitive où nous avons encore à faire à la coutume d'une tribu
et non au droit public et administratif d'un grand empire
fondé par des conquêtes. Dans la seconde partie au contraire,
je chercherai à connaître l'organisation judiciaire de cet
empire. Cette division avertit le lecteur que je réunis dans un
même chapitre, comme ayant besoin d'être expliquées à part
et préalablement à toute étude de l'Empire franc, non seulement l'organisation judiciaire de ces anciens Germains que
Tacite a connus, mais encore celle de la loi Salique elle-même,
qui précède, comme on l'a toujours admis avec raison,
l'époque des grandes conquêtes de Clovis. Cette loi a été très
souvent mêlée aux documents qui proviennent de l'époque
qui suit, comme par exemple aux capitulaires et aux formules
de période mérovingienne ; c'est là je crois une cause grave
d'erreur et une méthode critique doit faire avec beaucoup de
soin la distinction : la loi Salique, en effet, comme je le montrerai, appartient non seulement à une époque antérieure à ces
documents auxquels on la mêle, mais encore à un moment
très différent de l'évolution des idées juridiques et de l'histoire du peuple franc. Elle doit donc être mise à part.

CHAPITRE PREMIER.

La période antérieure à l'organisation de l'Etat franc.

Nous devons naturellement distinguer deux époques dans
cette période ; l'époque tout à fait primitive que nous ne con-

naissons que par les historiens romains, et l'époque de la loi salique. Nous les étudierons l'une après l'autre.

§ 1.

La justice chez les anciens Germains.

Il faut remonter jusqu'à ces lointaines origines pour deux raisons : d'abord, parce que nous devons essayer de saisir jusque dans leurs germes les institutions dont nous étudierons plus tard le développement; ensuite, parce que les systèmes que nous trouverons sur notre route ont pour point de départ la façon particulière dont les historiens ont compris les textes relatifs à l'organisation judiciaire des anciens Germains. Il est vrai que l'on a contesté que cette recherche fût légitime : pour certains, en effet, rien ne prouve que les institutions de la Germanie primitive soient le germe de celles qui se sont formées plus tard ; pour les mêmes auteurs, évidemment, ceux-là font fausse route qui veulent bâtir des systèmes sur des textes relatifs à un état de choses dont il n'est pas démontré que le droit franc soit jamais sorti. Je ne crois pas ces critiques tout à fait sans fondement, mais il faudrait encore ne pas exagérer une réaction qui est, par certains côtés, légitime. Il est certain, d'abord, que César et surtout Tacite ont assez bien connu les Germains de leur temps, et que le tableau que ce dernier principalement nous a donné des mœurs de ces barbares n'est pas un de ces tableaux de fantaisie par lesquels les hommes appartenant à une civilisation raffinée aiment, en général, à représenter la vie sauvage. Sans doute Tacite, jeune encore à l'époque où il écrivit la *Germanie*, et sortant des écoles où il était de mode de répéter des lieux communs sur la vertu des peuples primitifs, n'a pas décrit, sans un certain plaisir de rhéteur, la rudesse et l'austérité de ces barbares qui formaient un beau contraste avec la corruption de ses concitoyens; mais tout le monde est d'accord pour reconnaître que cette préoccupation de l'effet oratoire n'a pas empêché Tacite de chercher à se renseigner, et que, soit par les livres de Pline l'Ancien qui avait été *præfectus equitum* en Germanie, soit par les rapports qu'il a pu avoir avec les officiers des légions de Germanie ou les nombreux fonctionnaires administratifs et financiers de ces provinces, soit par ses propres souvenirs à lui-même ou ceux de son père au moins (1), il a pu être instruit des faits et des usages qu'il a racontés dans son livre (2). La question ne peut donc pas être posée sur l'autorité due à la *Germanie* de Tacite. Mais il est permis de se demander si les Germains que Tacite a connus sont les mêmes Germains qui trois ou quatre siècles plus tard ont envahi l'Empire romain. Non seulement des siècles séparent les deux Germanies, mais les peuples nommés et décrits par Tacite ne sont pas ceux qui ont conquis la Gaule et qui ont écrit la loi Salique; ils n'ont pas les mêmes noms, ils n'ont pas les mêmes besoins et les mêmes ambitions, ils n'ont pas les mêmes idées probablement, et il n'est guère vraisemblable qu'ils aient exactement les mêmes institutions (3). J'approuverais donc, pour ma part, qu'on se servît de la *Germanie* de Tacite, pour l'étude des institutions franques, avec un peu plus de réserve et de précaution qu'on ne l'a fait jusqu'à ce jour. Mais je ne voudrais pas cependant que, par un excès contraire, on la négligeât tout à fait. Beaucoup d'institutions

(1) Le père de Tacite fut très probablement *procurator* de la province de Belgique, et, par conséquent, fut assez voisin des Germains pour avoir appris à les connaître. Pline, en effet, énumérant certains cas de croissance hâtive, cite comme exemple un fils *Cornelii Taciti, equitis romani, Belgicæ Galliæ rationes procurantis* (*Hist. nat.*, VII, 17, 76; Iahn.); et ce jeune homme, qui mourut d'ailleurs de très bonne heure, nous dit Pline, a dû être un frère de notre Tacite. De plus, il est possible que Tacite lui-même ait été gouverneur de la Belgique, et que ce gouvernement de Belgique ait été précisément l'origine de la *Germania;* voy., sur ce point, Borghesi, VII, p. 321; Ulrich, *De vita et honoribus Taciti*, 1879; Geffroy, *Rome et les Barbares* (2° édition, 1874), p. 91 et 92.

(2) Voy., sur le caractère et sur la valeur historique de la *Germania*, Geffroy, *loc. cit.*, p. 55 à 108. Cf. Teuffel, *Hist. de la littérature romaine*, II, 1880 (traduction), p. 309 à 312.

(3) Ces considérations sont développées par M. Fustel de Coulanges dans un chapitre de son *Histoire des institutions politiques*, 2° édition, p. 547 et suiv. Cf. id., *De l'analyse des textes historiques* (*Revue des questions historiques*, janvier 1887, p. 33). — Sur le parti qu'on peut tirer de la *Germanie* de Tacite, et sur l'espèce et la quantité de lumière qu'on est en droit d'en attendre pour l'étude des institutions du moyen-âge, je ne crois pas qu'on puisse parler plus justement que M. Boutmy, *Le développement de la constitution et de la société politique en Angleterre*, 1887, p. 5 et 6.

décrites par la loi Salique sont incontestablement éclairées par des passages de Tacite, et réciproquement, on a le droit souvent de compléter, de préciser et d'interpréter Tacite par des rapprochements avec les lois barbares; par exemple, le principe de la composition a visiblement sa source dans une idée exposée par Tacite (1); et le fait révélé par Tacite de l'inexistence du testament chez les Germains (2) explique les dispositions des lois Salique et Ripuaire sur l'affatomie. La difficulté et le mérite consistent donc ici à ne faire les rapprochements qu'avec beaucoup de prudence et une critique très délicate. Cela étant, nous avons le droit de chercher si quelques passages des historiens anciens ne seraient pas capables de nous renseigner sur les origines de l'organisation judiciaire de l'Empire franc.

Malheureusement, cette recherche sera assez peu fructueuse ici, parce que les textes que nous trouvons sont de ceux qu'on peut entendre dans des sens très différents, et, qu'avec quelque bonne volonté, ils s'accorderont à peu près toujours avec la théorie que l'on préférera. Par qui la justice était-elle rendue chez les anciens Germains? Nous avons la réponse à cette question dans deux phrases, l'une de César, et l'autre de Tacite.

(1) Tacite, *Germ.*, 21 : *Luitur enim etiam homicidium certo armentorum et pecorum numero, recipitque satisfactionem universa domus.* — On paye avec des troupeaux comme monnaie, parce que les métaux ne sont pas encore employés à cet usage. C'est ainsi que dans le vieux droit Irlandais, en cas de meurtre, le prix du corps est estimé à sept femmes esclaves, sans compter le prix de l'honneur variant avec la considération de la personne tuée (*Revue historique de droit*, 1886, p. 480, 481 ; 1887, p. 67 et 68). C'est exactement la règle indiquée par Tacite.

(2) Tacite, *Germ.*, 20 : *Heredes tamen successoresque sui cuique liberi, et nullum testamentum.* — Le testament est inconnu aux législations primitives qui pratiquent la propriété collective ou au moins familiale. Les Athéniens jusqu'à Solon ignorent le testament (Plutarque, *Solon.*, 21); les Spartiates jusque après la guerre du Péloponnèse (*id., Agis.*, 5). Dans le vieux droit romain, l'*heredium* paternel (le vieux lot de deux *jugera* distribué par les premiers rois) doit passer au fils (Varron, *De re rustica*, I, 10, 2 : *Bina jugera..... quæ ad heredem sequerentur, heredium appellarunt*); et la plus vieille forme de testament est une forme extrêmement compliquée, accomplie devant tout le peuple (*calatis comitiis*), et qui ne peut avoir lieu que deux jours dans l'année (Gaius, II, 101); c'est le pendant de l'affatomie des lois Salique et Ripuaire qui est faite *in mallo publico* ou devant le roi.

César, *Bell. gall.*, VI, 23 (il s'agit non des Gaulois, mais des Germains) : *Principes regionum atque pagorum inter suos jus dicunt controversiasque minuunt.*

Tacite, *Germ.*, 12 : *Eliguntur in iisdem consiliis* (dans l'assemblée de la *civitas* en qui réside le pouvoir suprême) *et principes qui jura per pagos vicosque reddunt. Centeni singulis ex plebe comites consilium simul et auctoritas adsunt.*

Trois idées ressortent de ces textes :

1° La justice est rendue par les *principes*. Or, nous savons parfaitement ce que sont ces *principes*. Il faut entendre par cette expression non pas les principaux, les plus illustres, les nobles, mais les chefs de la *civitas*, c'est-à-dire de l'État, ceux qui ont le gouvernement des affaires publiques (1). Tacite dit très clairement que, à part un petit nombre de *civitates* qui sont régies par des rois, presque toutes sont gouvernées par des *principes*, élus par l'assemblée des hommes libres de la *civitas*. Les affaires les plus graves, dit-il, sont traitées dans l'assemblée publique, mais le gouvernement ordinaire appartient aux *principes* (2). Les *principes* sont donc les chefs de l'État. Il faut dire, par conséquent, que c'est par le chef de l'État que la justice est rendue chez les anciens Germains.

2° A côté de ces *principes* sont cent *comites*, dit Tacite, c'est-à-dire cent compagnons du *princeps*, pris parmi le peuple. Dans l'opinion ordinaire, il faut entendre par ces cent compagnons l'assemblée populaire comprenant tous les hommes libres ou au moins tous les pères de famille propriétaires, et

____

(1) M. Viollet (*Revue critique*, 9 août 1886, p. 114 et 115), pense que les *principes* dont parle le texte de César ne sont pas les chefs, mais les principaux, les plus illustres. Les chefs, dans César, sont appelés généralement *magistratus*, dit M. Viollet; les *principes* sont donc simplement « les principaux du canton. » Je ne suis pas convaincu que le mot *principes* ait ce sens dans le texte de César. Mais dans tous les cas, il est certain qu'il a le sens incontestable et très net de chefs dans tous les passages de la *Germania* de Tacite où on le rencontre. C'est même ce motif là principalement qui me porte à croire que les *principes*, dans César, sont également les chefs. D'ailleurs, pour la discussion présente, il suffit que le sens du mot *principes* dans Tacite soit hors de doute. Sur les *principes* de la *Germania*, voy. principalement Waitz, I p. 236 à 293.

(2) Tacite, *Germ.*, 11 : *De minoribus rebus principes consultant, de majoribus omnes; ita tamen ut ea quoque quorum penes plebem arbitrium est apud principes pertractentur.*

rendant la justice sous la présidence du *princeps;* seulement
il ne s'agit pas de tous les hommes libres de la *civitas* elle-
même, il s'agit des hommes libres ou des pères de famille de
cette subdivision de la *civitas* qui s'appellera la *centaine* dans
les documents de l'époque franque, que Tacite désigne par le
mot *centeni*, et qui est, à l'époque de Tacite, comme elle le
sera dans la loi Salique, la circonscription judiciaire. La *civitas* de Tacite, dit Sohm, qui mieux que tous les autres a
précisé cette manière de voir, c'est l'État, autrement dit la
circonscription politique; la centaine, au contraire, c'est la
circonscription judiciaire; le *princeps* veille à ce que la justice
soit rendue dans chaque centaine, et pour cela préside dans
chacune d'elles le tribunal composé des hommes libres de
cette centaine (1). Cette opinion est très répandue. Il faut
reconnaître pourtant qu'elle s'écarte beaucoup du texte de
Tacite, et je crois que M. Fustel de Coulanges a ici très faci-
lement raison de cette manière de traduction libre (2). Tacite
ne parle nulle part d'une circonscription judiciaire qui s'ap-
pellerait la centaine; *centeni comites* ne peut pas signifier
« les hommes libres de la centaine; » mais veut dire sûrement
« cent compagnons. » Il est probable que ces cent personnages appartiennent au canton dans lequel la justice est rendue par le *princeps;* le texte ne le dit pas, mais il est permis
de le présumer. Quant à la centaine, il n'en est pas question
ici. Il n'est pas question non plus de tous les hommes libres,
mais seulement de cent personnages. Voilà tout ce que dit
Tacite. Pour voir la centaine en cette affaire, il faut dire,
comme Waitz, que les Germains en auraient parlé à Tacite,
mais que Tacite ne les aurait pas compris, parce qu'il s'agissait d'une institution sans analogue chez les Romains, et qu'il
aurait alors par erreur écrit un nom de nombre au lieu du nom

____

(1) Bethmann-Hollweg, IV, p. 102 et 103; Waitz, I, p. 219; Sohm,
p. 4 à 9; Fahlbeck, p. 5 et 6. — Ce dernier n'admet à l'assemblée judiciaire
que les pères de famille propriétaires, parce que le texte de Tacite (*centeni
ex plebe*) montre clairement que les membres du tribunal ne sont pas tous les
hommes libres, c'est-à-dire tout le peuple (*plebs*) de la centaine, mais des
gens choisis parmi cette *plebs*. Cf. à peu près dans le même sens, Zœpfl, II,
p. 179.

(2) Fustel de Coulanges, *Recherches*, p. 362 à 364.

de la circonscription judiciaire. Cela est possible au fond,
mais, pour peu qu'on aille loin dans cette voie, c'en est fait
du livre de Tacite dont il est cependant de tradition de tirer
un grand parti, dans l'école à laquelle Waitz appartient; car,
du moment qu'il sera admis que Tacite a mal compris les renseignements qu'on lui a donnés, mieux vaudra tout de suite
supprimer la *Germanie;* et, si lorsque Tacite n'est pas d'accord avec les documents du droit postérieur, il faut corriger
Tacite, j'aimerais mieux l'effacer d'abord pour m'en tenir à
ces documents postérieurs.

3° Ces *comites* qui accompagnent le *princeps* sont, dit Tacite,
consilium simul et auctoritas. De ces deux mots, le second, au
moins, est très difficile à expliquer. Les auteurs qui entendent par les *comites* l'assemblée des hommes libres de la centaine, ont de ce mot une explication également audacieuse.
Ils disent que l'assemblée des hommes libres juge elle-même,
et forme un véritable tribunal populaire dont le *princeps* n'est
que le président (1). Je crois encore cette opinion très ris-
quée (2). Que ces mots, l'un d'entre eux au moins, soient
embarrassants, je le reconnais; mais sous prétexte d'expliquer
mieux les passages obscurs d'une phrase, il ne faut pas commencer par mettre de côté les passages qui présentent un sens
très clair. Or, il y a, dans la phrase de Tacite, au moins une
idée claire, et cette idée est précisément le contraire de celle
d'un tribunal populaire. La justice, dit positivement Tacite,
est rendue par le chef de l'État (*principes jura reddunt*). Voilà
le point incontestable; au lieu d'écarter cette idée, sous prétexte que la suite de la phrase n'est pas très limpide, il faut
s'y tenir d'autant plus fermement. Reste à expliquer alors les
deux mots *consilium* et *auctoritas* par lesquels Tacite carac-
térise le rôle joué par les compagnons du *princeps. Consilium*
a un sens parfaitement net et même technique sur lequel, au
temps de Tacite, personne ne pouvait se tromper; il s'entend,
précisément dans la matière de l'organisation judiciaire, des
personnages dont le magistrat ou le *judex,* quand ils rendent

(1) Waitz, I, p. 219 et 341; Sohm, p. 6 et 7; Fahlbeck, p. 5 et 6; Thonissen, p. 58 ; Zœpfl, III, p. 318 ; Bethmann-Hollweg, 1, p. 103.

(2) Voy. Fustel de Coulanges, *ibid.,* p. 364 et s.; *Histoire des institutions,*
p. 595, 596.

la justice, demandent l'avis et consultent l'expérience et la science. Non seulement en matière judiciaire, mais lorsqu'il exerce n'importe laquelle de ses fonctions, un magistrat, soit à Rome, soit dans les provinces, sous la République comme sous l'Empire, ne prend jamais une décision qu'après avoir consulté son *consilium* (1); le *judex* des procès civils ou criminels est également assisté d'un *consilium* de jurisconsultes (2); le *consilium* de l'empereur qui, à partir de la réglementation d'Hadrien, devint un des rouages les plus importants de la constitution impériale et l'une des institutions qui ont eu le plus d'influence sur les destinées du droit romain (3), n'a pas un autre principe que cet usage constant de tous les magistrats, et n'est le plus important des *consilia* que parce que le magistrat qui le consulte est lui-même le maître du monde. Mais il est certain que le *consilium* ne juge jamais et que le magistrat en droit prend seul, souverainement, librement, et sous sa responsabilité unique, la décision que lui ont suggérée ses conseillers (4). Tous les Romains du second siècle savaient parfaitement ces choses, et quand Tacite dit que les compagnons du *princeps* germain jouent autour de lui le rôle de *consilium*, il est impossible qu'il ait voulu dire par là que ces compagnons rendaient véritablement la sentence; il a dit, au contraire, qu'ils n'étaient que des conseillers. La difficulté se borne donc à l'explication du mot *auctoritas*. C'est sur ce mot que l'on se fonde pour dire que les hommes libres ren-

(1) Voyez, pour me borner aux matières judiciaires, le *consilium* assistant les magistrats rendant la justice : l'Empereur (Code Justinien, VII, 26, 6, Philippe), le *præfectus urbi* (Pline, *Epist.*, VI, 11), le *præfectus prætorio* (Dig., XXII, 1, 3, § 3; XII, 1, 40), le *præfectus vigilum* (*Corp. Inscript. latin.*, VI, 266), le préfet de la flotte de Misène (Orelli, 4405), les gouverneurs de province (Cicéron, *In Verr.*, II, 29 et 30; *Corp. Inscript. latin.*, II, 4125; *Act. Apostol.*, 25, 12), le consul (Cicéron, *Ad Attic.*, IV, 2, 5 ; Inscription d'Oropos, dans l'*Hermes*, XX, p. 269 et suiv.), les décemvirs (*lex parieti faciundo* de Pouzzoles, col. 3, ligne 6, dans *Corp. Inscript. lat.*, I, 577), etc.

(2) Cicéron, *Pro Quinctio*, 2, 10; 10 36; *Top.*, 17, 65; Aulu-Gelle, XIV, 2, 9, etc. — Sur le *consilium* en général, voy. Mommsen, *Römische Staatsrecht*, I, p. 293-301 (2ᵉ édition, 1876).

(3) Sur le *consilium* impérial, voy. Mommsen, *Römische Staatsrecht*, II, p. 948-952 (2ᵉ édition, 1877); Cuq, *Le conseil des empereurs d'Auguste à Dioclétien*, 1884.

(4) Mommsen, *loc. cit.*, I, p. 293; II, p. 952.

daient le jugement; l'*auctoritas*, disent Sohm et Waitz, c'est le plein pouvoir, l'autorité souveraine qui s'impose à tous et même au *princeps;* quand Tacite attribue aux *comites* le *consilium* et l'*auctoritas*, il déclare par là que les hommes libres rendent un arrêt qui, pour celui qui préside, est non seulement un conseil, mais encore une décision obligatoire. Il est permis de douter de cette explication. M. Fustel de Coulanges va, je crois, bien loin, lorsqu'il déclare que, dans la langue des Romains, *auctoritas*, qui a beaucoup de sens divers, n'a jamais celui d'autorité souveraine. Cela me paraît une erreur (1); mais on peut sûrement dire que les sens de ce mot

(1) Voyez un grand nombre d'exemples cités dans le *Dictionnaire de la langue latine* de Freund, au mot « *auctoritas.* » — M. Viollet (*loc. cit.,* p. 114), cite notamment l'exemple suivant dans lequel *auctoritas* paraît bien signifier *autorité*. Code Théod., II, 1, 1 : *Judices provinciarum volumus vim debitæ auctoritatis assumere, ut una actores ceterosque rei privatæ nostræ quæ provinciales, teneat disciplina.* Mais il a certainement tort de mentionner le texte célèbre de Cicéron (*De re publica*, II, 8, 14) : *Romulus patrum auctoritate consilioque regnavit.* Il s'agit ici de l'*auctoritas patrum*, c'est-à-dire de la ratification par le Sénat du vote des comices. Dans le droit ancien, au moins, et jusqu'à la transformation de l'*auctoritas patrum* qui consista à n'en faire qu'une simple formalité, en obligeant le Sénat à la donner d'avance, l'élection du magistrat faite par les comices (de Romulus, par exemple), de même que la loi votée par les comices, est ratifiée ensuite par le Sénat (Voy. sur cette matière, principalement Willems, *Le Sénat de la République romaine*, II, p. 33 et suiv., et *Droit public romain*, 5e édition, 1883, p. 208 et 209). *Auctoritas*, dans tous les textes relatifs à cette institution, ne peut donc pas être traduit par *autorité*, mais par *ratification*. C'est exactement le même sens dans l'expression *auctoritas tutoris;* le Sénat, vis-à-vis des comices, agit à l'origine, en droit, comme le tuteur vis-à-vis du pupille. M. Fustel de Coulanges dit que l'*auctoritas patrum* n'est qu'une « opinion exprimée par le Sénat en attendant une loi à faire, » et, ajoute-t-il, « si l'on adopte ce sens, la phrase de Tacite signifie que les compagnons du juge lui donnent un avis préalable, un conseil » (*Recherches*, p. 368, 369). C'est là une erreur; car l'*auctoritas* du Sénat, à l'origine, est certainement postérieure au vote des comices et non pas préalable; et c'est l'institution originaire qui peut seule servir à expliquer le sens du mot *auctoritas*. D'ailleurs, s'il en était ainsi, *auctoritas* n'ajouterait rien à l'idée déjà exprimée par *consilium*. Ne pourrait-on pas dire, au contraire, sans traduire *auctoritas* par autorité souveraine, que ce mot doit être pris ici justement avec l'acception qu'il a dans les expressions juridiques *auctoritas patrum* (dans le sens primitif qui est le sens vrai du mot), ou *auctoritas tutoris*, c'est-à-dire avec le sens de ratification, d'approbation d'un acte, donnant à cet acte la validité au point de vue du droit (sur le sens juridique du mot *auctoritas*, en

sont très nombreux, par conséquent, vagues, et qu'il est imprudent de bâtir tout un système d'organisation judiciaire sur un seul mot qui peut, à la rigueur, signifier autorité, mais qui peut signifier également toute autre chose. Après quelques hésitations, M. Fustel de Coulanges propose de donner ici au mot *auctoritas* le sens général de garantie qui est assez usité (1), et, par extension, le sens plus précis d'attestation qui n'est pas rare non plus (2). Il traduit en conséquence : « Les hommes qui entourent le juge sont à la fois son conseil et la garantie des jugements rendus »; ce qui veut dire que plus tard ces hommes serviront de témoins, s'il en est besoin, certifieront l'arrêt rendu, l'attesteront, et feront en un mot que le souvenir n'en sera pas perdu; dans une société primitive où l'écriture n'est pas en usage et chez un peuple qui certainement n'a pas de greffiers pour écrire et pour conserver les jugements, on comprend très bien l'utilité de personnages assistant le *princeps*, non pour juger avec lui, mais pour garder le souvenir des jugements et les attester au besoin. Cette explication est très ingénieuse et au

général, voy. Voigt, *Die XII Tafeln*, I, p. 305 à 314)? L'assemblée des *comites* de Tacite aurait alors à ratifier, à approuver le jugement du *princeps*, et ce serait cette approbation même qui donnerait à la sentence sa valeur juridique. On se trouverait ainsi ramené à admettre l'influence décisive de l'assemblée sur le jugement, comme dans l'opinion traditionnelle. Je donne cette explication du mot *auctoritas* comme une simple conjecture, mais je ne la crois pas plus inadmissible qu'une autre, et je la crois surtout meilleure que les diverses explications données par M. Fustel de Coulanges.

(1) Lire surtout les textes relatifs à l'action *auctoritatis*, c'est-à-dire à la garantie dans la vente, à l'époque ancienne : Paul, II, 17, 1, *Venditor... auctoritati manebit obnoxius;* 3 : *Auctoritatis venditor duplo tenus obligatur.* Dig., XXI, 2, 76 : *Auctoritatem id est actionem pro evictione*, etc. — Cf. Girard, *L'action auctoritatis* (*Revue historique de droit*, 1882, p. 182-186); Voigt, *Die XII Tafeln*, II, p. 195, note 15.

(2) Voy., par exemple, Cicéron, *Pro Cœlio*, 22, 55 : *Recita L. Luccei testimonium......*, et quelques lignes après : *Recitatur vobis jure jurando devincta auctoritas.* Ici *auctoritas* et *testimonium* sont évidemment synonymes. Cf. d'autres exemples cités par Fustel de Coulanges, *Recherches*, p. 369, note 3, et 370, notes 1 et 2. Il y aurait, je crois, sur la façon dont l'auteur traduit le mot *auctoritas* dans la plupart de ces exemples, plusieurs restrictions à faire, mais elles me mèneraient trop loin. Il suffit qu'il soit certain que le mot *auctoritas* signifie quelquefois attestation, et je crois que ce point ne peut pas être contesté.

fond possible. Je conserve cependant des doutes : j'hésite beaucoup à attribuer aux *comites* de Tacite ce rôle modeste de simples records, comme on disait jadis ; et il me semble certain qu'ils ont une part plus décisive dans le jugement. Je n'ose guère traduire à mon tour le mot *auctoritas* employé par Tacite ; mais je suis très porté à y voir une autorité réelle, une vraie puissance. Ce n'est pas, d'ailleurs, sur ce mot lui-même que je me fonde pour justifier mon opinion ; j'ai dit combien il est vague et je ne crois pas qu'on puisse en tirer jamais une idée tout à fait sûre. Mais voici les deux considérations qui me frappent. D'abord, nous savons par Tacite lui-même que la constitution de la *civitas* germanique a pour base le pouvoir souverain de l'assemblée des hommes libres ; c'est en elle que réside le pouvoir suprême ; or, à une telle constitution politique doit vraisemblablement correspondre une organisation judiciaire dans laquelle le *princeps* n'est pas le juge unique, mais où les hommes libres, dans une certaine mesure, ont part au jugement comme ils ont part au gouvernement. En second lieu, je montrerai que, dans l'organisation judiciaire de la loi Salique, la justice n'est pas rendue par le chef de l'État, mais sûrement par l'assemblée des hommes libres ; et je ferai voir que cet état de choses a laissé des traces nombreuses jusque dans l'organisation judiciaire de la période postérieure qui est absolument monarchique ; or, si à l'époque la plus voisine que nous connaissions de la *Germanie* de Tacite, la justice est populaire, et si, à l'époque même de la toute-puissance royale, la justice n'est pas sans avoir gardé quelques traces de l'ancienne participation des hommes libres au jugement, il me paraît bien difficile d'admettre qu'à l'époque de Tacite, elle soit purement monarchique, et que les hommes libres ne jouent alors que le rôle de conseillers et de témoins, quand il est sûr que plus tard, sous la loi Salique dont les institutions ont encore beaucoup de ressemblances avec celles que Tacite a décrites, ils joueront le rôle de juges, et que plus tard encore, dans un État gouverné par des rois absolus, et, par conséquent, moins porté à admettre le jugement par les hommes libres que les *civitates* dont parle Tacite, le représentant de ces rois ne sera pas encore parvenu à se faire reconnaître comme le seul juge. Je sais que de ces deux raisons, l'une n'est qu'une considération tirée de la façon dont en général se gouverne la *civitas*, et l'autre n'est qu'un rapprochement avec des législations qui sont séparées par plusieurs siècles de la *Germanie* de Tacite. Elles me paraissent cependant donner plus de lumières qu'un mot vague, isolé et susceptible de plusieurs sens, comme le mot *auctoritas*.

J'arriverais ainsi à l'opinion suivante. La justice est rendue par le *princeps*, c'est-à-dire le chef de l'État, parce que sur ce point le texte de Tacite est formel; mais les hommes libres assistent le *princeps*, et prennent au jugement une part impossible à préciser, mais vraisemblablement importante, parce que la comparaison avec la constitution politique de la *civitas* et avec les documents postérieurs rend à peu près certaine cette participation des hommes libres au jugement.

Au reste, il y aurait imprudence à affirmer ici trop fort. Deux petites phrases, en effet, disent si peu de chose, qu'on n'est jamais bien sûr de ne pas avoir fait fausse route en les expliquant. Comme parle très bien M. Fustel de Coulanges, « un système judiciaire ne peut se connaître et s'apprécier que par le détail. Tout esprit doué de sens historique reconnaîtra que nous ne sommes pas suffisamment instruits sur la justice germanique (1). » J'ai indiqué l'opinion qui me paraît la plus probable, mais quatre lignes de Tacite sont trop peu pour que je puisse prétendre à la certitude.

§ 2.

L'organisation judiciaire de la loi Salique.

I.

Il est très important de démontrer tout d'abord que la loi Salique appartient à une époque historique, à un moment de l'évolution juridique, et tout ensemble à un milieu social qui obligent absolument la critique à l'étudier à part et indépendamment des documents de l'époque mérovingienne auxquels on l'a souvent mêlée.

---

(1) Fustel de Coulanges, *Recherches*, p. 371.

Cette recherche préliminaire, qu'on ne peut négliger dans n'importe quelle étude relative au droit franc, est particulièrement indispensable pour qui entreprend l'étude présente ; car nous avons un très grand nombre de documents postérieurs aux grandes conquêtes des Francs qui nous renseignent sur la façon dont la justice était rendue à cette époque. Si la loi Salique appartient à la même époque et au même milieu que ces documents, il faudra nous faire de cette loi une idée qui ne soit pas en désaccord avec ce que nous disent les Capitulaires mérovingiens, les formules, Grégoire de Tours, etc. Si, au contraire, la loi Salique, comme on l'a presque toujours cru, est d'une date plus ancienne et d'un milieu différent, il faudra bien se garder, à l'inverse, d'expliquer par cette loi les documents dont je viens de parler, qui ont été écrits pour une autre génération d'hommes. Or, il se trouve que ces documents et la loi Salique ne sont pas d'accord sur beaucoup de points très graves ; il est donc indispensable de savoir si la différence de date et de milieu n'explique pas justement ce désaccord, ou si, au contraire, la date et le milieu étant les mêmes, il importe de concilier des renseignements au premier abord contradictoires.

La question de l'âge de la loi Salique a été très souvent étudiée. Il me suffira donc d'indiquer les résultats principaux auxquels la critique est parvenue sur cette question, sans insister sur des discussions qui m'entraîneraient loin de mon sujet.

Il est évident d'abord que nous ne considérons ici que l'ancienne loi Salique, c'est-à-dire le texte ancien en soixante-cinq titres. On sait qu'il y a plusieurs textes de la loi Salique ; j'appelle ainsi non pas les manuscrits de cette loi qui sont très nombreux (1), mais les types divers auxquels peuvent se ramener ces manuscrits. En se plaçant à ce point de vue, les différents éditeurs de la loi Salique ont pu distinguer un nombre de textes plus ou moins considérable qui se placent à des époques diverses, depuis les premières invasions des Francs en Gaule jusqu'à Charlemagne (2). Le dernier

(1) On trouvera leur énumération dans Pardessus, Préface, p. 9 à 72 ; et Hessels, Introduction.

(2) C'est ainsi que Pardessus, dans son édition, distingue cinq textes de la

texte est celui qui est appelé la *lex Salica emendata* (1),
qui contient soixante-dix titres en général (soixante et onze
ou soixante-douze dans quelques manuscrits), et qui est une
révision de la loi par Charlemagne faite soit en 768, soit
plutôt en 803 (2). Il est clair que nous devons négliger ce
texte révisé. Nous négligerons également tous les textes in-
termédiaires qui sont des remaniements du texte primitif;
nous nous attacherons uniquement à ce texte primitif, le texte
en soixante-cinq titres (3), qui est la loi Salique primitive, et
la seule, par conséquent, dont l'âge soit intéressant à connaître, puisqu'il s'agit justement de savoir à quelle époque
la loi Salique a été rédigée pour la première fois.

De plus, nous bornons nos recherches à ces soixante-cinq titres eux-mêmes, qui constituent la *lex antiqua*. Nous écartons
donc les capitulaires assez nombreux qui vont depuis les premiers rois mérovingiens jusqu'à Louis le Pieux, et qui ont fait
des additions et des corrections à la *lex antiqua*, ou même, pour
l'un d'entre eux, à la *lex emendata* (4). Ces capitulaires, né-

loi Salique, qu'il publie à la suite les uns des autres; et Hessels huit textes,
qu'il édite en regard les uns des autres. Les éditions de Merkel et de Behrend
sont faites, au contraire, d'après le plus ancien texte comme base, et les autres textes ne sont indiqués que comme variantes.

(1) Cinquième texte de Pardessus, huitième de Hessels.

(2) Dans un manuscrit nous trouvons, à la suite du prologue court de la loi
Salique, la mention suivante relative à la révision par Charlemagne et à sa
date : *Anno ab incarnatione D. n. J. C. dcclxviii, indictione VI, dominus rex
noster Carolus hunc libellum tractati legis Salicæ scribere jussit.* Cela nous
donne la date de 768. Mais d'autres manuscrits donnent celle de 778. D'autres indiquent seulement la *sexta indictio* (Voy. ces textes dans Hessels, introduction, col. 20). Eginhart parle très clairement de la révision de Charlemagne (*vita Karoli*, 29, dans Pertz, *Monumenta Germaniæ, Scriptores*, II,
p. 458). Le capitulaire auquel Eginhart fait allusion dans ce chapitre et qui
ordonna, dit-il, d'ajouter certains chapitres à la loi Salique et à la loi Ripuaire, est sûrement le capitulaire de 803 (Boretius, p. 111 : *Capitulare legibus additum*). C'est cette considération qui me fait croire que la révision de
Charlemagne n'est pas antérieure à 803.

(3) Le premier texte dans l'édition de Pardessus, comme dans celle de
Hessels.

(4) On trouvera ces capitulaires dans toutes les éditions de la loi Salique;
ils ont été en particulier très bien publiés par Boretius, à la suite de l'édition
de la loi Salique de Behrend. Sur la date et la critique de chacun de ces
capitulaires, voir les observations mises en tête de chacun d'eux dans l'édi-

cessairement postérieurs à la vieille loi, sont donnés dans les manuscrits à la suite des soixante-cinq titres, et forment ainsi comme les titres 66, 67 et suiv. de la loi ; des éditions modernes ont suivi le même système, pour se conformer de plus près aux manuscrits (1) ; mais il est évident que ces capitulaires ne font pas partie de la loi elle-même. Nous devons donc les négliger dans une étude qui a pour but de fixer l'âge de cette loi. Pour le même motif, nous écartons les deux prologues, les deux épilogues et les deux récapitulations des tarifs de wergeld ; la date de ces additions à la loi est assez difficile à fixer, mais il est certain qu'elles ne font pas partie du texte primitif (2).

Ainsi, nous considérons seulement le premier texte de la loi Salique, en soixante-cinq titres. C'est de cette rédaction que nous cherchons à déterminer l'âge. Pour y arriver, au lieu d'accumuler beaucoup de textes, comme on l'a fait souvent, il faut plutôt en écarter un assez grand nombre qui sont douteux et sans autorité, et qui, par conséquent, ne peuvent qu'embrouiller la question. J'écarterai à ce titre tous les passages des chroniqueurs qui nous donnent des récits très peu sûrs sur l'histoire des Francs avant la conquête définitive de toute la Gaule (3). Je me bornerai à la loi elle-même principalement,

---

tion de Hessels. Cf. Schröder, *Die Franken und ihr Recht* (*Savigny-Stiftung*, II ; *German. Abtheilung*, p. 39 et 40). — Le *Précis de l'Histoire du droit français* de M. Viollet (p. 83 et 84) contient un excellent résumé des résultats obtenus par la critique dans cette question. Le premier capitulaire, attribué autrefois à Clovis par Pertz (*Monumenta ; Leges,* II, p. 1), est sûrement d'un des premiers rois mérovingiens, et peut-être, en effet, de Clovis ; le dernier est un capitulaire de Louis le Pieux de 819.

(1) Merkel, par exemple, et Hessels. Ainsi, le premier capitulaire forme dans Merkel les titres 66 à 76, et dans Hessels, les titres 66 à 77 ; le second, le titre 77 dans Merkel et le titre 78 dans Hessels, etc.

(2) Voy. le prologue long dans Hessels, p. 422, et Pardessus, p. 344 (il est certainement postérieur au triomphe du christianisme et, au plus tard, contemporain de Clotaire Ier, mort en 561) ; le prologue court dans Hessels, p. 423, et Pardessus, p. 343 (il est probablement le plus ancien des deux) ; et les épilogues et récapitulations dans Hessels, p. 423-425, et Pardessus, p. 346, 347 et 355 (leur date est certainement postérieure à celle de la loi).

(3) Voy. ces récits dans Bouquet, *Recueil des historiens de la France*, II, p. 543, 649 et 666. Les *Gesta Francorum,* la chronique de Moissac et celle d'Adon, dont sont extraits ces passages, méritent, en général, peu de créance. Cf. sur ces chroniques, Wattenbach, *Deutschlands Geschichtsquellen,* 4e édit.,

et aux prologues ou aux capitulaires qui y sont ajoutés, parce qu'ils peuvent quelquefois nous donner d'utiles renseignements.

De ces textes résultent deux idées tout à fait incontestables :

1° La loi Salique a été rédigée à une époque où les Francs Saliens étaient déjà en contact avec une population galloromaine, par conséquent, avaient déjà porté leurs établissements sur la rive gauche du Rhin. En effet, il y a des allusions fréquentes dans la loi Salique à la condition des Gallo-Romains. L'exemple le plus remarquable de cela est le titre 41 qui, fixant la composition due pour le meurtre de l'homme tué, distingue, après avoir parlé des différentes classes de Francs, les différentes classes de Romains; c'est-à-dire augmente la composition selon que le Romain tué est un Romain tributaire (c'est-à-dire un colon), un Romain propriétaire, ou un Romain *conviva regis* (1). D'autres textes de la loi Salique fixent la composition due pour le meurtre du Romain commis par des hommes réunis en troupes (2), pour les vols et les

---

1877, p. 92, 93, 177, 179. Les trois passages en question font remonter la loi Salique au prétendu Faramond, premier roi des Francs.

(1) Loi Salique, tit. 41, § 5 : *Si quis vero Romano homine, conviva rege, occiderit... solidos ccc culpabilis judicatur.* — § 6 : *Si vero Romano possessorem et conviva regis non fuerit, qui eum occiderit... solidos c culpabilis judicatur.* — § 7 : *Si vero Romanum tributarium occiderit, solidos lxiii culpabilis judicetur.* — Le *conviva regis* est le familier du roi (Voy., sur ce personnage, Thonissen, p. 123 et s.). Le *possessor* est le propriétaire foncier; les textes latins de l'époque impériale emploient toujours ce mot dans ce sens là; par exemple, l'*ordo possessorum*, c'est-à-dire la classe des propriéiétaires fonciers qui tient le milieu entre l'*ordo decurionum* et la *plebs* proprement dite. Enfin, *tributarius*, dans la langue juridique du Bas-Empire, signifie le colon (Code Justinien, XI, 47, 12. Code Théod., X, 12, 2, § 2). — Il va presque sans dire que je prends, dans les textes de la loi Salique, le mot *Romanus* dans le sens où tout le monde l'a toujours pris, excepté M. Fustel de Coulanges; c'est-à-dire que j'entends par là l'homme de nationalité romaine, et non pas l'affranchi par un mode romain; je ne reviens pas sur un procès qui me paraît tout à fait gagné. On trouvera toute la discussion sur ce point dans Thonissen, p. 90 à 110 et 557 à 572. Cf. les articles de M. J. Havet et la réponse de M. Fustel de Coulanges dans la *Revue historique*, t. II (1876), p. 120, 460 et 632; et de très bonnes pages de Rajna, *Le origine dell' epopea francese*, Florence, 1884, p. 342 et suiv.

(2) Loi Salique, 42, § 4, *De Romanis...* (il s'agit des personnes tuées con-

voies de fait contre un Romain (1), pour le fait de vendre
comme esclave un Romain ingénu (2). J'écarte les capitulaires
ajoutés à la loi Salique qui prévoient également des délits
commis contre les Romains (3) ; il est évident qu'ils sont hors
de cause, puisque, sous Clovis et ses descendants, on ne peut
pas douter que les Francs ne soient en rapport avec des Gallo-
Romains. Je m'en tiens donc aux titres de l'ancienne loi ; ces
titres prouvent qu'à l'époque où ils furent écrits, les Francs
vivaient déjà au milieu de populations romaines. Nous possédons ainsi une date extrême : la loi Salique a été rédigée
postérieurement à l'époque à laquelle les Francs Saliens passèrent le Rhin et s'établirent en pays romain.

2º La loi Salique a été rédigée à une époque où les Francs
Saliens étaient encore païens. En effet, les traces de christianisme, si fréquentes dans toutes les autres lois germaniques,
sont ici tout à fait absentes ; par exemple, pas la moindre
mention d'une aggravation du wergeld, lorsque le crime est
commis contre un prêtre ou contre un évêque, ce que les
autres lois ne manqueront jamais de dire (4). Bien plus, il y

---

lecto contubernio, c'est-à-dire par une bande armée ; voy. sur le sens de ce
mot, Sohm, p. 186 à 190, et Thonissen, p. 284), *hæc lex* (la composition
précédente) *ex medictate solvantur*.

(1) Loi Salique, 14, § 2 : *Si vero Romanus barbarum Salico expoliaverit,*
etc... § 3 : *Si vero Francus Romano expoliaverit,* etc.

(2) *Id.,* 39, § 3 : *Si Romano plagiaverit,* etc.

(3) Voyez ces textes dans Thonissen, p. 102-104. Il s'agit de dispositions
qui forment les titres 76 et 79 de la loi Salique dans l'édition de Hessels. La
première appartient à un capitulaire de l'un des premiers rois mérovingiens,
la seconde à un capitulaire de Chilpéric Iᵉʳ.

(4) Même en laissant les lois rédigées à l'époque carolingienne et sous une
influence absolument cléricale, voyez les lois suivantes qui sont d'époque mérovingienne : Loi des Ripuaires, tit. 36 (*alias* 38), §§ 5 à 9. Loi des Bavarois,
premier texte, I, 8, 9 et 10 (Pertz, III, p. 274 et 275). Loi des Alamans,
premier texte, 11 (*ibid.,* p. 94). — Les rédactions de la loi Salique elle-même,
lorsqu'elles sont postérieures au texte primitif, contiennent souvent des additions et des corrections à ce texte, dans le sens de l'aggravation du wergeld
en faveur des clercs. Voy. la *lex Salica emendata*, tit. 58 (Hessels, p. 359.
Pardessus, p. 315), et, avant cette époque, les textes contenus dans les 5º,
6º et 7º colonnes d'Hessels (p. 356, 357 et 358), spécialement le sixième
texte, tit. 77. — Pour la critique et la date de tous ces textes relatifs au
wergeld des clercs, voy. Mayer, *Zur Entstehung der lex Ripuariorum*, 1886,
p. 10 et suiv.

a dans la loi Saliaue une trace positive de paganisme : la mention du *maiale votivus*, c'est-à-dire du porc destiné au sacrifice ; le vol, de cet animal, est puni plus gravement que le vol ordinaire (1). Les prologues affirment aussi, d'une façon formelle, que la loi Salique a été rédigée à l'époque païenne (2); il en est de même de l'un des capitulaires ajoutés à cette loi (3). Nous possédons, par conséquent, l'autre date extrême de la rédaction de la loi ; elle est antérieure à la conversion de Clovis (496) (4).

Ces résultats sont, à mon avis, certains, et nous en verrons tout à l'heure les conséquences. La discussion sérieuse ne peut exister que sur un seul point : la loi Salique, certainement postérieure à l'établissement des Francs en pays romain, est-elle de l'époque de Clovis (avant 496 incontestablement) ou de celle de Clodion ? La controverse a porté principalement sur la façon dont il convient de traduire le mot *Ligeris*, dans le titre 47. Il est dit dans ce titre que celui qui revendique un esclave, ou un cheval, ou un meuble quelconque, a un délai de quarante nuits pour intenter son procès si les deux parties habitent *cis Ligere*, et un délai de quatre-vingts nuits si l'une des deux

(1) Loi Salique, tit. 2, *De furtis porcorum*, § 12 : *Si quis maiale votivo furaverit*, etc. § 13 : *Si maiale vero quæ votivus non fuit.* Sur le sens de *maiale votivus* (porc destiné au sacrifice), voy. Pardessus, p. 365, note 49.

(2) Prologue long (Hessels, p. 422.=Pardessus, p. 344) : *Gens Francorum... dum adhuc teneretur barbara* (entendez par ce mot : païenne, la suite le montre sûrement) *dictaverunt Salica lege per proceris ipsius gentis qui tunc tempore ejusdem aderant rectores... At ubi... rex Francoum Chlodoveus... primus recepit catholicam baptismi, et quod minus in pactum habebatur idoneo fuit lucidius emendatum.*

(3) Capitulaire de Childebert Ier, cap. 4. Quelques manuscrits de ce chapitre portent la mention suivante : *Quando illi (Franci) legem composuerunt, non erant christiani* (Hessels, p. 413, col. 4. = Pertz, *Leges*, II, p. 6). — Les récits des chroniqueurs cités plus haut disent également que la loi Salique a été rédigée à une époque très ancienne et encore païenne, mais j'ai dit combien ces récits manquaient d'autorité.

(4) Voyez sur l'époque de la rédaction de la loi Salique, Pardessus, p. 416 à 426 ; Stobbe, *Geschichte der deutschen Rechtsquellen*, 1860, I, p. 32 à 43 ; Ginoulhiac, p. 139 à 157 ; Zoepfl, I, p. 24 à 27 ; Waitz, *Das alte Recht der Salischen Franken*, 1846, et *Deutsche Verfass.*, II, 1re partie, p. 86 à 135 ; Thonissen, p. 5 à 43 ; Fahlbeck, p. 250 à 293 ; Schröder, *Die Franken und ihr Recht (Savigny-Stiftung*, II, German. *Abtheilung*, p. 36 à 45 ; Viollet, *Précis de l'histoire du droit français*, p. 80 à 90.

habite *trans Legerem* (1). Pardessus traduisit *Ligeris* par Loire, et tira de cette mention de la Loire dans la loi Salique la conclusion que la loi avait été rédigée à l'époque où les possessions des Francs s'étendaient jusqu'à la Loire, autrement dit après la défaite de Syagrius par Clovis (486) (2). Dans cette opinion, par conséquent, la loi Salique se placerait sous Clovis, entre 486, date de la défaite de Syagrius, et 496, date de la conversion de Clovis. La critique allemande a généralement contesté cette opinion. On a vu le plus souvent dans le *Ligeris* de la loi Salique la Lys, affluent de l'Escaut, et on a conclu de là qu'à l'époque de la rédaction de cette loi la Lys était la limite des établissements des Francs; or comme c'est sous Clodion que les Francs ont dépassé la Lys et étendu leurs conquêtes jusqu'à la Somme, il faudrait admettre alors que la loi Salique aurait été rédigée au début du règne de Clodion ou même plutôt, par conséquent à une époque très ancienne (3). Les derniers travaux sur la loi Salique semblent en revenir sur ce point à l'opinion de Pardessus; en général, aujourd'hui c'est la Loire que l'on voit dans la *Ligeris* du titre 47 (4). M. Fahlbeck cependant, qui admet cette dernière tra-

(1) Loi Salique, 47, § 1 : ... *Et si cis Ligere aut Carbonariam* (la forêt Charbonière, sur la rive gauche du Rhin, près de Tournai) *ambo manent et qui agnoscit* (celui qui a découvert la chose volée) *et apud quem cognoscitur* (le détenteur chez qui on a trouvé la chose volée) *in noctis XL placitum faciant*, etc.; § 4 : *Quod si trans Legerem aut Carbonaria manent... LXXX noctis lex ista custodiatur.*

(2) Pardessus, p. 417.

(3) En ce sens, J. Grimm, *De historia legis Salicæ*, 1848, p. 4 et suiv.; Stobbe, p. 38 et 39; Bethmann-Hollweg, IV, p. 395 ; Waitz, *Das alte Recht*, p. 59 à 62; Thonissen, p. 10 à 17. — On trouvera, surtout dans ce dernier auteur, une étude très suffisante de cette question. — Zœpfl, I, p. 26, indique la controverse, mais n'y prend pas parti.

(4) Voyez principalement Schröder, *Ueber dem Ligeris in der lex Salica* (*Forschungen zur Deutschen Geschichte*, t. XIX, p. 471 et suiv.) et *Die Franken und ihr Recht* (*Savigny-Stiftung*, cité p. 36 et suiv.); Ginoulhiac, p. 147 et 148; Viollet, p. 83. — D'après Schröder, une autre raison encore obligerait à faire descendre la loi Salique jusqu'aux premières années du règne de Clovis. Les tarifs des compositions sont toujours indiqués dans cette loi deux fois, en *solidi* et en deniers (qui sont la quarantième partie du *solidus*). Or l'établissement de ce denier, monnaie divisionnaire, plus petite et plus commode que le *solidus*, serait de l'époque de Clovis (voy. Schröder, *Savigny-Stiftung*, loc. cit., p. 36 et 37 ; Soetbeer, *Beiträge zur Geschichte des*

duction du mot *Ligeris*, tient encore à faire remonter la loi
Salique jusqu'à Clodion, et cherche à démontrer pour cela que
le titre 47 est une addition postérieure à Clovis, qui se placerait entre 567 et 575, et qu'il faudrait par conséquent écarter (1). Je ne m'attarderai pas à la discussion de ces questions, parce que je les crois tout à fait indifférentes au
problème que j'essaie de résoudre. Je me propose d'étudier
comment la justice était rendue. Je trouve une réponse à cette
question dans la loi Salique; je trouve des réponses plus ou
moins différentes dans les documents francs tels que les capitulaires mérovingiens, les formules, Grégoire de Tours, etc.
Je dois donc me demander si la loi Salique appartient à la
même période du développement du droit et au même milieu
social que ces documents francs, parce que de la réponse à
cette question dépend l'usage que j'aurai le droit de faire de la
loi Salique relativement à ces documents. Mais une fois que
j'ai démontré que cette loi appartient à l'époque païenne et
qu'elle est antérieure à la conquête définitive de toute la
Gaule et à l'établissement de la royauté absolue, partant aux
documents que je viens de mentionner, il ne m'importe en
aucune façon de savoir si cette loi, sûrement primitive et
païenne, est du règne de Clodion ou des premières années de
celui de Clovis. L'usage que j'en ferai est évidemment le
même dans les deux cas; et par conséquent, dans un travail
qui n'a pas pour objet la critique de la loi Salique, je dois négliger une étude qui est sans utilité pour le but que je poursuis.

Les opinions de M. Fustel de Coulanges sur l'organisation
judiciaire de la loi Salique supposent nécessairement que la
loi Salique appartient, au contraire, à la même époque et au
même milieu que les capitulaires et Grégoire de Tours,
puisque M. Fustel de Coulanges explique les titres de la loi
Salique par ces documents même. Cependant l'auteur ne me

Gel-dund Münzwesens in Deutschland; Forschungen zur Deutschen Geschichte,
I, p. 545-600). — Waitz, qui, dans les anciennes éditions de sa *Constitution
germanique* et dans son livre sur l'ancien droit franc, admettait sans hésiter
la très grande antiquité de la loi Salique, paraît aujourd'hui ébranlé et n'ose
plus soutenir cette opinion qu'avec des restrictions et beaucoup d'embarras.
Voy. *Deutsche Verfass.*, II, 1re partie, p. 88, et 119 à 135. Il en est de même
de Mayer, *Zur Entstehung der lex Ripuariorum*, p. 20 et 24, note.

(1) Fahlbeck, p. 15, 250 à 293.

paraît pas s'être préoccupé très sérieusement d'une démonstration qui eût été indispensable dans tous les cas, et qui l'est d'autant plus ici que cette idée nouvelle sur l'âge de la loi Salique est la contradiction de tout ce que la critique a admis sur ce point depuis Pardessus (1). Il s'est borné dans une simple note, et assez brièvement, à expliquer les raisons principales pour lesquelles, à ses yeux, la loi Salique « appartient à l'État franc constitué par Clovis, autrement dit a été faite non pour la petite tribu franque de Tournai, mais pour le grand royaume franc de la Gaule (2). » Ceux, dit-il, qui professent l'opinion contraire « l'appuient uniquement sur ce que la loi contient le mot *Ligeris*, qu'ils ont soin de traduire par la Lys. Malheureusement la Lys s'appelait *Legia*, et le mot *Ligeris*... n'a jamais signifié autre chose que la Loire. » Je suis très porté à croire, comme M. Fustel de Coulanges, que *Ligeris* signifie la Loire; mais cela n'avance pas beaucoup la question et, dans le langage que je viens de citer, il y a une façon un peu trop rapide de se débarrasser des adversaires; car il est clair que cette traduction que l'on combat est loin d'être l'unique argument de ces derniers, que l'âge attribué par eux à la loi Salique est au contraire fondé principalement sur de tout autres raisons, que d'ailleurs des auteurs, comme

(1) Il faut cependant mettre à part Sybel, *Die Entstehung des Deutschen Königthums*, 2ᵉ édition, p. 308 et suiv., qui croit que, dans sa forme actuelle, la loi Salique appartient aux années 508-510, et par conséquent est postérieure à l'établissement de l'État franc et à la conversion de Clovis. Mais Sybel admet que cette forme actuelle de la loi Salique est un remaniement fait par Clovis, dans un but monarchique, d'une loi plus ancienne qui, d'après lui, est antérieure non seulement à Clovis, mais encore à l'établissement de la royauté chez les Francs. Je ne discuterai pas ici cette opinion, qui dépend d'ailleurs d'une conception de l'État germanique et de la royauté mérovingienne tout à fait propre à Sybel. Mais il est évident que cette manière de voir s'écarte beaucoup de celle de M. Fustel de Coulanges. Or, comme ce sont les opinions de cet auteur qui nous intéressent surtout, à cause des conséquences qu'elles ont pour l'étude de l'organisation judiciaire, il sera suffisant de les discuter, laissant de côté les autres systèmes qui ne font rien à notre affaire. Voyez seulement sur la prétendue révision de la loi Salique par Clovis, Schröder, *Savigny-Stiftung*, cité p. 39, qui montre très bien que Clovis n'a pas remanié le texte de la loi, mais y a ajouté seulement un ou plusieurs capitulaires.

(2) Fustel de Coulanges, *Recherches,* p. 373 et 374, note.

M. Fahlbeck, qui voient la Loire dans la *Ligeris*, font cependant remonter la loi à Clodion, et que enfin ceux qui, comme Pardessus et Schröder, la datent de l'époque de Clovis, en font tout de même un document antérieur à la constitution de l'État franc et même à la conversion de Clovis. En somme, le sens du mot *Ligeris* ne fait rien à l'affaire. Cela étant, M. Fustel de Coulanges donne deux raisons de s'écarter de l'opinion que tout le monde professe. La loi Salique, dit-il, est la loi d'un régime tout à fait monarchique; en second lieu, elle a « le même esprit général, la même pénalité, le même style et la même langue » que la loi des Ripuaires, considérée par tout le monde comme un document postérieur à la constitution de l'État franc; elle a donc été faite « dans le même régime social et politique, et pour les mêmes générations d'hommes. » Ces deux affirmations sont fort surprenantes.

D'abord, s'il est incontestable que la loi Salique a été faite pour un peuple gouverné par un roi, il est absolument faux que le roi de la loi Salique ait la puissance et l'éclat qu'auront plus tard je ne dis pas Charlemagne, mais le roi mérovingien lui-même, et que la royauté salienne soit la même que cette royauté semi-romaine qui nous apparaît dans les récits de Grégoire de Tours ou dans les diplômes des rois mérovingiens. Le roi de la loi Salique est sans doute le chef de la tribu, qui met hors la loi les personnes refusant de se conformer aux décisions du tribunal, qui perçoit, comme gardien de la paix publique, une part des compositions fixées pour les délits, qui a des comtes pour le représenter, et qui couvre d'une protection exceptionnelle les personnes attachées à son service ou placées sous son *mundium* (1). Mais quelle diffé-

(1) Sur les caractères de la royauté et les attributions du roi à l'époque de la loi Salique, voy. Thonissen, p. 45 à 50; Waitz, II, 1re partie, p. 99 à 106; Fahlbeck, p. 22, 23, 253. — Je crois pouvoir laisser de côté ici la question de l'existence d'une assemblée générale du peuple, en qui résiderait le pouvoir suprême à l'époque de la loi Salique. On trouvera une bonne discussion de cette question dans Fahlbeck, p. 241 à 250. Cf. Sohm, p. 38 à 57, et Waitz, II, 1re partie, p. 104. En général on repousse l'idée d'une assemblée générale du peuple. Mais, sans l'admettre, il y aurait peut-être à tenir compte de la mention célèbre des *proceres* dans les prologues de la loi. Le prologue long parle de ces *proceres* comme des auteurs de la loi :

rence entre ce chef aux allures encore modestes, aux pouvoirs peu développés, et au caractère purement germanique, et les rois mérovingiens que M. Fustel de Coulanges lui-même nous représente comme « des hommes qui parlent le latin, qui s'habillent à la romaine, qui s'amusent à écrire en latin, qui se plaisent surtout à siéger sur leur prétoire à la façon des empereurs et à y dicter des arrêts... qui prennent les insignes impériaux, la couronne d'or, le trône d'or, le sceptre, la chlamyde et la tunique de pourpre... qui ont une cour qu'ils appellent, comme les empereurs, le palais sacré, une suite de dignitaires et de courtisans qui s'appellent comtes, domestiques, chanceliers, référendaires, camériers! » (1). Il y a dans ce tableau un peu d'exagération, je crois; et M. Fustel de Coulanges, qui a eu le mérite de montrer admirablement l'air romain qu'a pris tout de suite après la conquête la royauté franque, a trop négligé de marquer en même temps les éléments germaniques que cette royauté a pourtant conservés (2). Mais cette exagération même fait ressortir avec plus d'éclat l'erreur où l'on tombe lorsqu'on considère le roi

Gens Francorum... dictaverunt Salica lege per proceris ipsius gentis qui tunc tempore ejusdem aderant rectores; electi de pluribus viris quatuor... qui... de singulis judicibus (pour *judiciis*) *decreverunt hoc modo.* Cf., le prologue court: *Placuit atque convenit inter Francos et corum proceres.* Il serait sans doute imprudent de voir dans ces textes, d'ailleurs rédigés au vi⁰ siècle, la preuve d'une véritable assemblée du peuple; mais il est permis d'y voir le souvenir, conservé à cette époque, d'un temps où le roi n'était pas le maître unique et absolu, mais où les *proceres* concouraient à la rédaction de la loi; et ce temps-là, pour le rédacteur des prologues, est justement celui où l'on a écrit la loi Salique. Pour se rendre compte de la portée de cette observation, que l'on compare avec ces prologues de la loi Salique les prologues des autres *leges* dans lesquelles le roi seul apparaît comme ayant ordonné la rédaction (par exemple, loi des Bavarois, Pertz, *Leges*, III, p. 259 : *Theodoricus, rex Francorum... elegit viros sapientes qui regno suo legibus antiquis eruditi erant. Ipso autem dictante, jussit conscribere,* etc.). Pour la critique des prologues de la loi Salique et les arguments qu'on en peut tirer sur l'âge et sur le caractère de la loi, voy. Sohm, p. 51 à 54; Waitz, *loc. cit.,* p. 124 à 129; Fahlbeck, p. 262 à 268.

(1) Fustel de Coulanges, *Histoire des institutions,* p. 481 et suiv.

(2) Sur le caractère de la royauté mérovingienne, voy. outre le t. II de la *Constitution germanique* de Waitz et l'ouvrage de Fahlbeck, Jules Tardif, *Études sur les institutions politiques et administratives de la France; période mérovingienne.* Paris, 1881.

de la loi Salique comme l'original d'un pareil portrait. Evidemment, ce n'est pas lui qui a les allures d'un empereur, le sceptre et la chlamyde, et des courtisans qui s'appellent chanceliers ou référendaires. Il ne m'appartient pas d'indiquer dans cette étude les différences qui séparent le roi de la loi Salique et le roi de Grégoire de Tours ; mais, sans sortir des questions relatives à l'organisation judiciaire, je prierai seulement les lecteurs de comparer au tribunal du roi mentionné çà et là dans quelques titres de la loi Salique (1) le *placitum palatii* des rois mérovingiens, qui est l'une des institutions les plus importantes de l'État franc, dont les attributions sont de plus en plus graves, et les jugements de plus en plus nombreux (2). Par cette seule étude on se rendra compte de la distance qui sépare les deux royautés. Il est donc inexact de considérer la loi Salique comme la loi d'un régime monarchique absolument semblable à celui qui fonctionne dans les diplômes des rois mérovingiens et dans les récits de Grégoire de Tours.

J'arrive maintenant à l'identité que l'on prétend voir dans l'esprit général, la langue et le régime social et politique de la loi Salique et de la loi Ripuaire. Rien n'est plus faux que cette prétendue identité, même à qui lit les deux lois rapidement. Ces différences d'esprit général et de style sautent en vérité aux yeux. Ce n'est pas ici le lieu de discuter la question très complexe de l'âge de la loi des Ripuaires. Cette étude a été faite admirablement par Sohm en 1866 (3), et vient d'être reprise tout dernièrement (4) ; il suffira donc d'indiquer en deux mots les résultats très importants dans leur ensemble, quoique très sujets à controverse sur les points particuliers, qui ont été conquis sur ce point par la cri-

---

(1) Sur le tribunal du roi dans la loi Salique, voy. Thonissen, p. 394 à 401.

(2) Sur le tribunal du roi dans la période mérovingienne, Waitz, II, 2° partie, p. 183 à 195 ; Tardif, *loc. cit.*, p. 159 à 198 ; Beauchet, *Organisation judiciaire*, p. 47 à 74 ; Fustel de Coulanges, *Recherches*, p. 500 à 528.

(3) Sohm, *Ueber die Entstehung der Lex Ripuaria* (*Zeitschrift für Rechtsgeschichte*, V, 1866, p. 380 et suiv.). Cf. la préface de Sohm en tête de son édition de la loi. Les résultats obtenus par Sohm sont très bien résumés par M. Viollet, *Précis*, p. 91 à 95.

(4) Mayer, *Zur Entstehung des Lex Ripuariorum*, 1886.

tique. Pour Sohm, la loi des Ripuaires comprend cinq parties de date extrêmement diverses qui vont s'échelonnant depuis la première moitié du vi⁰ siècle jusqu'à la première moitié du viii⁰; les titres 1 à 31 (inclusivement) sont de la première moitié du vi⁰ siècle; les titres 32 à 56, avec les titres 63 et 64, sont une copie remaniée et corrigée de la loi Salique faite à la fin du vi⁰ siècle; les titres 57 à 62 sont une constitution de Childebert II, roi d'Austrasie (575-596); les titres 65 à 79 sont probablement de la première moitié du vii⁰ siècle, et enfin les titres 80 à 89 sont de l'époque de Charles Martel ou des premières années du règne de Pépin. Encore faut-il ajouter des retouches çà et là faites à certains titres à la fin du viii⁰ siècle, et un capitulaire de 803 ajouté à la loi. M. Mayer a contesté tout ce système. Il reconnaît que la loi des Ripuaires se compose d'éléments qui sont de dates très diverses (1), mais il y a eu, d'après lui, une seule réunion de ces différents éléments, je veux dire une seule rédaction faite d'un seul coup, et non cinq rédactions à cinq époques différentes; en d'autres termes, à une époque donnée, on a écrit pour les Francs Ripuaires une seule loi comprenant nos quatre-vingt neuf titres actuels. Cette rédaction unique se place entre 633 (ou 634) et 639, sous Dagobert (2). Il faut ajouter que la loi que nous lisons dans les manuscrits n'est pas ce texte écrit au vii⁰ siècle, mais celui d'une nouvelle édition donnée, sous Charlemagne, au commencement du ix⁰ siècle; car tous les manuscrits se réfèrent à un texte qui ne peut être que de cette époque (3). Quelle que soit l'opinion que l'on adopte, on voit dans tous les cas quelle grande différence de date il y a entre les deux lois franques. Si maintenant nous laissons de côté la question de l'âge de la loi des Ripuaires et que nous regardions seulement ses dispositions pour savoir quel en est l'esprit général, il est facile de voir qu'il s'en faut de beaucoup que cette loi ait été faite « dans le même régime social et politique » que celui de la loi Salique et « pour les mêmes générations d'hommes. » Dans les parties mêmes de la loi qui ont été calquées sur la loi Salique, les différences sont grandes,

(1) Mayer, p. 77, 173 et *passim*.
(2) Mayer, principalement p. 74 à 78, et 170 à 177.
(3) *Ibid.*, p. 10 et suiv.

de sorte qu'on n'a pas copié fidèlement et que les changements qu'on a fait subir au texte imité sont là précisément comme une preuve éclatante de la transformation des institutions et de l'état social entre l'époque du modèle et celle de la copie. J'attirerai seulement l'attention sur les points suivants (1) :

1° Le caractère de la royauté. Le roi franc, dans la loi des Ripuaires, est devenu le maître tout-puissant de l'État : il y a des peines contre ceux qui contreviennent au ban du roi, c'est-à-dire qui désobéissent à ses ordres ou qui ne se rendent pas à son appel (2) ; la mort et la confiscation menacent tous ceux qui lui sont *infidèles* (3), peines très remarquables, parce qu'elles sont un emprunt certain à l'idée romaine du pouvoir impérial et à la sanction de la *lex Julia majestatis* ; le fait même d'avoir agi au mépris d'un acte émané de la chancellerie du roi ou d'avoir accusé de faux un acte pareil entraîne des châtiments divers qui peuvent aller jusqu'à la mort (4) ; le roi a des *legati*, c'est-à-dire déjà des *missi dominici* (5) ;

(1) La grande différence qui existe entre l'esprit général de la loi Salique et celui de la loi des Ripuaires a été reconnue par tout le monde, même avant les travaux de Sohm et de Mayer sur l'âge de cette dernière loi ou indépendamment de ces travaux. Voy. notamment Stobbe, *Deutschen Rechtsquellen*, I, p. 59 à 64 ; Zœpfl, I, p. 38 et 39 ; Ginoulhiac, p. 207 à 215. Le premier de ces auteurs écrit à une époque antérieure à l'article de Sohm, et les deux autres, qui sont postérieurs, semblent l'ignorer tout à fait. Leur opinion n'en a que plus de poids, parce qu'elle prouve mieux combien sont frappantes ces différences entre les deux lois, aperçues même de ceux qui lisent la loi des Ripuaires sans prétention et presque sans préparation critiques.

(2) Loi Ripuaire, édition Sohm, tit. 65 (alias 67), § 1 : *Si quis legibus in utilitatem regis sive in hoste seu in reliquam utilitatem bannitus fuerit, et minime adimpleverit, si ægritudo eum non detinuerit, 60 solidos multetur*, etc. Sur le caractère du ban du roi, qui est une notion capitale pour la connaissance du droit franc, il faut lire principalement Sohm, *Reichs-und Gerichtsverfassung*, p. 103 à 113.

(3) Loi Rip., 69 (alias 71), § 1 : *Si quis homo regi infidelis exstiterit, de vita componat, et omnes res suas fisco censeantur.*

(4) *Id.*, 60 (alias 62), § 3 : *... Si autem infra testamentum regis* (un acte de la chancellerie royale, non pas un testament) *aliquid invaserit... cum 60 solidis* (le ban royal encouru par tous ceux qui ont violé l'ordre du roi) *omnem redditionem restituat.* § 6 : *Quod si testamentum regio, absque contrario testamento, falso clamaverit, non aliunde nisi de vita componat.*

(5) *Id.*, 65 (alias 67), § 3 : *Si quis legatariam reges vel ad regem seu in*

enfin la mention de l'*homo regius* revient constamment (1).

2° L'influence du clergé. Tandis que la loi Salique est païenne, la loi des Ripuaires est chrétienne et a des faveurs pour l'Église ; elle mentionne fréquemment les *homines ecclesiastici*, c'est-à-dire les gens appartenant à l'Église, comme les colons de l'Église, les affranchis *in ecclesiis*, etc. (2) ; elle a des peines plus sévères pour les délits commis contre les clercs que pour les délits ordinaires (3) ; elle prohibe expressément les atteintes à la propriété ecclésiastique (4) ; bien plus, elle connaît déjà les immunités (5).

3° Les transformations dans le régime de la propriété. La loi Salique qui, comme toutes les lois primitives, conçoit la propriété immobilière comme essentiellement familiale, ne connaît que le douaire en meubles (en *solidi*), parce qu'une donation d'immeubles faite par le mari à la femme transporterait les terres dans une autre famille ; aussi la *dos* consiste-t-elle toujours en un certain nombre de *solidi*. Au contraire dans la loi Ripuaire, la *dos* consiste déjà soit en argent, soit en meubles, soit en immeubles (6).

---

utilitatem reges pergentem hospicio suscipere contempserit, nisi emunitas regis hoc contradixerit, 60 solidos (le ban du roi) *culpabilis judicetur.*

(1) *Id.*, 9 ; 10 ; 14 ; 34 (alias 36), § 2 ; 58 (alias 60), § 8, 9, 12 et 21, etc.

(2) *Id.*, 10 ; 14 ; 58 (alias 60).

(3) *Id.*, 36 (alias 38), § 5 : *Si quis clericum ingenuum interficerit bis quinquagenus solidus culpabilis judicetur ;* § 6 : *Si quis subdiaconum interficerit* 300 *solidos culpabilis judicetur ;* § 7 : *Si quis diaconum interficerit* 400 *solidos multetur ;* § 8 : *Si quis presbyterum ingenuum interficerit ter ducenus solidus multetur ;* § 9 : *Si quis episcopum interficerit ter tricenus multetur.* Le titre 38 de la loi des Ripuaires est calqué sur le titre 41 de la loi Salique ; mais le rédacteur a ajouté aux tarifs de la loi Salique, fixés pour le cas de meurtre, ces tarifs spéciaux relatifs au meurtre des clercs.

(4) *Id.*. 60 (alias 62), § 8 : *Quod si quis de ecclesia aliquid vim abstulerit, cum superscripta lege, in triplum restituat.*

(5) *Id.*, 65, (alias 67), § 3 cité : *Nisi emunitas regis hoc contradixerit.*

(6) *Id.*, 37 (alias 39), § 2 : *Si autem per series scripturarum ei nihil contullerit* (si le mari n'a rien donné à la femme par acte écrit) *si mulier virum supervixerit,* 50 *solidos in dude recipiat, et terciam de omne quod simul conlaboraverit.* Comme ces acquêts peuvent être des immeubles, il en résulte que la dot de la femme va pouvoir consister en immeubles. La loi Salique, au contraire, ne connaît que la dot en *solidi* (voy. le premier capitul. ajouté à la loi Salique, cap. 3, Pertz, II, p. 3 = Hessels, p. 407, tit. 72 : *Si in dotis* 25 *so-*

4° L'influence du droit romain. La pratique des affranchissements *in sacrosanctis ecclesiis*, avec toutes les règles indiquées par le Code Théodosien (1), la mention d'affranchissements par les autres modes du droit romain (2), la sanction de la fidélité empruntée à la loi romaine de majesté (3), et, d'une façon plus générale encore, le latin que parle la loi Ripuaire, infiniment plus correct que celui de la loi Salique, sont des preuves éclatantes de cette influence du droit romain et des clercs. Il est donc très faux de considérer les deux lois franques comme parlant la même langue, ayant le même esprit général et écrites dans le même régime social et politique.

La conclusion de toute cette étude est qu'il faut s'en tenir sur l'âge de la loi Salique à l'opinion constamment admise depuis Pardessus jusqu'aux travaux de M. Fustel de Coulanges, et par conséquent étudier cette loi indépendamment des autres documents francs qui ont été écrits à une époque postérieure et dans un régime très différent.

Je crois, en somme, que toutes celles des opinions de M. Fustel de Coulanges qui ont fait scandale ont pour point de départ cette idée qu'il se fait de l'époque à laquelle fut rédigée la loi Salique. Dans l'étude de l'organisation judiciaire en particulier, c'est parce qu'il veut expliquer les dispositions de la loi Salique sur cette matière par les capitulaires

lidos accepit). Pour l'étude de cette disposition de la loi Ripuaire et l'importance qu'elle a dans l'histoire de la propriété, voy. Sohm, *Zeitschrift*, p. 421, 422, et Viollet, *Précis*, p. 93.

(1) *Id.*, 58 (alias 60), § 1 : *Hoc etiam jubemus, ut, qualiscumque Francus Ribuarius seu tabularius servum suum, pro animæ suæ remedium seo pro precio, secundum legem romanam liberare voluerit, ut eum in ecclesia coram presbyteris, diaconibus, seu cuncto clero et plebe, in manu episcopi servo cum tabulas tradat, et episcopus archidiacono jubeat ut ei tabulas secundum legem romanam qua Ecclesia vivit scribere faciat.* — Cf., Code Théod., IV, 7 ; Code Just., I, 13 ; *Lex Romana Burgondionum*, tit. 3 (Pertz, *Leges*, III, p. 598). — Sur ce mode d'affranchissement, voy. Marcel Fournier, *Formes et effets de l'affranchissement dans le droit gallo-franc (Bibliothèque de l'École des Hautes-Études*, fascicule 60, 1885), p. 69 à 82.

(2) *Id.*, 61 (alias 63), § 1 : *Si quis servum suum libertum fecerit et civem romanum.* — Sur ces autres formes de l'affranchissement romain, voy. Fournier, *loc. cit.*, p. 82 à 90. Il s'agit ici de l'affranchissement *per testamentum* et de l'affranchissement *per chartam* (*per epistolam*, disent les Institutes, I, 5, 1).

(3) *Id.*, 69 (alias 71), § 1.

et par Grégoire de Tours, qu'il refuse de reconnaître le jugement par les rachimbourgs, formellement écrit dans la loi
Salique. Nous aurons à expliquer ces passages des capitulaires et de Grégoire de Tours, mais il est évident qu'un auteur qui aurait vu dans la loi Salique une loi antérieure à ces
documents, n'aurait pas été s'en embarrasser, mais aurait consenti à donner, sans aucun scrupule, aux mots employés par
la loi Salique, la signification qu'ils ont naturellement. Dans
une matière un peu différente, un historien persuadé que la
loi Salique est païenne n'aurait jamais regardé le système
pénal de la composition comme inventé par l'Eglise et par les
conciles (1), puisque la loi Salique ne connaît pas d'autre système, et que la composition s'y trouve à toutes les pages. Il
en est enfin de même de la fameuse discussion relative au sens
du mot *Romanus* dans la loi Salique. M. Fustel de Coulanges
tient beaucoup à ce que les Romains, après la conquête franque, aient été sur un pied d'égalité absolue avec les Francs (2);
il se heurte alors aux textes si connus de la loi Salique, qui
attribuent au *Romanus* un wergeld deux fois moindre qu'au
Franc, et qui par là renversent tout système favorable à l'égalité du Franc et du Romain (3). Pour sortir de cette difficulté,
il imagine alors de dire que le *Romanus* est non pas l'homme
de nationalité romaine, mais l'homme affranchi par un mode
romain, inférieur par conséquent au Franc ingénu, mais inférieur comme affranchi et non pas comme Romain (4). Il est
certain, en effet, que, dans la loi Ripuaire, *homo Romanus* a
cette signification d'affranchi romain (5), mais comment *Romanus* pourrait-il avoir un sens pareil dans la loi Salique, si

(1) Fustel de Coulanges, *Recherches*, p. 470 et suiv.

(2) Voy. Fustel de Coulanges, *Hist des institutions politiques*, p. 463 et suiv.,
p. 547 et suiv.

(3) Loi Salique, 41, § 1 : *Si quis ingenuo Franco... occiderit... solidos CC
culpabilis judicetur;* § 6 : *Si vero Romano possessore et conviva regis non fuerit*
(par conséquent le Romain simplement ingénu) *solidos C culpabilis judicetur.*
Donc le Romain vaut deux fois moins que le Franc. Voy. la même proportion
dans tit. 42, §§ 2 et 4, pour le cas de meurtre commis en troupe; et une proportion à peu près semblable pour le cas de vol, dans tit. 14.

(4) Fustel de Coulanges, *Hist. des institutions*, p. 555 à 564.

(5) Loi Ripuaire, tit. 58 (60), §§ 8, 11, 19 ; tit. 65 (67), § 2 ; tit. 66 (68),
§ 2; tit. 87 (89).

on admet qu'elle est antérieure au christianisme des Francs et
à leur connaissance du droit romain? Ce mot ne pourra donc
signifier dans cette loi que l'homme de nationalité romaine, et
toute l'explication que l'on a donnée repose en somme sur
l'idée fausse que l'on se fait de la date de la loi Salique. Il est
impossible, dit M. Fustel de Coulanges, que la loi Salique
n'ait parlé nulle part des affranchis par les modes romains,
puisqu'ils sont mentionnés si fréquemment dans les documents francs; il faut donc que le *Romanus* soit cet affranchi.
Il serait au contraire incompréhensible que la loi Salique eût
parlé des affranchissements dans les églises, comme le code
Théodosien les a réglés, ou des affranchissements par un testament romain et des *cartæ* romaines ; elle ignore en effet les
églises, le code Théodosien et le testament. On voit par ces
exemples combien il était nécessaire, avant d'étudier les dispositions de la loi Salique relatives à l'organisation judiciaire,
d'être renseigné exactement sur l'âge de cette loi, puisque les
conclusions qu'on a tirées de la loi Salique dépendent principalement de l'idée que l'on s'est faite d'abord de l'époque de
sa rédaction.

II.

Nous pouvons maintenant aborder avec sûreté les textes
de la loi qui traitent de l'organisation judiciaire.

Je laisserai tout à fait de côté le tribunal du roi dont il est
question dans quelques titres de la loi Salique (1). Le tribunal
du roi est un tribunal extraordinaire; de plus, à aucune
époque, ni sous l'empire de la loi Salique, ni plus tard quand
le plait royal est devenu une juridiction très importante,
les hommes libres ne sont appelés à prendre part aux jugements de ce tribunal. Par ce caractère, il sort complètement
du cercle des études présentes. Je m'occuperai donc uniquement du tribunal ordinaire, de la juridiction du droit commun.

(1) Voy. loi Salique, tit. 18 : *Si quis ad regem innocentem hominem absentem
accusaverit.* — Tit. 46 : L'affatomie est faite *aut ante regem aut in mallo publico
legitimo.* — Tit. 56 : *Ad regis præsentia ipso manire debet.* — Voy. sur le tribunal du roi, Thonissen, p. 394 à 401.

Le tribunal ordinaire, dans la loi Salique, s'appelle le *mallus* (1). Les étymologistes font dériver ce mot du haut allemand *mathljan*, le lieu où l'on parle (2). Quoi qu'il en soit, c'est là le nom technique du tribunal. Les expressions différentes qui se rencontreront plus tard dans les écrivains de l'Empire franc, comme par exemple *placitum*, si fréquent dans les diplômes, dans les formules, dans les textes littéraires de l'époque mérovingienne et carolingienne, sont rares dans la loi Salique (3); c'est la génération postérieure qui les mettra en usage. La loi Salique, presque toujours, se sert du mot *mallus* (4) et de ses dérivés, comme *mallare*, *admallare* pour dire assigner (5), et *mallobergus* pour dire le lieu où se réunit le tribunal (*berg*, le lieu élevé, la colline où le *mallus* se tient) (6).

J'ajoute que le *mallus* est exclusivement le tribunal ordinaire et du droit commun. Ainsi, dans la loi Salique, on oppose le *mallus publicus* au tribunal du roi (7); plus tard,

(1) Sur le *mallus* de la loi Salique, voyez principalement Sohm, *Reichs und Gerichtsverfassung*, p. 37 à 67, et Thonissen, p. 372 à 394.

(2) Sohm, p. 57 et 58; Thonissen, p. 372.

(3) On trouve cependant ce mot dans quelques titres; tit. 45, § 2. — 47, § 1: *In noctis xl placitum faciant;..... omnes intro placito isto communiantur; § 2 : Et si quis..... ad placitum venire distulerit;..... ut ad placitum veniret.* — *50, § 3 : Si quis ad placitum legitimi fidem factam noluerit solvere.* — *56 : Si... qui admallatus est ad nullum placitum venire voluerit.*

(4) Tit. 1, § 1 : *Si quis ad mallum... mannitus fuerit.* — *14, § 4 : In mallum puplico.* — *44, § 1 : Ut thunginus aut centenarius mallo indicant; et in ipso mallo scutum habere debet.* — *45, § 2 : Tunc maniat eum ad mallum.* — *46, §§ 1 et 2.* — *47, § 3 : Ista omnia in mallo debent fieri.* — *50, § 2 : Debet eum ad mallum manire.* — *56 : Si quis ad mallum venire contempserit.* — *58, § 3 : In mallo præsentare debet.* — *60, § 1 : In mallo ante thunginum ambulare debet.*

(5) Tit. 16, § 1 : *Mallare debent.* — *50, § 2 : Mallare debet.* — *51 : Antequam legitime admallatus fuerit.* — *53, § 1 : Si quis admallatus fuerit.* — *56 : Tunc si ille qui admallat... et qui admallatus est.*

(6) Tit. 46, § 2 : *In mallo publico legitimo, hoc est in mallobergo.* — *57, § 1 : Rachineburgii in mallobergo sedentes.* — Il est inutile de parler de cette étrange opinion de Laferrière (*Hist. du droit français*, III, p. 221), qui fait du *mallobergus* un tribunal particulier, le tribunal des personnages que la loi Salique appelle *sacebarons*.

(7) Tit. 46, § 1 : L'affatomie est faite *aut ante rege aut in mallo legitimo;* § 2 : *Aut ante regem aut in mallo publico legitimo.* — *56 : Si quis ad mallum venire contempserit..., tunc ad regis præsentia ipso manire debet.*

lorsque dans l'Empire franc se sera développée la juridiction ecclésiastique que nécessairement la loi Salique ignore, le *mallus* s'opposera à la justice ecclésiastique (1). Ainsi, ce sont les textes de la loi Salique relatifs au *mallus* que nous avons à étudier, puisque nous recherchons par qui la justice était rendue dans le tribunal du droit commun.

Voyons d'abord qui convoque et préside le tribunal. Dans tous les textes de l'époque mérovingienne et carolingienne, le tribunal ordinaire nous apparaît toujours comme convoqué et présidé, en principe, par le comte qui est le représentant et l'agent du roi dans le *pagus*, et, dans certains cas, par un délégué du comte qu'on appelle centenier, *vicarius, vicecomes,* etc. Bref, c'est toujours à un fonctionnaire, à un agent du roi ou du comte qui représente le roi, qu'appartient la présidence du tribunal ordinaire. Je démontrerai cela plus tard. On en a conclu qu'à toute époque, et sous la loi Salique comme dans la période suivante, c'est nécessairement le fonctionnaire du roi qui préside le *mallus;* la justice sous la loi Salique aurait donc le caractère d'une justice royale, comme celle de l'État franc (2). Mais cette opinion ne peut être défendue que par ceux qui veulent à tout prix que le droit de la loi Salique soit le même que celui de l'État franc et qui, partant de là, concluent de ce qu'ils voient dans les textes de Grégoire de Tours et des capitulaires à un état de choses forcément semblable pour l'époque de la loi Salique. La lecture de cette loi montre, au contraire, que les choses s'y passent très différemment. La loi Salique connaît le comte qu'elle appelle généralement

____

(1) Flodoard, *Hist. ecclesiæ Remensis,* III, 26 (Migne, t. CXXXV, p. 241), *De presbyteri et Ecclesiæ causa, ad episcopos et ad synodum deffinitio pertineat, non ad malli vel civilium judicum dispositionem.*

(2) Fustel de Coulanges, *Recherches,* p. 380 et s.; p. 411 et s. et *passim.* La présidence du *mallus* par le comte est évidemment, pour cet auteur, la conséquence du système adopté sur l'âge de la loi Salique; si cette loi est de la même époque que les capitulaires et Grégoire de Tours, il est certain que la présidence du tribunal ordinaire appartient au comte. — Différents auteurs, qui se font de la loi Salique une idée toute différente, ont admis aussi, pour divers motifs, que le comte dans cette loi est *judex.* Voy. Pardessus, *Loi Salique,* p. 571 à 579 ; Laferrière, III, p. 220 ; Savigny, *Droit romain au moyen-âge* (traduction), I, p. 179 et s ; Siegel, *Geschichte der deutschen Gerichtsverfahrens,* p. 247 à 250.

du nom de *grafio*, nom qui est évidemment synonyme, et le mot allemand (*graf*) au lieu du mot latin (*comes*); mais il est très remarquable qu'à la différence des capitulaires et des formules franques, qui assignent au comte comme première fonction le devoir de présider le tribunal et de rendre la justice, la loi Salique, au contraire, n'attribue au comte que des fonctions purement administratives; c'est lui qui représente le roi dans le *pagus*; c'est lui qui perçoit, pour le fisc royal, la part des compositions qu'on appelle le *fredus* (1); mais jamais le comte ne juge lui-même, et, à plus forte raison, jamais il ne convoque le *mallus*. Le *mallus* est convoqué toujours, dans les titres de la loi Salique, par un personnage qui s'appelle *thunginus aut centenarius :*

Tit. 44. Mariage d'une veuve précédé d'une cérémonie appelée *reipus* qui s'accomplit dans le *mallus*. — § 1 : *Qui eam* (la veuve) *voluerit accipere, antequam sibi copulet, ante thunginum aut centenario, hoc est ut thunginus aut centenarius mallo indicant*, etc.

Tit. 46. Affatomie faite devant le *mallus*. — § 1 : *Ut thunginus aut centenarius mallo indicant.* — § 2 : *In mallo publico, hoc est in mallobergo ante teoda aut thunginum.*

Tit. 50. Le créancier assigne son débiteur. — § 2 : *Debet ad mallum manire et sic... mallare debet :* « *Rogo te, thungine*, etc... » *Tunc thunginus dicere debet*, etc.

Tit. 60. Cérémonie par laquelle un Franc, dans le *mallus*, déclare se dégager des liens qui l'attachent à sa famille. — § 1 : *In mallo ante thunginum ambulare debet.*

Ainsi, le président du tribunal, ce n'est pas le comte, c'est toujours le *thunginus*. Aller *in mallum*, c'est aller *ante thunginum*; assigner *ad mallum*, c'est appeler *ante thunginum*. Le

____

(1) Loi Salique, tit. 50, § 3 : *Tertia parte grafio frito* (pour *fredum*) *ad se recolligat.* Le *fredus* étant l'amende due pour le trouble porté à la paix publique, est perçu par le comte qui représente le roi et la paix publique, de même que le reste de la composition est donné à la victime du délit, parce que c'est la réparation de l'offense que le délit a causée; ce *fredus* est en général le tiers de la composition (Voy. sur cette matière, Thonissen, p. 205 à 213). — Sur les attributions et le rôle du comte dans la loi Salique, voyez principalement Sohm, p. 74 à 84; et Thonissen, p. 50 à 56. — L'idée de Fahlbeck (p. 24), que le comte de la loi Salique est un agent du roi dans la centaine et non dans le *pagus,* me paraît inadmissible.

lieu où se réunit le *mallus* s'appelle *ubi thunginus indicat*.

Il n'y a qu'un seul titre de la loi Salique où le comte apparaisse dans une affaire judiciaire; je veux parler du titre 50. Le débiteur n'ayant pas rempli ses engagements, est assigné par le créancier au *mallus*. Le § 2 nous montre que tout se passe là selon les règles ordinaires; notamment, le président du *mallus* est ici, comme partout, le *thunginus*; c'est ce tribunal, présidé, selon la règle, par le *thunginus*, qui juge le débiteur et qui le condamne (1). Puis au § 3, la condamnation ayant été prononcée par le *mallus*, le texte examine les conséquences de cette condamnation :

Si quis ad placitum legitimum fidem factam noluerit solvere (si le débiteur n'a pas voulu payer), *tunc ille cui fides facta est* (le créancier) *ambulet ad grafionem loci illius in cujus pago manet, et apprehendat fistucam, et dicat verbum : « Tu grafio, homo ille mihi fidem fecit quem legitime habeo jactivo aut admallatum in hoc quod lex Salega continet. Ego super me et furtuna mea pono quod tu securus mitte in furtuna sua manum »* (je te demande de mettre la main sur les biens de mon débiteur). *Et dicat de qua causa et quantum ei fidem fecerat. Tunc grafio collegat secum septem rachineburgius idoneos* (sept experts), *et sic cum eos ad casa illius qui fidem fecit ambulet et dicat*, etc.

Ainsi, le débiteur condamné n'ayant pas voulu payer, le créancier s'adresse au comte et le somme de procéder à la saisie des biens du condamné; il lui indique la cause et le montant de la dette; et le comte réunit sept experts avec lesquels il se rend dans la maison du débiteur et procède à la saisie. Il s'agit de savoir quel est dans tout cela le rôle du comte. On a parlé quelquefois, à ce propos, d'un tribunal du comte auquel l'affaire jugée antérieurement par le *thunginus* serait portée en appel (2); le texte nous présente les choses d'une façon tout opposée. Le jugement a été prononcé par le *mallus*

____

(1) Pour l'explication des deux premiers paragraphes du titre 50 et de la procédure suivie en cette matière devant le *thunginus*, voir Sohm, *Procédure de la loi Salique* (trad. Thévenin, *Biblioth. de l'École des Hautes-Études*, 13° fascicule), p. 12 à 24. Cf. Bethmann-Hollweg, IV, p. 474 à 479.

(2) Voy. les passages de Pardessus, Laferrière, Savigny, etc., cités plus haut.

du *thunginus*; il n'y a pas appel de ce jugement au comte, puisque c'est le créancier lui-même, c'est-à-dire celui qui a obtenu la sentence de condamnation, qui va trouver le comte; il ne lui demande pas évidemment de réformer le jugement qui a été rendu en sa faveur; il lui demande, au contraire, de le faire exécuter. Cette demande s'accorde très bien avec le caractère du comte. Le comte n'est pas juge, aussi n'est-ce pas lui qui a rendu la sentence; mais il est le dépositaire de la force publique, il a, comme nous dirions en langage moderne, le pouvoir exécutif; de même que le créancier s'est adressé au *mallus* pour obtenir une sentence de condamnation, de même il s'adressera au comte pour obtenir l'exécution de cette sentence; car, à l'inverse, le *mallus*, compétent pour juger, n'a pas le pouvoir exécutif. L'opération à laquelle procède le comte, assisté de sept experts, n'est pas un jugement, mais une saisie; par conséquent, une opération extra-judiciaire. Le comte se rend dans la maison du débiteur condamné, il ne le juge pas une seconde fois, il le somme de payer (*solve homine isto quod ei fidem fecisti*), et s'il refuse, il saisit ses meubles pour une valeur égale à la chose due (*quantum valuerit debitum quod debet, hoc de furtuna sua illi tollant*) (1). Ce qui a fait croire parfois à un tribunal du comte, c'est le nom des personnages qui assistent le comte dans cette saisie; ils s'appellent *rachineburgii*, comme les personnages qui rendent la justice dans le *mallus*; de là, l'idée d'en faire ici les membres d'une sorte de tribunal d'appel présidé par le comte. Mais il faut faire attention au rôle que le texte leur attribue : on dit expressément qu'ils sont chargés d'indiquer la valeur des meubles saisis (*de quo solvere debeas adpreciare*); ils sont donc des experts, des priseurs, et non pas des juges. Il est vrai qu'au *mallus*, où nous retrouverons des personnages portant le même nom de rachimbourgs, ceux-là seront des juges véritables; mais dans le titre 50, il est évident qu'ils sont des priseurs :

Tunc grafio... dicat... « Qui ad præsens es, voluntatem tuam

(1) Sur cette saisie par le comte, très différente du jugement par le *thunginus* et le *mallus* : Sohm, *Procédure de la loi Salique, loc. cit.*, et *Reichs-und Gerichtsverfassung*, p. 80 à 82; Bethmann-Hollweg, IV, p. 515 à 518; Thonissen, p. 55, 466 à 470.

solve homine isto quod ei fidem fecisti, et elege tu duos quos volueris, cum rachineburgius istos de quo solvere debeas ad preciare debeant, hæc quæ debes secundum istum præcium satisfacias. » Quod si audire noluerit... tunc rachineburgii præcium quantum valuerit debitum quod debet, hoc de furtuna sua illi tollant.

Ainsi le comte n'est jamais le juge ni le président du tribunal. Le tribunal est convoqué et présidé par le *thunginus* dans tous les cas.

Il s'agit alors de savoir qui est ce *thunginus*, quel est son caractère et quel est son rôle dans le *mallus*. Le nom qu'il porte dans la loi Salique (*thunginus aut centenarius*) nous indique clairement qu'il est le chef judiciaire de la centaine. Ce premier point a une grande importance. Dans l'Empire franc nous retrouverons très fréquemment la centaine qui est certainement une circonscription judiciaire; et même, d'après beaucoup d'auteurs, la circonscription judiciaire du droit commun. On a pensé quelquefois que la centaine était une création de l'époque carolingienne; avant Charlemagne, il n'y aurait pas, d'après Guérard, de circonscription territoriale qui portât ce nom (1). La loi Salique nous montre combien cette opinion est loin de la vérité. Le chef et le président du tribunal du droit commun s'appelle dans cette loi le chef de la centaine; la centaine est donc, à cette époque, la cir-

---

(1) Guérard, *Polyptyque de l'abbé Irminon; Prolégomènes*, p. 43, et *Essai sur le système des divisions territoriales de la Gaule*, p. 54. Cf. les autres ouvrages cités par Sohm, *Reichs-und Gerichtsverfassung*, p. 181, note. Cette opinion est fondée principalement sur l'interprétation que l'on donne du *pactus pro tenore pacis* de Childebert et de Clotaire (511 à 558), cap. 9 (Boretius, p. 5); il est dit dans ce capitulaire qu'on établira, pour veiller sur la paix et prévenir les vols, des gardes nocturnes appelées *centenæ* (*centenas fierent*). Ces centaines ou *trustes* sont évidemment des réunions de personnes chargées de faire la police dans un certain territoire confié à leur garde; c'est, en un mot, un corps d'agents de police. On en a conclu qu'à l'époque mérovingienne, la centaine n'est pas une circonscription territoriale, mais un groupe de personnes. Cette interprétation est inexacte; les centaines du *pactus pro tenore pacis* n'ont absolument rien de commun avec la centaine de la loi Salique, circonscription judiciaire; c'est le même mot, mais ce sont deux choses tout à fait différentes. L'explication des difficultés très nombreuses que soulève ce texte a été donnée par Sohm, *Reichs-und Gerichtsverfassung*, p. 182 à 185. Cf. Thonissen, p. 382 à 388.

conscription judiciaire du droit commun lui-même. Le *mallus* est le tribunal de la centaine ; le *thunginus*, c'est-à-dire le président du *mallus*, est le chef judiciaire de la centaine ; au point de vue judiciaire, le royaume de la loi Salique se divise en centaines. Nous verrons plus tard si, à l'époque carolingienne, il n'y a pas d'autre circonscription judiciaire que cette centaine, mais il est certain désormais que c'est là la division antique et primitive, et non pas une division créée à l'époque de Charlemagne. L'unité judiciaire du royaume des Francs, à l'origine, n'est pas le *pagus* que le comte administre, mais la centaine à la tête de laquelle est le *thunginus*, appelé à cause de cela *centenarius*.

Ce *thunginus* est-il un fonctionnaire du roi, rendant la justice dans la centaine au nom du roi? A l'époque carolingienne, il n'y a plus de *thunginus*, mais le nom de *centenarius* existe, et il est certain que le centenier carolingien est un agent du comte, partant un fonctionnaire qui rend la justice au nom du souverain. Il est possible que le centenier, qu'on trouve dans quelques textes de l'époque mérovingienne, ait déjà le même caractère (1). Mais il est clair que le *centenarius* de la loi Salique a le caractère tout opposé. On ne peut pas songer un seul instant à en faire un délégué et un agent du comte, puisque le comte, dans la loi Salique, n'a aucun rôle dans l'administration de la justice. Un agent du comte, rendant la justice au nom et par délégation du comte, ne pourra évidemment exister que le jour où le comte sera devenu le fonctionnaire judiciaire par excellence ; et, dans la loi Salique, le *thunginus* est le seul président du tribunal, qui ne peut tenir ses pouvoirs d'un personnage comme le comte dont le rôle n'est jamais de rendre la justice. Reste alors à se demander si le *thunginus* ne tiendrait pas ses pouvoirs du roi directement. Il faut encore écarter cette idée pour deux raisons. D'abord, dans la loi Salique, tout fonctionnaire du roi, et même tout individu qui est au service personnel du roi ou qui fait partie de sa suite et de son entourage, est protégé par un wergeld triple de celui des autres sujets (2). Si le *thungi-*

(1) Voir plus loin, chapitre II, § 1.

(2) Le comte ou le *sacebaro* qui sont des fonctionnaires royaux, ont un wergeld de 600 *solidi* s'ils sont ingénus (tit. 54, §§ 1 et 3) ; or, le wergeld

nus était l'homme du roi, il aurait donc le triple wergeld; or, nous ne voyons cette idée dans aucun passage de la loi Salique. En second lieu, dans la centaine elle-même, c'est-à-dire dans la circonscription judiciaire à la tête de laquelle est le *thunginus*, se trouve un personnage que la loi Salique appelle *sacebaro*. Qu'est-ce que ce personnage? C'est très difficile à dire; il n'en est question que dans un seul titre de la loi Salique (le titre 54); et ce qu'ont ajouté les historiens aux renseignements donnés par ce titre, n'est qu'une réunion d'hypothèses; mais, en laissant de côté tout ce qui est douteux, et sans sortir du titre 54 lui-même, deux idées très nettes s'en dégagent que je recueille immédiatement : 1° il y a un, deux ou trois sacebarons au plus dans chaque tribunal (*in singulis mallobergis*); 2° le *sacebaro* ingénu a un wergeld de 600 solidi, ce qui est un wergeld triple de celui du Franc ingénu (1). Il faut conclure de là : 1° que le *sacebaro* est attaché à la circonscription judiciaire elle-même; 2° qu'il est un homme du roi, puisqu'il a le triple wergeld. Ainsi le *sacebaro* est sûrement le fonctionnaire du roi dans la centaine, comme le comte est le fonctionnaire du roi dans le *pagus*. Voilà le point certain. Quant aux attributions que le *sacebaro* exerce au nom du roi dans cette centaine, il faut, comme je l'ai dit, se contenter là-dessus de conjectures. La plus vraisemblable me paraît encore celle de Sohm, d'après lequel le *sacebaro* serait principalement chargé de percevoir le *fredus*

---

du Franc ingénu est de 200 *solidi* (tit. 41, § 1). Si le comte ou le *sacebaro* sont des *pueri regis* (sur les *pueri regis*, personnages qui tiennent le milieu entre les esclaves et les hommes libres et que les textes assimilent généralement aux *liti*, voy. Thonissen, p. 83 à 88), leur wergeld est de 300 *solidi* (tit. 54, § 2); or, le wergeld du *lite* et du *puer regis* est, en général, la moitié de celui de l'ingénu (tit. 42, § 4), donc 100 *solidi*. — L'antrustion qui n'est pas un fonctionnaire, mais qui est le *comes* du roi, a un wergeld de 600 *solidi* (tit. 41, § 3). — Le Romain *conviva regis* vaut 300 *solidi* (*ibid.*, § 5); tandis que le Romain ordinaire (le *Romanus possessor*) vaut 100 *solidi* (*ibid.*, § 6). — La loi Salique ne parle pas du wergeld des personnes qui sont *in verbo regis*, mais elle punit, d'une façon générale, les délits commis contre ces personnes plus sévèrement que les autres délits (voy. Thonissen, p. 128 à 134).

(1) Tit. 54, § 3 : *Si quis sacebarone qui ingenuus est occiderit... solidos DC culpabilis judicetur;* § 4 : *Sacebaronis vero plus in singulis mallibergiis quam tres non debent esse.*

dans la centaine, concurremment avec le comte (1); mais cela importe peu au fond, car, dans tous les cas et pour nous en tenir à ce qui est tout à fait prouvé, nous aboutissons à la conclusion suivante. Le *sacebaro* étant le fonctionnaire du roi dans la centaine, ce n'est pas le *thunginus* qui, dans cette centaine, représente le roi.

En résumé, le *thunginus* de la loi Salique n'est pas un fonctionnaire royal, et ce résultat est très important, parce qu'il nous montre quelle grande différence existe entre l'organisation judiciaire de la loi Salique et celle qui fonctionnera après la conquête et l'établissement de la monarchie absolue. Le chef du tribunal dans l'Empire franc est un fonctionnaire du roi; la justice est royale. Dans la loi Salique, au contraire, le chef du tribunal n'est pas un fonctionnaire, et, par conséquent, la justice n'a pas le caractère monarchique qu'elle prendra plus tard. Je n'examinerai pas ici la question de savoir par qui est nommé le *thunginus*, parce qu'il ne me paraît pas qu'on puisse faire à cette question de réponse tout à fait sûre. Un seul fait est certain; le *thunginus*, n'étant pas un fonctionnaire du roi, n'est sûrement pas nommé par le roi; mais on peut discuter pour savoir s'il est nommé par une assemblée générale du peuple franc ou par l'assemblée de la centaine elle-même (2). Dans tous les cas, la réponse que l'on

(1) Voyez, en effet, le tit. 54, § 4, qui indique que les sacebarons sont des agents de perception des compositions : *Et si de causas* (dans le sens de compositions) *aliquid de quod eis* (aux sacebarons) *solvitur factum dixerint, hoc ad grafionem non requiratur;* ce qui signifie : « Quand les sacebarons ont reçu une composition, le comte ne devra plus la réclamer. » — Sur les sacebarons, voy. Sohm, p. 84 à 97 (ce chapitre de Sohm a été traduit par M. Thévenin à la suite de sa traduction de la *Procédure de la loi Salique*, p. 152 à 162); Thonissen, p. 61 à 70; Bethmann-Hollweg, IV, p. 431 à 433. On trouvera, dans l'ouvrage de Thonissen, l'énumération et la discussion des systèmes nombreux imaginés sur les sacebarons.

(2) Sohm (p. 55, 56, 73), et d'après lui Thonissen (p. 56), disent que le *thunginus* est certainement nommé par l'assemblée générale du peuple franc, pour ce motif que l'assemblée de la circonscription judiciaire à la tête de laquelle est le *thunginus* n'apparaît nulle part avec un rôle politique et des attributions électorales, elle est purement et exclusivement une assemblée judiciaire. Mais cette opinion suppose qu'il y a une assemblée générale du peuple franc, idée adoptée d'ailleurs et longuement développée par Sohm, p. 38 à 57. J'ai dit plus haut que cette opinion de Sohm était très contestable

fera à cette question ne changera en rien l'idée que je viens de donner du caractère essentiel du *thunginus*, chef du tribunal de droit commun qu'il convoque et préside, et représentant non pas du roi, mais des hommes libres (1).

Il reste à savoir quel rôle joue le *thunginus* dans le *mallus*, et si les hommes libres participent au jugement rendu par ce tribunal.

Sur cette question, les textes de la loi Salique s'expriment d'une façon très positive; ils nous disent que le jugement est rendu par des personnages qui s'appellent les rachimbourgs. Donc ce n'est pas le *thunginus* qui juge lui-même; il préside seulement le tribunal, mais la sentence est rendue par les rachimbourgs.

Tit. 56 : *Si quis ad mallum venire contempserit aut quod* EI

(voy. principalement Fahlbeck, p. 241 à 250). Si on refuse d'admettre l'existence de cette assemblée générale, il en résultera que le *thunginus* devra être élu par l'assemblée de la centaine elle-même. C'est l'opinion de Fahlbeck, p. 18.

(1) On a voulu voir comme un indice que la justice aurait le caractère d'un service royal, d'une fonction exercée au nom du roi, dans un passage des *Septem causæ*, résumé des compositions contenues dans la loi Salique, qui dit que le meurtre du Franc tué *inter quatuor solia* (mot à mot entre les quatre bancs) entraîne une composition de 600 *solidi*, c'est-à-dire le triple wergeld que nous avons vu être celui des agents du roi (voy. ce texte dans Pardessus, p. 354; = Hessels, p. 424 : *Si quis Francum inter quatuor solia occiderit, solidos 600 culpabilis judicetur*). Or, *inter quatuor solia* signifie, dit-on, « au tribunal; » le *thunginus* qui préside le *mallus* et les rachimbourgs qui jugent étant assis dans un quadrilatère formé par quatre bancs, comme on le voit encore dans les coutumes judiciaires de la Flandre au moyen-âge (voy. Thonissen, p. 82 et 375; Sohm, *Procédure de la loi Salique*, traduction, p. 100, note 1). Ainsi le *thunginus* ou même un Franc quelconque, lorsqu'il juge, a le triple wergeld propre aux agents du roi; donc la justice est un service royal. Il n'y a, à mon avis, aucune conclusion à tirer de ce texte des *Septem causæ*. D'abord, il ne me paraît pas démontré que *inter quatuor solia* signifie « au tribunal »; les objections de M. Fustel de Coulanges contre cette traduction sont très inquiétantes (*Recherches*, p. 384 à 386). Ensuite, même en admettant cette signification très douteuse de tribunal, il est certain que les *Septem causæ* n'appartiennent pas à la loi Salique, mais à une époque très postérieure; donc il n'y a pas à en tenir compte pour l'époque que j'étudie, aucun passage de la loi Salique ne faisant la moindre allusion à une augmentation de wergeld en cas de meurtre commis au tribunal. Pour ces deux raisons, le texte est à laisser de côté. Voy. sur ce point, W. Sickel, *Die Entstehung der Schöffengerichts* (*Savigny-Stiftung*, VI, p. 5 et 6).

A RACHINEBURGIIS FUERIT JUDICATUM *adimplere distulerit*.....
*tunc ad regis præsentia ipse manire debet. Et ibi duodecim
testes erunt qui... dicant quod ibi fuerunt ubi* RACHINEBURGIUS
JUDICAVERUNT... *Iterum alii tres jurare debent ut ibi fuissent*
DIE QUANDO RACHINEBURGII JUDICAVERUNT.

Tit. 57, *De rachineburgiis*, § 1 : *Si quis rachineburgii in
malbergo sedentes, dum causam inter duos discutiunt et* LE-
GEM DICERE NOLUERINT, *debet eis dicere ab illo qui causa pro-
sequitur :* « *Hoc ergo vos tangano* (je vous somme) *ut* LEGEM
DICATIS *secundum legem Salegam.* » *Quid si illi dicere noluerint, septem de illos rachimburgiis... solidos III ante solem col-
locatum culpabilis judicentur.*

Id., § 3 : *Si vero illi rachineburgii sunt, et non* SECUNDUM
LEGEM JUDICAVERINT, *is contra quem* SENTENTIAM DEDERINT
causa sua agat, et si potuerit adprobare quod non SECUNDUM
LEGEM JUDICASSENT... *solidos XV quisque illorum culpabilis judicetur.*

Le premier de ces textes suppose qu'une des parties a refusé d'exécuter la sentence rendue par les rachimbourgs. C'est
donc que les rachimbourgs rendent la sentence. Le second
suppose que les rachimbourgs ne veulent pas juger ; il déclare
alors que le demandeur les sommera de juger, et que, s'ils
refusent de se rendre à cette sommation, ils payeront trois
solidi. Enfin, le troisième texte suppose qu'ils ont consenti à
juger, mais qu'ils ont jugé contrairement à la loi ; alors la
partie condamnée injustement les fait condamner à leur tour
à une peine de quinze *solidi* pour violation de la loi dans leur
jugement. Tous ces textes établissent d'une façon très positive que la sentence est rendue non par le *thunginus* seul,
mais par les rachimbourgs.

Seulement, il reste deux questions auxquelles les textes
cités ne répondent pas :

1° Il est certain que les rachimbourgs rendent la sentence.
Mais le *thunginus* concourt-il à cette sentence ou bien pré-
side-t-il simplement le tribunal sans prendre aucune part au
jugement? Les textes ne nomment pas le *thunginus* parmi les
auteurs de la sentence ; mais sa qualité de chef du tribunal
rendrait très vraisemblable, à mon avis, sa participation au
jugement. Je montrerai que, dans l'organisation judiciaire de

l'État franc, la participation du chef du tribunal au jugement est certaine, quoiqu'on l'ait contestée. Dans le droit de la loi Salique, il ne me paraît pas que la question soit susceptible d'une réponse tout à fait sûre. La plupart des auteurs nient absolument la participation du *thunginus* à la sentence (1); l'opinion contraire, sans être démontrée, me semblerait pourtant plus probable, car, si on ne l'admet pas, il se trouvera que, sur ce point, le droit de la loi Salique restera tout seul de son espèce, entre la législation primitive des Germains dans laquelle le *princeps* est le juge principal, sinon unique, et la législation mérovingienne qui proclame certainement, comme je le montrerai, la participation du chef du tribunal à la sentence.

2° Qui sont ces rachimbourgs auxquels principalement (sinon uniquement) appartient le droit de rendre la sentence? Fonctionnaires du roi, évidemment ils ne le sont pas, et personne n'a jamais songé à leur attribuer ce caractère. Mais on peut se demander s'ils sont tous les hommes libres de la centaine convoqués au *mallus* et jugeant (2), ou bien s'ils sont des notables choisis dans la centaine par le *thunginus* ou par les parties pour composer le tribunal (3). Aucune de ces deux opinions n'est en somme contraire aux textes cités; elles peuvent donc, à la rigueur, se soutenir l'une et l'autre. Mais ce qu'il faut, à mon avis, écarter résolûment, c'est l'explication de Sohm et de Fahlbeck pour qui les rachimbourgs sont non pas

(1) Voy. notamment Pardessus, *Loi Salique,* p. 574; Thonissen, p. 58, 375; Glasson, *Hist. du Droit et des institutions de l'Angleterre*, I, p. 194.

(2) En ce sens, Pardessus, *Loi Salique*, p. 578; Waitz, *Das alte Recht der salischen Franken*, p. 151 et s.; Glasson, *loc. cit.;* p. 194, 195; Thonissen, p. 71 à 83; Sickel, *Die Enstehung der Schöffengerichte (Savigny-Stiftung;* VI, p. 12 à 15); Savigny, *Droit romain au moyen-âge*, I, p. 148 à 153. Ce dernier va certainement trop loin dans cette voie, lorsqu'il dit que le mot rachimbourg est tout simplement synonyme du mot homme libre. En admettant, ce que je crois possible, que les rachimbourgs sont les hommes libres présents au *mallus*, il est certain, dans tous les cas, que ces hommes libres ne portent le nom de rachimbourgs que dans l'exercice de leurs fonctions judiciaires ou de leurs fonctions d'experts qui s'en rapprochent. A l'armée, par exemple, ils ne s'appelleront jamais rachimbourgs.

(3) En ce sens, Rogge, *Ueber das Gerichtswesen der Germanem*, p. 72, 73. Zœpfl, *Deutsche Rechtsgeschichte*, III, p. 323; Bethmann-Hollweg, IV, p. 427 et 428. Ces auteurs admettent, en principe, qu'il y a sept rachimbourgs.

le tribunal même, mais des conseillers du tribunal. Dans cette
opinion, le jugement est rendu par tous les hommes libres de
la centaine, ce sont eux qui sont le tribunal, eux qui rendent
la sentence; mais les rachimbourgs sont des notables placés
à côté d'eux pour examiner la cause, pour éclairer l'assemblée, pour lui indiquer la sentence qui, à leur avis, est conforme à la loi; ils ne jugent pas, ils conseillent seulement les
juges; ils ne rendent pas la sentence, mais ils la préparent (1).
Les textes cités me semblent tout à fait contraires à cette façon
de comprendre le rôle des rachimbourgs; la loi Salique dit
formellement, si je sais la lire, que les rachimbourgs ont jugé
ou qu'ils doivent juger; elle ne leur assigne nulle part la tâche
de préparer l'affaire et de conseiller les juges; elle les oblige,
au contraire, à prononcer eux-mêmes la sentence, et elle les
rend responsables de la sentence qu'ils ont rendue eux-mêmes,
si elle est contraire à la loi. L'opinion de Sohm, en somme,
n'a pas d'autre base que l'étymologie prétendue et, je le reconnais, probable du mot rachimbourg (*rachimburgius*, *ra-
thimburgius*; racine : *rath* (conseil); comparer *rathen*, *rathge-
ber*, etc. (2); mais c'est une méthode bien peu sûre que celle
qui consiste à déterminer les caractères d'une institution d'a-
près la seule étymologie du mot qui sert à la désigner. C'est
avec les textes mêmes de la loi Salique qu'il est possible de
résoudre la question avec certitude; toute autre méthode est
arbitraire et périlleuse. Or, je ne vois dans la loi Salique que

(1) Siegel, *Geschichte des deutschen Gerichtsverfahrens*, p. 105 et s., 144 et
s.; Sohm, *Reichs-und Gerichtsverfassung*, p. 373; *Procédure de la loi Salique*
p. 97 à 100; Fahlbeck, p. 17, note. — Waitz. II, 2º part., p. 165 à 167, paraît
très hésitant entre tous ces systèmes; il rejette l'opinion qu'il avait admise
autrefois dans son livre sur l'ancien droit des Francs saliens, et d'après
laquelle les rachimbourgs étaient tous les hommes libres présents au jugement; les rachimbourgs sont, d'après lui, des notables au nombre de douze
en principe (sept formant la majorité, et la sentence, par conséquent, pouvant
être rendue valablement par sept voix); mais il lui semble impossible de nier
que les hommes libres présents au *mallus* aient participé aussi au jugement;
de telle sorte qu'il aboutit à peu près à l'opinion de Sohm, d'après laquelle
les rachimbourgs seraient les préparateurs des jugements plutôt que les
juges.

(2) Voy. Grimm, *Rechtsalterthümer*, p. 774; Sohm, *Reichs-und Gerichtsverfassung*, p. 373; Kern, notes à la suite de l'édition de la loi Salique de Hessels, § 340. Cf. Fustel de Coulanges, *Recherches*, p. 423, 424.

deux passages qui puissent embarrasser; car, je ne compte
pas le titre 50 qu'on a fait bien à tort intervenir en cette affaire, parce qu'il parle de sept rachimbourgs assistant le
comte dans la saisie des meubles d'un débiteur; j'ai montré
que ces rachimbourgs ne sont pas juges, mais experts; par
conséquent, ce texte doit être écarté de la discussion. La seule
difficulté est dans les deux paragraphes du titre 57 qui sont
cités plus haut. Le § 3 dit que si les rachimbourgs ont jugé
contrairement à la loi, celui qu'ils ont condamné injustement
a le droit de se plaindre et de les faire condamner à une peine.
Cela suppose nécessairement qu'il y a une juridiction au-dessus de celle des rachimbourgs, appelée à réformer la sentence
de ces derniers et à réparer les violations de la loi qu'ils ont
pu commettre. D'après M. Fahlbeck, cette juridiction supérieure est tout simplement le tribunal lui-même, l'assemblée
des hommes libres de la centaine, et le texte signifie que les
rachimbourgs ne sont pas le tribunal, mais seulement des conseillers dont l'avis ne lie pas l'assemblée, et doit être, par
conséquent, réformé par elle, s'il viole la loi. Mais cette façon
de se représenter les choses est contraire au texte, puisque la
loi parle très formellement non pas d'un conseil donné par les
rachimbourgs et que l'assemblée des hommes libres écarterait
parce qu'il serait contraire à la loi, mais bien d'un jugement,
d'une sentence véritable rendue par ces rachimbourgs eux-
mêmes (*si vero illi rachineburgii non secundum legem judicaverint*). Les rachimbourgs sont donc le tribunal même qui a
jugé et non pas les conseillers du tribunal qui n'auraient fait
que proposer la sentence. Alors comment peut-il se faire que
ce jugement des rachimbourgs, qui est la décision même des
hommes libres de la centaine, soit réformé ensuite par une
autre juridiction? Il n'y a évidemment qu'une seule juridiction qui puisse prendre vis-à-vis du *mallus* une pareille atti-
tude; c'est le tribunal du roi. Je crois donc que lorsque l'assemblée judiciaire des hommes libres a rendu une décision
contraire à la loi, cette décision peut être portée en appel au
tribunal du roi qui condamnera à une peine de quinze *solidi*
les juges qui ont mal jugé; c'est la seule façon, à mon avis,
d'expliquer la disposition du titre 57 de la loi Salique; car, le
tribunal appelé à réformer la sentence des premiers juges ne

peut pas être évidemment le *mallus* lui-même qui est composé de ces juges-là (1). Reste maintenant l'autre disposition du titre 57. Le § 1 de ce titre prévoit le refus de juger des rachimbourgs, et dit qu'en ce cas, sept d'entre eux sont condamnés à une peine de trois *solidi*. Il faut faire sur ce § la même remarque que tout à l'heure, et dire que cette juridiction supérieure qui, en cas de déni de justice par les rachimbourgs, les condamne à trois *solidi*, est le tribunal du roi. De plus, le nombre de sept rachimbourgs mentionné par ce texte doit être remarqué. On a voulu en conclure que les rachimbourgs ne sont pas tous les hommes libres, mais des notables au nombre de sept, disent les uns, ou de douze, disent les autres (sept formant alors la majorité). Cette conclusion ne me paraît pas nécessaire, et j'expliquerais volontiers cette règle de la loi Salique en disant, comme M. Thonissen, que sept rachimbourgs sont nécessaires et suffisants pour rendre un jugement valable, et que, par conséquent, si les hommes libres qui composent le *mallus* refusent de juger, le demandeur s'adressera spécialement à sept d'entre eux pour les sommer de juger de l'affaire, sous peine d'être condamnés à l'amende de trois *solidi* fixée par le titre 57 (2).

En résumé, dans l'organisation judiciaire de la loi Salique, le tribunal de droit commun est convoqué et présidé non par

---

(1) C'est l'opinion de Thonissen, p. 398, de Marcel Fournier, *Essai sur l'histoire du droit d'appel*, 1881, p. 101 et 102, et de Beauchet, *Organisation judiciaire*, p. 65. — Observez que la loi Salique dit en termes formels que si l'une des parties refuse de se rendre au *mallus* ou d'exécuter la condamnation prononcée par les rachimbourgs, on l'assignera devant le tribunal du roi (tit. 56). L'idée d'un recours au tribunal du roi n'est donc pas étrangère à la loi Salique, et, par conséquent, l'appel en cas de déni de justice ou de jugement contraire à la loi n'est pas *à priori* une chose inadmissible. Il est certain, d'ailleurs, que cet appel de la sentence des rachimbourgs au tribunal du roi est la règle dans l'organisation judiciaire de l'Empire franc; voy. capitulaire de Pépin, de 754 ou 755, cap. 7 (Bor., p. 32) : *Si aliquis homo..... reclamaverit quod legem ei non judicassent* (les rachimbourgs), *tunc licentiam habeat ad placitum venire pro ipsa causa*, etc. Dès l'époque mérovingienne, on reconnaît des traces de cette juridiction d'appel, soit pour mal jugé, soit principalement pour cause de déni de justice. Voyez Marcel Fournier, cité p. 104, 121 à 132; Tardif, *Institutions politiques*, p. 193, 194; Beauchet, *Organisation judiciaire*, p. 64, 68.

(2) Thonissen, p. 78, 79.

.un fonctionnaire du roi, mais par le représentant des hommes libres, et le jugement est rendu soit par des notables, soit même par tous les hommes libres de la circonscription judiciaire.

CHAPITRE II.

La justice dans l'État franc.

Deux faits considérables résument la transformation qu'a subie le royaume des Francs : d'abord l'établissement d'une monarchie absolue, qui gouverne non plus une petite tribu de Francs saliens, mais un grand empire composé de peuples et de races diverses, Francs, Burgondes, Wisigoths, Romains, tous confondus dans une commune sujétion ; en second lieu, le pouvoir de l'Église gallo-franque, très riche, très puissante, très ambitieuse, qui règne à côté et souvent au-dessus du roi.

Dans l'organisation judiciaire, ce double triomphe de la monarchie et de l'Église a amené non pas seulement quelques modifications de détail, comme diverses mesures destinées à fortifier le pouvoir du roi ou à favoriser les clercs, mais presqu'une révolution complète. Un simple coup d'œil sur l'ensemble des institutions judiciaires de cette époque porte l'esprit à une distance infinie des institutions de la loi Salique.

1° Le tribunal ordinaire, au lieu d'avoir à sa tête le *thunginus* qui représente les hommes libres et qui est leur élu, est convoqué, présidé et dirigé en principe par le comte, qui est essentiellement l'agent du roi, et, dans tous les cas, par un fonctionnaire.

2° La part décisive que les hommes libres prenaient au jugement dans l'organisation de la loi Salique va devenir de plus en plus faible, et finira par disparaître. Le jugement sera rendu par des fonctionnaires ; tel est en effet le caractère des scabins de l'époque carolingienne.

3° Le tribunal du roi, assez effacé dans la loi Salique, devient une juridiction très importante.

4° A côté de la juridiction ordinaire et de celle du roi s'établit une juridiction toute nouvelle que la loi Salique ignorait nécessairement, la justice ecclésiastique.

5° Une autre justice s'établit encore, celle des grands propriétaires fonciers, qui sont en général des églises ou des abbayes, et à qui des concessions royales reconnaissent le droit de rendre eux-mêmes la justice sur leurs terres (justice d'immunité).

La simple énumération de ces faits, dont chacun éveille l'idée d'une transformation considérable, montre quelle erreur commettent ceux qui confondent d'une façon générale l'organisation judiciaire de la loi Salique et celle de l'État franc.

De ces faits, je négligerai tout à fait les trois derniers. Je ne m'occupe, en effet, dans ce travail que de la juridiction du droit commun. Or le tribunal du roi, le tribunal ecclésiastique et le tribunal d'immunité sont des juridictions extraordinaires, malgré leur importance. D'ailleurs, dans deux de ces juridictions, les hommes libres ne prennent aucune part au jugement. La juridiction ecclésiastique n'est évidemment pas le tribunal des hommes libres, mais celui des clercs. De même, dans le plait royal, le roi ou le comte du palais, au nom du roi, juge non pas seul, il est vrai, mais entouré des *proceres*, c'est-à-dire des grands du palais et du royaume (1); quelle que soit la part que ces personnages prennent au jugement, lors même qu'on voudrait les considérer comme les

____

(1) Voyez les nombreux diplômes cités par Tardif, *Institutions politiques*, p. 179 à 182, et Fustel de Coulanges, *Recherches*, p. 509 à 513. Pour l'époque carolingienne, voir principalement les textes cités par Waitz, IV, p. 493 à 497. — Dans tous ces documents, le roi est dit juger *una cum apostolicis viris* (suivent les noms des évêques) *nec non et illustribus viris* (suivent les noms des comtes, des *domestici*, des référendaires, des sénéchaux du palais, etc.), ou plus simplement *una cum proceribus vel fidelibus nostris*. Comme type, on peut lire la formule de Marculf, I, 25 = Roz., 442 : *Ergo cum nos in Dei nomen in palatio nostro ad universorum causas recto judilio terminandas una cum domnis et patribus nostris episcopis vel cum plures obtimatibus nostris, illis episcopis, illi majorem domus, illis ducibus, illis patriciis, illis referendaris, illis domesticis, illis siniscalis, illis cubicularis, et illi comes palati vel reliquis plures fidelibus nostris resideremus.* — Sur la composition du plait du roi, voyez, outre les ouvrages que je viens de citer, Waitz, II, 2° partie, p. 184 et 192, et IV, *loc. cit.* ; Beauchet, *Organisation judiciaire*, p. 50, 51, et 339 à 349 ; Bethmann-Hollweg, IV, p. 437 et 438.

véritables auteurs de la sentence (1) et non comme de simples
conseillers (2), ce qui me paraît l'opinion la plus vraisemblable à beaucoup près, il est certain, dans tous les cas, que
ces *proceres* ne sont pas les hommes libres, mais les grands
personnages de l'Etat, ou les compagnons, les fidèles et les
vassaux du roi, et que d'ailleurs le roi, dans son plait, a toujours les moyens d'assurer le succès de la partie qu'il favorise
en composant le tribunal de personnes à sa dévotion qui juge-
ront comme il l'entendra. Quelques documents de l'époque
carolingienne nous parlent de *scabini* qui jugent dans le tribunal du roi (3); mais ce serait certainement une erreur de
voir dans ces personnages de véritables scabins institués
auprès du tribunal du roi comme Charlemagne en a établi
auprès des tribunaux du droit commun; il faut entendre tout
simplement par là les *proceres* et les *fideles* qui figurent dans
presque tous les diplômes où il est question du plait royal (4).
Les juridictions d'immunité sont en définitive les seuls tribunaux extraordinaires où je reconnaîtrais sans difficulté la participation des hommes libres, dans les limites mêmes où cette
participation doit être admise auprès du tribunal du droit
commun; en d'autres termes, la sentence, à mon avis, y est
rendue par le *judex* de l'immunité assisté de rachimbourgs à
l'époque mérovingienne et de scabins à l'époque carolingienne. Les documents, en effet, sont formels (5); et cette

(1) Beauchet, p. 50, 51, 348 et 349.

(2) Fustel de Coulanges, *Recherches*, p. 503 à 514. — Tardif, p. 179 et 180 ;
et Waitz, IV, p. 494, 495, sans s'exprimer très formellement sur ce point,
paraissent bien au fond de cet avis.

(3) Voyez ces textes, cités par Sohm, *Reichs und Gerichtsverfassung*, p. 382,
note 38; Waitz, IV, p. 493 et 494, notes; Beauchet, p. 346.

(4) Sohm, p. 382; Beauchet, p. 347; cf. Bethmann-Hollweg, V, p. 28 et
29.

(5) Pour l'époque mérovingienne, les textes décisifs sont ici les formules
d'Anjou (vie et viie siècles); à côté de la justice ordinaire se trouve mentionnée dans un très grand nombre des ces formules la justice de l'abbé
grand propriétaire ; or l'abbé, ou le *præpositus* de l'abbé qui le représente,
jugent toujours *cum reliquis bonis hominibus* ou *viris venerabilibus*, absolument comme le comte à l'époque mérovingienne dans le tribunal du droit
commun. Voyez 10 = Roz., 482; 11 = Roz., 495; 24 = Roz., 497; 28 =
Roz., 487; 29 = Roz., 489; 30 = Roz., 488; 47 = Roz., 473, § 1. —
A l'époque carolingienne, où le jugement dans le tribunal du droit commun

conclusion est très naturelle, car la justice d'immunité est en somme la justice ordinaire avec cette seule différence qu'elle est rendue par le propriétaire immuniste ou par son représentant, au lieu d'être rendue par le roi ou son agent qui est le comte ; il est donc tout simple qu'elle ait pour modèle le tribunal même du droit commun. Mais je laisserai de côté les tribunaux d'immunité, parce que c'est la justice ordinaire qui fait exclusivement l'objet de ces recherches.

Sur ce tribunal du droit commun, j'étudierai les trois points suivants : 1° le président ou le chef du tribunal ; 2° la convocation des hommes libres à ce tribunal ; 3° la participation des hommes libres à la sentence rendue. J'aurai encore après cela, à me demander s'il n'y a pas de cas dans lesquels les règles ordinaires que j'aurai ainsi établies doivent être mises de côté, et dans lesquels le jugement est rendu par un agent du roi, sans la participation des hommes libres.

§ 1.

Le chef du tribunal.

Quel est le personnage qui, dans l'organisation judiciaire de l'Empire franc, convoque, préside et dirige le tribunal du droit commun ?

Comme cette question a fait l'objet déjà de travaux considérables, et comme il est inutile d'insister longuement sur des vérités aujourd'hui tout à fait acquises, je me contenterai, sans en-

---

est rendu par le comte et par des scabins, le jugement, dans le tribunal d'immunité, est rendu également par le juge de l'immunité et par des scabins, appelés indifféremment selon l'usage *scabini, rachimburgi* ou *judices.* Voyez dans Guérard, *Polyptyque de saint Remi,* XVII, 127 (p. 57), le procès-verbal d'un plait tenu par les *missi* de l'archevêque ; le jugement est rendu *per judicium scabinorum quorum hæc sunt nomina* (suivent huit noms). Cf. Vaissete, *Histoire du Languedoc ; Preuves,* nouvelle édition, II, p. 341 (ancienne, I, 118) ; plait tenu en 865 par l'abbé d'un monastère assisté d'évêques et de prêtres, *cum judicibus qui jussi sunt causas dirimere et legibus definire, cum rachimburgibus id est* (neuf noms) *judicibus.* Diplôme de Louis le Pieux de 823 (Bouquet, VI, p. 535) : *Ipse advocatus... semel in anno publicum placitum apud villam quæ vocatur G, ubi sedes est judiciaria totius abbatiæ, teneat, cum illis tamen qui quod justum et sciant et diligant.*

trer dans aucun détail sur l'administration de l'État franc et sur ses divers fonctionnaires, de mettre en relief l'idée dominante en cette matière, celle qu'il est indispensable de bien connaître pour comprendre les documents relatifs à la participation des hommes libres au jugement. Aussi bien est-ce cette question-là qui est l'objet direct de cette étude, et je ne dois dire, par conséquent, sur le rôle du chef du tribunal, que ce qu'il faut nécessairement en savoir pour être à même de comprendre le rôle des hommes libres.

Voici l'idée générale, tout à fait essentielle à la connaissance des institutions judiciaires de l'empire Franc, et la seule sur laquelle je veuille m'arrêter dans ce paragraphe : le président et le chef du tribunal du droit commun est toujours un fonctionnaire royal. Je vais démontrer cela en étudiant l'une après l'autre l'époque mérovingienne et l'époque carolingienne.

I.

Dans les textes de l'époque mérovingienne, le président du tribunal du droit commun est, en principe, le comte, c'est-à-dire le représentant et l'agent du roi dans le *pagus*.

Ce n'est pas à dire qu'il y ait à cette époque un tribunal de comté. L'unité judiciaire est toujours la centaine, comme à l'époque de la loi Salique. J'entends par là que le tribunal ordinaire est le tribunal de la centaine; en effet, il n'est fait mention nulle part d'une convocation des hommes libres à l'assemblée judiciaire de tout le comté (1). Mais tandis que, sous la loi Salique, le chef du tribunal de la centaine était un *centenarius* nommé par les hommes libres, à l'époque mérovingienne, ce chef est le comte lui-même qui parcourt les différentes centaines de son *pagus* et dans chacune d'elles préside l'assemblée judiciaire. Il est très remarquable que cette transformation capitale de l'organisation judiciaire franque est certainement de l'époque qui suit immédiatement la conquête et la constitution du nouvel État franc; car le comte a

______

(1) Waitz, II, 2ᵉ partie, p. 138 et 139; Sohm, *Reichs-und Gerichtsverfassung*, p. 278 et suiv.; Beauchet, p. 13 et 14; Bethmann-Hollweg, IV, p. 121.

déjà le caractère de chef du tribunal dans le premier des capitulaires ajoutés à la loi Salique ; or ce capitulaire, que Pertz attribue à Clovis lui-même, est sûrement ou de ce roi ou d'un des premiers rois mérovingiens (1).

Ainsi dès le début de l'État franc, le comte devient le *judex* ordinaire et du droit commun :

Capitulaire ajouté à la loi Salique, cap. 7 (Pertz, *Leges*, II, p. 4 = Pardessus, p. 331 = Hessels, tit. 71, p. 407) : *Tunc in mallo judici, hoc est comite aut grafione.* (Il s'agit de la veuve qui se remarie et qui doit accomplir avant son mariage la cérémonie que la loi Salique, tit. 44, appelle *reipus* ; cette cérémonie a lieu *in mallo* ; mais tandis que la loi Salique, pour indiquer cela, dit : *ante thunginum aut centenario*, le capitulaire cité dit au contraire : *in mallo judici, hoc est comite.*)

Même capitulaire, cap. 9 (Pertz, *Leges*, II, p. 5 = Pardessus, p. 332 = Hessels, tit. 73, p. 408) : *De hominem inter duas villas occisum... Debet judex, hoc est comis aut grafio, ad locum accedere*, etc.

Édit. de Chilpéric, cap. 8 (Boretius, p. 9) : *Tunc in proximo mallo ante rachymburgiis... sic invitetur graphio.*

Formules d'Anjou (début de l'époque mérovingienne) (2), 12 = Rozière, 457 : *Per judicio inluster illo comite.*

Ibid., 50 = Roz., 493 : *Ante vero inluster illo comite vel reliquis racimburgis.*

Formules de Marculf (fin de l'époque mérovingienne) (3), I, 8

____

(1) Voy. pour la critique de ce capitulaire, qu'il faut probablement attribuer à Clovis, Schröder, *Die Franken und ihr Recht* (*Savigny-Stiftung*, II, p. 39), et les indications bibliographiques données par Hessels, dans son édition de la loi Salique, p. 406.

(2) Le recueil des formules d'Angers a dû être terminé en 678. Une première partie (form. 1 à 36) est même très ancienne et remonte à 514 ou 515 ; une deuxième partie (form. 37 à 57) a été composée entre 515 et 678, et enfin les trois dernières formules sont de 678. Voy. sur ces dates, la préface de ces formules dans l'édition de Zeumer, p. 2 ; et Richard Schröder, *Ueber die Fränkischen Formelsammlungen* (*Savigny-Stiftung*, IV, German. *Abtheilung*, 1883, p. 77 et 78).

(3) Zeumer (*Neues Archiv der Gesellschaft für altere Geschichsturkunde*, VI, p. 26 et s. ; article résumé dans son édition des formules, p. 33 et 34) a daté le recueil de Marculf du commencement du viiie siècle ; mais l'opinion traditionnelle qui en fait une œuvre du milieu du viie siècle (650-656), me

= Roz., 7. Il s'agit ici de la formule très remarquable par laquelle le roi investit le comte de ses attributions ; la plus importante de ces attributions est précisément l'administration de la justice : *Nec facile cuilibet* JUDICIARIA *convenit committere dignitatem, nisi prius fides seo strinuetas videatur esse probata. Ergo dum et fidem et utilitatem tuam videmur habere compertam, ideo tibi accionem comititiæ in pago illo... commissemus ita ut... eos recte tramite* SECUNDUM LEGE ET CONSUETUDINE EORUM (1) *regas, latronum et malefactorum scelera a te severissime reprimantur,* etc.

Grégoire de Tours, *Hist. Franc.,* VIII, 18 : *Causarum accionem agere cœpit. Exinde dum pagum urbis in hoc officio circuiret,* etc. (Ainsi le comte parcourt les circonscriptions judiciaires de son *pagus* pour présider le tribunal dans chacune d'elles.)

Dans les documents mérovingiens, lois, capitulaires, diplômes, formules, histoires, etc., le mot *judex* revient plus de cent fois. A moins de cas très exceptionnels, dans lesquels nous sommes d'ailleurs avertis par le contexte que nous avons affaire à un autre juge, le *judex* est toujours le comte (2).

J'ai dit qu'il y a des cas exceptionnels dans lesquels le tribunal est présidé par un autre que par le comte. On voit, en effet, dans certains textes, qu'il est présidé par le *centenarius* (3) ; dans d'autres cas, par un personnage qui s'appelle

semble avoir été tout à fait démontrée, contre les objections de Zeumer, par M. Ad. Tardif, *Étude sur la date du formulaire de Marculf (Revue historique de droit,* 1884, p. 557 et s.). Cf. cependant Schröder, *loc. cit.,* p. 79, qui adopte l'opinion de Zeumer et qui ne croit pas que, dans la pratique, on se soit servi de ce formulaire avant 728.

(1) Allusion à la personnalité des lois. On sait que la *lex,* à la différence du capitulaire, a le caractère coutumier et national. Lire principalement sur ce point, Thevenin, *Lex et capitula (Biblioth. de l'École des Hautes-Études,* 35ᵉ fascicule, p. 137 et s.).

(2) Voy. les textes très nombreux cités par Sohm, p. 146 et 147. — Cf. W. Sickel, *Savigny-Stiftung,* VI, p. 29 à 33 ; Fustel de Coulanges, *Recherches,* p. 407 et suiv.

(3) Loi Ripuaire, 50 (*alias* 52), § 1 : *Si quis testes ad mallum ante centenarium vel comitem seu ante ducem patricium vel regem necesse habuerit ut donent testimonium.* — Décret de Childebert II, cap. 9 (Boretius, p. 17) : *Si quis centenario aut cuilibet judice noluerit ad malefactorem adjuvare.* — Première loi des Alamans, 36, § 1 (Pertz, *Leges,* III, p. 56) : *Conventus autem se-*

dux ou *patricius* (1) ; quelquefois, enfin, par un *missus* du roi (2). Il y a donc d'autres *judices* que le comte. Eh bien, je dis que ces *judices* extraordinaires sont, aussi bien que le comte, des fonctionnaires royaux.

Pour le *missus*, d'abord, cela ne fait pas de doute, puisque le *missus* est un personnage que le roi envoie comme *legatus* dans une partie quelconque du royaume ; le nom qu'il porte indique à lui seul qu'il représente le roi (3). Il en est de même du *dux* ou *patricius*. On a beaucoup discuté sur son rôle et sur ses attributions, et il ne m'appartient pas d'insister longuement sur les divers systèmes qu'on a imaginés à ce propos. Dans l'opinion de Sohm, qui me semble la plus probable, *dux* et *patricius* sont un seul et même personnage, comme *comes* et *grafio*, *thunginus* et *centenarius* ; et ce personnage a principalement des fonctions militaires ; ce n'est donc que par exception qu'il est *judex* (4). Mais, quelque opinion que l'on adopte, il est certain, dans tous les cas, que le *dux* est un fonctionnaire royal, nommé par le roi seul et révoqué par lui ; ce qui le prouve, c'est la formule de nomination par le roi que j'ai citée tout à l'heure à propos du comte, et qui est

cundum consuetudinem antiquam fiat in omni centena coram comite aut misso (le *missus* du comte), *aut coram centenario.* — § 2 : *Ipsum placitum fiat... quali die comes aut centenarius voluerit.* — § 3. *Misso comitis vel illi centenario qui praeest* (Il résulte des derniers travaux de Brunner et de Lehmann, sur l'âge de la loi des Alamans, que la première rédaction de la loi, citée ici, a été faite au septième siècle ou au commencement du huitième ; les Alamans, à cette époque, sont gouvernés par un duc sous l'autorité supérieure des rois francs ; voy. l'analyse des travaux dont je parle dans un article de M. Esmein, *Revue historique de droit,* 1885, p. 680 et s.).

(1) Loi Ripuaire, *loc. cit* — Marculf, 1, 8 = Roz., 7. — Grégoire de Tours, *Hist. Franc.,* VIII, 12 : *Ad discutendias causas Ratharius illic* (à Marseille) *quasi dux a parte regis Childeberti dirigitur,* etc.

(2) Voy. les textes cités dans Tardif, *Institutions politiques,* p. 197 ; et Beauchet, p. 69 et 70.

(3) Sur le *missus* du roi, à l'époque mérovingienne, voir, outre les ouvrages que je viens de citer, Waitz, II, 2º partie, p. 114 à 117.

(4) Sohm, p. 455 à 479. — Cf. Waitz, p. 49 à 57 ; Beauchet, p. 43 à 46. — Il faut observer principalement que le *dux,* dans la circonscription qui lui est confiée, ne fait pas disparaître l'autorité des comtes, de telle sorte que ceux-ci restent toujours, chacun dans leur comté, les *judices* ordinaires ; cette règle est démontrée par un grand nombre de textes que cite Sohm, p. 465 et 466.

commune au *dux* et au comte lui-même (1). Reste donc, parmi ces *judices* d'exception, un seul sur lequel puissent subsister des doutes, le *centenarius*. On peut se demander si ce personnage est encore, comme sous la loi Salique, l'élu des hommes libres, ou s'il n'est pas devenu un fonctionnaire du roi, comme tous les autres *judices* de l'empire franc. La première opinion a beaucup de partisans (2). Je crois cependant la seconde plus probable (3), bien que je ne la trouve pas démontrée. Sohm, il est vrai, a prouvé sûrement que le centenier carolingien est un fonctionnaire; mais la même preuve n'est pas faite pour le centenier mérovingien, car les textes tout à fait positifs qui sont cités par Sohm sont tous d'époque carolingienne. Au fond, la question discutée consiste à savoir si les *vicarii* du comte dont il est question déjà dans certains textes mérovingiens (4), et qui sont évidemment, comme leur nom l'indique, des délégués du comte, ne seraient pas tout simplement, sous un autre nom, les centeniers eux-mêmes; dans ce cas là, il n'y aurait pas de doute que nos centeniers ne fussent des fonctionnaires, car ils seraient des représentants et des agents du comte; et certainement le comte, en principe, et non les hommes libres, aurait le droit de les nommer (5). Or, cette assimilation du *vicarius* et du centenier, certaine pour l'époque carolingienne, comme je le montrerai, ne l'est pas tout à fait pour l'époque antérieure (6). Si cepen-

(1) Marculf, I, 8 = Roz., 7; formule intitulée : *Carta de ducato et patriciatu et comitatu.*

(2) Elle est défendue et très développée par Waitz, *loc. cit.*, p. 15 à 18, 131 à 134. — Cf. Beauchet, p. 12, et Bethmann-Hollweg, IV, p. 614, qui sont du même avis.

(3) En ce sens, Sohm, p. 213 et suiv.

(4) Édit de Gontran, de 585 (Boretius, p. 12) : *Judices* (les comtes)... *non vicarios aut quoscunque de latere suo, per regionem sibi commissam instituere vel destinare præsumant qui, quod absit, malis operibus consentiendo, venalitatem exerceant.* — Grégoire de Tours, *Hist. Franc.*, VII, 23; X, 5. — Charte de 708, dans Guérard, *Cartulaire de Saint-Bertin*, p. 41; signature d'un *vicarius.* — La plupart des diplômes mérovingiens dans lesquels sont mentionnés des *vicarii* sont faux, ou au moins douteux. Voy. Waitz, *loc. cit.*, p. 42, note de la page 41. Cf. sur les *vicarii* mérovingiens, *ibid.*, p. 41 à 44.

(5) L'édit de Gontran, cité à la note précédente, le dit expressément.

(6) Voir les objections présentées contre l'opinion de Sohm par Beauchet, p. 201 à 205.

dant on admet, ce qui paraîtrait assez vraisemblable, que le *tribunus*, dont plusieurs textes parlent comme du *judex* d'une petite circonscription, spécialement chargé de l'exécution des décisions judiciaires, est justement le centenier (1), nous aurions un exemple d'un centenier nommé non par le comte, il est vrai, mais par le roi lui-même, dans un vers célèbre de Fortunat (2); et le caractère de fonctionnaire royal résulterait de là pour le centenier mérovingien. Je ne veux pas m'arrêter davantage sur cette question, que le trop petit nombre de documents ne permet pas de trancher avec certitude; mais je ferai remarquer combien, en tous cas, le rôle du centenier a diminué depuis l'époque de la loi Salique; car lors même qu'on se refuserait à voir dans le centenier mérovingien un simple délégué et un agent du comte, encore serait-il incontestable que ce personnage, autrefois chef du tribunal du droit commun, n'est plus qu'un *judex* de rang très inférieur, et que le véritable *judex*, le *judex* ordinaire, est désormais le comte.

II.

Nous venons de voir que dès l'époque mérovingienne tous les *judices* sont certainement des fonctionnaires, sauf l'un d'entre eux, le centenier, qui l'est probablement, mais sur le compte duquel des doutes peuvent subsister encore.

A l'époque carolingienne, tous les *judices* seront à plus forte raison fonctionnaires, et les doutes relatifs au centenier seront tout à fait dissipés. On peut dire d'une façon générale que l'œuvre des capitulaires carolingiens, en cette matière, a

(1) Telle est l'opinion de Sohm, p. 230 à 240, et de Beauchet, p. 219 et 220. — Sur le *tribunus* des textes mérovingiens, cf. Waitz, *loc. cit.*, p. 4 à 12. — Le *tribunus* a pour fonctions principales l'exécution des décisions judiciaires, par exemple, la surveillance des prisons et l'exécution des condamnés; et, de plus, la perception des impôts. Il est certain, dans tous les cas, qu'il est un fonctionnaire royal. Voy. Bethmann-Hollweg, IV, p. 416.

(2) Fortunat, *Opera*, VII, 16, vers 17 et suiv. (Migne, *Patrol. lat.*, LXXXVIII, p. 253). Les vers sont adressés à Condo, et nous avons dans ce passage tout le *cursus honorum* d'un Gallo-Romain aux temps mérovingiens :

Theodoricus ovans ornavit honore tribunum;
Surgendi auspicium jam fuit inde tuum.

Condo fut ensuite comte, *domesticus*, et *conviva regis*.

consisté principalement à réglementer d'une façon précise les pouvoirs du comte comme juge supérieur et ceux du centenier et des autres agents du comte comme juges inférieurs et subordonnés.

Dans l'organisation judiciaire des carolingiens, le comte est le *judex* ordinaire. Au-dessous de lui sont divers *judices* inférieurs dont le caractère commun est d'être des agents et des subordonnés du comte, et qui se nomment *vicarii, centenarii* et *vicecomites*. Enfin, extraordinairement, le tribunal est présidé par des envoyés du roi qu'on appelle les *missi*. Tous ces personnages sont des fonctionnaires. C'est ce que je vais démontrer en disant un mot de chacun d'eux.

A. *Le comte.*

Le comte est, comme sous les Mérovingiens, le *judex* par excellence. Le *mallus publicus* est le tribunal du comte (1). C'est de lui que parlent les textes quand il est question de juges et de jugements. C'est à lui que les capitulaires s'adressent quand ils ordonnent de tenir les plaits exactement (2), et dans les lieux fixés par la loi (3). C'est à lui qu'on enjoint de

(1) Capitulaire de Pépin de 754 ou 755, cap. 7 (Boretius, p. 32) : *Ad illum comitem... in mallo, aut racemburgiis.* — Cap. Aquisgr. de 818 ou 819, cap. 3 (*id.*, p. 281) : *In mallum ante comitem;* cap. 10 : *In mallo publico, ad præsentiam comitis veniant;* cap. 14 : *A comite in loco ubi mallum tenere debet;* cap. 15 : *In mallo ad præsentiam comitis.* — Cap. de 819, *legi Salicæ additum,* cap. 1 (*id.*, p. 292) : *Mallum comitis;* cap. 5 : *A comite ad mallum suum adducatur.* — Édit. de Pistes de 864, cap. 23 (Pertz, *Leges*, 1, p. 496) : *Vicini comites in una die, si fieri potest, mallum non teneant.* — Formules de Sens (époque de Pépin et début de Charlemagne), 10 = Roz., 456 : *In mallo publico ante vir illo comite;* 17 = Roz., 492; 20 = Roz., 459. — Formules de Bignon (même époque environ), 9 = Roz., 469 : *Cum resedisset inluster vir ille comes in mallo publico.* — Formules de Merkel (même époque pour les trente premières formules et le reste postérieur), 16 = Roz., 252 : *In mallo ante illum comitem;* 18 = Roz., 113; 28 = Roz., 481; 38 = Roz., 471. — *Formulæ Senonenses recentiores* (époque de Louis le Pieux), 1 = Roz., 498 : *In mallo publico ante inlustre viro illo comite;* 6 = Roz., 477. — Formules de Lindenbrog (autour de 800), 21 (édition Zeumer, alias 169) = Roz., 483 : *Dum resederet autem comis ille in mallo suo publico,* etc.

(2) Capit. *de causis,* de 807, cap. 1 (Boret., p. 135) : *Ut comites nostri propter venationem et alia joca placita sua non dimittant.*

(3) Capit. *legi additum,* de 818 ou 819, cap. 14 (*id.*, p. 284).

réunir les scabins pour composer le tribunal (1). Dans la langue du temps, le tribunal c'est le tribunal du comte; obéir à une sentence judiciaire, c'est obéir au comte; dire des injures à l'audience, se dit injurier devant le comte; assigner son adversaire, c'est l'appeler devant le comte, les scabins s'appellent les scabins du comte (2), etc. Le tribunal du comte est si bien, dans le droit carolingien, le tribunal du droit commun, que c'est toujours lui qu'on oppose aux diverses juridictions exceptionnelles, à la juridiction ecclésiastique (3), à la juridiction d'immunité (4), à celle des *missi* (5), enfin au tribunal du roi (6). Le comte est donc le *judex* du droit commun et le *judex* par excellence.

On peut après cela discuter pour savoir si, à l'époque carolingienne, la centaine est restée, comme elle l'était auparavant, l'unité judiciaire, étant d'ailleurs bien entendu que c'est

(1) Capit. *missorum*, de 821, cap. 5 (*id.*, p. 301) : *Ut comites, si ibi secum suos scabineos habuerit, ibi placitum teneat et justitiam faciat.*

(2) Voir sur tous ces points Sohm, p. 151 à 155.

(3) Le tribunal séculier doit prêter son appui au tribunal ecclésiastique; le tribunal séculier est le tribunal du comte. Voyez capit. *cum episcopis*, entre 780 et 790, cap. 8 (*id.*, p. 189) : *Hoc pleniter, per vestram monitionem* (on s'adresse aux évêques) *et per judicium comitis emendatum fiat.* — Cap. ecclesiast., de 825, cap. 5 (*id.*, p. 326) : *Comitem suum episcopus sibi consociet.*

(4) Les juges d'immunité sont obligés de présenter à la justice publique le voleur qui s'est réfugié dans le territoire d'immunité; la justice publique est le tribunal du comte. Voyez cap. Haristall, de 779, cap. 9 (*id.*, p. 48) : *Ut latrones de infra immunitatem illi judicis ad comitum placita præsentetur.* — Sur cette disposition des capitulaires, voyez Waitz, IV, p. 454 et 455; Bethmann-Hollweg, V, p. 46, et Beauchet, p. 442 à 446. Il s'agit de savoir si la règle que je viens de citer vient de ce que la concession d'immunité ne donne pas le droit de justice en matière criminelle, au moins si le crime est grave (opinion de Waitz et de Bethmann), ou si elle vient tout simplement de ce que le criminel s'est réfugié dans le territoire d'immunité, mais n'est pas un sujet de ce territoire, et par conséquent ne peut pas être justiciable du juge de l'immunité (opinion de Beauchet).

(5) Capit. *de justiciis faciendis*, de 811 à 813, cap. 8 (*id.*, p. 177) : *Volumus ut quatuor tantum mensibus in anno missi nostri legationes suas exerceant... Ceteris vero mensibus unusquisque comitum placitum suum habeat.*

(6) Un procès ne peut être porté au tribunal du roi qu'après avoir été jugé d'abord par le tribunal ordinaire; le tribunal ordinaire est celui du comte. Voyez capit. de Pépin, de 754 ou 755, cap. 7 (*id.*, p. 32) : *Et si aliquis homo ad palatium venerit pro causa sua et antea ad illum* (pour *illius*) *comitem non innotuerit in mallo, etc.*

le comte et non le centenier qui est le *judex* ordinaire de ce tribunal de la centaine (1) ; ou bien s'il n'y a pas à cette époque un tribunal de comté présidé par le comte et tenu par lui, et, au-dessous de ce tribunal de comté, les tribunaux de centaines présidés par les centeniers, de même que, dans notre organisation judiciaire actuelle, il y a le tribunal d'arrondissement, tribunal du droit commun, et au-dessous, dans chacun des cantons de cet arrondissement, des justices de paix (2). Je ne discuterai pas ici cette question, dont la solution est douteuse, à mon avis, et d'ailleurs n'a qu'un rapport lointain avec l'objet de la présente étude. Je ferai cette seule observation que dans tous les cas, et quelle que soit l'opinion que l'on adopte dans cette controverse, il est certain que les règles de la compétence, dans le droit carolingien, ont le comté pour base et non pas la centaine. Je veux dire par là que le *forum domicilii* auquel on doit assigner le défendeur dans les actions personnelles et mobilières est sûrement le comté et non pas la centaine où est domicilié ce défendeur, et que le *forum rei sitæ*, auquel on doit l'assigner dans les actions réelles immobilières, est le comté et non la centaine où l'immeuble est situé (3). C'est une preuve très notable de la place prépondérante qu'occupent le comte et le comté dans l'organisation judiciaire.

B. *Les judices subordonnés du comte.*

Le comte n'est pas le seul *judex*. Il est même remarquable que les documents carolingiens, à la différence de ceux qui appartiennent à l'époque précédente, appellent en général du nom de *judex* des personnages qui certainement ne sont pas le comte :

(1) En ce sens, Sohm, p. 278 et suiv.

(2) En ce sens, Beauchet, p. 122 à 134 ; et Waitz, IV, p. 375, 376 ; 526 à 530.

(3) Voyez, pour ces règles sur la compétence, les textes tout à fait décisifs cités par Beauchet, p. 132 et 133. Il faut remarquer que ces règles sont admises par Sohm lui-même, bien que d'après lui le tribunal de droit commun soit le tribunal de centaine et non pas celui du comté, qui n'existerait pas (*Reichs-und Gerichtsverwaltung*, p. 297 à 328).

Admonitio generalis de 789, cap. 62 (Boretius, p. 58) : *Ut pax sit... inter episcopos, abbates, comites, judices.*

Capit. *missorum* de 802, cap. 29 (*id.*, p. 96) : *Judices, co mites, vel missi nostri.*

Capit. *missorum speciale* de 802, cap. 48 (*id.*, p. 104) : *Co mites et judices.*

Admonitio generalis de 801 à 812 (*id.*, p. 240) : *Duces comites et judices justitiam faciat populos.*

Capit. *missorum Aquisgr.* de 809, cap. 7 (*id.*, p. 149) : *Ut nullus quilibet missus noster, neque comes, neque judex, neque scabineus, cujuslibet justitiam dilatare præsumat.*

Dans tous ces textes, les *judices* sont nettement distingués des comtes (1).

Que faut-il alors entendre par ces personnages? Sûrement des *judices* du comte, c'est-à-dire des subordonnés et des agents du comte :

Cap. Haristall, de 779, cap. 19 (*id.*, p. 51) : *In præsentia vicedomini aut judicis comitis.*

Cap. italien, entre 801 et 810, cap. 12 (*id.*, p. 210) : *Ut comites et eorum judices non dimittant testes habentes mala fama testimonium perhibere.*

Cap. Mant., de 787, cap. 4 (*id.*, p. 196) : *Ut placita publica vel secularia nec a comite nec a nullo ministro suo vel judice... in ecclesia... teneatur.*

Ces *judices* subordonnés du comte sont de deux espèces : 1° le *vicarius aut centenarius;* 2° le *vicecomes* ou *missus comitis.*

1° Le *vicarius aut centenarius.* — Avant l'ouvrage de Sohm, on regardait généralement le *centenarius* et le *vicarius* comme deux personnages très différents. Le centenier était, disait-on, le chef de la centaine, élu par les hommes libres et présidant le tribunal de centaine ; le vicaire était au contraire le lieutenant et le délégué du comte, nommé par le comte seul et par lui préposé à l'administration de la même centaine. Ainsi cette circonscription judiciaire avait à sa tête deux fonctionnaires différents, représentant l'un les hommes libres, l'autre le comte, et par conséquent le roi (2). Sohm a complètement

(1) On peut ajouter à ces textes beaucoup d'autres qui sont cités dans Sohm, p. 148 et 149, note.

(2) Voyez l'indication des auteurs et des ouvrages qui professent cette manière de voir dans Sohm, p. 213, note 3.

rompu avec cette opinion et démontré d'une façon définitive,
à mon avis, que le *centenarius* et le *vicarius* sont un seul et
même personnage, et que ce personnage est toujours un fonctionnaire du comte, un lieutenant du comte dans la centaine (1). La synonymie de ces deux mots résulte, en effet,
d'un grand nombre de textes (2); et d'ailleurs, les fonctions
que les capitulaires attribuent au *centenarius* sont exactement
celles qu'ils attribuent également au *vicarius;* de sorte qu'il
est impossible de faire la moindre distinction entre eux (3).
L'opinion qui a voulu voir là deux magistrats différents n'a
pas, en somme, d'autre fondement que l'existence de deux
noms pour qualifier notre personnage. Les capitulaires disant
vicarius et *centenarius* (4), on en conclut qu'ils parlent de deux
hommes. Mais tirer argument d'un fait semblable, c'est ignorer absolument la langue de cette époque qui, loin de fuir ces
tautologies, les multiplie partout, au contraire, comme si elle
pensait se faire mieux comprendre en disant deux fois la même
chose. Les expressions *vicarius* et *centenarius* ne désignent
pas plus deux hommes que *comes* et *grafio, thunginus* et *centenarius*, et vingt autres pareilles qu'on trouve à chaque ligne

(1) Sohm, p. 213 à 273. — Cf. Waitz, III, p. 391 à 397, et Beauchet,
p. 193 à 205.

(2) Voy. par exemple, deuxième concile de Châlons de 813, can. 21 (Labbe,
VII, p. 1276), parlant des comtes : *Ministros quos vicarios et centenarios vocant justos habere debent.* — Walafrid Strabon, *Form. Alsatic,* cap. 3 (Walter,
Corpus juris germ., III, p. 527), comparant les dignités laïques et les dignités
ecclésiastiques : *Centenarii, qui et centuriones et vicarii, qui per pagos statuti
sunt, presbyteris plebeis qui baptismales ecclesias tenent et minoribus præsunt
presbyteris* (les archiprêtres) *conferri queunt.* — Cf. les textes cités par Sohm,
p. 215, note 10, et reproduits par Beauchet, p. 94. — Il faut observer également la synonymie certaine de *vicaria* et de *centena* (la circonscription judiciaire du centenier). Voy. les textes nombreux et décisifs cités par Sohm,
p. 196 à 200. Cf. sur ce point, Richard Schröder, *Ueber die Fränkischen
Formelsammlungen,* cité, p. 86 à 93, et Waitz, III, p. 395 et 396.

(3) Sohm, p. 214; Waitz, III, p. 393.

(4) Par exemple, lettre de Charlemagne (Boret., p. 203) : *Comitibus seu
judicibus, vicariis, centenariis,* etc. — *Capit. missor. italicum,* cap. 6 (*id.,* p.
206): *De pravis judicibus... vicariis, centenariis.* — Cap. *missor* de 808, cap. 3
(*id.,* p. 137) : *Jussione comitis, vel vicarii aut centenarii;* cap. 7 : *A comite
vel vicario vel centenario.* — Cap. *Aquisgr.* de 801 à 813, cap. 5 (*id.,* p. 171) :
Ut vicarii nostri vel centenarii. — Cap. *missor* de 819, cap. 21 (*id.,* p. 291) :
Ut comites et vicarii et centenarii; cap. 20 : *Ut vicarii et centenarii,* etc.

des lois des capitulaires ou des formules (1). Mais de même que *grafio*, par exemple, est, à l'époque mérovingienne, le mot germanique par rapport à *comes* qui est le mot latin, de même *centenarius* est, sous les carolingiens, l'expression germanique (2) par rapport au latin *vicarius*; en effet, il est remarquable que le premier nom ne se rencontre que dans le nord de l'Empire franc, c'est-à-dire là où s'est conservée l'influence germanique, tandis que dans le midi, qui a moins subi cette influence, la seconde expression est la seule dont on se serve (3); et l'on sait que la langue française n'a gardé que le mot *viguier* (*vicarius*), abandonnant ainsi l'expression *centenarius* qui n'a pas donné de dérivé, par un phénomène analogue à celui qui a fait oublier également le mot *grafio*, pour ne conserver que le mot *comte*. Ainsi, le *vicarius* et le *centenarius* sont le même homme. Partant de là, il est incontestable que ce personnage est un lieutenant et un délégué du comte; son nom de *vicarius* suffirait à l'indiquer; et les textes, d'ailleurs, déclarent formellement qu'il est nommé, en principe, par le comte :

Formule de Merkel, 51 = Roz., 886 (début du règne de Charlemagne) (4) : *Indiculum de comite ad vicarium. — Di-*

____

(1) Loi Salique, passages cités : *Thunginus aut centenarius;* tit. 41, § 1 : *Franco aut barbarum qui legem Salega vivit* (synonymes certainement; voy. Sohm, p. 570 à 573; et Thonissen, p. 134 à 137). — Capitulaires ajoutés à la loi Salique (tit. 71, 73, Hessels): *Comes aut grafio.* — Marculf, I, 24 = Roz., 9 : *Mundeburde vel defensione.* — *Id.*, I, 21 = Roz., 392 : *Prosequire vel obmallare.* — *Id.*, I, 5. = Roz., 517 : *Regere atque gubernare.* — *Id.*, II, 4 = Roz., 345, § 1 : *Dici aut nominari*, etc. Cf. Roth., *Geschichte des Beneficialwesens*, p. 284, note 31. — Les prépositions *aut, vel, et* doivent toutes indifféremment être traduites dans ces exemples par « c'est-à-dire. »

(2) Dans la loi Salique, il est certain que *centenarius* est le mot latin vis-à-vis de *thunginus*. Mais, opposé à *vicarius, centenarius* devient, au contraire, l'expression germanique, et c'est peut-être l'emploi si fréquent de ce mot dans la loi Salique qui lui a donné, à l'époque carolingienne, cet air germanique vis-à-vis d'un mot comme *vicarius*, qui est purement romain et même emprunté à la langue administrative de l'Empire.

(3) Voy. les textes cités dans Sohm, p. 219 et 220, note. Cette note est traduite par Beauchet, p. 197 et 198, note.

(4) Les formules de Merkel sont de dates diverses, qui vont depuis la fin des Mérovingiens jusqu'à Louis le Pieux inclusivement. La partie qui comprend les formules 46 à 66, et par conséquent la formule citée, est du début

lecto fidele nostro ego ille comis, cognoscas quia mandamus tibi de tuo ministerio (1) *quod tibi commendavimus bonum certamen exinde habeas vel bona providentia. Denique cognoscas quod dominus rex ille nobis commendavit ut justicias vel drictum in nostro ministerio* (2) *facere debeamus. Propterea has litteras ad te dirigimus ut in nostro comitatu vel in tuo ministerio pleniter ipsas justitias que ante te veniunt ut sic inquiras et facias qualiter ego ipse.*

Deuxième concile de Châlons de 813, can. 21 (Labbe, VII, p. 1276). On dit des comtes : *Ministros quos vicarios et centenarios vocant justos habere debent.*

On peut ajouter à ces textes (3) d'autres assez nombreux dans lesquels le centenier est appelé « le centenier » ou le « vicaire du comte (4). » Il est donc nommé par le comte. C'est dans des cas exceptionnels que nous le voyons quelquefois nommé ou révoqué par le roi (5).

La question la plus difficile est de déterminer exactement les attributions du vicaire ou centenier. Deux points sont certains : 1° le centenier a pour mission essentielle l'exécution

de Charlemagne, probablement antérieure à 800. — Voy. Zeumer, p. 239 et 240; et Schröder, *loc. cit.*, p. 85.

(1) *Ministerium* a ici la signification de centaine. Ce sens n'est pas très rare. Voy. Sohm, p. 212, note 121.

(2) « Dans notre circonscription, » car ici évidemment la signification de centaine doit être écartée.

(3) Voy. d'autres textes encore dans Sohm, p. 242 à 244. Un des plus remarquables est l'édit de Gontran, cité plus haut, qui recommande aux comtes de nommer des *vicarii* qui ne soient pas vénaux (Boret., p. 12). — Il faut, à mon avis, écarter le capitulaire d'Aix-la-Chapelle de 809, cap. 11 (Boret., p. 149). Les anciennes éditions portent, il est vrai, que les *centenarii* doivent être nommés *cun comite* (*cun* a le sens de *a*; voyez Sohm, p. 243, note 106); mais c'est là une addition qui n'est pas admise par M. Boretius.

(4) Capit. de 801 à 814, cap. 4 (Boret., p. 144) : *Ut comites et vicarii eorum.* — Capit. de 811, cap. 2 (*id.*, p. 165) : *Super comites et eorum centenarios.* — *Legationis capitulum* de 826 (*id.*, p. 310) : *Habeat unusquisque comes vicarios et centenarios suos secum*, etc.

(5) Sohm, p. 242, 244, 245. Ce sont là des exceptions, car le *vicarius* est en principe l'agent et le représentant du comte plutôt que celui du roi. De ce caractère du *vicarius* résulte un fait remarquable : le *vicarius* étant l'agent du comte et non pas du roi, n'a pas, dans les *leges*, le triple wergeld qui n'appartient qu'à ceux qui sont *directement* les hommes du roi; sur ce point, voy. Sohm, p. 248.

des décisions judiciaires, en matière civile comme en matière criminelle. Le comte est le *judex* ordinaire, le centenier est l'agent d'exécution du *judex*. Voilà sa vraie situation en droit. Les textes qui confient au centenier ces fonctions d'exécution sont très nombreux et très positifs. Il est certainement, comme dit Sohm, l'*exactor publicus* par excellence (1). 2° Le centenier, en dehors de ce rôle qui est extrajudiciaire, a sûrement un rôle judiciaire; il peut juger toute espèce de procès, non pas toujours en son nom propre, mais au nom du comte (*vice comitis*); il n'agit alors que comme mandataire du comte, mais il est certain qu'il peut agir (2). Voilà les deux points tout à fait sûrs. Voici maintenant la question douteuse et très délicate. Le centenier n'est-il pas autre chose qu'un agent d'exécution ou un mandataire du comte? Ne juge-t-il pas, au contraire, dans certains cas et certaines causes, non pas, il est vrai, à l'exclusion du tribunal du comte dont la compétence est générale, mais concurremment avec ce tribunal et en vertu d'un droit qui lui soit propre? Sohm lui refuse radicalement ce droit (3). Il m'est impossible de partager cette opinion. Je ne tirerai pas argument des textes nombreux qui parlent formellement d'un plait du centenier à côté du plait du comte (4), parce qu'on peut répondre que ces textes visent des cas où le centenier juge comme délégué du comte, et que, par conséquent, ils ne prouvent rien; mais voici une observation, à mon avis, décisive. De nombreux

(1) Voy. Capit. de 817, cap. 11 (Boret., p. 283) : *Debitum... per comitem et ministros ejus* (le centenier) *juxta æstimationem domni exsolvatur.* — *Form. Senon. recent,* 1 = Roz., 498 : *Ipse vicarius, per jussionem ipsius comitis ipsum hominem* (le colon revendiqué par une abbaye et que le *mallus* a jugé appartenir à cette abbaye)... *advocato illius abbatis visus est reddidisse.* — *Id.,* 6 = Roz., 477 : *Per manu vicarii per jussionem inlustri viro illi comite... recipit.* Voy. un grand nombre d'autres textes cités par Sohm, p. 257 à 262, et Beauchet, p. 226 à 229.

(2) Voy. les textes que je vais citer tout à l'heure à propos du *vicecomes.* Cf. la formule de Merkel citée plus haut, dans laquelle le comte dit au *vicarius : Justitias... ut sic inquiras et facias qualiter ego ipse.*

(3) Sohm, p. 257.

(4) Par exemple, Capit. Aquisgr. de 801 à 813, cap. 8 (Boret., p. 171) : *Placitum comitis vel vicarii.* — *Form. Senon. recent.,* 9 = Roz., 390 : *Admallare... ante vicarios, comites, missos dominicos,* etc. Ces textes sont très nombreux.

capitulaires prennent soin de réserver certaines matières au comte et de les soustraire par là même au plait du centenier, par exemple, les procès de liberté ou les revendications d'immeubles. Or, il est incontestable que, dans les cas où le centenier juge comme mandataire du comte, il juge constamment des procès pareils (1). Ces capitulaires ont donc pour but non pas de mettre à part certaines causes et de défendre au comte de les confier à son centenier, mais de faire un partage de compétence entre deux tribunaux qui ont l'un et l'autre leur droit propre et leur autorité, le plait du comte et celui du centenier, et de déterminer quelles seront les causes qui ne pourront pas être portées au plait du centenier, parce que ces causes sont trop graves pour aller devant un juge inférieur. Il ne m'appartient pas d'étudier avec détails ce partage de compétence, je dirai seulement que l'analyse des capitulaires relatifs à cette question me paraît établir très positivement que trois espèces de causes sont ainsi enlevées au centenier et réservées au comte : 1° les causes criminelles (au moins les causes capitales) ; 2° les procès de liberté ; 3° les procès en revendication d'immeubles ou d'esclaves (2). En dehors de ces trois cas, le centenier est un juge compétent de sa propre autorité, sans préjudice du droit qu'il a toujours de juger les autres causes comme mandataire du comte. En somme, voici, sans entrer dans nul détail, l'opinion qui me paraît exacte. Le comte est le juge ordinaire, le juge du droit commun ; à cause de cela, sa compétence est générale ; mais comme le comte a bien d'autres fonctions dans son *pagus* que

(1) Voy. les textes que je citerai tout à l'heure à propos du *vicecomes*.

(2) Capit. *De justitiis faciendis* de 811 à 813, cap. 4 (Boret., p. 176) : *Ut nullus homo in placito centenarii neque ad mortem, neque ad libertatem suam amittendam, aut ad res reddendas vel mancipia judicetur, sed ista aut in præsentia comitis vel missorum nostrorum judicentur.* — Capit. de Louis le Pieux, de date incertaine, cap. 3 (*id.*, p. 315) : *Omnis controversia coram centenario definiri potest, excepto redditione terræ et mancipiorum quæ nonnisi coram comite fieri potest.* — Capit. Aquisgr. de 810, cap. 3 (*id.*, p. 153). — Capit. Lombard, cap. 14 (*id.*, p. 210) : *Ut ante vicarios nulla criminalis actio diffiniatur, nisi tantum leviores causas.* — Voy. beaucoup d'autres capitulaires semblables et une discussion très complète de tous ces textes dans Beauchet, p. 233 à 244. Cf. Waitz, IV, p. 378 à 382. — La façon dont Sohm écarte ces textes positifs est d'une préciosité et d'une subtilité infinies.

l'administration de la justice, et que, d'ailleurs, il est absent parfois pour l'armée ou pour la cour du roi, les capitulaires ont établi au-dessous de lui des juges inférieurs qui sont nommés par lui, mais qui ont pourtant une juridiction propre. Seulement, pour que la justice ne soit pas trop souvent rendue par des juges subalternes, ces capitulaires ont réservé les causes graves au plait du comte ; et, en dehors de ces règles de compétence, il reste toujours certain que le plait du comte a une compétence générale, de sorte que la création de justices inférieures a seulement pour but de soulager le comte et non de diminuer son autorité judiciaire.

2° *Le vicecomes*. — Encore un subordonné du comte. Mais il diffère du centenier ou vicaire par le point suivant. Le centenier est le fonctionnaire placé par le comte à la tête de la centaine, et il a des attributions fixes et déterminées dans cette centaine. Le *vicecomes*, au contraire, est un délégué du comte à qui celui-ci confie n'importe quelle mission et dans n'importe quelle partie du *pagus*. Il n'a donc ni attributions fixes, ni circonscription déterminée, il remplace le comte là où le comte l'envoie, il est un délégué, un mandataire, il agit *vice comitis ;* il a toutes les attributions du comte lui-même, mais il ne les a que par la délégation de celui-ci, et par lui-même il est sans autorité propre. C'est ce qu'indiquent les noms divers que porte ce personnage, *missus comitis* (1), *vicedominus* (2), *vicecomes* (3), le plus récent de tous ces noms, mais celui qui restera dans la langue française.

Il faut donc distinguer avec soin le *vicarius* et le vicomte. La confusion serait facile au premier abord, parce que le vicomte, comme le *vicarius*, est un délégué du comte, nommé par le comte seul (4) ; d'ailleurs, les noms eux-mêmes ont une

(1) Voy. les textes dans Beauchet, p. 205, 206, et Waitz, III, p. 401, 402.

(2) Voy. les textes dans Sohm, p. 515 ; Beauchet, p. 206 ; et Waitz, III, p. 397, note 4. En général, cependant, *vicedominus* signifie le représentant d'une immunité. C'est par exception qu'on l'emploie pour désigner l'agent du comte.

(3) Textes très nombreux dans Sohm, p. 516 à 519 ; Beauchet, p. 207 et 208, et Waitz, III, p. 397, note 3.

(4) Walafrid Strabon, *Form. Alsatic.* (Walter, *Corpus juris germ.*, III, p. 527) : *Sicut comites quidam missos suos proponunt popularibus* (aux hommes du *pagus*).

ressemblance qui peut tromper. Mais la lecture attentive des documents permet de très bien faire la distinction. Ainsi, dans les diplômes carolingiens, qui sont en général signés par les différents fonctionnaires, vous voyez le *vicecomes* signer à part et avant les *vicarii* (1); le *vicecomes* est donc un personnage différent et un peu supérieur. De même, des procès-verbaux de plaits nous montrent le *vicecomes* présidant le plait, et ayant à ses côtés les *vicarii* (2). D'un autre côté, tandis qu'il y a nécessairement un *vicarius* dans chaque centaine, il n'y a en général qu'un seul vicomte pour le comté tout entier (3).

J'ai dit que les attributions du *vicecomes* étaient simplement celles de mandataire du comte. Nous le verrons donc, dans les textes, présider, au nom du comte, des plaits où sont portées des questions de liberté ou de propriété immobilière qui sont des causes réservées, comme je l'ai dit, au comte tout seul. Cela m'amène à une observation qui n'est pas sans importance pour l'explication des textes que nous rencontrerons plus tard. Il n'est pas rare de voir le *vicarius* lui-même présider des plaits où sont portées les mêmes questions. Une seule explication est possible, celle que j'ai donnée tout à l'heure en parlant des attributions du vicaire; le *vicarius*, dans ces cas-là, agit comme mandataire du comte, autrement dit, joue non le rôle de *vicarius*, mais plutôt celui de *vicecomes;* car les capitulaires réservent formellement au comte le jugement de pareils procès (4).

---

(1) Voy. les textes cités par Sohm, p. 517, note 27.

(2) Textes cités par Sohm, p. 517, note 29.

(3) Cela résulte du langage des textes qui disent très souvent « les centeniers » du comte, et toujours, au contraire, « le vicomte » du comte. Voy. Édit de Pistes de 864, cap. 14 (Pertz, *Leges*, I, p. 491) : *Vicecomitem suum.* Capit. de Karloman de 884, cap. 9 (*id.*, p. 552) : *Comes præcipiat suo vicecomiti suisque centenariis.* — Par exception, cependant, on trouve dans certains comtés plusieurs vicomtes, et, à l'inverse, on rencontre quelquefois un seul vicomte pour plusieurs comtés; voyez des exemples dans Sohm, p. 521 à 523, et Beauchet, p. 214. — Waitz, III, p. 397 à 402, refuse cependant de distinguer le *vicecomes* du *vicarius* ou *centenarius.*

(4) Formules de Bignon, 7 = Roz., 460 : *Cum resedisset ille vicarius inluster vir illo comite in mallo publico una cum ipsis scabinos*, etc. (procès de liberté). — *Id.*, 13 = Roz., 502 : *Veniens homo alicus nomen ille ante vicario inluster vir illo comite nomen illo* (procès en revendication d'un fonds de terre). — Formules de Merkel, 29 = Roz., 462 : *Veniens homo aliquis nomine ille in mallo*

C. *Les missi.*

Je n'ai pas besoin de dire que les *missi* sont des agents du roi. Je veux montrer seulement qu'ils ont un rôle très important dans l'organisation judiciaire de ce temps-là (1).

Qu'ils aient un rôle judiciaire, cela est incontestable. Les textes carolingiens qui nous parlent de l'institution des *missi* nous disent qu'ils ont été créés principalement *ad justitias faciendas* (2). Leur rôle judiciaire est double. Il ont, en premier lieu, l'obligation de convoquer dans leur *missiaticum*, c'est-à-dire dans la circonscription qui leur a été assignée par l'Empereur, des assemblées générales auxquelles doivent se rendre tous les fonctionnaires judiciaires (3). En second lieu, ils tiennent des plaits. C'est évidemment à ce seul point de vue que nous devons ici considérer les *missi*.

Les plaits du *missus* sont mentionnés dans les textes très fréquemment (4). Je voudrais seulement, à propos de ces

---

illi ante illum vicarium (même espèce de procès). — *Id.*, 30 = Roz., 499 : *Veniens... ante illum vicarium* (procès en revendication d'un esclave). — Cf. d'autres exemples pareils dans Sohm, p. 511 et 512; Beauchet, p. 212 et 213, et Waitz, III, p. 401, note 1.

(1) Sur le caractère des *missi* royaux en général, institution mérovingienne, mais généralisée sous Charlemagne qui lui donna une importance considérable, voyez Waitz, III, p. 441 à 482; Beauchet, p. 293 et s.; Sohm, p. 479 et s.

(2) Capit. *missorum* de 802 (ce capitulaire est comme la loi organique de l'institution des *missi*, voy. Waitz, III, p. 451, et Beauchet, p. 295) (Boret., p. 91) : *Serenissimus igitur et christianissimus domnus Imperator Karolus elegit ex optimatibus suis... sapientissimos viros... et direxit in universum regnum suum... ut cuncto populo legem pleniter adque justitia exhiberent.* — Annales de Lorsch, en 802 (Pertz, *Scriptores*, I, p. 38) : *Recordatus* (l'empereur) *misericordiæ suæ de pauperibus qui regno suo erant et justitia pleniter habere non poterant... elegit in regno suo... et ipsos misit per universum regnum suum ut ecclesiis, viduis et orfanis, et cuncto populo justitiam facerent.* Cf. plusieurs textes semblables dans Sohm, p. 482, note 12, et p. 491, notes 41, 42 et 43.

(3) Voyez sur ces assemblées générales des fonctionnaires, capit. *de justitiis*, de 811-813, cap. 8 (Boret., p. 177), et capit. de 826 (*id.*, p. 310). — Cf. Beauchet, p. 302 à 307; Sohm, p. 485 à 489; Waitz, III, p. 466 à 470.

(4) Sans entrer dans l'explication très difficile du capitulaire *de justitiis*, cap. 8 (Boret, p. 177), qui me paraît certainement faire allusion

plaits, relever la règle qui me paraît ici le principe essentiel. Cette règle est la suivante : le *missus* du roi agit essentiellement *vice regis*, c'est-à-dire comme représentant et avec tous les pouvoirs du roi lui-même, absolument comme le *vicecomes* agit avec tous les pouvoirs du comte, qui est son mandant. Cette règle, formellement énoncée par les capitulaires (1), a des conséquences très remarquables. Il en résulte que le *missus*, tenant le plait dans le *pagus*, ne le tient pas avec les pouvoirs du comte seulement, mais avec tous ceux du roi qui l'a délégué. Par exemple, les comtes n'ont pas en principe, et sauf des exceptions, le droit d'ordonner l'*inquisitio per testes ;* ce droit n'appartient qu'au roi (2) ; le *missus*, quand il préside le plait, a le même droit et ordonne fréquemment cette *inquisitio* (3). Il en est de même du combat judiciaire à l'arme

à ces plaits (voyez sur ce texte Sohm, p. 489 à 492, et Beauchet, p. 308 à 310), il est certain que les formules et les chartes de l'époque carolingienne parlent maintes fois de plaits tenus par les *missi.* Voy. *Form. Senon. recent,* 4 = Roz., 458 : *Taliter ab ipsis missis dominicis... fuit judicatum; —* id.,7 = Roz., 461 : *Ante inlustribus viris magnificis illis... missis domno et gloriosissimo illo rege* (procès en revendication d'un fonds de terre. — Guérard, *Cartulaire de Saint-Victor de Marseille,* I, p. 43, n° 31 (en 780) : *Cum resederent missi domini nostri Karoli... una cum rationesburgiis dominicis,* etc. — Cf., une foule d'autres exemples cités par Sohm, p. 494 et 495, et Waitz, IV, p. 414 à 419.

(1) Capit. Aquisgr., de 809, cap. 11 (Boret., p. 152) : *Missos nostros ad vicem nostram mittimus.* — Capit. Aquisgr. de 807, cap. 3 (*id.,* p. 135) : *Unusquisque missorum nostrorum... præcipiat in verbo nostro.*

(2) Voyez Brunner, *Zeugen und Inquisition Beweis,* p. 62 et suiv.; *Die Entstehung der Schwurgerichte,* p. 97 et suiv.; Sohm, p. 129, 130, 500. Sur l'*inquisitio per testes* et les cas dans lesquels elle est admise, voyez Bethmann-Hollweg, V, p. 148 à 157, et surtout ces deux ouvrages de Brunner que je viens de citer.

(3) Form. Sangall., 9 = Roz., 401 : Une *inquisitio per testes* est faite *jussu missorum domini Imperatoris... sacramento prius in sanctorum reliquiis peracto.* — Cartulaire de Saint-Victor, cité. Dans ce procès, on peut suivre très bien tous les détails de l'*inquisitio per testes.* — Diplôme de Louis le Pieux de 832 (Bouquet, VI, p. 584) : *Ad quam causam diligenter per meliores et veraciores homines circumquaque memoratæ urbis consistentes inquirendam nobisque renuntiandam, destinavimus fidelem nostrum, Widonem nomine, qui, cum ad nos reversus esset, retulet nobis sicut relatione bonorum hominum circa fines memoratæ civitatis consistentium, cum sacramenti assertione, invenerat,* etc. Cf. Brunner, *Schwurgerichte,* p. 99 à 104 ; *Zeugen,* p. 115 et suiv.

blanche; c'est un mode de preuve propre au tribunal du roi; les textes prouvent qu'il est également employé au plait du *missus* (1). Les personnes placées sous le *mundium* du roi échappent volontiers au tribunal du droit commun et ne sont justiciables, en fait au moins, que du plait royal (2); le plait du *missus* les juge très souvent (3). Enfin, quoique cette opinion ait été contestée, il est certain que le plait du *missus* joue le rôle de tribunal d'appel vis-à-vis du plait du comte, et cela dans les deux hypothèses pour lesquelles la juridiction d'appel a été créée, c'est-à-dire en cas de déni de justice par le comte (4), et en cas de mauvais jugement du comte (5).

(1) Sur ce point, voy. Sohm, p. 500 à 504. Cf. Bethmann-Hollweg, V, p. 165.

(2) Marculf, I, 24 = Roz., 9 : Le roi prend sous son *mundium* un abbé et son abbaye; en conséquence, il déclare que les procès relatifs à l'abbaye seront jugés, au choix de l'abbé, par la justice ordinaire ou par le tribunal du roi (*tam in pago quam in palatio nostro prosequære deberit... Et si aliquas causas adversus eum... surrexerit quas in pago absque ejus grave dispendio definitas non fuerint, in nostri præsentia reserventur*). — Voy. sur cette compétence du plait royal, pour l'époque mérovingienne, Tardif, *Institutions politiques*, p. 190 et 191; et pour l'époque carolingienne, Beauchet, p. 338 et 339.

(3) Exemple dans les formules impériales (époque de Louis le Pieux), 55 = Roz., 15 : *Usque ad nostram aut missorum nostrorum præsentiam sint suspensæ vel conservatæ* (les causes des personnes qui sont sous le *mundium* du roi).

(4) Capit. *missorum* de 825, cap. 2 (Boret., p. 308) : *Ut quicumque, per negligentiam, aut incuriam, vel impossibilitatem comitis, justitiam suam adquirere non potuerit, ad eos* (aux *missi*) *querelam suam possit deferre.*

(5) Capit. *missorum* de 810, cap. 3 (*id.*, p. 155). — Capit. *missorum* de 819, cap. 1 (*id.*, p. 289); cap. 13 : *Ut missi nostri observent ut quidquid de his causis emendare potuerint, emendent.* — Formules impériales, 14 = Roz., 449 : *Legatos mitteremus* (c'est le roi qui parle) *qui omnia pravorum comitum sive judicum... facta diligenter investigarent, et ubi aliquid injuste factum invenirent, emendare et ad justitias revocare contenderent.* — Form. Aug. B, 22 = Roz., 476 : Le comte a dépouillé un justiciable de ses biens, sous prétexte qu'il avait commis le crime d'inceste. Les *missi* arrivent dans le comté; alors *reclamavit se predictus ille quod injusto judicio propriis rebus caruisset, et eum predictus comis malo ordine propriis rebus disvestisset.* Sur quoi les *missi* instruisent de nouveau le procès et réforment la sentence du comte; *et reddiderunt ei predictas res pro proprio.* — Sur l'appel du tribunal du comte à celui du *missus*, voy. Beauchet, p. 320 à 325; et Marcel Fournier, *Essai sur l'histoire du droit d'appel*, p. 116 à 120. — Bethmann-Hollweg paraît n'admettre que l'appel au *missus* en cas de déni de justice (V, p. 17 et 171). Sohm (p. 492 et 505), et Waitz (IV, p. 413, note 4 et 414), rejettent tout appel du comte au *missus*.

Voici en deux mots la conclusion de cette étude sur le chef du tribunal. Tandis que, d'après la loi Salique, le président du tribunal du droit commun est l'élu des hommes libres, dans l'organisation judiciaire de l'Empire franc, le président de ce tribunal est toujours un fonctionnaire du roi.

§ 2.

La convocation des hommes libres au tribunal.

Le comte ou le centenier n'apparaît seul au tribunal. A côté de lui sont divers personnages qui, jusqu'à l'époque de Charlemagne, s'appellent dans les textes *rachimburgi*, et qui, plus tard, se nomment *scabini*. Nous avons déjà rencontré ces rachimbourgs dans la loi Salique, et nous avons vu qu'ils sont les auteurs mêmes de la sentence. Les rachimbourgs mérovingiens et les scabins carolingiens sont-ils encore les véritables juges? Telle est la première question qui se pose. De plus, à côté du comte ou du centenier d'une part, des rachimbourgs ou des scabins d'autre part, les textes mentionnent la foule des hommes libres qui sont présents au plait. Quel est le rôle de ces hommes libres? plus précisément, ne sont-ils que des assistants ou sont-ils les juges de l'affaire? Nous avons vu que, sous la loi Salique, il peut se faire qu'ils aient été les juges, et les mêmes hommes en réalité que les rachimbourgs. En est-il de même dans le droit postérieur? Voilà la seconde question.

Dans ce paragraphe, je n'examinerai qu'un seul côté de ces questions. Les hommes libres sont-ils présents au plait parce que l'entrée du plait est libre, ou sont-ils convoqués et légalement obligés d'être présents? On verra l'importance de cette discussion lorsqu'il s'agira de déterminer le rôle des rachimbourgs et des scabins et [de dire si ces personnages sont ou non les hommes libres eux-mêmes, convoqués à l'assemblée judiciaire et chargés d'y rendre la sentence.

La question de la convocation des hommes libres au tribunal et de leur obligation d'y paraître, est claire pour l'époque carolingienne. Les capitulaires de cette époque obligent tous les

hommes libres à venir à un certain nombre de plaits chaque
année et les dispensent de paraître aux autres plaits. Je vais
étudier bientôt ces capitulaires et je chercherai à déterminer le
motif et l'exacte portée juridique de la règle qui y est contenue. Mais il importe de fixer avant tout le point de départ
de cette règle de l'obligation de venir au plait. Dans mon
opinion, conforme à celle de Sohm (1), tout homme libre doit
se rendre à l'assemblée judiciaire sur la convocation du comte
ou, en général, du fonctionnaire royal qui préside cette assemblée. Cette obligation incombe à tout sujet du roi, quelle
que soit sa nationalité, pourvu qu'il soit homme libre; elle est
comme la conséquence nécessaire de la double qualité de
sujet et d'homme libre, et le pendant de cette autre obligation
de se rendre à l'armée sur la convocation du roi ou du comte,
qui est imposée également à tout sujet homme libre. On peut
dire ainsi que le droit public de l'Empire franc impose au
sujet vis-à-vis de l'Etat deux obligations essentielles, le service militaire et le service du plait. En résumé, les capitulaires carolingiens, dont je viens de parler, n'ont pas créé
l'obligation des hommes libres de venir au plait, mais l'ont
seulement régularisée et adoucie, en fixant les cas, les conditions et les époques auxquelles cette obligation devait être
exécutée.

Cette opinion est très contestée (2). Il est cependant un point
sur lequel tout le monde est d'accord, je veux parler de la
règle de la publicité du plait. Les textes nous montrent tou-

(1) Sohm, p. 336 et suiv.; 370 à 372.

(2) Voy. Fahlbeck, p. 126 et 127, note; il nie absolument qu'à l'époque
mérovingienne, si ce n'est peut-être tout à fait vers la fin, les hommes libres
aient été obligés de venir à l'assemblée judiciaire. Dans le même sens, Fustel
de Coulanges, *Recherches*, p. 387. — Beauchet, p. 15, prétend qu'il faut distinguer à l'époque mérovingienne, comme sous les Carolingiens, des plaits ordinaires et des plaits extraordinaires, et que les hommes libres sont obligés
de se rendre aux premiers, mais non pas aux seconds; dans cette opinion,
les capitulaires carolingiens n'auraient établi aucune règle nouvelle. — Waitz,
II, 2ᵉ part., p. 142, constate seulement deux faits, d'abord que les lois franques gardent le silence sur l'obligation de venir au plait, mais, en second
lieu, que de nombreux textes prouvent la présence des hommes libres; en
fait, par conséquent, il reste acquis pour lui que les hommes libres assistent
à l'assemblée judiciaire.

jours le jugement rendu en public (1), et *coram omnibus*, dans la plupart des documents de cette époque, signifie : au tribunal (2). On ne peut donc pas nier que le public, et plus précisément tous les hommes libres, n'aient eu le droit et même l'habitude d'assister aux audiences. Mais on dit qu'aucune règle légale ne les y obligeait, et que cette obligation a été introduite seulement par les capitulaires carolingiens ou, tout au plus, par quelque édit d'un des derniers rois mérovingiens. La raison que l'on donne est le silence des documents mérovingiens sur cette obligation des hommes libres de venir au plait, et surtout le silence des deux lois franques qui ne contiennent aucune règle pareille. On ne réfléchit pas en parlant ainsi, que ces lois ne contiennent pas davantage, au moins d'une façon positive et certaine, la règle qui oblige tous les hommes libres à venir à l'armée (3), et que personne cependant ne la conteste (4). Il est vrai que, pour ce qui concerne

(1) *Vita S. Amandi*, 12 (Bouquet, III, p. 533) : *Comes quidam, ... cognomine Dotto, congregata non minima multitudine Francorum, in urbe Tornaco, ad dirimendas resideret actiones... Tunc subito a lictoribus ante eum præsentatus est quidam reus quem omnis turba acclamabat dignum esse morte.* — Cf. *Acta Sanctorum*, Février, I, 863 : *Vir a lictoribus exhibetur...; cui mortis sententiam populus terribiliter acclamabat.* — *Ibid.*, 881 : *Conclamant cuncti, plebs omnis cominus astans — concinit esse reum.* — Greg. Tur., *Hist. franc.*, VI, 8 : *Insultante vulgo atque vociferante* (au plait). — *Id.*, *Vitæ patrum*, VIII, 5 : (Le testament de l'évêque de Lyon, Nicetius, est porté au plait) : *In foro delatum, turbis circumstantibus.*

(2) Loi Salique, 46, § 2 : *In mallo publico legitimo,... publice coram omnibus* (alias : *coram populo, coram hominibus*). Cf. sur ce texte, Sohm, p. 69; W. Sickel, *Savigny-Stiftung*, VI, p. 19, note. — Greg. Tur., *Vitæ patrum*, VIII, 9. (Un Burgonde est cité en justice ; il s'y présente et nie) *negavit coram omnibus* (c'est-à-dire au plait). — Cf. d'autres textes mentionnés par Sickel, *ibid.*, p. 19 et 20.

(3) La loi des Ripuaires, 65 (alias 67), parle, il est vrai, de celui qui *legibus in utilitatem regis, sive in hoste, sive in reliquam utilitatem bannitus fuerit et minime adimpleverit*, et le frappe de l'amende de 60 *solidi*; c'est une allusion évidente à l'obligation de venir à l'armée, sur la convocation du roi ; mais cela ne prouve en aucune façon que tous les hommes libres soient tenus de cette obligation; car certains personnages seraient seuls tenus, que la loi des Ripuaires s'exprimerait encore de la même manière. L'obligation générale au service de guerre, d'ailleurs certaine, n'est donc pas écrite dans les lois franques, mais résulte d'autres documents.

(4) La seule question discutée est la suivante : tous les hommes libres sans

cette obligation, un grand nombre de documents, tirés notamment de Grégoire de Tours et des autres historiens, nous montrent des levées de troupes faites par les comtes dans différents *pagi* (1), ce qui suppose que tous les hommes libres sont astreints au service militaire. Mais ne peut-on pas dire aussi bien que de nombreux textes nous parlent d'une foule d'hommes libres assistant à l'assemblée judiciaire, ce qui porte à croire que les hommes libres sont obligés d'y assister ? En réalité, deux observations démontrent, selon moi, cette obligation. En premier lieu, si elle n'est pas exprimée dans la loi Salique ou la loi Ripuaire, elle l'est formellement dans la loi des Alamans et dans celle des Bavarois rédigées toutes deux au vii⁰ siècle ou au commencement du viii⁰, c'est-à-dire à une époque où ces peuples dépendaient de l'Empire franc ; il est donc permis de voir dans cette règle un principe général du droit germanique et non pas une innovation des rois carolingiens :

Première loi des Alamans, tit. 36, § 4 (Pertz, *Leges*, III, p. 56) : *Si quis autem liber ad ipsum placitum neglexerit venire, vel semetipsum non ostenderit aut comiti aut centenario aut misso comiti in placito, 12 solidos sit culpaviles ; qualiscumque persona sit, aut vassus ducis aut comitis aut qualis persona, nemo negligat ad ipsum placitum venire.*

Première loi des Bavarois, tit. 2, § 4 (*ibid.*, p. 287) : *Ut placita fiant per kalendas aut post 15 dies si necesse est ad causas inquirendas, ut sit pax in provincia. Et omnes liberi conveniant constitutis diebus, ubi judex ordinaverit, et nemo sit ausus contempnere venire ad placitum. Qui infra illum comitatum ma-*

distinction sont-ils tenus du service de guerre, ou seulement les hommes libres possesseurs de terres qui, dans l'opinion de certains auteurs, seraient les seuls véritables hommes libres au point de vue du droit public, les seuls tenus, par conséquent, et du service de guerre et de l'obligation de venir au plait. La première opinion est soutenue principalement par Roth, *Beneficial-wesen*, p. 169 à 202 ; et Tardif, *Institutions politiques*, p. 200 à 204. La seconde est défendue par Boutaric, *Institutions militaires de la France*, p. 55 ; et Waitz, II, 2⁰ part., p. 208 et 212. La première me paraît tout à fait démontrée en droit ; on peut dire seulement qu'en fait les possesseurs de terres étaient appelés de préférence.

(1) Voir les textes nombreux cités par Roth, *loc. cit.*

*nent, sive regis vassus sive ducis, omnes ad placitum veniant.
Et qui neglexerit venire, damnetur 15 solidis.*

En second lieu, les capitulaires carolingiens qui sont relatifs
à l'obligation pour tous les hommes libres de venir au plait,
me paraissent évidemment prendre pour point de départ et
pour base une ancienne règle d'après laquelle les hommes
libres auraient été obligés de venir à tous les plaits sans distinction, et, cela étant, se proposer d'adoucir cette règle, très
gênante pour beaucoup de gens. Je vais citer et expliquer ces
capitulaires. Le premier en date réduit le nombre des plaits
à deux par an, ce qui est la meilleure manière d'alléger la
charge des hommes libres ; en cas de nécessité cependant, il
pourra y avoir plus de deux plaits, et alors le capitulaire ne
songe pas encore à débarrasser les sujets de l'obligation de
s'y rendre ; il déclare, au contraire, qu'ils devront y venir. Il
y a donc là pour eux, non pas une faculté, mais une obligation ;
et, s'ils viennent au tribunal, c'est bien parce qu'ils y sont
contraints par la loi. Puis des capitulaires postérieurs intro-
duisent une règle nouvelle, celle des trois plaits annuels ; à ces
trois plaits tous les hommes libres doivent se rendre, mais
leur obligation se borne là ; si donc il est nécessaire de réunir
un nombre de plaits plus considérable, les sujets ne seront
pas obligés à se rendre à ceux-là, on les en dispense pourvu
qu'ils aient fait le service des trois plaits réguliers. Ainsi, leur
charge se trouve très diminuée, puisqu'on ne peut plus les
déranger que trois fois par an ; et les capitulaires ont soin de
nous donner les motifs de cette réforme ; elle est faite, disent-
ils, *propter pauperes*, à cause des petites gens et des pauvres,
pour qu'ils ne soient pas opprimés par les gens puissants, ni
dérangés trop souvent, pour le service du plait, de leurs occu-
pations et des travaux qui les font vivre (1). Ce n'est donc pas

---

(1) Capit. de date incertaine, cap. 4 (Boret., p. 214) : *Propter pauperes. —*
Capit. italien entre 781 et 810, cap. 12 (*id.*, p. 207) : *Ut per placita non fiant
banniti homines... et pro hoc condemnati illi pauperiores non fiant. —* Capit.
missorum de 805, cap. 16 (*id.*, p. 125) : *De oppressione pauperum liberorum
hominum, ut non fiant a potentioribus per aliquod malum ingenium contra justitiam oppressi, ita ut coacti res eorum vendant aut tradant ... Et sæpius non
fiant manniti ad placita. —* Capit. *legi addita* de 816, cap. 3 (*id.*, p. 270) : *Comites vero non semper pauperes per placita opprimere debent.*

un droit qu'on leur enlève, c'est une obligation dont on les délivre. *Non cogantur in placitum venire*, disent les capitulaires;
ils étaient donc auparavant obligés de venir à tous les plaits,
et c'est cette obligation qu'on diminue en décidant qu'ils ne
viendront plus qu'à trois plaits. Ainsi il est impossible de
soutenir que l'obligation pour les hommes libres d'assister au
plait a été introduite seulement par le droit du viiie siècle, et
que jusque-là ces hommes ne viennent au tribunal que parce
qu'ils le veulent bien; la façon dont s'expriment ces lois du
viiie siècle montre, au contraire, que les hommes libres ne
venaient pas au plait pour leur plaisir, qu'ils y étaient obligés,
que cette obligation leur semblait même très dure, qu'ils s'en
sont plaints très haut, et que, loin de leur imposer une charge
inconnue jusque-là, les capitulaires de Charlemagne ont voulu
au contraire faire droit à leurs réclamations en décidant que
l'ancienne obligation ne serait maintenue que dans trois plaits
par an, et que pour tous les autres ils seraient libres. En d'autres termes, Charlemagne a réformé l'ancienne obligation de
se rendre au tribunal de la même manière environ et tout à fait
dans le même but qu'il a réformé cette autre obligation paral-
lèle, également ancienne et générale, je veux dire le devoir de
venir à l'armée. Tout en maintenant, pour les cas graves, ce
devoir général du service militaire (1), il a fait tomber la charge
de préférence sur les possesseurs d'un certain nombre de
manses, c'est-à-dire sur les riches, capables de s'équiper
et de s'entretenir (2). Dans le même but, il n'a pas mis de côté
absolument l'ancienne règle qui obligeait tous les hommes
libres à se rendre au plait, mais il a décidé que cette dette se
paierait seulement trois fois par an, et que, dans tous les
autres cas, seraient seulement appelés les fonctionnaires judiciaires que nous avons énumérés, et les scabins qui composent
avec eux le tribunal.

(1) Voy. capit. de 807, cap. 2 (Boret., p. 36) : *Si vero... patria defendenda
necessitas fuerit, tunc omnes generaliter veniant.* — *Convent. apud Marsnam,* an
847, cap. 5 (Pertz, *Leges,* I, p. 395) : *Ut omnis populus illius regni ad eum
repellendum communiter pergat.* — Edit de Pistes de 864, cap. 27 (*id.,* p.
495) : *Ad defensionem patriæ omnes sine ulla excusatione veniant.*

(2) Le principe général et la règle pour les cas ordinaires sont posés dans
le capitulaire *de exercitu promovendo* (Boretius, p. 137), qui décide que le

La lecture du texte des capitulaires démontrera, je crois, la vérité de ces observations ; on y verra deux choses ; d'abord qu'anciennement les hommes libres étaient obligés de venir a tous les plaits ; ensuite, qu'il faut distinguer, à partir de Charlemagne, deux espèces très différentes de plaits : ceux auxquels sont convoqués et obligés de venir tous les hommes libres, conformément au droit ancien, et ceux auxquels les hommes libres ne viennent pas, mais seulement les fonctionnaires judiciaires et les scabins, avec les plaideurs et leurs témoins.

Voici d'abord le premier en date de ces capitulaires :

Capit. de 769, cap. 12 (Boret., p. 46) : *Ut ad mallum venire nemo tardet, primum circa æstatem, secundo circa autumnum. Ad alia vero placita, si necessitas fuerit vel denunciatio regis urgeat, vocatus venire nemo tardet.*

Ce capitulaire est de la première année du règne de Charlemagne. Il déclare d'abord qu'il n'y aura, en principe, que deux plaits par an. Nous ignorons le nombre régulier des plaits à l'époque mérovingienne (1), mais nous pouvons dire avec beaucoup de vraisemblance qu'il y avait plus de deux assem-

---

possesseur de quatre manses part en guerre et s'équipe lui-même, que le possesseur de trois manses s'associe avec le possesseur d'un seul manse, part lui-même en guerre, mais oblige son associé à contribuer avec lui aux frais d'entretien, que deux possesseurs de deux manses s'associent, l'un faisant la guerre, l'autre le défrayant, et qu'enfin ceux qui n'ont qu'un manse se mettent à quatre. Ce capitulaire est de 803 d'après Pertz (I, p. 119), de 808 d'après Boretius (*loc. cit.*), de 805 d'après Waitz (IV, p. 556, note 3). Au reste, cette proportion entre le nombre des manses possédés et l'obligation au service militaire n'a pas toujours été gardée (voy., par ex., capit. de 807, cap. 2, Boret., p. 134). Sur ces capitulaires carolingiens, voy. Roth, *Beneficialwesen*, p. 392 à 416 ; Waitz, IV, p. 531 à 633 ; Boretius, *Beiträge zur Capitularienkritik*, p. 69 et suiv. (pour la critique des textes et la chronologie).

(1) Dans l'opinion de Sohm, p. 392 à 398 (cf. Richard Schröder, *Lehrbuch der deutschen Rechtsgeschichte*, Leipzig, 1887, p. 161, 162), le nombre régulier des plaits à l'époque mérovingienne aurait été de huit ou neuf par an. Sohm fonde cette manière de voir sur un certain nombre de textes qui prouvent, d'après lui, que le délai ordinaire d'ajournement est de 40 nuits, ce qui signifie que l'assemblée judiciaire se tiendrait en règle de six en six semaines, c'est-à-dire huit ou neuf fois par an. Waitz, II, 2º part., p. 140, 141 ; IV, p. 367, note 2, veut au contraire qu'il y ait eu des assemblées judiciaires, en règle, toutes les semaines, c'est-à-dire de sept en sept nuits, parce que

blées judiciaires par an ; car le capitulaire de 769 paraît bien avoir pour but de diminuer le nombre régulier des plaits afin de diminuer par là même, l'obligation des hommes libres, très dure pour quelques-uns (1). Ce capitulaire déclare donc qu'au lieu d'un nombre de plaits que nous ne connaissons pas mais qui dépassait deux et qui peut-être était assez élevé, on ne tiendra plus désormais que deux plaits par an. Voilà la réforme de 769. Mais ce capitulaire contient une autre idée encore, et cette idée, loin d'être nouvelle, est au contraire l'ancien principe lui-même : il impose à tous les hommes libres l'obligation de venir à ces deux plaits annuels (*ad mallum venire nemo tardet*). Bien plus, il prévoit le cas où deux plaits par an ne seraient pas suffisants à l'expédition de toutes les affaires : alors le roi, ou plutôt le comte, — car c'est lui en pratique qui réunit le *mallus* (2) — convoquera des plaits extraordinaires, et à ces plaits, comme aux deux plaits réguliers, tous les hommes libres seront également obligés de venir (*vocatus venire nemo tardet*). Il résulte de là qu'en 769, quel que soit le plait, tout homme libre doit y paraître. L'obligation générale d'assister à toutes les assemblées judiciaires

tous les délais de procédure, qui sont d'ailleurs très variables, sont des multiples de sept (sept, quatorze, vingt ou quarante-deux nuits). Mais, selon la juste remarque de Thonissen, tous ces auteurs qui cherchent ainsi à déterminer les jours consacrés au plait à l'aide des textes relatifs aux délais de procédure, raisonnent comme le ferait un jurisconsulte moderne qui, de ce fait que le défendeur est ajourné à huitaine franche, d'après le Code de procédure de 1806, conclurait que les juges français siègent seulement tous les dix jours. Les délais de procédure n'ont donc rien à faire en cette question, et les systèmes que je viens d'indiquer sont des conjectures sans fondement. Voy. Thonissen, *Loi Salique,* p. 378 ; Beauchet, p. 16 et 17.

(1) On dit souvent que le capitulaire de 769 ne contient aucune innovation (Sohm, p. 397 et 398 ; Beauchet, p. 17 et 18 ; Fahlbeck, p. 126, note 2). Cela ne me paraît pas probable, mais en tous cas c'est là une question très secondaire ; car ceux qui admettent cette opinion disent alors que la réforme que j'explique a été faite, non par ce capitulaire, mais par un édit de quelqu'un des derniers rois mérovingiens ; c'est cet édit, perdu aujourd'hui, qui aurait porté à deux le nombre des plaits ordinaires, lequel, dans l'opinion de Sohm, était autrefois de huit à neuf. Au fond, par conséquent, la réforme reste incontestable, et il s'agit de savoir seulement si elle a pour date 769 ou une époque un peu antérieure.

(2) Voy. pour cette explication des mots *vel denunciatio regis urgent,* Sohm, p. 286 et 287.

est donc encore la règle à cette date. On dit assez souvent
qu'à l'époque mérovingienne, aussi bien qu'après 769, il faut
distinguer déjà des plaits ordinaires et des plaits extraordinaires ; c'est la distinction célèbre que font les auteurs allemands entre l'*echtes Ding* et le *gebotenes Ding* et que nous retrouverons dans un instant ; quoi qu'il en soit, il est certain
que cette distinction est sans influence sur l'obligation des
hommes libres de venir à l'assemblée judiciaire ; ils doivent
venir aux plaits ordinaires comme aux plaits extraordinaires.
Le capitulaire de 769 le dit formellement pour les premières
années du règne de Charlemagne ; or, il est impossible que la
règle n'ait pas été la même à l'époque mérovingienne, car la
tendance de la législation de Charlemagne est de diminuer et
non pas d'aggraver la charge des hommes libres ; et notre capitulaire lui-même en est la meilleure preuve, puisqu'il diminue
le nombre des plaits. Nous aboutissons donc à la conclusion
suivante. A l'époque mérovingienne, on tient chaque année
un certain nombre de plaits ordinaires et, en outre, peut-être,
des plaits extraordinaires dont le nombre est forcément variable et impossible à déterminer, puisqu'il dépend des circonstances, de la quantité des affaires et de leur urgence. Mais
à tous ces plaits sans exception tous les hommes libres sont
convoqués et légalement obligés d'assister. Dans les premières
années du règne de Charlemagne, on décide qu'en règle il n'y
aura que deux plaits par an, mais des plaits extraordinaires
peuvent toujours être tenus, si les circonstances l'exigent ; et
quant à l'obligation des hommes libres de venir à tous les
plaits, rien n'y est changé encore ; leur obligation reste générale et absolue (1).

Etudions maintenant les capitulaires postérieurs à 769 qui
ont créé la distinction des deux espèces d'assemblées judiciaires,

(1) Voy. Sohm, p. 372 : « Chaque homme libre est obligé de venir aux
autres plaits, comme au plait régulier... » Encore au début du règne de
Charlemagne, le plait extraordinaire est l'assemblée de tous les hommes
libres (*Vollgericht*) ; p. 398 : « Les deux plaits ordinaires, comme les plaits
extraordinaires, sont des assemblées de tous les hommes libres. » — Waitz,
II, 2º part., p. 141 : « Le plait extraordinaire lui-même a le caractère d'une
assemblée publique et générale. » — Cf. W. Sickel, *Savigny-Stiftung, loc.
cit.*, p. 21 ; R. Schröder, *Lehrbuch der deutschen Rechtsgeschichte*, p. 161,
162.

celles où sont convoqués et obligés d'assister tous les hommes libres et celles où ce devoir n'est plus imposé à tous :

Capit. de date incertaine, cap. 4 (Boret., p. 214) : *Et centenarii generalem placitum frequentius non habeant, propter pauperes ; sed cum illos super quos clamant injuste patientes* (avec les personnes contre qui sont portées des plaintes, c'est-à-dire les accusés, les défendeurs au procès) *et cum majoribus natu* (les grands, les puissants à qui le service du plait est moins lourd qu'il ne l'est aux pauvres) *et testimoniis necessariis* (les témoins) *frequenter placitum teneant; ut si pauperes qui nullam causam ibidem non habeant, non cogantur in placitum venire, nisi bis aut ter in anno.*

Capit. *missorum* de 805, cap. 16 (*id.*, p. 125) : *De oppressione pauperum liberorum hominum, ut non fiant a potentioribus per aliquod malum ingenium contra justitiam oppressi*, etc..... *Et ut sæpius non fiant manniti ad placita, nisi sicut in alio capitulo præcipimus ita servetur.*

Capit. italien entre 801 et 810, cap. 14 (*id.*, p. 210) : *Ingenuos homines nulla placita faciant custodire postquam illa tria custodiant placita quæ instituta sunt, nisi forte contingat ut aliquis aliquem accuset, excepto illos scabinos qui cum judicibus resedere debent.*

Capit. de 819, cap. 14 (*id.*, p. 290) : *De placitis siquidem quos liberi homines observare debent constitutio genitoris nostri penitus observanda atque tenenda est, ut videlicet in anno tria solummodo generalia placita observent, et nullus eos amplius placita observare compellat, nisi forte quilibet aut accusatus fuerit, aut alium accusaverit* (c'est-à-dire les deux parties au procès), *aut ad testimonium perhibendum vocatus fuerit. Ad cætera vero quæ centenarii tenent, non alius venire jubeatur nisi qui aut litigat, aut judicat, aut testificatur* (les parties, les juges et les témoins).

Capit. de 823, cap. 2 (*id.*, p. 320) : *Neque cogantur (liberæ personæ) ad placita venire præter ter in anno, sicut in capitulare continetur, excepto scabinis et causatoribus et testibus necessariis.*

Le sens de ces capitulaires est très clair. Charlemagne et ses successeurs, pensant que l'obligation imposée autrefois à tous les hommes libres de venir à tous les plaits est très dure pour les petites gens, décident que les hommes libres ne seront plus tenus que de trois plaits par an. Mais comme il peut se faire que trois plaits par an ne soient pas suffisants pour l'expédition de toutes les affaires, ils ajoutent que l'on convoquera d'autres plaits quand cela sera nécessaire : seulement (et c'est là toute la réforme), à ces plaits extraordinaires, on n'appellera plus tout le monde, mais seulement les parties, les témoins et les juges (les scabins), c'est-à-dire ceux-là seulement dont il est impossible de se passer.

La date de cette réforme importante est malheureusement inconnue, et le capitulaire qui l'a faite paraît bien perdu. Nous savons seulement qu'il est postérieur à 769, car le capitulaire de 769 oblige encore tous les hommes libres à venir à tous les plaits sans distinction, ordinaires ou extraordinaires ; et qu'il est antérieur à 805, car le capitulaire de 805 connaît déjà la règle nouvelle et la rappelle en disant qu'elle a été établie *alio capitulo*. Les autres capitulaires de Charlemagne que je viens de citer n'ayant pas de date certaine, il est impossible de s'en servir pour l'étude de cette question. Mais on peut, je crois, fixer une époque un peu moins approximative, grâce à l'observation suivante. Nous avons un capitulaire daté de 803 qui déclare que les hommes libres ne sont pas obligés de venir aux assemblées judiciaires et qu'on ne doit convoquer au plait que les plaideurs et les scabins (1). Il faut évidemment entendre par là, non pas que les hommes libres ne sont jamais convoqués au plait, mais qu'ils sont convoqués seulement à trois plaits par an ; car les capitulaires que j'ai cités ne permettent pas une autre explication ; nous avons donc ainsi, dans un texte de 803, la distinction des plaits généraux

(1) Capit. *missorum* de 803, cap. 20 (Boret., p. 116) : *Ut nullus ad placitum banniatur, nisi qui causam quærere aut si alter ei quærere debet, exceptis scabineris septem qui ad omnia placita præesse debent.* — Même règle dans un capitulaire de 809, cap. 5 (*ibid.*, p. 148), dans un autre de la même année, cap. 13 (*ibid.*, p. 150), et dans un troisième qui se place entre 781 et 810, cap. 12 (*ibid.*, p. 207). Mais ce dernier est d'une date trop incertaine pour qu'il soit possible d'en tirer parti dans cette discussion. En ce qui concerne la date de 803, il faut remarquer la mention formelle des scabins, non seulement dans le capitulaire que je viens de citer, cap. 20 (Cf. cap. 3), mais encore dans un autre capitulaire de la même date, rubrique (Boret., p. 112) et cap. 10 (*id.*, p. 114).

auxquels tout le monde doit assister et des autres plaits auxquels on convoque seulement les parties et les scabins ; cela
prouve d'une façon sûre que la règle dont je cherche à déterminer l'époque, et que notre capitulaire ne fait qu'appliquer
évidemment, est au plus tard de l'année 803. A mon avis, on
peut pousser plus loin dans cette voie. Il me paraît presque
certain que la réforme qui a consisté à distinguer deux espèces
de plaits, les plaits généraux et ceux où on ne convoque que
les scabins, est au fond exactement la même que celle qui a
consisté à créer les scabins, que les deux choses n'en font
qu'une, et que par conséquent la date que nous cherchons est
la date même de l'institution des scabins. Or, cette dernière date est elle-même l'objet de controverses ; mais j'espère
démontrer dans ce travail que les scabins existent dès 780
d'une façon sûre (1), et j'en conclus que la réforme dont je
parle en ce moment doit se placer entre 769 et 780.

Quelle que soit la date, étudions avec soin la règle nouvelle
posée par Charlemagne. Il y a désormais deux espèces de plaits
très différentes. Il y a d'abord des plaits généraux, au nombre
de trois par an. A ces plaits tous les hommes libres sans distinction sont convoqués et doivent se rendre, d'après la règle
ancienne. On a dit quelquefois que les possesseurs de terres
sont seuls convoqués ; c'est l'opinion de ceux qui partent de
cette idée que les possesseurs de terres sont les seuls qui
soient réellement hommes libres, au point de vue du droit
public franc (2). De même qu'ils sont seuls obligés, dans cette
opinion, à venir à l'armée, de même ils seraient seuls obligés
à venir aux trois plaits annuels. Les textes que j'ai cités et

(1) Voy. le § 4.

(2) Waitz, II, 2e partie, p. 143 ; IV, p. 368 et passim. — Voyez pour la
réfutation de cette opinion, Sohm, p. 334 et suiv., et Beauchet, p. 146 à 148.
L'argument principal sur lequel on se fonde pour établir que les seuls possesseurs de terres sont convoqués aux plaits généraux est le capit. de
Worms de 829, cap. 6 (Pertz, I, p. 354) : *De liberis hominibus qui proprium
non habent, sed in terra dominica resident, ut propter res alterius ad testimonium non recipiantur*. Ainsi peuvent seules être témoins en justice les personnes qui ont une terre à elles. On trouve la même disposition, ou à peu
près dans d'autres lois germaniques. Cette condition imposée par les textes
aux témoins est très naturelle ; car le faux témoin encourt une amende ; il
faut donc qu'il ait de quoi la payer, et la possession d'une terre est la meil-

auxquels un grand nombre d'autres pourraient être ajoutés (1),
sont directement contraires à cette théorie, et montrent que
l'obligation est imposée à tous sans distinction (2). Sont obligés
ainsi de venir aux plaits généraux, d'une part tous les hommes
libres qui sont domiciliés dans le comté, et d'autre part tous
ceux qui, sans y être domiciliés, y possèdent des terres (3).
Quelques personnes, par exception, sont dispensées, comme les
clercs très probablement (4) ; ou incapables, comme les mineurs

leure garantie de sa solvabilité ; les capitulaires et les lois écartent donc le
témoignage de l'homme qui ne possède rien, parce que cet homme n'a rien à
risquer, et, en cas de faux témoignage, n'a rien qui réponde de l'amende qu'il
devra payer, nullement parce que la liberté sans la possession d'une terre
n'est pas la liberté complète. Le capitulaire de 829 dit d'ailleurs en termes
formels que cette règle ne s'applique que s'il s'agit d'un procès immobilier
(*propter res alterius*), et que dans tous les autres cas tous les hommes *qui
liberi sunt* peuvent être *cojuratores* d'un autre homme libre.

(1) Par exemple : Capit. de Kiersy de 857 (Pertz, I, p. 452) : *Omnes quicumque sine ulla personarum exceptione vel excusatione aut dilatione conveniant.* — Conv. de Saint-Quentin (*id.*, p. 456) : *Ad illa placita omnis homo
qui placitum custodire debet et in illis comitatibus commanet, sine exceptione
et excusatione, conveniat.* — Il est vrai que dans ces deux textes il n'est pas
question d'assemblées judiciaires proprement dites, mais d'assemblées qui
sont convoquées pour recevoir communication des lois. Dans l'opinion de
Sohm, p. 278 à 285, c'est dans la même assemblée publique que, selon les cas,
on juge, on publie les lois, on passe les hommes libres en revue, on leur
fait prêter le serment de fidélité. Cette opinion pourrait être contestée ; mais
dans tous les cas subsisterait un argument d'analogie très fort ; car si dans
les assemblées où l'on publie la loi, tous les hommes sont convoqués sans
aucune exception, c'est que la possession d'une terre n'est pas un élément
essentiel de la liberté ; et il faut en conclure qu'aux plaits généraux tous les
hommes libres, et non pas seulement les possesseurs de terre, doivent être
pareillement appelés.

(2) Voy. la démonstration de ce point pour chacune des classes sociales,
pour les *vassi*, pour les clercs, pour les affranchis, etc., dans Sohm, p. 333 à
360. — Cf. Beauchet, p. 149 à 153 ; W. Sickel, *Savigny-Stiftung*, VI, p. 45 ;
R. Schröder, *Lehrbuch*, p. 165.

(3) Sohm, p. 336 à 338 ; Beauchet, p. 149 et 150.

(4) Il y a des exemples certains et assez nombreux de la présence de clercs
au plait général, et non seulement d'évêques ou d'abbés, mais encore de
simples moines (voy. Sohm, p. 340). Mais comme les conciles interdisaient
aux clercs de paraître dans les tribunaux autres que les tribunaux d'Eglise,
et comme, d'autre part, la tendance du droit laïque à cette époque est de
respecter et même de confirmer les canons des conciles, il est résulté de là
que les clercs certainement ont été dispensés du service du plait. Voy. capit.

et les condamnés à mort à qui on a fait grâce de leur peine (1). Mais la règle reste, en dépit de ces exceptions, l'obligation générale pour tout homme libre de paraître aux trois plaits annuels. A cause de cela, cette assemblée judiciaire s'appelle tantôt *placitum generale*, *placitum commune* (2), *placitum publicum* ou *mallus publicus* (3), c'est-à-dire le plait où tous les hommes libres sont présents ; tantôt *placitum legitimum*, *mallus legitimus* (4), c'est-à-dire le tribunal régulier et ordinaire,

Vernense, de Pépin, de 755, cap. 18 (Boret., p. 36) : *Ut nullus clericus ad judicia laicorum non conveniat, nisi per jussionem episcopi sui vel abbatis, juxta canones Carthaginiensis, capitulo IX, ut ibi scriptum est,* etc. — *Admonitio generalis* de 789, cap. 73 (*id.*, p. 60) : *Ut monachi ad sæcularia placita non vadant* — Capit. de 789, cap. 30 (*id.*, p. 64). — Capit. de Francfort de 794, cap. 11 (*id.*, p. 75) : *Ut monachi ad sæcularia negotia neque ad placita exercenda non exeant.* — Faut-il dire que les clercs sont incapables de venir au plait, comme au premier abord semblent le déclarer ces capitulaires, ou croire qu'ils ont le droit d'y venir, comme tous les hommes libres, mais que les comtes ne doivent pas les y obliger, par respect pour les règles canoniques ? Cette dernière opinion, qui est celle de Sohm, me paraît la plus probable. Voy. sur ce point, Sohm, p. 340 ; Beauchet, p. 152 ; Waitz, IV, p. 442 et 443 ; W. Sickel, *Savigny-Stiftung*, p. 46, 47.

(1) Sur ces deux incapacités, Sohm, p. 342 à 345 et p. 354 ; Beauchet, p. 151 et 152.

(2) Voy. capit. de 819, cap. 14 (Boret., p. 290) : *In anno tria solummodo generalia placita observent* — Capit. Saxon de 797, cap. 8 (*id.*, p. 72) : *Condicto commune placito simul ipsi pagenses veniant.*

(3) Voy. Form. Lindenbrog, 21 (Zeumer, alias 169) = Roz., 483 : *Dum resederet autem comis ille in mallo suo publico.* — *Form. Senon. recentiores* (époque de Louis le Pieux) 1 = Roz., 489 : *In mallo publico, ante inlustre viro illi comite* — *Ibid.*, 6 = Roz., 477 : *In mallo publico,* etc. — Guérard, *Cartulaire de Saint-Victor*, 1, p. 33 (n° 26, an. 845) : *In mallo publico.* — De Courson, *Cartulaire de Redon*, p. 94 : *In mallo publico,* p. 139 : *In placito publico;* p. 149 : *In mallo publico* etc. — Cf. d'autres exemples tirés de cartulaires allemands dans Waitz, IV, p. 370, note 1. J'aurai l'occasion d'en citer moi-même plusieurs autres encore lorsque je parlerai des scabins, et je démontrerai alors, contrairement à une opinion assez répandue, que ces mots, *mallus publicus*, désignent sûrement le plait général. Cf. dans Waitz, *ibid.*, l'expression *concilium* ou *conventus publicus* qui est synonyme.

(4) Diplôme de Louis le Pieux de 819 ou 821 (Bouquet, VI, p. 524) : Immunité accordée à une église ; les hommes habitant sur le territoire de l'immunité ne pourront pas être appelés par les fonctionnaires du roi *nisi in mallo legitimo comitis* (pour l'explication de ce diplôme, voy. Sohm, p. 347 et 348). — Charte de 779 (dans Besly, *Histoire des comtes de Poictou*, 1647, p. 149) : *In legitimo placito ante comitem.* Sur le sens de ces mots, synonymes

convoqué par le comte selon les anciens principes, le plait qui, dans la loi Salique, porte le nom de *mallus legitimus*. A côté de ces trois plaits généraux, s'en trouvent d'autres qui se distinguent des premiers par deux traits au moins tout à fait caractéristiques. D'abord ils sont tenus non plus régulièrement trois fois par an, mais d'une façon irrégulière et un nombre de fois indéterminé, en un mot quand il en est besoin pour l'expédition des affaires; en second lieu on n'y appelle pas tous les hommes libres, mais seulement les juges (les scabins), les parties et les témoins, c'est-à-dire les personnes dont la présence est indispensable (1). Ce sont les plaits que les textes appellent en général du nom un peu vague de *placita minora* (2).

Cette distinction résulte d'une façon très claire des capitulaires que j'ai cités. Mais, si l'on veut pousser plus loin l'étude des différences qui séparent ces deux espèces de plaits, on se heurte alors à des difficultés très graves. Cependant il est tout à fait nécessaire de se rendre un compte très précis de la distinction dont je parle pour comprendre la question du rôle judiciaire des scabins et pour discuter utilement les textes où

de plait général, voy. Sohm, p. 360, et Waitz, IV, p. 370, note 1. — Sohm soutient que le mot *mallus*, tout seul, désigne nécessairement et toujours le plait général (voy. p. 151, note 8, p. 387, 401) : c'est certainement le sens ordinaire de ce mot, mais je ne crois pas qu'il soit démontré que ce soit le sens nécessaire. On verra l'importance de cette question de terminologie, lorsque je parlerai du rôle judiciaire des scabins. — A plus forte raison, je considère comme tout à fait arbitraire la distinction qui, d'après Sohm (p. 399 et 400), aurait existé à l'origine entre les *placita legitima* et les *placita generalia*. Sohm reconnaît d'ailleurs que les deux mots ont fini par être tout à fait synonymes : il a dû, à mon avis, en être ainsi dès le début. Voy. Waitz, *ibid.*

(1) Capit. *missorum* de 803, cap. 20 (Boret., p. 116). — Capit. de 809, cap. 5 (*id.*, p. 148) : *Ut nullus alius de liberis hominibus ad placitum vel ad mallum venire cogatur, exceptis scabinis et vassis comitum, nisi qui causam suam aut quærere debet aut respondere.* — Capit. italien de 781 à 810, cap. 12 (*id.*, p. 207) : *Ut per placita non fiant banniti liberi homines excepto si..... scabinus aut judex non fuerit.* — Capit. italien de 801 à 810, cap. 14 (*id.*, p. 210) : *Et ingenuos homines nulla placita fiant custodire postquam illa tria custodiant placita..., excepto illos scabinos qui cum judicibus resedere debent.* — Capit. de 823, cap. 2 (*id.*, p. 320) : *Neque cogantur ad placita venire præter ter in anno... excepto scabinis et causatoribus et testibus necessariis.*

(2) Capit. *legibus addend,* de 818 ou 819, cap. 14 (*id.*, p. 284) : *Minora vero placita comes, sive intra suam potestatem, vel ubi impetrare poluerit, habeat.*

apparaît ce rôle. J'en dirai donc deux mots, le plus brièvement possible.

Je donnerai aux deux espèces de plaits dont il est question dans les capitulaires les noms de plait général et de plait non général. Ce sont les plus simples, et, s'ils ne payent pas de mine, ils sont, à mon avis, les seuls exacts. Les historiens allemands emploient ici les expressions *echtes Ding* (plait légitime) ou *ungebotenes Ding* (plait non convoqué), pour désigner la première espèce d'assemblée judiciaire ; *gebotenes Ding* (plait convoqué), pour désigner la seconde espèce. Ces mots sont si usuels dans les livres allemands, et la difficulté de trouver des mots français correspondants est si grande, que des auteurs français, comme M. Beauchet, trouvent plus simple de s'en servir. Mais, sans compter que dans une phrase française ces mots allemands ont mauvaise grâce, je leur trouve un autre défaut qui doit les faire rejeter, à mon avis, d'une langue où Dieu merci, ils ne sont pas encore consacrés par l'usage ; je veux dire qu'ils sont inexacts. Il n'y a point en effet à distinguer des plaits réunis sur convocation et des plaits réunis sans convocation, par la raison que tous les plaits supposent nécessairement une convocation. Tout ce que l'on peut dire, et cela est vrai, c'est que les plaits généraux ayant lieu à certaines époques de l'année fixées par la loi, et par conséquent connues de tous, les hommes libres peuvent d'avance se tenir prêts à répondre à l'appel du comte ; tandis que les plaits non généraux se tenant à des époques variables et non connues d'avance, les scabins n'en peuvent être avertis que par une convocation individuelle. Mais il est certain que, même pour les plaits généraux, une convocation est nécessaire, parce que l'époque n'en est pas tellement fixe que le comte ne jouisse d'une certaine latitude dans le choix du jour ; il doit donc faire connaître son choix par une publication qu'il adressera aux hommes libres de son comté soit dans les églises, soit sur les places publiques (1). J'éviterai également de me servir des

---

(1) Aussi les capitulaires disent-ils toujours que les hommes qui doivent paraître aux plaits sont convoqués (*manniti*), et cela non seulement lorsqu'il s'agit du plait non général, mais encore en cas de plait général. Voy. *capit. missor.* de 805, cap. 16 (Boret., p. 123) : *Ut sæpius non fiant manniti ad placita, nisi sicut in alio capitulo præcipimus* (c'est-à-dire si ce n'est plus de trois fois

expressions plait ordinaire et plait extraordinaire, parce que je crois qu'il peut y avoir des plaits généraux extraordinaires ; j'entends par là que, dans des cas urgents, on pourra quelquefois convoquer un quatrième ou un cinquième plait général dans l'année. Il est en effet certaines causes qui sont de la compétence exclusive du plait général; si donc les trois plaits n'ont pas suffi au jugement de tous les procès qui ne peuvent être portés qu'à un plait général, il faudra nécessairement en convoquer un de plus dans l'année, pour juger ces causes en retard (1). Enfin le mot plait particulier, pour être souvent employé par opposition à plait général, est un mot tout à fait dépourvu de sens. Pour ces raisons je me servirai des deux expressions plait général et plait non général qui manquent d'élégance, mais qui sont claires et exactes, et qui ont à mes yeux le très grand avantage de mettre bien en relief la différence principale qui existe entre les deux espèces de plaits, l'un où tous les hommes libres sont convoqués, l'autre où sont seulement convoquées quelques personnes.

par an); il s'agit donc ici des plaits généraux, et le capitulaire dit formellement que les hommes libres y sont *manniti*. Sur cette règle, d'après laquelle pour toute espèce de plait une convocation est nécessaire, voy. Beauchet, p. 140, 143, 153, et Sohm, p. 369 (peines contre celui qui n'obéit pas au *bannus*, c'est-à-dire à l'appel du comte).

(1) C'est ce qu'indique, à mon avis, d'une façon très positive, le capitulaire italien entre 801 et 810, cap. 14 (Boret., p. 210), que j'ai déjà cité. Il déclare qu'il n'y aura que trois plaits généraux par an, et il ajoute aussitôt cette restriction *nisi forte contingat ut aliquis aliquem accuset*. On ne peut comprendre ces mots que d'une seule manière ; ce capitulaire veut dire que les causes criminelles ne peuvent être jugées qu'à un plait général, et que par conséquent, s'il se présente une cause criminelle qui n'a pas pu être tranchée dans les trois plaits généraux ordinaires, il faudra convoquer nécessairement un plait général extraordinaire. Il peut donc y avoir des plaits qui soient à la fois généraux et extraordinaires, et la cause de cela doit être cherchée dans les règles sur la compétence. Voy. sur ce point Beauchet, p. 155 à 157. Waitz, IV, p. 368 note 1, conteste l'explication que je viens de donner du capitulaire italien, mais n'en propose aucune autre à la place. --- Je ne crois pas pourtant qu'il y ait une allusion à la possibilité pour les comtes de convoquer un assez grand nombre de plaits extraordinaires dans la règle du capitulaire de 816, cap. 3 (Boret., p. 270) : *Comites vero non semper pauperes per placita opprimere debent*. Il me paraît que par ces mots Louis le Pieux veut tout simplement confirmer et justifier la règle nouvelle du droit carolingien et la distinction des deux espèces de plaits.

Quant aux différences qui séparent ces deux espèces de plaits, outre les deux principales que j'ai indiquées plus haut, et qui sont relatives aux personnes convoquées, et au nombre des assemblées annuelles, il faut signaler les suivantes :

1° Il y a un lieu déterminé où doit se tenir le plait général; des jours déterminés également, et une durée fixe pour la session. Au contraire le plait non général est convoqué quand il en est besoin, là où le comte ou le centenier le veulent, sans époques fixées, et pour une durée qui dépendra tout simplement de la quantité et de l'importance des procès à juger (1).

2° Le plait général est présidé et convoqué par le comte en principe (2), ou par le vicomte, ce qui revient au même, puisque ce personnage n'agit jamais qu'au nom du comte. Si le centenier dans certains textes apparaît comme le président d'un plait général (3), il faut expliquer cela, selon moi, par ce fait

(1) Sur le lieu où se tient le plait général, la fixation des jours et la durée de ce plait, voy. les détails donnés par Sohm, p. 361 à 367; Waitz, IV, p. 370 à 378; Beauchet, p. 135 à 139, 154 et 155. — J'ai fait observer déjà, à propos de la périodicité des plaits à l'époque mérovingienne, que les délais indiqués par les textes pour les ajournements ne peuvent pas servir à déterminer les époques auxquelles se réunit un tribunal. Cette observation doit être répétée ici et servira à mettre en défiance contre quelques affirmations arbitraires de Sohm et de Waitz; par exemple contre cette idée que le retour du plait général a lieu tous les 40 jours, sous prétexte que le délai d'ajournement est de 40 jours (Sohm, p. 431 à 439; Waitz, p. 370, 371). Quant au plait non général, je ne vois pas sur quoi se fonde l'opinion d'après laquelle le retour de ce plait aurait lieu régulièrement toutes les quatorze nuits; R. Schröder, *Lehrbuch der deutschen Rechtsgesch.*, p. 163, 165.

(2) Voy. Sohm, p. 401 à 404 : Waitz, IV, p. 370; Beauchet, p. 155 et 156; R. Schröder, *Lehrbuch*, p. 162, 164. Le plait général s'appelle dans la plupart des textes le *mallus comitis;* voy. les textes cités dans Sohm, p. 151, note 8, qui sont relatifs en règle à des plaits généraux. Par opposition, le plait non général est dit le plait du centenier; voy. *capit. missor.* de 819, cap. 14 (Boret., p. 290), après avoir parlé des trois plaits généraux : *Cætera vero quæ centenarii tenent;* ainsi les autres plaits sont essentiellement les plaits tenus par les centeniers, et les plaits généraux sont les plaits du comte.

(3) Capit. de date incertaine, cap. 4 (Boret., p. 214) : *Et centenarii generalem placitum frequentius non habeant,* etc. — Guérard, *Cartulaire de Saint-Victor,* I, p. 33 (n° 26, an 845) : *In mallo publico* (le plait général; voy. ci-dessus, p. 87) *ante Rathbertum vicarium de viro illustri Adalberto comite.* — Vaissete, *Histoire du Languedoc,* Preuves, V, p. 137 (ancienne édition, II, p. 56), an 918. Plait tenu *ante venerabili Bernardo qui est missus advocatus* (représentant) *Raymondo comite... in mallo publico.* Ce Bernardus, un peu plus

qu'il agit alors *vice comitis*. Le plait non général au contraire est tenu soit par le comte soit par le centenier (1).

3° La question la plus difficile en cette matière est celle de la compétence respective des deux espèces de plaits. Partant de cette idée que le plait général est essentiellement le plait du comte, et le plait non général celui du centenier, Sohm en a conclu que cette question de la compétence des deux plaits n'est pas une autre question au fond que celle de la compétence du comte et du centenier ; ce qui signifie que les procès réservés exclusivement au tribunal du comte sont justement ceux qui sont réservés au plait général. Dans cette opinion, par conséquent, le plait général serait seul et nécessairement compétent toutes les fois qu'il s'agirait de procès immobiliers, de procès de liberté, et de causes criminelles graves ; car nous avons vu que le jugement de ces affaires est réservé au *mallus comitis* (2). Cette opinion ne me parait pas exacte. Il est certain que ces trois classes de procès ne peuvent être jugées qu'au plait du comte ; mais j'ai dit que le comte pouvait très bien tenir un plait non général ; il ne faut donc pas dire, parce que le comte seul est ici compétent, que le plait général est nécessairement convoqué pour ces affaires. A mon avis, les

bas, est dit *vicarius* du comte Raymond. Ici le texte nous montre très clairement le *vicarius* jouant le rôle de simple mandataire du comte. Cf. Sohm, p. 247, note 120 ; p. 511 et 512.

(1) Le centenier en est ordinairement le président, voy. le capitulaire de 819 cité (Boret., p. 290) ; mais il est incontestable que le comte peut le tenir également ; car il a la plénitude de la juridiction dans le comté. Voy. capit. de 817, cap. 14 (*id.*, p. 284) : *Minora vero placita* (les plaits non généraux) *comes, sive intra suam potestatem, vel ubi impetrare potuerit* (là où il voudra, car le plait non général ne se tient pas dans un lieu fixé par la loi, mais là où le veut le président) *habeat.* — Cf. *capit. missorum* de 821, cap. 5 (*id.*, p. 301) : *Volumus ut comites,... si ibi secum suos scabineos habuerit, ibi placitum teneat* (il s'agit encore ici d'un plait non général, puisque aucun lieu fixé n'est assigné).

(2) Voy. Sohm, p. 419 à 429. Sohm a très bien démontré dans ce passage que ces trois sortes de causes ne peuvent être jugées que *in mallo comitis, in præsentia comitis*, etc. Mais cela ne prouve pas nécessairement qu'elles ne pourront être jugées qu'au plait général. Pour Sohm, tribunal du comte, *mallus comitis*, ou même tout simplement *mallus*, signifient toujours le plait général ; mais c'est là justement ce qu'il faudrait prouver. R. Schröder *Lehrbuch*, p. 165, admet, sur cette question de la compétence des deux espèces de plaits, toutes les idées de Sohm.

procès de liberté et les affaires criminelles ne peuvent être tranchées qu'au plait général ; je fonde cette opinion non pas sur ce fait que le comte seul est compétent, puisque j'ai dit qu'aucune conclusion ne pouvait sortir de là, mais sur les deux observations suivantes. D'abord il s'agit là non pas d'un intérêt purement privé et même pécuniaire, mais de la vie ou de la liberté d'un homme libre, ce qui intéresse la communauté tout entière ; il est naturel que pour des procès de cette nature on ait exigé la présence de cette communauté elle-même, et réservé le jugement aux assises solennelles auxquelles tous les hommes libres sont convoqués. En second lieu les textes, dans ces cas là, exigent ou supposent le plait général, comme je le montrerai plus tard (1). Mais au contraire lorsqu'il s'agit de contestations d'ordre privé et par exemple de procès immobiliers, ces procès, bien que réservés au comte, peuvent être tranchés par lui dans le plait non général, parce que aucun texte ni aucune raison ne rend nécessaire en ce cas là la présence de tous les hommes libres (2).

4° Dans une opinion très répandue, un des plus grands intérêts de la distinction entre les deux espèces de plaits serait le suivant. Au plait général, le jugement est rendu par tous les hommes libres convoqués à l'assemblée ; au plait non géné-

----

(1) J'étudierai plus tard ces textes, qui se présenteront à propos du rôle judiciaire des scabins. Pour les causes criminelles, j'ai déjà cité le capitulaire italien, cap. 14 (Boret., p. 210), qui montre que en cas de procès criminel, en convoquera même au besoin un plait général extraordinaire. Pour les procès de liberté, le texte décisif est le capitulaire de 817, cap 14 (*id.,* p. 284), qui montre que ces procès doivent être jugés dans un endroit fixe et déterminé, ce qui n'a lieu, comme je l'ai dit, que pour le plait général.

(2) En ce sens, Beauchet, p. 157 et 158. Mais le motif donné par Beauchet, est, à mon avis, inexact. Cet auteur raisonne ainsi : Les procès relatifs à des immeubles, et en général les contestations d'ordre privé, sont des causes très compliquées dont la solution exige chez les juges la science du droit et l'habitude des affaires ; il faut donc en enlever la connaissance aux assemblées où tous les hommes libres sont juges, en d'autres termes au plait général, et la réserver aux assemblées où les seuls juges sont les scabins, c'est-à-dire des hommes sachant la loi. Ce raisonnement repose sur une erreur. Je montrerai plus tard qu'il n'est pas vrai de dire que les scabins jugent seulement dans le plait non général, tandis que tous les hommes libres jugeraient dans le plait général, mais que dans l'un et l'autre indifféremment la sentence est toujours rendue par les scabins seuls.

ral au contraire, où l'on n'appelle que les scabins, le jugement est rendu par ces seuls scabins (1). A mon avis, c'est là une erreur très grave ; il n'y a point de différence entre les deux espèces de plaits, en ce qui concerne les personnes chargées d'y juger ; les juges sont les scabins dans les deux cas. Je discuterai cette question dans le paragraphe qui sera consacré aux scabins.

Telles sont les différences qui séparent le plait général et le plait non général. Je terminerai cette étude par une observation. J'ai exposé ces différences en me plaçant exclusivement au point de vue du droit carolingien. L'opinion à peu près unanime est que la distinction des deux espèces de plaits n'est nullement propre à cette époque, mais qu'elle est au contraire un principe essentiel de l'organisation judiciaire du droit germanique à toutes les époques (2). Cette opinion ne me semble pas rigoureusement prouvée, mais elle n'est pas inadmissible. Seulement il est démontré, dans tous les cas, par l'étude que je viens de faire, que si, dès l'époque mérovingienne et même sous la loi Salique, il y a, comme on le dit, deux espèces de plaits, la différence principale que je viens de signaler entre ces deux sortes d'assemblées et qui est relative à la présence obligatoire de tous les hommes libres dans la première et à leur absence dans la seconde, n'existe pas à l'origine, et qu'elle n'a été établie que par Charlemagne. Tous les plaits de l'époque mérovingienne sont donc, comme je l'ai démontré, des assemblées où tous les hommes libres sont présents, c'est-à-dire des plaits généraux. Il reste peut-être les autres différences, ou quelques-unes d'entre elles ; je veux dire qu'il est permis de distinguer, dès cette époque, des plaits ordinaires, réunis à des époques fixes et dans des lieux déterminés, et des plaits extraordinaires, réunis quand il en est besoin et là où il plait au

______

(1) Maurer, *Geschichte der allgerman. Gerichtsverfassung*, p. 66 et suiv.; Beauchet, p. 271 à 291. — Sohm (p. 380 et 388), partage au fond cette manière de voir, mais avec les restrictions nécessaires pour l'accommoder à son système sur le plait général et sur le rôle des rachimbourgs et des scabins. Il en est de même de R. Schröder, *Lehrbuch*, p. 165, 166, qui, dans toutes ces matières, suit fidèlement Sohm.

(2) Schäfner, *Geschichte der Rechtsverfassung Frankreichs*, I, p. 349, 350; Sohm, p. 360 et suiv.; Beauchet, p. 15 à 17, 143 et suiv.; R. Schröder, *Lehrbuch*, p. 161, 162, 163.

président. C'est là ce qu'on peut voir dans les textes de l'époque mérovingienne (1), dans la loi Salique (2), et d'après certains auteurs jusque dans la *Germanie* de Tacite (3). Mais

(1) Voy. Beauchet, p. 15; Waitz, II, 2º partie, p. 141. — Je ne crois pas cependant qu'on puisse donner comme certaine la distinction des deux espèces de plaits à l'époque mérovingienne. Cf. dans Sohm, p. 3C3 à 367, la discussion relative au nombre de jours que doit durer régulièrement le plait; trois jours s'il s'agit du plait ordinaire, un nombre indéterminé s'il s'agit du plait extraordinaire. La plupart des textes cités par Sohm appartiennent à l'époque mérovingienne, et ils établissent très bien que dès cette époque le *mallus* dure en règle trois jours. Mais il ne me paraît pas prouvé par là qu'il y ait eu à distinguer des plaits qui durent trois jours, parce qu'ils sont ordinaires, et des plaits d'une durée indéterminée, parce qu'ils sont extraordinaires. Les plaits durent un temps plus ou moins long parce qu'il y a plus ou moins d'affaires; ce sont les circonstances et non pas une règle juridique qui sont peut-être cause de cette différence de durée.

(2) Sohm, p. 68 et 69, 360, note 4, 390 à 393; Waitz, *Das alte Recht*, p. 150; et *Deutsche Verfassung*, II, 2º partie, p. 141; Beauchet, p. 16; Thonissen, p. 380 et 381. — L'opinion qui admet la distinction du plait ordinaire et du plait extraordinaire dans la loi Salique, se fonde sur l'opposition que l'on prétend voir entre le *mallus publicus* ou *mallus legitimus* de plusieurs titres de la loi d'une part, et d'autre part le *mallus* qui se tient *ut thunginus aut centenarius indicant* des titres 44 et 46. Le premier serait le plait ordinaire, qui s'appelle toujours en effet *mallus publicus* ou *legitimus;* le second serait le plait qui se tient quand et où l'ordonne le *thunginus,* autrement dit le plait extraordinaire. Je ne suis pas bien persuadé par ce raisonnement. Encore moins suis-je tenté d'admettre cette opinion de Waitz (*loc. cit.*), d'ailleurs rejetée par Sohm, que le plait ordinaire est celui où l'on tranche les procès, et le plait extraordinaire celui où s'accomplissent les actes solennels qui doivent être faits *in mallo,* mais qui n'ont rien de contentieux; on fonde cela sur ce que les titres 44 et 46 sont précisément relatifs à des actes non contentieux, le mariage de la veuve et l'affatomie. Mais il ne faut pas oublier que pour l'affatomie, outre cette première réunion du tribunal, on exige ensuite une seconde qualifiée formellement de *mallus legitimus* (tit. 46 : *Postea aut ante rege aut in mallo legitimo,* etc.), et que celui qui *se de parentilla tollere vult* le fait également *in mallo* (tit. 60), ce qu'on entend en général du *mallus publicus.* Des actes non contentieux, comme le sont ces derniers, peuvent donc aussi bien être accomplis au plait ordinaire (voy. Sohm, p. 391). En réalité, je crois qu'il y a très peu de compte à tenir de la prétendue distinction des deux espèces de plaits dans les textes de la loi Salique, et que le *mallus ut thunginus indicat* a de grandes chances de n'être pas autre chose que le *mallus publicus* lui-même.

(3) On a fondé cette opinion sur ce passage de Tacite, *Germ.,* 11 : *Coeunt, nisi quid fortuitum et subitum incidit, certis diebus,* dans lequel on prétend voir la distinction des plaits à jour fixe et des plaits réunis quand il en est besoin et sans époques déterminées. Mais, sans compter qu'on donne ainsi une

ce dont il est certainement impossible de parler avant Charlemagne, c'est d'une distinction des plaits généraux et des plaits non généraux, car tous les plaits sont généraux alors. Je crois même indispensable d'ajouter que les règles sur la compétence respective des deux espèces de plaits que j'ai indiquées pour l'époque carolingienne, me paraissent strictement propres à cette époque, et qu'il n'y a aucune raison qui permette de les faire remonter à une époque antérieure à Charlemagne, même d'une façon probable; si l'on veut, en effet, se reporter aux textes et aux raisonnements sur lesquels j'ai établi ces règles, on verra que les uns et les autres n'ont de portée que pour le droit carolingien. Cela étant, il devient beaucoup moins utile d'insister sur la distinction des deux sortes de plaits à l'époque antérieure à Charlemagne; cette distinction, en effet, ne deviendra vraiment importante que le jour où les hommes libres seront obligés de venir à quelques-uns parmi ces plaits et dispensés au contraire de paraître aux autres, et le jour où l'on aura attribué à chacun d'eux une compétence différente.

§ 3.

La participation des hommes libres au jugement
avant la création des scabins.

I.

Les scabins ont été créés par Charlemagne; j'essaierai plus tard de dire à quelle époque : il suffit pour le moment de faire observer qu'avant 780 au plus tôt, de l'aveu de presque tout le monde, il ne peut pas être question de ces personnages. Il faut donc nous représenter le tribunal, à l'époque antérieure à 780, comme une assemblée présidée dans chaque centaine par le comte, ou, en général, par le fonctionnaire royal, et composée

bien grande importance a une phrase assez vague, on ne fait pas attention qu'il s'agit ici non d'assemblées judiciaires, mais d'assemblées politiques de la *civitas*. Cf. Sohm, p. 360, note 1; Beauchet, p. 143.

de tous les hommes libres de la centaine, convoqués au plait et obligés de s'y rendre, en vertu des règles que je viens d'expliquer. Toute assemblée judiciaire, durant cette période, a nécessairement ce caractère, puisque la distinction des plaits généraux et des plaits non généraux ne se présentera qu'à partir de Charlemagne, et que presque certainement elle est l'œuvre de ces mêmes capitulaires qui ont établi les scabins.

A côté du comte, et prenant part à l'instruction et au jugement de tous les procès, les textes de l'époque mérovingienne nomment constamment des personnages qu'ils appellent *rachimburgii, boni homines,* etc. Que sont ces hommes, et quel rôle jouent-ils dans l'assemblée judiciaire? Telle est la question que je me propose de résoudre.

Une seule chose est évidente à première vue : ces personnages sûrement ne sont pas le comte, ni les autres fonctionnaires royaux chargés de la justice. Les textes en effet nous disent que les procès se déroulent devant le comte et devant les rachimbourgs; il faut donc entendre par là deux sortes de personnes très différentes. Mais il est permis de se demander si ces rachimbourgs ne sont pas tous les hommes libres présents au plait et rendant la sentence avec le comte, ou bien s'ils ne sont pas plutôt des notables choisis par le comte ou par les parties dans la foule de ces hommes libres ; et, en admettant cette dernière opinion, si ces rachimbourgs sont les juges véritables de l'affaire, comme ils le sont dans la loi Salique, ou s'ils sont des conseillers du comte, comme le sont, dans l'organisation judiciaire romaine, les personnages qui entourent le magistrat rendant la justice, ou bien encore de simples experts, ou enfin des arbitres. Il est remarquable que justement toutes ces opinions ont été soutenues, et l'on se rendra compte de la difficulté et de la complexité du problème à résoudre si l'on réfléchit qu'on n'en a pas proposé moins de six ou sept solutions différentes.

1° D'après beaucoup d'auteurs, les personnages que les textes antérieurs à Charlemagne appellent des noms de *rachimburgii, boni homines,* ou autres noms semblables, sont tout simplement les hommes libres de la centaine convoqués au plait, selon le principe du droit de cette époque; et ces hommes

libres ou rachimbourgs doivent être considérés non pas simplement comme des assistants, mais comme les véritables juges
de l'affaire. La justice est rendue ainsi par tous les hommes libres de la circonscription judiciaire; et le tribunal est véritablement un tribunal populaire (1).

2° Dans une seconde opinion on pose également en règle
que le jugement est rendu par tous les hommes libres réunis
au plait; mais on dit que ceux qui s'appellent rachimbourgs
ou *boni homines* ne sont pas ces hommes libres, juges définitifs
du procès; ce sont des notables sachant la loi et ayant l'usage
des affaires, dont la mission consiste non pas à juger, mais à
former un projet de jugement, à conseiller l'assemblée des
hommes libres, et à lui dire quelle est la sentence qui, dans
leur opinion, est conforme à la loi. En d'autres termes les
hommes libres seraient les juges véritables, et les rachimbourgs
les conseillers des juges (2).

3° D'autres auteurs pensent aussi que les rachimbourgs sont
des notables, et non pas tous les hommes libres; seulement ils
déclarent qu'ils sont non pas des conseillers, mais bien les juges
de l'affaire. La sentence par conséquent n'est pas l'œuvre d'un
tribunal populaire composé de tous les hommes libres de la
circonscription : elle émane d'une réunion de notables choisis
soit par l'assemblée, soit par le comte, soit par les parties (3).

---

(1) Savigny, *Hist. du droit romain au moyen âge* (traduction), I, p. 148 à
153; Pardessus, *Loi Salique*, p. 576 et 577; Faustin Hélie, *Instruction criminelle*, seconde édition, 1866, I, p. 124 à 126; Schäfner, *Geschichte der
Rechtsverfassung Frankreichs*, I, p. 360; Walter, *Deutsche Rechtsgeschichte*, I,
p. 73, 76; II, p. 69, 278; Glasson, *Droit et institutions de l'Angleterre*, I, p. 194,
195, 209; Ginoulhiac, *Histoire générale du droit français*, p. 173 à 175. —
L'opinion de Savigny et de Walter d'après laquelle les hommes libres s'appellent rachimbourgs même en dehors de l'exercice de leurs fonctions judiciaires, est généralement rejetée; mais on maintient dans tous ces ouvrages
que les rachimbourgs sont tous les hommes libres présents et juges au *mallus*.

(2) Eichhorn, *Deutsche Staats-und Rechtgeschichte*, 3° édition, 1843, I, p.
402; Siegel, *Geschichte des deutschen Gerichtsverfahrens*, p. 106, et suiv.;
144 et suiv.; Sohm, p. 373; R. Schröder, *Lehrbuch der deutschen Rechtsgesch.*,
p. 163. Telle est aussi l'opinion que semble adopter Brunner, *Deutsche
Rechtsgeschichte*, I, 1887, p. 150; mais, dans ce premier volume, ce n'est
encore qu'incidemment que l'auteur est amené à s'expliquer sur cette question.

(3) Laferrière, *Histoire du droit français*, III, p. 220 : Rogge, *Ueber das*

4° M. Beauchet admet cette dernière opinion, mais en lui
faisant une correction très grave. Il part du principe de la
distinction des plaits ordinaires et des plaits extraordinaires.
Les rachimbourgs, d'après lui, sont, comme je viens de le dire,
des notables et les seuls juges de l'affaire, mais il n'y a de
rachimbourgs que dans les plaits extraordinaires. Dans les plaits
ordinaires le jugement est rendu non pas par eux, mais par
tous les hommes libres indistinctement, au milieu desquels
les rachimbourgs se confondent, sans jouer aucun rôle particulier (1).

5° Plusieurs historiens, trouvant sans doute dans les textes
nombreux qui existent sur la matière des contradictions et
des incertitudes, n'osent s'arrêter définitivement à aucune des
opinions que je viens d'énumérer, mais admettent là-dessus
quelque doctrine flottante et vague qui emprunte à tous les
systèmes sans en adopter aucun décidément. C'est ainsi que
Schulte déclare d'abord que les rachimbourgs sont tous les
hommes libres, « tous ceux qui jouissaient de leur état complet et de leur honneur; » et dit ensuite que « pour le prononcé
des jugements l'accomplissement des actes juridiques, etc.,
les parties ou le juge choisissaient un petit nombre de rachimbourgs, au plus sept qui décidaient de l'affaire (2). »
C'est ainsi également que Waitz professe que les rachimbourgs
sont tous les hommes libres indifféremment, et déclare que la
sentence émane de tous ces hommes libres convoqués et présents au plait (3), puis reconnaît que dans certains textes les
rachimbourgs n'apparaissent plus que comme des notables
choisis dans l'assemblée générale par le comte ou par les parties, et, pour accorder cette idée avec la règle que le jugement est rendu par l'assemblée des hommes libres, semble

Gerichtswesen der Germanen, p. 72 et suiv.; Bethmann-Hollweg, IV, p. 426
à 431; Zoepfl, III, p. 322, 323; W. Sickel, *Entstehung des Schöffengerichts*
(*Savigny-Stiftung*, partie germanique, VI, p. 45 à 58).

(1) Beauchet, p. 26 à 36.

(2) Schulte, *Histoire du droit et des institutions de l'Allemagne* (traduction
Marcel Fournier), p. 375.

(3) Waitz, II, Ire partie, p. 274, 275; IIe partie, p. 142, 143. *Boni homines, viri venerabiles, rachimburgii*, mots qui sont certainement synonymes,
sont, dit Waitz, les expressions employées communément pour désigner les
hommes libres.

incliner vers l'opinion qui considère les rachimbourgs non plus comme des juges, mais comme les conseillers des juges (1).

6° M. Fustel de Coulanges s'écarte de tous ces systèmes à la fois, et nie non seulement que les rachimbourgs soient tous les hommes libres de la centaine, mais encore qu'ils soient les juges ou même les conseillers des hommes libres rendant la justice. Le seul juge, le seul qui rende véritablement la sentence, c'est, dit-il, celui que tous les textes de cette époque nomment le *judex*, autrement dit le fonctionnaire royal chargé de la justice, le comte, en principe : « Les justiciables n'ont affaire qu'au comte, la sentence ne dépend que de lui : il est le maître de condamner, d'absoudre ou de faire grâce ». Il est vrai que les textes mentionnent la présence d'un plus ou moins grand nombre de personnes; mais ces hommes libres présents aux plaits ne sont pas les juges, ils sont le public; leur présence prouve non pas que la justice émane d'une assemblée populaire, mais que, dans l'Empire franc, comme sous l'Empire romain, la justice est rendue en public. Cette assemblée n'a aucune participation au jugement; « elle écoutait les débats, donnait son opinion, mais le comte prononçait seul ». Il est vrai aussi que dans les lois, et presque dans toutes les formules de jugements, on voit intervenir des personnages appelés rachimbourgs ou *boni homines*; mais ce sont là des gens choisis par le comte, généralement les notables du pays ; et leur mission consiste non pas à juger avec le comte, mais tantôt à le conseiller, tantôt à faire, sur son ordre, des prisées, tantôt à signer certains actes, tantôt à arranger les parties. En un mot le comte seul est juge; les rachimbourgs ne sont jamais des juges, mais, selon les cas, des conseillers, des experts, des témoins ou des arbitres (2).

7° Enfin M. Fahlbeck prétend mettre d'accord cette dernière

____

(1) *Ibid.*, p. 165 à 167.

(2) Fustel de Coulanges, *Institutions politiques*, 2° édition, p. 507 et suiv.; *Recherches*, *loc. cit.* — M. Dareste, dans son compte rendu des *Recherches* de M. Fustel de Coulanges, approuve ce système, mais fait des restrictions formelles sur quelques opinions émises par l'auteur pour justifier ou pour expliquer sa manière de voir; voy. *Journal des Savants*, décembre 1886, p. 725 et suiv.

opinion et celle qui attribue aux rachimbourgs le rôle de juges,
en distinguant dans l'Empire franc les pays romains et les
pays francs. Dans les premiers les rachimbourgs ont conservé
le caractère de juges qu'ils ont visiblement dans la loi Salique.
Dans les seconds, au contraire, le comte apparaît comme le
seul juge, selon la règle du droit du Bas-Empire; et les personnages qui l'entourent ne peuvent être que son *consilium*.
On explique ainsi, dit-il, la contradiction des textes de cette
époque, dont les uns considèrent les rachimbourgs comme les
juges, tandis que les autres donnent au comte tout pouvoir
de condamner ou d'absoudre; cela vient de ce que dans certaines parties de l'Empire franc on suit la loi Salique, tandis
que dans d'autres parties les règles et les habitudes du droit
romain l'ont emporté (1).

Telles sont les principales opinions qu'on a soutenues sur le
caractère et sur la mission des rachimbourgs. Rien ne montre
mieux que cette énumération combien la question est délicate
et avec quelles précautions il convient d'en aborder l'étude.

Pour arriver à des résultats précis et sûrs, je crois qu'il
faut, au début, se débarrasser un peu de ces systèmes pour ne
pas encombrer sa marche dès les premiers pas, et laisser également de côté les considérations plus ou moins ingénieuses,
les comparaisons, les aperçus vagues, tout ce qui en un mot
n'est pas la terre très ferme. Je commencerai donc par réunir un certain nombre de documents sûrs et clairs; je les lirai
comme ils se présentent, et j'essaierai d'en tirer les conclusions qu'ils donnent certainement : l'étude particulière des
différents systèmes viendra ensuite, pour confirmer et pour
contrôler les idées qu'aura établies la lecture des textes.

Parmi les documents très nombreux qu'il faut commencer
par dépouiller, il y en a de trois espèces, les textes législatifs
(*leges* et capitulaires), les formules et les récits des historiens.
De ces trois sortes de documents, qui tous doivent être con-
sultés, je n'hésite pas à mettre en première ligne les formules,

(1) Fahlbeck, *loc. cit.*, p. 125 à 130. Quant aux rachimbourgs qui sont des
juges, M. Fahlbeck les considère non pas comme tous les hommes libres rendant la justice, mais comme « un petit nombre de personnages considérables
tirés de l'assemblée, sans qu'il nous soit possible de décider quel était le
mode de leur élection » (p. 125, 126).

et je suis convaincu que dans presque toutes les questions dé-
licates, telles que celle-ci, ils sont ceux dont jaillit le plus de
lumière. Les historiens en effet nous racontent bien comment
tel procès célèbre fut discuté et fut jugé ; mais leur langue, au
point de vue juridique, a presque d'autant moins de précision
et d'exactitude, qu'on aurait plus besoin de ces qualités, parce
que c'est dans les questions de droit très difficiles que justement, ignorant les termes propres, ils sont obligés de s'exprimer d'une façon un peu vague. Ils sont donc précieux pour
nous faire connaître la physionomie du tribunal et les péripé-
ties de l'affaire, mais la question juridique doit être résolue
à l'aide de documents qui parlent un langage plus technique.
Les textes législatifs sont évidemment au nombre de ces documents très sûrs, mais ils ne donnent en général qu'une règle
abstraite, et ne nous font pas voir comment les choses se passaient dans la réalité. Les formules, au contraire, comme les
diplômes et les chartes, dont les formules ne sont pas autre
chose que des modèles, nous font presque les contemporains
des choses dont elles parlent, et nous montrent comment on
jugeait, avec la même précision qu'un texte juridique, puisqu'elles sont des actes publics rédigés par des praticiens pour
servir à la pratique de leur temps, et avec la même clarté
qu'un récit historique puisqu'elles donnent, au lieu d'un principe abstrait, le détail des faits et des circonstances et toute
la physionomie de la procédure. Ajoutez à cela cet autre avantage que nous possédons justement sur la question qui nous
occupe un nombre de formules très considérable, et que ces
formules sont de toutes les époques et de toutes les parties de
l'Empire franc. Nous avons ainsi, dans ces documents, le tableau à la fois le plus complet et le plus ressemblant des institutions judiciaires de cette période.

Je commencerai donc par le dépouillement de toutes les formules de jugement ; et je tirerai les conclusions qui ressortent
de cette lecture. Les formules étudiées, je m'occuperai des
textes législatifs et des textes historiques. Après cela, et lorsqu'une doctrine sûre sera résultée de tous ces documents, je
dirai quelques mots, pour les écarter, des arguments apportés
en faveur des opinions contraires à celle que j'aurai obtenue
par cette méthode.

II.

La première chose à faire, lorsqu'on veut étudier les formules de jugement, est de les classer par époques et par régions. Pour n'avoir pas pris cette précaution, la plupart des auteurs qui se sont servi de ces formules, se sont exposés à des erreurs. Il est cependant bien clair que, dans l'étude présente, les recueils de formules qui sont postérieurs à Charlemagne ou contemporains de ses dernières années ne peuvent pas être mis sur le même pied que les recueils qui sont de l'époque mérovingienne ou de celle de Pépin le Bref; les premiers doivent être écartés absolument, puisqu'ils sont postérieurs à la création des scabins et qu'ils témoignent par conséquent d'un ordre de choses nouveau; les seconds, au contraire, sont ceux dont il convient de se servir exclusivement. Il est d'usage de ne point agir ainsi et de citer pêle-mêle, et sans aucun souci de la chronologie, tous les textes où il est question des rachimbourgs; c'est ainsi que dans l'étude présente, on fait jouer un rôle presque prépondérant à ce recueil de formules appelé autrefois *Appendix ad Marculfum* et qui porte dans l'édition de M. Zeumer le nom plus exact de *Formulæ Senonenses recentiores*. Comme il se trouve que ce recueil est l'un de ceux où l'on parle le plus souvent des rachimbourgs (1), c'est aussi un de ceux qu'on a cherché le plus à utiliser (2). Mais il est certain qu'il est d'époque carolingienne et contemporain de Louis le Pieux (3). Il est donc d'une très mauvaise méthode de s'en servir, puisqu'il a été écrit à un moment où, l'institution des scabins étant créée, le régime que nous cherchons précisément à connaître a disparu et fait place

(1) Voy. *Form. Senon. recent.*, 1 = Roz., 498; 4 = Roz., 458; 6 = Roz., 477.

(2) Voy. principalement tout le chapitre IV des *Recherches* de M. Fustel de Coulanges dans lequel, à propos des rachimbourgs, ces formules sont citées pêle-mêle avec les formules d'époque plus ancienne, mais en général par les numéros du recueil de M. de Rozière; ce qui fait qu'on ne les reconnaît pas immédiatement. — M. Beauchet, p. 27, se sert également de ce formulaire de Sens.

(3) Voy. l'édition de Zeumer, p. 183.

à un autre. Il est vrai que ce recueil parle certainement de rachimbourgs ; et l'on a le droit de se demander avec quelque surprise comment il peut se faire qu'il soit question de ces personnages dans un recueil qui est contemporain de Louis le Pieux. Il y a donc là une difficulté sérieuse que j'aborderai plus tard, quand, parlant de l'organisation judiciaire des Carolingiens, je chercherai à déterminer l'exacte portée de l'innovation que fît Charlemagne, en créant les scabins. Mais, pour le moment, il suffit que nous sachions que les *Formulæ Senonenses recentiores* sont postérieures à cette création, pour que nous ayions soin de n'en pas faire usage. Le premier devoir de la critique est donc ici de séparer nettement les recueils de formules antérieurs à la création des scabins des recueils postérieurs, et d'écarter résolûment tous ces derniers.

A. Le premier recueil en date est celui des Formules d'Anjou. Les derniers travaux de la critique sur l'âge des formules, ont établi que le recueil a été terminé en 678, et qu'il se compose de trois parties, une première (n°s 1 à 36) qui se place en 514 ou 515, une seconde (n°s 37 à 57) entre 515 et 678, et une troisième (n°s 58 à 60), en 678 (1). Les formules d'Anjou doivent à cette date reculée une importance toute particulière ; elles intéressent encore par un autre motif, mais qui ne touche à cette étude que très indirectement ; elles offrent le plus ancien exemple d'une justice privée, d'une véritable justice seigneuriale, celle de l'abbé, fonctionnant à Angers à côté du tribunal de droit commun présidé par le comte (2). Laissant de côté ce point de vue, voyons ce que les formules d'Anjou nous apprennent sur la composition du tribunal et sur le rôle qu'y jouent les rachimbourgs ou *boni homines*.

---

(1) Richard Schröder, *Ueber die fränkischen Formelsammlungen* (*Savigny-Stiftung*, IV, partie germanique, p. 77 et 78). — Cf. Zeumer, p. 2. — Cependant Brunner, *Deutsche Rechtsgeschichte*, I, p. 404, vient de contester tout récemment ces résultats. Il place le formulaire d'Anjou, dans son ensemble, au commencement du viie siècle, et doute fort que les premières formules soient du début du vi^e siècle.

(2) Voy. *Form. Andec.*, 10, 11, 24, 28, 29, 30, 47. — M. Thévenin a insisté avec raison sur la très grande importance historique que le formulaire d'Anjou acquiert grâce à cette circonstance : *La propriété et la justice des moulins et fours* (*Revue historique*, 1886, II, p. 248, note).

N° 12 = Roz., 457 : *Solsadia* (Défaut du défendeur) (1). —
Le demandeur, ayant assigné le défendeur, se présente seul
au *mallus* : ne voyant pas venir son adversaire, après l'avoir
attendu jusqu'au soir, il se fait délivrer par le tribunal un
certificat appelé *solsadia* qui constate qu'il s'est présenté au
mallus, qu'il a attendu le défendeur régulièrement assigné jusqu'au coucher du soleil, et que ce défendeur n'a pas comparu.
La formule nous dit quelles sont les personnes qui composent
le tribunal et qui, en cette qualité, délivrent le certificat :

*Per judicio inluster illo comite vel auditores suis..... Propte-
rea necesse fuerit predictis hominibus ut hanc noticia bonorum
hominum manibus roboratas prosequere deberent.*

Ainsi le tribunal est composé du comte et de différents personnages qui s'appellent au début de l'acte *auditores* et un
peu plus bas, *boni homines;* ce sont très vraisemblablement les
mêmes. Dans notre formule, ces personnages sont ceux qui
délivrent avec le comte le certificat constatant la comparution
du demandeur seul. Ils ne jugent pas, mais cela tient à ce
qu'aucun jugement n'est rendu dans cette hypothèse ; et il
paraît certain que, s'il y en avait un à rendre, ils le rendraient avec le comte comme ils délivrent avec lui la *noticia.*

N° 32 = Roz., 407 : *Appennis* (Certificat délivré par le tribunal aux gens qui démontrent avoir perdu par accident des
titres de propriété ou d'autres actes analogues) (2). *Cum... apos-
tolecus vir domnus ille episcopus necnon et inlustro vir ille
comus* (3) *in civetate Andecave cum reliquis venerabilibus atquæ magnificis rei publici viris resedissit.* — Suit le procès ;

<hr>

(1) Sur le sens de ce mot, voy. Grimm, *Rechtsalterthümer*, p. 817; Gengler,
Germanische Rechtsdenkmäler, p. 721, note 2. Sur cette question du défaut du
défendeur, Sohm, *Procédure de la lex Salica* (trad. Thévenin), p. 101 à 104.

(2) Voy. sur cette matière, Zeumer, *Ueber den Ersatz verlorener Urkunden*
(*Savigny-Stiftung*, partie germanique, I, p. 100 et suiv.).

(3) Observer la présence simultanée de l'évêque et du comte dans ce tribunal. Nous retrouverons le même usage dans la plupart des documents carolingiens. Je ne crois pas qu'il s'agisse ici du prétendu tribunal mixte, c'est-à-
dire moitié laïque et moitié ecclésiastique, dont certains auteurs admettent
l'existence lorsqu'il s'agit d'un procès entre un clerc et un laïque (voy. sur ce
tribunal. Beauchet, p. 100 à 106 ; ici, d'ailleurs, aucun clerc n'est en cause); ni
même, comme le croit M. Beauchet, p. 103, que l'évêque apparaisse ici comme
surveillant du comte, en vertu de l'édit de Clotaire II, cap. 6 (Boret., p. 19 :

un individu se plaint d'un vol ; et parmi les choses volées
sont toutes sortes de titres qui servaient à constater ses droits.
Il invoque, pour prouver les faits qu'il allègue, un certificat
dont il donne lecture au tribunal ; le tribunal reconnaît que
ces faits sont bien établis. — *Relationem ante suprascrip-
tus senioris præsentabant ad relegendam, per quem ipsum seniores cognoverunt quod ipsa causa taliter acta vel perpetrata
fuisset.* — Cela étant, le tribunal rend une sentence conforme
aux prétentions du demandeur, et lui délivre une charte
destinée à remplacer ses titres perdus. — *Si* (pour *sic*), *supra-
scriptus pontifex et ipse comes vel qui cum eo aderant denonciaverunt,* etc. (suit le jugement).

Ici les personnes qui assistent le comte s'appellent *venerabiles et magnifici viri* ou *seniores*. On doit évidemment donner
à ce dernier mot non pas le sens spécial qu'il prend dans le
contrat de recommandation, mais son sens primitif et général
qui est celui d'homme notable, d'homme considéré et respecté ;
c'est d'ailleurs la signification du mot *senior* dans la plupart
des documents de cette époque (1). Il faut conclure de cette
façon d'appeler les personnes qui entourent le comte que ces

Si judex alequem contra legem injuste damnaverit.... ab episcopis castigetur).
Ici, à mon avis, le tribunal est le tribunal du droit commun, et l'évêque est
présent en vertu du droit commun, c'est-à-dire tout simplement comme
homme libre ; seulement, comme il est une personne notable, on a soin de
mentionner sa présence, et il jouit dans le *mallus* d'une espèce de présidence
honoraire. En ce sens Löning, *Geschichte des deutschen Kirchenrechts*, II,
p. 535, 536 ; Sohm, *Zeitschrift für Kirchenrecht*, IX, p. 222.

(1) Voy. Grégoire de Tours, *Hist. Franc.*, VII, 33 : *Causam omnibus senioribus in regno Childeberti regis esse cognitam ;* VI, 11 : *seniores civium ;* VI, 31 :
Sacerdotes vel seniores populi ; VIII, 21 : *senioris urbis ;* VIII, 31 : *senioris
loci ;* V, 48 (alias 49) : le comte de Tours Leudaste rend la justice *cum senioribus vel laicis vel clericis.* — Marc., I, 32 = Roz., 42 : le roi connaît d'une
affaire *cum consilio seniorum fidelium nostrorum.* — Cf. dans ce même formulaire d'Anjou, n° 50 = Roz., 493 : *In ecclesia seniore loci* (dans l'église
principale d'Angers). — De même dans certains actes du dixième siècle la
femme appelle son mari son *senior* (Aug. Bernard, *Cartulaire de Savigny,*
n°s 236, 243, 578 : *Ego... Eltrudis cum seniore meo Archrimo tradimus filium
nostrum ad monachum,* etc.). C'est tout simplement parce que *senior*, dans son
sens originaire, n'est pas autre chose en somme qu'un terme de respect par
lequel on désigne un supérieur ou une personne notable, que dans le contrat
de recommandation le *vassus* appelle son protecteur et maître du nom de *senior*.

personnes ne sont pas tous les hommes libres indifféremment convoqués au plait, mais des notables choisis parmi eux pour leur expérience, leur science du droit, ou leur haute situation sociale. Quant au rôle que jouent ces notables, il est clair que c'est le rôle de juges, car c'est à eux qu'on lit les actes sur lesquels se fonde la prétention du demandeur, et ce sont eux, avec le comte et l'évêque, qui rendent la sentence (*sic denonciaverunt*, ainsi ils ont jugé).

N° 50 *a* = Roz., 493 : Accusation d'homicide. —... *Andecavis civetate, ante vero inluster illo comite vel reliquis raciniburdis qui cum eo aderant quorum nomina per suscriptionibus atque senacula* (les sceaux) *subter tenuntur inserti.* — Suit le procès. Voici enfin le jugement : — *Visum est ad ipsis personas decrevisse judicio,* etc.

Cette fois, les personnes qui entourent le comte se nomment rachimbourgs. Evidemment ces rachimbourgs sont les mêmes hommes que ceux qu'on appelle dans la première formule *auditores* ou *boni homines*, et dans la seconde *venerabiles et magnifici viri* ou *seniores*. Le mot *raciniburdi* vient en effet à la même place dans notre formule que *auditores* ou *venerabiles viri* dans les deux autres, et pour dire exactement la même chose ; on pourrait remplacer dans le texte ces différents mots les uns par les autres sans que le sens fût modifié le moins du monde. Il faut conclure de cette synonymie que les rachimbourgs sont des notables comme les *seniores* ou les *venerabiles viri* avec lesquels ils se confondent. Notre formule nous indique également d'une façon très explicite la mission que les rachimbourgs remplissent dans le tribunal ; ils jugent avec le comte (*visum est ad ipsis personas decrevisse judicio*).

Les trois textes que je viens d'expliquer sont, parmi les formules d'Angers, les seuls qui soient relatifs à des actes passés devant le tribunal du comte, c'est-à-dire devant la juridiction du droit commun. Mais il est bon de faire observer que le même recueil présente un assez grand nombre d'autres formules de jugements dans lequel le tribunal n'est plus celui du comte, mais celui de l'abbé ou de son *præpositus*, et que dans ce tribunal tout se passe absolument de la même manière, sauf que le président n'est plus le fonctionnaire du roi, mais le grand propriétaire du pays :

N° 10 *a* = Roz., 482, § 1. Procès relatif à des *servitia* réclamés à une personne qui prétend ne pas en devoir et n'en avoir jamais dus : *Veniens homo nomen illi ante venerabile vir illo abbate vel reliquis viris venerabilibus adque magnificis quorum nomina subter tenuntur inserti..... — Sic visum fuit ipsius abbati vel quibus meus* (pour *cum eo*) *aderant.*

N° 29 = Roz., 489. Procès relatif à un prêt à usage ou à un dépôt (*res commendatas*) : *Interrogaverunt* (donc ce tribunal est composé de plusieurs personnes). — *Taliter visum fuit ab ipso abbate vel qui cum eo aderant.*

N° 30 = Roz., 488. Procès relatif à des vignes données *ad parciarias*, c'est-à-dire ayant fait l'objet d'un colonat partiaire : *Ante illo abbate vel reliquis qui cum eo aderant.*

N° 47 = Roz., 473, § 1. Procès en revendication de vignes : *Veniens ille Andecavis civitate ante venerabile vir illo abbati vel reliquis quam plures bonis hominibus qui cum eo aderant, cujus nomina vel scripcionibus adque signaculum subter teniuntur inserta... — Sic ab ipsis viris illi fuit denonciatum* (jugé).

Dans tous ces textes, le président du tribunal est l'abbé au lieu du comte, mais ce président est toujours entouré, selon le droit commun, de notables qui s'appellent *venerabiles viri* ou *boni homines*, et le jugement est l'œuvre commune du président et de ces *boni homines* (1).

B. J'aborde maintenant le recueil des formules de Tours, appelé aussi quelquefois formules de Sirmond. Il y a doute sur la date de ce recueil. Dans l'opinion ancienne, il remonterait jusqu'à la seconde moitié du vi⁰ siècle (2); on tend aujourd'hui à le faire descendre beaucoup plus bas. Zeumer le place à l'époque de Pépin le Bref et même dans les premières années du règne de Charlemagne, vers 763 environ (3). M. Richard

----

(1) Ajoutez d'autres formules d'Angers dans lesquelles le tribunal est présidé non par l'abbé lui-même, mais par le *præpositus* ou l'*agens* de l'abbé. ce qui revient évidemment au même : les *boni homines* entourent ce personnage, comme toujours, et jugent toujours avec lui. Voy. n° 24 = Roz., 497 ; n° 11 = Roz., 495 ; n° 28 = Roz., 487.

(2) Ehrenberg, *Commendation und Huldigung*, Weimar, 1877, p. 138 et 139. Cf. le recueil de M. de Rozière, I, p. 498, note relative à une formule de Tours.

(3) Voy. les articles de Zeumer dans les *Neues Archiv.*, VI, p. 63 et suiv.. résumés dans son édition des formules, p. 130 et 131. M. Viollet indique

Schröder, pour diverses raisons qu'il n'est pas ici le lieu d'expliquer, mais dont quelques-unes me semblent décisives, lui assigne une date un peu plus ancienne, entre 725 et 750, postérieure sûrement à la date du recueil de Marculf qui, dans l'opinion de Schröder, a été composé vers 700 et répandu dans la pratique entre 725 et 728, et sûrement antérieure au règne de Pépin le Bref dont l'avènement a lieu en 752 ; en effet, d'une part le rédacteur des formules de Tours a connu et utilisé Marculf ; et, d'autre part, il semble bien avoir écrit sous les maires du palais et avant les réformes monétaires de Pépin (1). Pour ceux qui croient bon de s'en tenir, sur la date du formulaire de Marculf, à l'opinion traditionnelle d'après laquelle il a été rédigé entre 650 et 656 (2), il n'y aurait évidemment aucun argument à tirer en faveur de cette date de 725 ou d'une date postérieure, de ce fait que le rédacteur des formules de Tours a utilisé Marculf ; et il serait peut-être permis, en conséquence, d'attribuer à ces formules de Tours une date un peu plus ancienne que celle qu'on leur donne généralement aujourd'hui. Mais je fais observer que dans tous les cas, et lors même qu'on adopterait les idées de Zeumer qui fait descendre le formulaire de Tours jusqu'en 763, il resterait toujours qu'il a été composé avant la création des scabins par Charlemagne, et que, par conséquent, nous avons le droit de nous en servir.

Recueillons donc les renseignements contenus dans ce formulaire :

N° 29 = Roz., 440. Dans cette formule, aucun jugement n'est prononcé ; mais on va devant le tribunal afin que, à la veille d'un procès qui va s'engager, le demandeur consigne les frais de ce procès, en prévision du cas où il le perdrait. L'affaire se passe *ante inlustri viro illo* (le comte à peu près sûrement) *vel reliquis viris qui subter tenentur inserti.*

N° 30 = Roz., 491, § 1 : *Ille judex* (le comte) *veniens in loco nuncupante illo sub die illo una cum bonis hominibus.* Ici non

---

également pour ce recueil une date assez basse (*Précis de l'histoire du droit français*, p. 12). Cf. Brunner, *Deutsche Rechtsgeschichte,* I, p. 407.

(1) Richard Schröder, article cité, p. 81 et 82.

(2) Voy. en ce sens, A. Tardif, *Etude sur la date du formulaire de Marculf* (*Revue historique de droit,* 1884, p. 557 et suiv.; et 1885, p. 368.)

plus aucun jugement; il s'agit d'une instruction que fait le comte, assisté de *boni homines,* sur un meurtre qui a été commis dans le *pagus.*

N° 31 = Roz., 491, § 2. Cette formule est visiblement la suite de la précédente. L'instruction a été faite par le comte : un individu est accusé du meurtre en question; il se présente alors devant le tribunal, et il affirme qu'il n'a tué la victime que parce qu'il a été assailli et frappé par elle; il jure qu'il a agi en état de légitime défense, et on nous dit que ce serment est prononcé *sub præsentia illius judicis vel bonorum virorum qui subter tenentur inserti ad placitum suum custodiendum.* Ainsi le tribunal est composé tout ensemble du comte et d'un certain nombre de *boni homines;* le serment est prêté devant tous ces personnages. Bien plus, la formule nous avertit que ce sont ces *boni homines* qui ont rendu le jugement obligeant l'accusé à *se purgare sacramento (per judicium bonorum virorum),* et qui ont également ordonné le serment des cojurateurs (*similiter testes sibi similes... secundum quod ei judicatum fuit, post ipsum juraverunt*). Ainsi le *judicium* est l'œuvre des *boni homines.*

N° 32 = Roz., 465. Jugement dans un cas de rapt : ... *Ante illum* (le comte) *vel eos qui subter tenentur inserti. — ... Tunc ipsi viri qui ibidem aderant talem dederunt judicium ut secundum legem romanam pro hac culpa ambo pariter vitæ periculum incurrissent... Sed, intervenientibus bonis hominibus, taliter eis convenit ut jam dicti homines pro redemptione vitæ eorum... solidos tantos dare deberent.*

Ainsi le procès est porté devant le comte et les *boni homines* qui l'entourent; et le jugement est rendu par ces *boni homines.* Il est même assez remarquable que la formule ne mentionne qu'eux lorsqu'elle nomme les auteurs de la sentence (*ipsi viri qui ibidem aderant talem dederunt judicium*). Il en est de même dans la formule que j'ai citée auparavant (*per judicium bonorum virorum*); dans ces deux textes le comte n'est même pas désigné comme auteur de la sentence. Je ne crois pas qu'il faille en conclure que le comte préside seulement et ne juge pas; cette opinion a été soutenue (1); mais elle est contraire à

____

(1) Voy., par exemple, Beauchet, p. 37.

tous les autres textes que nous avons vus déjà ou que nous allons voir bientôt, qui tous nous représentent la sentence comme l'œuvre commune du comte et des *boni homines* ; je pense donc que dans les deux formules que je viens de citer et dans lesquelles on a omis de parler du comte, on l'a sous-entendu comme étant un personnage dont la présence allait de soi et n'avait pas même besoin d'être signalée. Au reste je reviendrai sur cette question. Mais pour le moment un point est certain ; c'est que les *boni homines* ont jugé ce crime de rapt comme ils ont jugé tout à l'heure en matière d'homicide. On observera qu'ils jugent en principe d'après le droit romain ; c'est l'application de la règle de la personnalité des lois : l'accusé ici est donc un Romain et les *boni homines* sont pris aussi certainement parmi les personnes de nationalité romaine, car il faut qu'ils sachent la législation qu'ils vont avoir à appliquer. D'ailleurs, comme la *civitas* de Tours est une région habitée, en grande majorité, par des Gallo-Romains, il est naturel que les formules de Tours suivent en général le droit romain. On nous dit donc que, conformément à cette législation sous laquelle ils vivaient et selon laquelle ils devaient être jugés, l'accusé et avec lui la personne ravie, encouraient la peine de mort (1). C'est ce que décida le jugement des *boni homines*. Mais ici se marque d'une façon très intéressante l'influence exercée par les idées du droit germanique sur les hommes de nationalité romaine qui, malgré le principe de la personnalité des lois, n'ont pas pu tout à fait échapper à l'air ambiant, et ont laissé leur droit national s'imprégner peu à peu de plusieurs principes propres à la législation franque. Ces hommes qui vivaient dans un monde où les crimes donnaient lieu journellement au paiement d'une composition, au lieu d'une peine publique, trouvaient très simple, malgré leur éducation romaine, de ne plus condamner le ravisseur à mort, mais de l'obliger plutôt à payer une composition. Aussi leur jugement déclare-t-il que, d'après le droit, l'accusé eût mérité la mort, mais que cependant il ne sera condamné qu'à payer tant de *solidi*. Dans la formule que j'ai citée avant celle-ci, nous avons

____

(1) Voy. *Lex Romana Wisigothor.*, Code Théodosien, IX, 19, 1, *interpretatio*. — Dans le Code Théodosien véritable, c'est au titre 25 du livre IX qu'il faut chercher la loi ainsi interprétée par le rédacteur du Bréviaire.

vu quelque chose de tout à fait semblable : un personnage qui presque sûrement est un Romain, comme tous ceux dont il est question dans le recueil de Tours, *se purgare sacramento*, avec des cojurateurs, tout à fait selon les usages des Barbares ; et nous allons encore retrouver le même usage dans la formule que je vais expliquer après celle-ci. Nous avons ainsi, dans les formules de Tours, plusieurs traces très curieuses de l'influence que le droit germanique a sûrement exercée sur le droit romain des hommes de l'époque gallo-franque ; et lorsqu'on songe que des traces semblables se rencontrent dès l'époque qui suit immédiatement la conquête, et qu'on en rencontre déjà dans les deux lois des Burgondes qui sont du début du vi⁰ siècle, dans la première partie des formules d'Angers qui sont de la même date, et dans la loi des Ripuaires qui a sans doute été rédigée au début du vii⁰ siècle mais qui contient un grand nombre d'éléments remontant à une date plus ancienne (1), on cesse de s'étonner que dans les formules de Tours, qui appartiennent à la première moitié du viii⁰ siècle, les Romains nous apparaissent avec un air moins purement romain et des habitudes prises aux usages des Barbares qui les entourent et qui les gouvernent depuis longtemps

(1) La *Lex Romana Burgundionum* qui se place entre 502 et 516 (voy. Viollet, *Précis*, p. 104 et 105), et qui est faite uniquement pour des Romains, comme son nom et son prologue le disent, montre déjà le principe de la composition germanique introduit en quelque sorte chez les Romains; voy. tit. 2, § 5 (Pertz, *Leges*, III, p. 597) : *Quia de preciis occisorum nihil evidenter lex Romana constituit, dominus noster staluit observare ut si ingenuus ab ingenuo fuerit interemptus... is ipse qui homicidium admisit cum medietate bonorum suorum occisi heredibus serviturus addicatur.* — La loi barbare des Burgondes, qui a été promulguée en 517, la seconde année du règne de Sigismond, dit le prologue (Pertz, *ibid.*, p. 525. — Cf. Viollet, p. 102), déclare que le Romain, comme le Burgonde lui-même, s'il est accusé d'un crime, devra prouver son innocence par son serment et celui de douze cojurateurs (tit. 8, § 1, *ibid.*, p. 536 : *Tam barbarus quam Romanus sacramenta præbeat cum uxore et filiis et propinquis sibi duodecim juret*). — La loi des Ripuaires, sur la date de laquelle je me suis expliqué précédemment, donne le même droit à l'*homo romanus* et à l'*homo ecclesiasticus*, c'est-à-dire à des affranchis qui l'ont été par des modes romains et qui vivent en conséquence sous la loi romaine. Voy. tit. 66 (alias 68), § 6 : *Si autem regius, Romanus, aut ecclesiasticus taliter egerit* (jure en justice pour prouver son innocence), *cum legitimo numero similiter studeat implere.* — Les formules d'Angers, rédigées principalement pour des Romains, nous montrent pareillement des exemples de

déjà. Cette observation a une très grande importance : c'est, en effet, sur cette formule de Tours principalement que se sont appuyés ceux qui ont voulu voir dans les *boni homines* non pas des juges véritables, mais de simples arbitres sans aucun caractère officiel et public. Ce qui le prouve, dit-on, c'est que dans notre formule, ces personnages disent eux-mêmes que la loi condamne à mort, et qu'au lieu de prononcer cette peine qui évidemment s'imposerait à des juges véritables, ils déclarent que l'offenseur paiera à l'offensé une somme d'argent pour racheter sa vie (*pro redemptione vitæ*); ainsi ils n'appliquent pas la loi, comme font des juges, mais ils arrangent les parties, comme font des arbitres; ils s'interposent entre le coupable et la partie plaignante pour que celle-ci, au lieu de mener le coupable devant le juge et de le faire condamner à mort, se contente du paiement d'une somme et fasse la paix avec lui à cette condition (1). Parler ainsi c'est oublier, je crois, un des faits les plus certains et les plus importants de l'histoire du droit de cette période, l'influence que le droit germanique exerça peu à peu sur le droit romain, à la même époque où, de son côté, le droit romain imprégnait de plus en plus le droit germanique (2). C'est en partie grâce à l'action de ces deux faits

serment prêté avec les cojurateurs; voy. nº 10 = Roz. 482; nº 15 = Roz., 496; nº 16 = Roz., 490 (j'ai dit plus haut que les 36 premières formules d'Angers se placent en 514 ou 515), nº 50 = Roz., 493. — On pourrait accroître le nombre de ces exemples; mais ceux-là suffisent pour montrer l'influence qu'a exercée de très bonne heure le droit germanique sur le droit romain lui-même. J'ai eu soin de ne me servir que de documents antérieurs sûrement au formulaire de Tours, afin de montrer mieux combien il est naturel de rencontrer dans ce recueil des traces de cette influence.

(1) Fustel de Coulanges, *Recherches*, p. 479, 485, 486. — M. Esmein, *Mélanges d'histoire de droit et de critique*, 1886, p. 362, étudiant la même formule, semble bien aussi, quoique moins affirmatif que M. Fustel de Coulanges, voir dans ce cas et les pareils une transaction proposée par de simples arbitres plutôt qu'une sentence rendue par de véritables juges.

(2) Ce n'est pas ici le lieu d'insister sur ce double fait. L'influence du droit romain sur le droit barbare a été traitée avec détails par Savigny qui a relevé dans chacune des lois germaniques les traces de droit romain qui s'y trouvent : cette question d'ailleurs sort presque complètement du cercle de nos études présentes. Quant à l'influence réciproque du droit germanique sur le droit romain, qui est ici surtout le point important, elle a été beaucoup moins étudiée. Voy. cep. les observations de Bethmann Hollweg, IV, p. 460,

(et de quelques autres circonstances aussi qu'il ne m'appartient pas de développer ici) qu'a fini par disparaître la règle de la personnalité des lois, et qu'à la place d'un droit germanique de plus en plus imprégné d'idées romaines et d'un droit romain envahi chaque jour par quelque nouvel élément germain, s'est constitué le très ancien droit coutumier des peuples de l'Europe, fusion du droit romain et du droit des *leges*. Pour en revenir à notre formule, cette pénétration réciproque des deux législations qui vivaient côte à côte explique très bien que les *boni homines* de Tours, pays romain, aient appliqué au crime de rapt la peine germanique de la composition, au lieu de la peine romaine qui était la mort. On met absolument de côté les paroles expresses du texte (*talem dederunt judicium*), et on perd de vue cette circonstance capitale que l'affaire ici s'est passée devant le comte, c'est-à-dire devant le tribunal régulier et ordinaire, quand on déclare, pour expliquer la présence de la composition, que les *boni homines* ne rendent pas ici un véritable jugement mais seulemeut une sentence arbitrale.

No 39 = Roz., 484, § 1. Réclamation d'un héritage : *Ante venerabilem virum illum* (1) *suisque auditoribus vel reliquis*

et de M. Esmein, *Mélanges*, p. 360 à 363. Je viens de signaler plusieurs traces frappantes de cette influence. Dans une étude spéciale de cette question, il serait aisé d'en relever un plus grand nombre. Le document capital serait ici, à mon avis, cet abrégé du Bréviaire d'Alaric connu sous le nom de *lex Romana Curiensis* qui, d'après les derniers résultats de la critique, a été fait vraisemblablement au ixe siècle dans la région autrefois appelée *Rhætia Curiensis* (aujourd'hui Coire, dans le canton des Grisons). Dans cette loi romaine du ixe siècle, dont la base est le Code Théodosien, puisqu'elle est un abrégé du Bréviaire, on note des allusions au *mallus*, à l'*admallatio*, au *fredum*, aux *seniores*, aux *milites qui sunt in obsequio principis* (les vassaux), etc. Voilà donc une loi romaine toute remplie de mots et d'institutions germaniques et féodales. Voy. cette loi publiée dans Walter, *Corpus juris germanici*, III, p. 691 ; et sur sa date, sa patrie, et ses caractères, principalement Hänel, dans son édition du *Bréviaire*, préface, p. 33 et 34, et un très bon article de M. de Salis, *Lex Romana Curiensis* (*Savigny-Stiftung*, partie germanique, VI, p. 141 et suiv.).

(1) L'évêque ou l'abbé, et non pas le comte, selon le droit commun ; car l'expression *venerabiles viri* s'applique aux dignitaires ecclésiastiques et non aux fonctionnaires laïques (Cf. le *Révérend* des Anglais). Voy. Waitz, II, 2e partie, p. 168, note 4 ; d'Arbois de Jubainville, *le titre de vir inluster sous les deux premières races* (*Académie des Inscriptions*, séance du 20 mai 1887).

viris qui ibidem aderant vel subter firmaverunt (1). — Suit le procès. Les personnages qui viennent d'être mentionnés dirigent l'interrogatoire : *Interrogatus ille ante ipsos viros.* — Ils jugent : *Sic ipsi viri momorato homine decreverunt judicium.*

N° 41 = Roz., 478 : *Do alode evindicato.* (Procès en revendication d'un immeuble propre) (2) : *Ante illum judicem vel reliquis viris qui ibidem aderant, vel subter firmaverunt. — Interogatus ipse homo* (le demandeur) *ab ipsis viris....., judicium vel breve sacramentorum ibidem ante ipsis viris protulit ad relegendum. — Sic ipsi viri ipsum homini* (le défendeur) *interrogaverunt, etc.* — Le défendeur finit par avouer qu'il n'a rien à opposer aux bonnes raisons du demandeur et reconnaît qu'il a tort de nier le droit de propriété de celui-ci ; en conséquence le tribunal délivre au demandeur une *notitia* qui constatera ce droit de propriété. On ne nous dit pas qui a délivré cette *notitia ;* mais nous voyons que les parties ont comparu devant le comte et les *boni homines*, que ceux-ci ont interrogé successivement les deux parties, et que c'est à eux que le demandeur a lu les actes écrits sur lesquels est fondée sa prétention. C'est assez pour prouver que ces *boni homines* ont joué le rôle de véritables juges.

C. J'arrive aux recueil des formules de Sens. Il ne faut pas confondre ce recueil que Zeumer appelle *Cartæ Senonicæ* avec celui qu'on désignait en général autrefois par le nom d'Appendice à Marculf, qui a été également composé à Sens,

---

(1) Au premier abord, on serait peut-être tenté de voir là deux classes différentes de personnages, d'abord les *auditores* qui sont les mêmes qu'on appelle ailleurs *boni homines*, et en second lieu les *reliqui viri* qui ne jugeraient pas, mais assisteraient seulement à l'audience et signeraient le procès verbal constatant le jugement (*subter firmaverunt*). Mais il vaut mieux, je crois, dire que les mots *vel reliqui viri*, etc., ne sont pas autre chose qu'une répétition et une paraphrase du mot *auditores*, et qu'il n'y a là par conséquent, à côté de l'évêque ou de l'abbé, qu'une seule espèce de gens, ceux qu'on appelle selon les actes, *boni homines, rachimburgi, auditores*, etc., et que nous avons vus figurer dans toutes les formules étudiées jusqu'ici. Cf. W. Sickel, *Savigny-Stiftung*, VI, p. 52.

(2) C'est le sens exact du mot alleu : voy. Zoepfl, III, p. 140, note 7 ; Viollet, *Précis*, p. 397. Il y a naturellement des exceptions, dont la plus importante se trouve dans le célèbre titre 59 de la loi Salique où *alodis* signifie visiblement, non pas la terre propre, mais l'ensemble des biens laissés par le défunt.

et que Zeumer nomme pour cette raison *Formulæ Senonenses recentiores*. Ces dernières sont, comme je l'ai dit déjà, de l'époque de Louis le Pieux. Celles que je vais étudier sont au contraire du début du règne de Charlemagne. Elles se placent sûrement entre 768 et 775 (1). Or la création des scabins par Charlemagne n'est pas antérieure à 780 au plus tôt, et l'opinion générale lui attribue même une date moins ancienne ; nous avons donc le droit de nous servir de ces formules. On peut ajouter, pour dissiper tout scrupule, que dans les nombreux procès-verbaux de jugements qui se trouvent dans ce recueil, aucun ne fait la moindre allusion à l'institution des scabins, et n'en paraît supposer l'existence ; tout démontre par conséquent que les anciennes formules de Sens sont antérieures à la création des scabins.

N° 11 = Roz., 470. Un personnage accuse un autre d'avoir tué son père ou son frère : *Interrogatum fuit ad ipsos viros.* — .... *Sic ab ipsis viris fuit judicatum ut illa leodem* (la composition), *cum lex erat, desolvere deberet.*

N° 38 = Roz., 409. Ici il ne s'agit pas d'un jugement, mais du certificat appelé *appennis* que délivre le tribunal à ceux qui ont démontré avoir perdu par accident leurs titres de propriété et autres actes constatant leurs droits. L'affaire se passe donc au plait devant *inluster ille comis ad multorum causas audiendas vel recta judicia terminandum una cum plures personis resedentes.* Ces personnages ne jugent pas dans le cas présent, parce qu'il n'y a pas de jugement à rendre ; mais ils sont venus là pour juger s'il en est besoin (*ad recta judicia terminandum*) ; et ce sont ceux qui avec le comte délivrent le certificat : *Sic superdictus ille comis vel reliquis Francis personis... cartola relatione que dicitur apennis ei dare decreverunt.*

N° 10 = Roz., 456. — N° 17 = Roz., 492. — N° 21 = Roz., 485. — N° 22 = Roz., 494 : *In mallo publico, ante vir illo comite vel reliquis quam plures bonis hominibus qui subter firmaverunt.* Dans ces quatre formules, pas de jugements non plus à proprement parler ; mais il s'agit cependant d'assignation et de serments prêtés *in mallo publico* à la suite de diverses poursuites criminelles ou civiles. Nous apprenons donc par ces

_____

(1) Zeumer, *loc. cit.*, p. 182 ; R. Schröder, article cité, p. 84.

textes la composition du tribunal, et nous voyons que c'est devant le comte et les *boni homines* que le défendeur, actionné en revendication ou accusé d'assassinat ou de maléfices, jure, soit qu'il est devenu régulièrement propriétaire, soit qu'il n'a tué que pour se défendre, soit qu'il n'a pas eu recours à des pratiques coupables.

N° 20 = Roz., 459. Ici un procès suivi d'un jugement. Il s'agit d'un personnage qui prétend qu'un homme est son colon, les père et mère de cet homme ayant été ses colons, et celui-ci s'étant dérobé sans droit à son service. La formule nous dit clairement qui a jugé : *In mallo publico, ante vir illo comite vel reliquis quam pluris bonis hominibus qui subter firmaverunt... Interrogatum fuit ab ipsis viris... — Sic ab ipsis viris fuit judicatum.*

N° 51 = Roz., 466. Procès assez obscur relatif à un meurtre : *Venientes in loco illo ante bonis hominibus... — Exinde taliter ad ipsos bonis hominibus fuit judicatum.*

Ainsi, dans toutes ces formules, quand une sentence est prononcée, elle l'est par les *boni homines;* j'observe même qu'on ne mentionne qu'eux comme auteurs de cette sentence ; je montrerai plus tard que le comte est sous-entendu.

D. Le formulaire de Bignon que j'aborde à présent est, d'après Zeumer, de la même époque que le précédent, c'est-à-dire d'une date qui va de 768 à 775 (1). Il faut conclure de là que ce recueil est antérieur à la création des scabins. Cependant à la formule 7 de ce recueil que je vais citer tout à l'heure, on parle expressément d'une sentence rendue par des *scabini.* Cela au premier abord semble obliger la critique à prendre un des deux partis suivants : ou reculer la date du formulaire de Bignon jusqu'à une époque postérieure à 780 au moins, ou faire remonter la date de la création des scabins à 775 au plus tard (2). Mais, en y regardant mieux, on ne fera, je crois ni l'un ni l'autre; on n'admettra pas pour le recueil une date postérieure à 775, et on ne dira pas davantage que dès 775 il y a

---

(1) Zeumer, *loc. cit.*, p. 227, 228 ; R. Schröder, article cité, p. 84 ; Brunner, *Deutsche Rechtsgeschichte*, I, p. 408.

(2) C'est le parti que prend R. Schröder, *Lehrbuch der deutschen Rechtsgeschichte*, p. 166. Brunner, *loc. cit.*, paraît aussi de cet avis, sans s'expliquer d'ailleurs très formellement.

déjà des scabins. A mon avis les *scabini* de la formule de Bignon ne sont pas les scabins qu'a créés Charlemagne, mais des personnages qui, quoique portant ce nom, sont simplement les rachimbourgs et les *boni homines* des documents mérovingiens. Nous savons déjà combien d'expressions différentes servaient à désigner ces derniers; le nom de *scabini* ne fait qu'une de plus. Rien ne prouve, en effet, que ce mot ait été créé par Charlemagne et ne se soit jamais appliqué qu'aux fonctionnaires nouveaux que ce prince institua. Charlemagne a opéré une réforme certaine: à la place des anciens personnages pris pour chaque procès dans la foule des hommes libres, jugeant aujourd'hui et demain ne jugeant plus, il a établi un corps de fonctionnaires judiciaires ayant pour mission de juger dans tous les cas. Mais il n'est nullement démontré que, pour désigner ces fonctionnaires nouveaux, il ait créé un nom nouveau; il est plus probable, au contraire, qu'il a pris leur nom dans la langue dont se servaient ses contemporains. Ce nom de scabins, sans doute, a pris alors un sens technique et propre, puisqu'il désigne désormais des fonctionnaires que l'ancien droit ne connaissait pas, mais le mot luimême est plus probablement ancien, et les hommes du milieu du huitième siècle s'en servaient pour désigner tout simplement ceux qu'on appelle ailleurs rachimbourgs ou *boni homines* (1). Si cette observation est exacte, nous devrions nous servir des formules de Bignon sans aucun scrupule. Ces formules offrent un intérêt particulier; à la différence des précédentes qui ont été écrites, comme celles d'Angers ou de Tours,

____

(1) Cf. Sohm, *Reichs-und Gerichtsverf.*, p. 389, qui fait une observation semblable, non pas relativement à cette formule de Bignon, mais à propos de la date de l'institution des scabins en général. — W. Sickel, *Entstehung des Schöffengerichts* (*Savigny-Stiftung*, VI, p. 57), sans s'arrêter non plus à la recherche des motifs qui peuvent expliquer la mention des *scabini* dans cette formule de Bignon, considère implicitement la formule comme apparenant à l'époque antérieure à la création des *scabini*, car il s'en sert sans scrupule dans son étude sur les institutions judiciaires de cette période. C'est la légitimité de cet emploi que j'ai essayé ici de démontrer. Au reste, il est bon d'observer, à propos de Sickel, qu'il tend à faire descendre l'institution des scabins à une date plus basse non seulement que celle du formulaire de Bignon, mais encore que celle qui me paraît être la vraie, car il se sert (p. 57 et 58), pour l'époque que j'étudie en ce moment, du formulaire de Lindenbrog qu'il faut à mon avis écarter.

pour des pays généralement romains, ou, comme celles de Sens, pour des pays moitié francs et moitié romains, elles appartiennent à la partie orientale de l'empire franc et sont rédigées principalement d'après la loi Salique.

Nº 7 = Roz., 460. Une abbaye réclame une femme comme *cavalis*, autrement dit prétend qu'elle est tenue d'une capitation, comme celle qui frappe les colons et les serfs, et qu'elle est par conséquent au *servitium* de cette abbaye (1). *Cum resedisset ille vigarius inluster vir illo comite, in mallo publico, una cum ipsis scabinos qui in ipsum mallum resedebat, ad causas audiendas vel recta judicia terminanda.*

Nº 8 = Roz., 468. Procès de meurtre. Le procès est porté *ante inluster vir illo comite;* on ne mentionne pas les compagnons ordinaires du comte. Mais, lorsqu'on en vient à la sentence, on nous dit qu'elle a été rendue non par le comte seul, mais par plusieurs juges : *Taliter ei judicaverunt.*

Nº 9 = Roz., 469. Même procès. *Cum resedisset inluster vir ille comes in mallo publico ad universorum causas audiendas vel recta judicia terminanda..... — Apud ipso garafione vel apud ipsos bonos hominibus qui in ipsum mallum resedebant ei fuit judicatum.*

Nº 13 = Roz., 502. Procès en revendication d'une terre. *Taliter ei fuit judicatum in ipso placito ante ipso vigario vel ante ipsos pagenses..... — Tunc taliter ei judicaverunt.* Les personnages qui ont jugé ce procès s'appellent ici *pagenses*, les gens du *pagus*. Faut-il conclure de là que la sentence a été rendue par tous les hommes libres du comté? Je m'expliquerai sur ce point tout à l'heure.

Nº 14 = Roz., 462. Une personne réclame différents objets déposés que le dépositaire a laissé détruire par son imprudence. *Veniens in placito ante quam bonis vel quam pluris bonis hominibus..... — Tunc taliter ei judicaverunt.*

Nº 27 = Roz., 464. Vol avec effraction commis dans un grenier. L'accusé cité en justice n'a pas pu nier son crime; en conséquence, il a été condamné. Voici comment il s'exprime : *Dum et vos* (le volé) *et advocatus vester exinde ante illum co-*

---

(1) Sur le sens du mot *cavalis*, voy. Ducange, v. *Cavaticarii* (t. II, p. 249); Guérard, *Polyptyque d'Irminon*, I, p. 690 et suiv.

mitem interpellare fecisti, et ego hanc causam nullatenus potui denegare, sic ab ipsis racinburgiis fuit judicatum.

E. Enfin il me reste à parler des formules de Merkel. Ce recueil a été fait, comme le précédent, d'après la loi Salique et pour des Francs, mais pour les Francs de l'Ouest et du Centre, ceux de Paris ou de Tours, et non pour ceux de l'Est. Il est composé de plusieurs parties d'époques diverses. La première partie (n°ˢ 1 à 30) a été rédigée d'après Marculf et les formules de Tours, et doit être par conséquent du début des Carolingiens, ou même peut-être un peu antérieur. Le reste paraît au contraire postérieur à 775 (1); et par conséquent doit être écarté.

N° 16 = Roz., 252. Pas de jugement; il s'agit d'une donation mutuelle entre deux conjoints qui est faite *in mallo* : *Ideo venientes pariter in mallo, ante illum comitem vel reliquos racineburgis.*

N° 18 = Roz., 113. Répudiation faite par le mari *in mallo* : *Ideo venientes pariter illo mallo ante illum comitem vel reliquis bonis ominibus.*

N° 27 = Roz., 486. Là au contraire il y a un véritable procès. Il s'agit d'une terre qui est revendiquée : *Cum resedisset ille missus, inlustris vir, domni illius regis, in mallo illo, una cum pluris bonis ominibus racineburgiis et industriæ personæ, quæ ibidem aderant, in eorum præsentia ad universorum causas audiendum vel recta judicia terminenda..... — Interrogatum fuit ipsi illo ab ipsis viris... — Proinde opportunum fuit ipsi illo ut tale judicium sacramentale bonorum hominum vel ipsius missis manu firmatas exinde accipere deberet.*

N° 28 = Roz., 481. Un personnage réclame un homme comme son esclave : *Cum resedisset inlustris vir ille comis in mallo una cum pluris bonis ominibus racineburgis qui ibidem aderant... — Proinde oportunum fuit ipsi illo ut alio judicio bonorum hominum vel ipsius comitis manus firmatas exinde accipere deberet.*

N° 29 = Roz., 462. Revendication d'une terre : *Veniens homo aliquis... in mallo illo, ante illum vicarium vel reliquis*

---

(1) Zeumer, *loc. cit.*, p. 239; R. Schröder, article cité, p. 85; Brunner, *Deutsche Rechtsgesch.*, I, p. 408.

bonus homines qui ibidem aderant..... — *Interrogatum fuit ab ipsis viris*... — *Proinde opportunum*, etc. (comme ci-dessus).

N° 30 = Roz., 499. Un personnage prétend qu'un homme est son esclave : *Ante illum vicarium vel reliquis bonis homines racineburgis*.

J'ai passé en revue toutes les formules dans lesquelles il est question de réunions du tribunal. Il reste à énumérer les conclusions qui résultent de ces documents. Trois faits sont désormais certains, et l'importance de ces trois faits est capitale.

1° Les personnages qu'on appelle rachimbourgs sont exactement les mêmes que ceux qu'on nomme dans d'autres formules, *boni homines*, ou *auditores*, ou *magnifici et venerabiles viri*, ou même simplement *illi qui cum eo* (le comte) *aderant*. En effet tous ces mots alternent indifféremment dans nos formules et peuvent se remplacer les uns par les autres, sans rien changer au sens de la phrase où ils se trouvent. Il y a même des formules qui disent *boni homines racineburgi* (1). comme pour mieux marquer la synonymie des deux expressions; d'autres disent *boni homines racineburgi* au commencement, et, à la fin, *boni homines* tout court (2). Donc rachimbourgs, *boni homines*, *auditores*, etc., sont les noms divers que portent ceux qui assistent le comte dans l'exercice de la justice. Sur ce premier point tous les auteurs sont d'accord, bien que séparés profondément sur la plupart des autres questions.

2° Ces *boni homines* ou rachimbourgs ne sont pas tous les hommes libres de la centaine ou du *pagus*, mais des notables choisis pour leur science du droit, leur habitude des affaires ou leur situation sociale plus élevée. Il est vrai que les formules disent quelquefois, pour les désigner, qu'ils sont *quamplures* (3); mais évidemment on a tort de traduire ce mot comme s'il voulait dire tous les hommes libres : il signifie seulement que ces assistants du comte sont plusieurs. Il est vrai aussi qu'une formule de Bignon les appelle *pagenses*, mot qui correspond exactement à l'expression *cives* que nous

(1) Form. Merkel, 27, 28, 30.
(2) *Ibid.*, 27, 28.
(3) *Cartæ Senonicæ*, 10, 20, 21, 22.

verrons employée par Grégoire de Tours : mais cela signifie que les rachimbourgs sont des hommes du *pagus*, et non pas nécessairement qu'ils en sont tous les hommes. C'est ainsi qu'une autre formule appelle *Franci* ces assistants du comte (1), et que cependant il n'est venu à l'idée de personne de dire ni que les rachimbourgs sont tous les Francs, ni même qu'ils sont nécessairement des hommes de nationalité franque. Deux choses démontrent que les rachimbourgs sont sûrement des notables, et non pas la foule des hommes libres ; d'abord le nom qu'ils portent, à savoir *boni homines* (les gens considérables du pays), *venerabiles et magnifici viri* ou *seniores* ; en second lieu le fait que le jugement ou, d'une façon plus générale, l'acte passé devant le tribunal est signé presque toujours par ces personnages et revêtu de leurs sceaux (2). On ne comprendrait pas que tous les hommes libres de la centaine ou du *pagus* s'appelassent *venerabiles, magnifici* ou *seniores*, mots qui indiquent évidemment une supériorité et une considération particulière ; ni qu'ils signassent tous sans distinction les actes faits au plait.

3° Ces rachimbourgs ou notables ne sont pas seulement le public comme les autres hommes libres convoqués au plait. Il est certain qu'ils jugent. En effet toutes nos formules nous montrent que ce sont eux qui interrogent les parties et leurs témoins (*interrogatum fuit ab ipsis viris*, etc.), et que ce sont eux qui rendent la sentence (*ab ipsis racineburgis fuit judicatum*, etc.). C'est donc à tort qu'on les a considérés comme de simples conseillers du comte ; s'ils n'étaient que cela, les formules diraient que telle chose a été jugée par le comte avec son conseil, comme le disent les écrivains romains qui parlent du *consilium* du magistrat (3). C'est également à tort

(1) *Ibid.*, 38.

(2) Form. d'Angers, 12, 32, 47, 50 *a*. — Form. de Tours, 29, 31, 32, 39, 41. — *Cartæ Senonicæ*, 10, 17, 20, 21, 22. — Form. Merkel, 27, 28.

(3) Comparez au langage des formules que je viens de citer les textes du droit romain dans lesquels il est question de jugement rendu par le magistrat (ou par le *judex*) avec l'assistance de son *consilium*. Code Just., VII, 26, 6 : *Imp. Philippus A. cum consilio collocutus.* — *Corp. Inscript. latin.*, VI, 266 : *Restitutianus* (le *præfectus vigilum*) *cum consilio collocutus dixit.* — *Ibid.*, II, p. 4125 : *Rufus legatus* (le légat de la Tarraconaise) *cum consilio collocutus.* — *Actus Apostol.*, 25, 12 : Ὁ Φῆστος (le procurateur de la Judée)

qu'on y a vu des arbitres ; s'ils étaient des arbitres, ils ne
rendraient pas leur sentence avec le comte et sous sa présidence, *in mallo publico*, comme disent presque toutes les formules. La présence du comte et le mot *mallus* indiquent sûrement la réunion du tribunal, et non pas le recours de deux
plaideurs à de simples particuliers par qui ils espèrent faire
arranger leur différend sans bruit et sans juges. Enfin il n'y a
aucune raison au monde de faire ici des distinctions, soit entre
les nationalités diverses qui composent l'empire franc, soit
entre les différentes catégories de procès. En ce qui concerne
les diverses nationalités, on a prétendu que les Francs étaient
jugés par des rachimbourgs, selon la règle de la loi Salique,
et que les Romains au contraire étaient jugés par le comte
seul, suivant l'usage romain ; on s'est flatté de mettre tout le
monde d'accord et d'expliquer par ce moyen les contradictions
que l'on prétend trouver entre les formules citées qui parlent
de rachimbourgs et les récits de Grégoire de Tours qui représentent volontiers le comte comme le seul juge. Mais nos formules, qui appartiennent à toutes les parties de l'empire franc,
nous montrent partout le même état de choses ; et si nous
voyons le jugement prononcé par les rachimbourgs ou les
boni homines dans les formules de Bignon et de Merkel qui
sont faites d'après la loi Salique, nous trouvons la même chose,
et dite exactement de la même façon, dans les formules de
Sens, qui viennent d'un pays moitié franc et moitié romain,
et dans les formules d'Angers et de Tours qui ont été écrites
pour une population presque entièrement romaine (1). Il est
donc certain que la règle du jugement par les *boni homines*
n'a pas été particulière à une seule race. Prenez les recueils
écrits en pays romain, où la loi romaine est toujours alléguée,

συλλαλήσας μετὰ τοῦ συμβουλίου. — Procès d'Oropos (Mommsen, *Hermes*, XX,
p. 269 et suiv.), lignes 29, 43, 56 : ἀπο συνβουλίου γνώμης. — On voit ainsi
la différence des rôles joués par les rachimbourgs francs et par les conseillers romains.

(1) Tout au plus peut-on dire que le mot rachimbourgs, qui a une forme
barbare et qui est l'expression dont se sert la loi Salique, pour ces motifs
probablement, se rencontrera plus fréquemment dans les pays francs que dans
les pays romains. Ainsi le recueil des formules de Merkel est, de tous ceux
que j'ai cités, celui qui se sert le plus volontiers de ce mot là. Mais ce n'est
là qu'une question de terminologie ; car le rôle joué par les personnages

et où aucune autre loi n'est jamais citée ; vous verrez que le jugement est rendu absolument de la même manière que dans les recueils écrits en pays franc et d'après la loi Salique elle-même (1). On ne serait pas plus heureux en cherchant à faire des distinctions entre les différents procès. Les procès civils aussi bien que les procès criminels sont, comme on l'a vu, toujours tranchés par les rachimbourgs. On a voulu distinguer les plaits ordinaires et les plaits extraordinaires, et on a dit que les rachimbourgs ne sont juges que dans ces derniers. Mais rien absolument ne justifie cette opinion, et nos formules la contredisent radicalement. D'abord il n'est pas certain, comme je l'ai dit, que cette distinction existe à l'époque dont je m'occupe. Ensuite et principalement, si elle existe, les affaires criminelles et les questions d'état seraient alors l'objet de la compétence des plaits ordinaires, puisqu'elles le sont en réalité dans le droit de l'époque carolingienne dont on veut appliquer ici les règles. Or, nos formules prouvent qu'on ne fait aucune distinction entre les différentes espèces d'affaires soumises au tribunal, que partout indifféremment ce sont les rachimbourgs qui jugent ; et il se trouve précisément que nous possédons un très grand nombre de sentences rendues par eux, soit dans des questions d'état (2), soit dans des affaires criminelles (3).

qu'on appelle *boni homines* est exactement celui que jouent les rachimbourgs ; et, même réduite à cette simple question de mots, l'observation que je viens de faire ne devrait pas encore être exagérée, car on trouve le mot rachimbourgs dans une formule d'Angers (n° 50 *a* = Roz., 493) ; et le recueil de Bignon, composé pour la partie orientale de l'Empire franc, c'est-à-dire pour la partie la plus germanique, et d'après la loi Salique, ne contient ce mot qu'une seule fois également (n° 27 = Roz., 464), et se sert presque toujours d'une autre expression.

(1) Il est à remarquer que ce moyen terme, qui a été imaginé par M. Fahl-beck, comme une espèce de concession aux théories de M. Fustel de Coulanges, est repoussé radicalement par celui-ci (*Recherches*, p. 445 et 446).

(2) *Form. Andec.*, 10 = Roz., 482, § 1. — *Cartæ Senon.*, 20 = Roz., 459, — *Form. Bignon*, 7 = Roz., 460. — *Form. Merkel*, 28, 30 = Roz., 481, 499.

(3) *Form. Andec.*, 50 *a* = Roz., 493. — *Form. Turon.*, 31, 32 = Roz., 491, § 2, 465. — *Cartæ Senon.*, 11, 51 = Roz., 470, 466. — *Form. Bignon*, 8, 27 Roz., 468, 464. — Il est vrai que M. Beauchet, p. 158, étudiant la compétence respective des deux espèces de plaits (d'ailleurs avec les seuls textes de l'époque carolingienne, postérieurs à la création des scabins, par la raison qu'il n'y a pas d'autres textes sur cette question ; ce qui montre déjà le danger

Les rachimbourgs sont donc des juges, et ils le sont dans tous les cas.

Tels sont les trois résultats certains que nous donne la lecture des formules. Sans doute, il existe encore des points obscurs; on peut se demander, par exemple, qui choisit les rachimbourgs, quel est leur nombre, etc. Mais nous n'en possédons pas moins des réponses sûres aux questions les plus graves et les plus discutées; car nous savons désormais que les rachimbourgs sont des notables et qu'ils sont des juges. L'importance des résultats ainsi conquis fera pardonner, je l'espère, la lenteur et la minutie de la méthode qui nous les a donnés.

III.

J'étudie maintenant les textes législatifs; je n'ai pas besoin de dire que je laisse de côté la loi Salique qui a fait l'objet des recherches antérieures.

Les textes législatifs dans lesquels il est question des rachimbourgs sont moins nombreux et moins décisifs que les textes tirés des formules. Tout se borne en effet ici à deux titres de la loi des Ripuaires, à un capitulaire de Chilpéric, et à un autre de Pépin. Ce dernier est le seul qui soit très important. Je vais citer et expliquer ces trois documents.

d'appliquer ces règles à l'époque antérieure), après avoir posé en principe que les causes criminelles appartiennent essentiellement au plait général, fait tout de suite cette restriction, que les seules causes criminelles qui soient dans ce cas sont celles qui donnent bien à l'application d'une peine publique et non à une composition, et qui émanent d'une poursuite publique et non d'une accusation privée. Avec ce système, il est évident que les procès criminels, comme ceux qui sont dans nos formules, ne seraient plus des causes réservées au plait général, puisqu'ils émanent d'une accusation privée et qu'ils donnent lieu à une composition. Mais je dirai plus loin combien l'idée de M. Beauchet est inadmissible. Les procès criminels réguliers, ceux du droit commun, sont ceux qui justement émanent d'une poursuite privée et donnent lieu à une composition; ce sont ceux-là qui, à l'époque carolingienne, seront réservés au plait général; les accusations criminelles dont parle M. Beauchet sont au contraire des affaires exceptionnelles, que le comte règle et arrange en vertu de ses droits de haute police, et qui, bien loin d'être réservées à un plait général, ne vont, à mon avis, devant aucune espèce de plait. Au reste cette question n'offre d'intérêt que pour l'époque carolingienne, et j'y reviendrai en traitant des institutions de cette époque.

Loi Ripuaire, tit. 32 (al. 34), §§ 2 et 3. — Ce titre traite de l'assignation ; il correspond évidemment au titre premier de la loi Salique. Il déclare que si le défendeur assigné au *mallus* ne comparaît pas, le demandeur doit l'assigner six fois de suite, et que le défaillant encourt une peine de 15 *solidi*, chaque fois que l'ajournement reste sans résultat, *si illi qui eum manit cum tribus raginburgiis in haraho* (c'est-à-dire *in mallo*) *conjuraverit quod legitimi manitum habuerit* (si le demandeur jure devant trois rachimbourgs qu'il a assigné régulièrement) (1). — Puis le texte continue ainsi :

Quod si ad septimo mallo non venerit, tunc illi qui eum manit, ante comite cum septem raginburgiis in haraho jurare debit, quod eum ad strude legitima (2) *admallatum habet, et sic judex fiscalis ad domum illius accedere debet et legitima strude exinde auferre, et ei tribuere qui eum interpellavit, hoc est ad septem raginburgiis unicuique 15 solidos, et ei qui causam sequitur 45* (3).

Après le septième ajournement sans résultat, le demandeur va devant le comte, assisté de sept rachimbourgs, jure qu'il a assigné régulièrement, et demande en conséquence l'exécution du débiteur selon la loi (*strudis legitima*); alors le comte se rend au domicile de ce défaillant avec les sept rachimbourgs, et procède à la saisie de ses meubles, et au prélèvement des amendes encourues pour défaut de comparution ; il prend ainsi 45 *solidi* qu'il remet au demandeur, et 15 *solidi* (probablement par chaque assignation), qu'il donne à chacun des rachimbourgs, pour les payer de leur peine. Il est clair que les rachimbourgs, dans ce titre de la loi des Ripuaires, ne rendent pas de jugement. Ce sont des gens qui ont une double

(1) Je traduis ici *cum* comme s'il y avait *coram* : on pourrait comprendre aussi que le demandeur jure *avec* trois rachimbourgs, mais cette traduction me paraîtrait moins exacte. — Cf. Fustel de Coulanges, *Recherches*, p. 437, note.

(2) *Strudis legitima*, l'exécution du débiteur d'après la *lex* (le droit coutumier), c'est-à-dire l'exécution qui a lieu sur les meubles seuls; elle s'oppose à la *missio in bannum*, l'exécution sur les immeubles, qui est une mesure dérivant non de la *lex* mais de l'autorité de la puissance publique (le droit royal). Voy. sur cette distinction Sohm, *Reichs-und Gerichtsverfass.*, p. 121. — *Ad strudem legitimam admallare*, signifie proprement demander en justice l'exécution du débiteur. Voy. Zoepfl, III, p. 293, note 63 ; p. 339, note 126 a.

(3) Pour l'explication de cette procédure de saisie et la comparaison avec la procédure de saisie de la loi Salique, voy. Sohm, dans son édition de la loi des Ripuaires. p. 225, note 47.

mission ; au commencement du texte, ils reçoivent un serment, et à la fin ils font fonction d'experts, comme dans le titre 50 de la loi Salique que j'ai expliqué précédemment.

Loi Ripuaire, tit. 55 (al. 57). — Ce titre, qui traite des rachimbourgs, est imité du titre 57 de la loi Salique qui a été étudié déjà. Il suppose, comme lui, que les rachimbourgs ne veulent pas *legem dicere*, c'est-à-dire juger, et il les condamne à une amende de 15 *solidi;* il frappe de la même peine ceux qui n'obéissent pas à la sentence des rachimbourgs (*similiter et illi qui raginburgiis recte dicentibus non adquieverit*). Il déclare donc formellement que les rachimbourgs rendent la sentence. Mais je n'insisterai pas sur ce texte, parce que, étant imité de la loi Salique, c'est pour ainsi dire un document de deuxième main.

Capitulaire de Chilpéric Ier, entre 575 et 580, cap. 8 (Boretius, p. 9 = Hessels, Loi Salique, tit. 78, § 7). Il s'agit d'un délit commis par un esclave. Le maître est responsable; il ne veut pas payer la composition. Alors voici ce qui se passe :

Et si... nec fidem facere nec componere voluerit, tunc in proximo mallo ante rachymburgiis sedentes et dicentes, quod ipsi illum ante audierit, sic invitetur graphio (1), cum fistuca mittat super se (2), ad res suas ambulet, et prendat quantum rachymburgii ante odierint (3), et graphio cum VII rachymburgiis antrutionis (4), bonis credentibus (5) aut qui sciant accionis (6), a casa illius ambulent et pretium faciant et quod graphio tollere

---

(1) Ce passage est très difficile ; il faut entendre ou que le comte est invité à saisir pour la somme à laquelle il sait que le maître a été condamné antérieurement (*quod ante audierit*), ou, en corrigeant *audierit* par *audierint*, que les rachimbourgs ont à dire à quelle somme ils savent que le maître a été condamné (*dicentes quod audierint*). Bethmann-Hollweg, IV, p. 522, note 110, adopte cette dernière traduction; elle s'accorde bien avec ce qui est dit deux lignes plus loin (*quantum rachymburgii ante odierint*). Cf. Sohm, *Procédure de la lex Salica,* trad. Thévenin, p. 133.

(2) Sur le maître de l'esclave; ce sont ses biens qu'on va saisir.

(3) Qu'il prenne une somme égale à celle à laquelle les rachimbourgs savent que ce maître a été condamné.

(4) Voisins. Il est évident qu'il n'est pas ici question d'antrustions.

(5) Gens solvables. Cf. Sohm, *loc. cit.,* p. 133, note 2.

(6) Connaissant la cause. — Pour l'explication détaillée de ce capitulaire très compliqué, voy. Bethmann-Hollweg, IV, p. 521 à 524 ; Zoepfl, III, p. 339 ; Sohm, *loc. cit.,* p. 130 à 142.

debet. Et si graphio ante rachymburgiis sedentes non fuerit invitatus, non ibi præsumet ambulare..., etc.

A mon avis, il y a là deux idées à distinguer. On nous représente d'abord le comte siégeant à son plait avec des rachimbourgs (*in mallo ante rachimburgiis*); c'est là que le demandeur vient le trouver pour le sommer de saisir son débiteur; on ne nous dit pas le nombre de ces rachimbourgs qui entourent ainsi le comte au *mallus*; un chiffre ne sera fixé que lorsqu'il s'agira de la saisie. En second lieu, le comte, sommé de saisir le débiteur, prend sept rachimbourgs, et va avec eux chez le débiteur pour l'exécuter; dans cette deuxième phase de la procédure, les rachimbourgs ne sont pas des juges, et il n'y a plus de *mallus* : ils sont évidemment des experts et des priseurs (*pretium faciant et quod graphio tollere debet*). Il est d'ailleurs très possible que les sept experts soient pris parmi les rachimbourgs qui composent le *mallus* et qui ont déjà jugé l'affaire; c'est même ce que semblent indiquer des phrases telles que celles-ci pour les qualifier : *qui sciant accionis,.. qui antea audissent causam illam* (1). Ce capitulaire de Chilpéric nous montre ainsi le double rôle des rachimbourgs correspondant au double rôle que joue le comte lui-même : ils sont juges avec le comte quand il est *judex*, et ils sont experts avec le comte quand il est agent d'exécution (2).

Capitulaire de Pépin de 754 ou 755, cap. 7 (Boretius, p. 32). — Ce capitulaire est le texte très important qui établit la règle générale de l'appel au tribunal du roi, règle qu'avait déjà

---

(1) C'est l'opinion de Bethmann-Hollweg, *loc. cit.*

(2) Je crois inutile de poursuivre l'explication de ce chapitre 8, dans lequel on rencontre une ou deux fois encore l'expression *rachymburgii*, mais toujours avec le sens que je viens de déterminer. Je laisserai également de côté le chapitre 10 du même capitulaire (Bor., p. 10), qui est très difficile, très obscur, et avec tout cela assez peu intéressant dans la discussion présente, puisque, quel qu'en soit le sens, très peu de lumière en peut sortir. Tout ce qu'on en peut conclure, en effet, c'est que les *rachymburgii* composent le tribunal; et nous le savons déjà par des textes beaucoup plus clairs. — *Si quis causam mallare debet, et sic ante vicinos causam suam notam faciat, et sic ante rachymburgiis videredum donet.* — Il paraît certain que le mot *vicini* désigne ici l'assemblée judiciaire de la circonscription, il est peut-être même synonyme de rachimbourgs, comme le croit Sohm (*La procédure de la lex Salica*, trad. Thévenin, p. 134, note 1). Quant au *videredum*, c'est un serment du de

ébauché le droit mérovingien (1). Mais le tribunal du roi ne connaît ainsi d'un procès qu'à une condition expresse ; il faut que la cause ait été jugée en première instance par le tribunal du comte :

Si aliquis homo ad palacium venerit pro causa sua, et antea ad illum (lisez *illius*) *comitem non innotuerit* IN MALLO ANTE RACEMBURGIIS, *aut de causa sua ante comite* IN MALLO FUIT ANTE RACEMBURGIIS, *et hoc sustinere noluerit* QUOD IPSI EI LEGITIME JUDICAVERINT, *si pro ipsis causis ad palacium venerit, vapuletur* (qu'il soit battu)... *Et si reclamaverit* QUOD LEGEM EI NON JUDICASSENT, *tunc licentiam habeat ad palacium venire pro ipsa causa. Et si ipsos convincere potuerit* QUOD LEGEM EI NON JUDICASSENT, *secundum legem contra ipsum emendare faciat. Et si comes vel racemburgii eum convincere potuerint* QUOD LEGEM EI JUDICASSENT, *et ipse hoc recipere noluerit, hoc contra ipsos emendare faciat.*

Ce texte est un des plus importants et des plus décisifs que nous ayions. Si, dit-il, les parties n'ont pas été d'abord devant le tribunal du comte et des rachimbourgs, ou si elles y ont été, mais si l'une des parties, craignant de perdre son procès, n'a pas laissé les rachimbourgs juger, comme c'est la règle (*sustinere noluerit quod ipsi ei legitime judicaverint*), alors pas d'appel possible au tribunal du roi : la partie qui n'a pas voulu être jugée d'abord par les rachimbourgs et qui directement s'est adressée au tribunal du roi, sera renvoyée des fins de sa demande et recevra la bastonnade. Mais si, le jugement ayant été rendu par les rachimbourgs, la partie condamnée prétend qu'ils ont mal jugé (*quod legem ei non judicassent*), alors elle

mandeur (*ibid.*, p. 135 ; Zoepfl, III, p. 397 ; Gengler, *Germanische Rechtsdenkmäler*, p. 583, note 17). Ainsi le demandeur prête un serment devant l'assemblée judiciaire et les rachimbourgs pour exposer sa cause (*causam suam notam faciat*). Voilà le fait certain. Mais il est assez difficile de savoir à quelle occasion ce serment est prêté. Dans l'opinion de Zoepfl, le demandeur, intentant une action criminelle, jure tout d'abord que le défendeur a commis tel délit à son préjudice. Pour Sohm, au contraire, c'est de la procédure d'exécution qu'il s'agit ; le demandeur jure qu'il a accompli toutes les formalités exigées par la loi, et, cette déclaration faite, peut librement exécuter son débiteur.

(1) Voy. sur ce point J. Tardif, *Institutions*, p. 193 et 194 ; M. Fournier, *Histoire du droit d'appel*, p. 121 et 129.

aura le droit de porter l'affaire en appel devant le roi. Si
là elle peut convaincre les juges d'avoir mal jugé, elle exigera
d'eux une réparation ; et réciproquement si ceux-ci démontrent qu'ils ont bien jugé, elle leur en devra une. Le capitulaire nous dit en termes exprès, non seulement que les rachimbourgs sont présents au *mallus* (*in mallo ante racemburgiis*),
mais encore qu'ils sont les les véritables juges (*quod ipsi judicaverint, quod ei judicassent*, etc.).

IV.

Il ne me reste plus à parler que des textes littéraires. On
pourrait trouver dans un assez grand nombre d'entre eux des
allusions aux personnages qui entourent le comte dans le *mallus ;* mais je bornerai mes recherches aux œuvres d'un seul
écrivain de ce temps-là, Grégoire de Tours, parce qu'il est
presque le seul qui s'exprime avec précision (1).

Voici d'abord deux passages de Grégoire de Tours qui ne
peuvent donner lieu à aucune difficulté :

Hist. Franc., V, 48 (alias 49). Histoire du comte Leudaste ;
Grégoire vient de raconter comment il entrait insolemment
dans les églises, tout armé et cuirassé ; il parle ensuite de la
façon dont il se conduisait dans son plait : *Si in judicio cum
senioribus vel laicis vel clericis resedisset, et vidisset hominem
justitiam prosequentem, protinus agebat in furias*, etc.

Ainsi le comte rend la justice *cum senioribus*, c'est-à-dire
avec les notables de la *civitas*. Nous avons déjà rencontré cette
expression dans les formules pour désigner les personnages
qui jugent avec le comte.

Gloria Martyrum, I, 34 : *Quidam vicinos suos quodam pro crimine impetebat. Quos cum plerumque verbis procacibus lacesseret
ac judicio publico provocaret, decretum est sententia primorum*

---

(1) Les vies des Saints, auxquelles d'ailleurs cet éloge ne saurait pas toujours convenir, contiennent divers passages relatifs à notre question qui
ont été cités quelquefois ; mais le plus souvent les vies dont on a ainsi tiré
parti, bien qu'elles racontent des faits qui se sont passés sous les Mérovingiens, ont été écrites à l'époque carolingienne, ce qui fait qu'on doit s'en
défier lorsqu'elles font allusion aux institutions de l'époque précédente.

urbis ut se ab hac noxa qui impetebantur (les accusés) *sacramento purgarent* (1).

Donc la sentence est rendue par les *primores*, comme elle l'était tout à l'heure par les *seniores*. Ce sont toujours les notables qui jugent. On s'efforcerait vainement de soutenir ici, sous prétexte que le comte n'ait pas été mentionné, qu'il s'agit non pas d'une véritable sentence rendue par un juge, mais de la décision d'arbitres qui se sont efforcés de mettre la paix dans le pays par une intervention bienveillante et tout à fait extra-judiciaire. Car, sans compter que l'ordre qu'ils donnent aux accusés de *se purgare sacramento* est une sentence qui rentre tout à fait dans les règles du droit et dans les habitudes des juges de ce temps-là, (les formules étudiées précédemment nous en ont fourni déjà un grand nombre d'exemples), Grégoire dit formellement que le plaignant en a appelé à la justice (*judicio publico provocaret*). Il y a donc un jugement véritable rendu par les notables et non une sentence arbitrale (2).

(1) Les faits racontés ici par Grégoire se passent à Bourges, dans un pays, pour la majorité, composé de Romains; mais il ne faut pas s'étonner que le comte et les rachimbourgs de Bourges aient condamné même des Romains à *se purgare sacramento;* nous avons vu en effet cet usage pratiqué également à Angers et à Tours qui sont aussi des pays romains; et les lois des Burgondes et des Ripuaires disent formellement que les Romains sont soumis à cette procédure; voy. ci-dessus, page 112, note 1.

(2) Il serait permis, je crois, d'ajouter à ces deux passages un troisième qui se réfère peut-être à un jugement semblable: mais comme cela n'est pas certain, et qu'il est possible de voir dans les faits racontés une simple décision arbitrale, je préfère ne pas y insister, pour ne pas compromettre une bonne cause par des arguments douteux. Voici de quoi il est question (*Hist. Franc.*, V, 5). A Lyon, un nommé Silvestre est mort épileptique. Selon les idées de ce temps-là qui voyait dans ces sortes de maladies des faits surnaturels, le fils du mort s'en prend à un certain diacre du nom de Pierre et l'accuse d'avoir fait mourir son père par des maléfices : *Porro ille* (Pierre) *hæc audiens, facto placito in præsentia sancti Nicetii episcopi,... Syagrio episcopo coram adstante et aliis sacerdotibus multis, cum sæcularibus principibus* (les principaux personnages de Lyon), *se sacramento exuit, nunquam se in mortem Silvestri mixtum fuisse.* Ainsi Pierre jure qu'il n'est pour rien dans le meurtre de Silvestre, devant une assemblée présidée par l'évêque de Lyon, et composée de plusieurs grands personnages ecclésiastiques et laïques. Grégoire de Tours appelle cette assemblée du nom de *placitum.* Il est possible que ce soit la véritable assemblée judiciaire, bien que le comte ne soit pas

Le texte le plus intéressant de Grégoire de Tours, mais le plus difficile, est le récit célèbre des aventures de Sichaire (1). Comme ce passage est très long, je ne le reproduirai pas; mais je rappellerai les faits qu'il raconte, en citant seulement les phrases qui importent à la discussion présente; ces phrases apparaîtront ainsi plus en relief, dégagées du récit des circonstances qui les environnent et qu'il sera suffisant de résumer :

Austrighysile a tué, le jour de Noël 585, l'esclave d'un prêtre ami de Sichaire. De là bataille entre lui et Sichaire qui a voulu venger le meurtre de l'esclave d'un de ses amis; chacun des combattants met en ligne tous ses gens; on s'en tue de part et d'autre le plus possible, et chacun pille à l'envi les biens de son adversaire. A la suite de cette guerre, Austrighysile et Sichaire comparaissent *in judicio civium;* et il est décidé *ut Austrighyselus, qui homicida erat et, interfectis pueris, res sine audientia* (sans décision de la justice) *diripuerat, censura legali condemnaretur.* Peu de jours après l'ouverture du plait (*inito placito*), Sichaire apprenant que les objets qu'on lui a volés sont chez un nommé Aunon, laisse là le plait (*postposito*

mentionné; il faudrait alors le sous-entendre, comme je l'ai fait dans le passage du *Gloria martyrum.* Mais on peut admettre aussi deux autres hypothèses : ou une décision d'un tribunal ecclésiastique (au moins d'un tribunal mixte, si l'on admet toutefois l'existence de ces tribunaux à l'époque mérovingienne), l'accusé étant clerc et les faits reprochés étant de telle nature que les clercs sont censés s'y entendre mieux que les laïques; ou, plus simplement encore, une mesure prise par l'évêque de Lyon qui, entendant reprocher à l'un de ses diacres un assassinat compliqué de faits de sorcellerie, fait jurer à celui-ci qu'il n'est pas coupable, devant une assemblée d'évêques et de grands personnages de Lyon, mais hors de tout tribunal proprement dit. Les principes encore très vacillants du droit de cette époque sur la compétence des tribunaux d'Église, surtout dans le cas de procès entre un clerc et un laïque (voy. les discussions sur ce point dans Beauchet p. 96 et suiv.; Löning, *Geschichte des deutschen Kirchenrechts,* II, p. 516 et suiv.; Cf. Nissl, *Der Gerichtsstand des Clerus im fränkischen Reich,* 1886), empêchent, à mon avis, de dire d'une façon sûre qu'il s'agit ici d'un jugement d'Église. Mais on peut hésiter entre cette opinion et les deux autres que j'ai signalées.

(1) Greg. Tur., *Hist. Franç.,* VII, 47. — Ce chapitre de Grégoire de Tours a déjà toute une bibliographie à lui. Il a été expliqué deux fois, et d'ailleurs de deux façons assez différentes, par M. Fustel de Coulanges, *Histoire des institutions,* p. 510, note 1; et *Recherches,* p. 497 à 499. On en trouvera une analyse très détaillée dans un article de M. Monod, *Les aventures de Si-*

placito) et, avec ses gens, va tuer Aunon, son fils, son frère, et tout mettre chez lui au pillage. Sur quoi, très émus, l'évêque de Tours, lequel n'est autre que Grégoire, et, avec lui, le comte (*adjuncto judice*), conjurent les parties de cesser leurs batailles et de venir tranquillement au plait pour se faire juger. Ils y viennent enfin ; les citoyens se réunissent (*quibus venientibus, conjunctique civibus*); Grégoire fait un beau discours pour engager les ennemis à vivre en paix ; après quoi il faut juger. Sichaire n'ayant pas assez d'argent pour payer la composition des meurtres et des vols qu'il vient de commettre, l'évêque offre de payer pour lui, afin de ramener la paix. Mais les parents des victimes refusent toute composition et déclarent qu'ils veulent se venger. Dans le droit de cette époque, au moins lorsqu'il est question de meurtre, les parties ont certainement la liberté de refuser la composition et de garder intact leur droit de se venger ; les efforts que fait la loi, dans l'intérêt de la paix publique, pour rendre la composition obligatoire, n'aboutiront décidément qu'à l'époque carolingienne (1). Les victimes ont donc ici usé de leur droit. L'une d'elles, Chramnesinde, pénètre dans le domaine de Sichaire, brûle et saccage tout, et massacre tous les esclaves. On retourne alors au plait *par-*

chaire (*Revue historique*, 1886, II, p. 259 et suiv.), auquel a répondu M. Fustel de Coulanges, *De l'analyse des textes historiques* (*Revue des questions historiques*, 1887, I, p. 5 et suiv.). Le débat continue encore dans un autre article de la même revue ; *ibid.*, p. 540 et suiv. (réponse de M. Monod et réplique de M. Fustel de Coulanges).

(1) Ce point est très important ; j'en marquerai les conséquences à plusieurs reprises. Pour trouver posée en termes formels la règle que la victime d'un meurtre est obligée de se contenter de la composition fixée par la loi et n'a pas le droit de préférer à ce dédommagement pécuniaire le libre exercice de sa vengeance, il faut descendre jusqu'à Charlemagne et au capitulaire de 779, cap. 22 (Boretius, p. 51) : *Si quis pro faida* (pour l'inimitié) *precium recipere non vult, tunc ad nos sit transmissus, et nos eum dirigamus ubi damnum minime facere possit. Simili modo et qui pro faida precium solvere noluerit,* etc. — Cf. capitulaire de 802, cap. 32 (*ibid.*, p. 97). — *Capitul. in Theodonis*, cap. 5 (*ibid.*, p. 123). — Capit. de 819, *legibus addit.*, cap. 13 (*ibid.*, p. 284). — A l'époque mérovingienne, la puissance publique n'a pas encore la force d'établir cette règle, et l'offensé, au moins en cas de meurtre, garde le droit barbare et primitif de choisir entre la composition et la guerre privée. — Voy. Pardessus, *Loi Salique*, p. 660 ; Zoepfl, III, p. 391 ; Thonissen, *L'organisation judiciaire de la loi Salique*, p. 162 à 194 ; Fustel de Coulanges, *Recherches*, p. 480.

tes a judice in civitatem deductæ); chacun y défend sa cause ; et les juges décident (*inventumque a judicibus*) que celui qui n'a pas voulu accepter la composition, et qui a brûlé le bien d'autrui (autrement dit Chramnesinde), perdra la moitié de la composition à laquelle il avait droit antérieurement, en d'autres termes, la moitié de la somme que Sichaire avait été condamné à lui payer (*medietatem precii quod ei fuerat judicatum amitteret*). Grégoire de Tours ajoute : *Et hoc contra legis actum, ut tantum pacifici redderentur*. Par là même, Sichaire fut condamné à payer l'autre moitié de la somme dite (*aliam vero medietatem compositionis Sicharius redderet*). Comme il n'était pas assez riche pour la payer, l'Église paya pour lui ; et en conséquence il reçut de son adversaire désintéressé une *carta securitatis*, c'est-à-dire une quittance par laquelle celui-ci reconnaissait avoir reçu la composition et renoncer dès lors à toute vengeance (*accepta securitate composuit, datis sibi partem invicem sacramentis ut nullo unquam tempore contra alterum pars alia musitaret*). Ainsi finit cette guerre.

Ce récit de Grégoire de Tours contient plusieurs renseignements utiles. Nous voyons d'abord, après le premier meurtre, que les deux parties comparurent *in judicio civium*. De même on nous dit plus tard, en parlant d'une autre réunion semblable que les citoyens se réunirent (*conjunctis civibus*). Il faut voir dans ces expressions une allusion au tribunal des hommes libres, des *cives*, c'est-à-dire au tribunal de droit commun qui est composé du comte et des rachimbourgs. Les *cives* sont ici exactement les *pagenses* des formules de Bignon (1) ; *pagus* et *civitas* étant d'ailleurs des mots synonymes. M. Fustel de Coulanges conteste absolument cette opinion, et voit dans le *judicium civium* une réunion d'arbitres convoquée et présidée par l'évêque qui, ému de tant de sang répandu, cherche à mettre la paix dans sa cité. En effet, dit-il, il n'est pas fait mention du comte qui est le personnage indispensable dans un tribunal régulier ; il n'est même dit nulle part que l'une des deux parties poursuive l'autre en justice. Nous voyons au contraire qu'un seul homme a ici l'initiative de tout ce qui se fait : c'est l'évêque qui exhorte les ennemis à faire la paix,

____

(1) Form. Bignon, 13 = Roz., 502.

les supplie de se contenter d'une somme d'argent, et leur en
offre même pour qu'à cette condition ils se réconcilient ; il y
a donc non pas un jugement prononcé par l'autorité publique,
mais un appel à la conciliation adressé par un évêque (1).
C'est là une erreur certaine. D'abord l'évêque n'agit que de
concert avec le comte (*adjuncto judice*). Ensuite lorsqu'il s'agit
de l'assemblée qui se réunit en dernier lieu et qui réussit à
faire accepter la composition, Grégoire dit formellement qu'elle
fut convoquée par le *judex* (*partes a judice in civitatem deductæ*) ; c'est donc là une véritable assemblée judiciaire (2) ; or
tout indique que cette réunion est absolument semblable à la
première ; elle est en effet composée des mêmes *cives*. Enfin
si Grégoire n'insiste pas davantage sur le rôle du comte et
appelle plutôt le tribunal la réunion des *cives*, c'est que tout
le monde savait de son temps que ce *judicium civium* était
toujours la sentence rendue par le tribunal que préside le
comte, et par conséquent sa phrase était assez claire ainsi : c'est
ainsi que nous avons vu des formules parler seulement des
boni homines sans signaler la présence du comte (3). On ne

(1) M. Fustel de Coulanges, dans son *Histoire des institutions*, p. 510,
note 1, nie absolument qu'il y ait ici un tribunal; « la justice n'était pas
saisie, » dit-il. Dans ses *Recherches,* au contraire, p. 498, il semble moins
opposé à cette idée. L'évêque, dit-il, « agit de concert avec le comte. Il
réunit ce qu'il appelle un tribunal de citoyens, par quoi nous devons entendre... une sorte de tribunal de notables. Ceux qu'il nomme *cives* sont les
mêmes que nos formules appellent *boni viri*. Le comte est présent, probablement il préside. » Mais dans l'article cité de la *Revue des questions historiques*, page 24 et suiv., il revient tout à fait à sa première opinion; il n'y
a pas, d'après lui, de poursuite judiciaire, ni de tribunal, ni de condamnation; il n'y a qu'un appel à la réconciliation, qui d'ailleurs ne fut pas écouté.

(2) M. Fustel de Coulanges, dans cette deuxième assemblée, ne peut pas
se refuser à voir un tribunal; seulement, c'est d'après lui un tribunal arbitral,
parce qu'il prononce une composition qui n'est pas une peine, dit-il, mais un
arrangement par lequel deux parties se mettent d'accord. Nous aurons bientôt à nous expliquer sur cette idée, sur laquelle, d'ailleurs, M. Fustel de Coulanges semble un peu revenir aujourd'hui (article cité, p. 26).

(3) Par exemple, *Cartæ Senon.*, 51 = Roz., 466. Procès relatif à un
meurtre : *Venientes in loco illo ante bonis hominibus..... Exinde taliter ad
ipsos bonis hominibus fuit judicatum.* — Form. Bignon, 14 = Roz., 462 : *Veniens in placito ante quam bonis vel quam pluris bonis hominibus.... Tunc taliter ei judicaverunt.* — Le comte n'est mentionné dans ces formules ni au début, à propos de la comparution des parties, ni dans la suite, à propos de

veut voir ici qu'un arbitrage, mais ni l'une ni l'autre des parties ne semble de tempérament à s'arranger. On invoque, pour prouver qu'il n'y eut pas un jugement véritable mais un simple conseil donné par des arbitres, ce fait que les ennemis, malgré la sentence prononcée, refusèrent d'accepter l'arrangement qu'on leur offrait et aimèrent mieux se venger que de se contenter de la composition fixée par l'évêque et par les *cives*; mais on ne réfléchit pas que le refus d'accepter la composition fixée par le tribunal est précisément le droit de cette époque. En résumé nous avons affaire à un tribunal régulier et à un jugement véritable. Ce jugement est rendu par les *cives*, dit Grégoire de Tours. Il ne faut pas cependant croire que le comte n'y a pas pris part; car cela serait contraire à tout ce que nous savons de l'organisation judiciaire de cette période. Il ne faut pas dire non plus que les *cives* qui ont jugé sont tous les hommes libres; car nous avons vu que ceux qui jugent sont des notables, et d'autres passages de Grégoire de Tours que j'ai cités appellent ces juges des noms de *seniores* ou de *primores*. Le tribunal étant le tribunal ordinaire, la sentence a été rendue par le comte et les notables, selon la règle.

Il en est de même à plus forte raison dans l'assemblée qui figure à la fin du récit et dont la sentence termina la querelle. Pour celle-là, on nous dit expressément qu'elle fut convoquée par le comte, et nous savons aussi que les parties se sont conformées à sa décision (1). Il est vrai que Grégoire avertit que cette décision n'était pas rigoureusement conforme à la loi, mais cela ne signifie pas nécessairement que les personnes qui la rendirent n'étaient pas des juges; car, les deux parties ayant commis ici des crimes pareils, il était équitable et naturel

l'interrogatoire, ni à la fin, à propos du jugement. Et je ne parle pas ici des formules assez nombreuses qui après avoir montré les parties comparaissant devant le comte et les *boni homines*, parlant ensuite du jugement, ne mentionnent plus que les *boni homines*.

(1) Quant à la *carta securitatis* que Sichaire reçut de son adversaire, après lui avoir payé la composition, nous savons très bien ce que c'est par plusieurs formules de cette époque. Voy. Marc., II, 18 = Roz., 511 : *Securitas pro homicidio facto si se pacificaverint.* — Form. Turon., 38 = Roz., 510. — Form. Andecav., 6, 26, 39, 42, 44 = Roz., 507, 509, 506, 505, 508. — Cf. sur cette matière Fustel de Coulanges, *Recherches*, p. 480; 481; Thonissen, *L'organisation judiciaire de la loi Salique*, p. 176, 177.

de les condamner également, dût-on pour cela s'écarter un peu des termes de la loi. L'assemblée était donc un véritable tribunal, mais, pour des raisons de fait très graves, ce tribunal s'est permis de tourner un peu la loi (1). Si d'ailleurs, il s'agissait ici simplement d'arbitres et non pas de juges, Grégoire de Tours n'eût pas songé à s'étonner d'un fait semblable, et n'eût pas pris la peine de le signaler ; car les gens ne recourent justement à des arbitres que pour échapper à l'application rigoureuse des lois. Au reste les mots dont on se sert tranchent toute controverse : *Inventum est a judicibus*, dit Grégoire ; donc ce sont de véritables juges qui ont rendu la sentence. Ces *judices* ne sont pas autres que les *boni homines* ou les rachimbourgs des formules. Il est vrai que cette expression *judices*, à l'époque mérovingienne, n'apparaît ni dans les formules, ni dans les lois ou les capitulaires ; c'est qu'elle n'est pas le terme technique et propre ; et les textes qui parlent une langue vraiment juridique ne disent *judex* que pour désigner le comte, ou plus généralement le fonctionnaire royal, qui préside l'assemblée judiciaire. Mais on comprend que la langue des historiens, qui est moins exacte, se permette d'appeler *judices* les hommes qui en réalité sont les juges ; nous verrons d'ailleurs ce mot servir maintes fois, à l'époque carolingienne, à désigner les scabins, c'est-à-dire les personnages qui ont succédé aux rachimbourgs et qui remplissent le rôle que ceux-ci exerçaient primitivement.

Ainsi les renseignements que l'on tire des historiens sont parfaitement d'accord avec les résultats que nous a donnés la lecture des formules et des textes législatifs. Dans le tribunal régulier, la sentence est rendue par le comte et par différents personnages qui siègent avec lui, sous des noms différents, et qui sont des notables du pays.

(1) Quelle loi ? La loi Salique, répond M. Monod qui, dans tout le cours de son article, suppose que les juges ne peuvent pas appliquer une autre loi, et fait le compte des compositions encourues par les parties d'après les tarifs de cette loi. Mais cela n'est pas démontré du tout, parce que nous ne savons pas si les personnages dont il est question sont ou non des Francs. Les noms ne prouvent rien quant à la nationalité ; je crois que M. Fustel de Coulanges a parfaitement démontré ce point contre l'opinion de M. Monod : voy. *Revue des questions historiques*, article cité, p. 12 à 15. Ainsi nous ne savons pas quelle était la nationalité et par conséquent la loi de Sichaire et de ses enne-

V.

Ces résultats cependant laissent indécises quelques questions.

On peut se demander d'abord, en présence de nos formules, si les *boni homines* ou rachimbourgs sont les seuls juges, ou si le comte ne juge pas nécessairement avec eux. Le langage de ces formules autorise quelques doutes ; car tantôt on nous dit que le jugement a été rendu par le comte et par les rachimbourgs, tantôt, au contraire, il n'est question que des rachimbourgs (1). Des auteurs, ont tiré de cette dernière façon de parler, cette conclusion que les rachimbourgs étaient les seuls juges et que le comte n'était que le président du tribunal (2). Mais cette opinion n'est pas soutenable. Le langage des formules ne prouve rien, puisqu'elles parlent tantôt d'une façon et tantôt d'une autre. L'une et l'autre opinion pourraient donc aussi bien, ou plutôt aussi mal, y trouver un appui. Parmi les textes juridiques que j'ai cités et qui sont relatifs à des jugements, l'un il est vrai ne nomme que les

mis. Mais nous savons que la décision qui a été rendue est la sentence d'un véritable tribunal.

(1) Voy. les formules ci-dessus. J'ai déjà eu l'occasion de citer, à propos d'un passage de Grégoire de Tours, les formules où les rachimbourgs sont seuls mentionnés sans qu'il soit même question du comte (p. 135, note 3). Dans un plus grand nombre, on dit que les parties ont comparu devant le comte et les rachimbourgs, mais, lorsqu'il est question de la sentence, on ne parle plus que de ces derniers.

(2) Savigny, I, p. 173 à 175 ; Pardessus, *Loi Salique*, p. 574 ; Glasson, *Droit et institutions de l'Angleterre*, I, p. 194, 209 ; Beauchet, p. 37 à 43. — M. Beauchet accorde cependant que le comte juge dans deux cas ; en premier lieu, dans les cas où on suit, pour être plus expéditif, une procédure extraordinaire dans laquelle les criminels ne comparaissent pas devant les rachimbourgs, mais sont immédiatement punis par le comte seul ; en second lieu, même dans la procédure ordinaire, lorsque des difficultés s'élèvent sur le point de savoir quelle loi on doit appliquer aux parties, parce que le choix des rachimbourgs dépend précisément de l'application de telle ou telle loi, et que, en conséquence, cette question ne peut pas être tranchée par les rachimbourgs eux-mêmes. Mais, le tribunal du droit commun une fois constitué, la sentence, dit M. Beauchet, n'appartient plus qu'aux rachimbourgs

rachimbourgs (1), mais l'autre qui est à beaucoup près le plus important dit positivement que la sentence est rendue par le comte et par les rachimbourgs réunis (2). En somme, la question est tranchée par trois observations. D'abord le nom officiel de *judex* que porte le comte, dans les capitulaires et les formules de l'époque mérovingienne, indique d'une façon visible qu'il n'est pas simplement le président du tribunal, mais qu'il est avant tout le juge (3). En second lieu, un grand nombre de textes, dont l'autorité n'est pas contestable puisqu'il s'agit de capitulaires ou de lois, disent que les comtes sont obligés de juger d'après la loi, les déclarent responsables de l'illégalité de la sentence qu'ils ont rendue (4), et leur défendent, lorsqu'ils

(1) Loi Ripuaire, tit. 55 (al. 57) : *De rachimburgiis legem dicentibus.* Le comte ici n'est pas mentionné.

(2) Capitulaire de 754 ou 755, cap. 7 (Boretius, p. 32) : Les mots *ad illum comitem... in mallo ante racemburgiis,* ne prouveraient peut-être d'une façon tout à fait rigoureuse que la présence simultanée du comte et des rachimbourgs au *mallus,* et non pas le jugement par ces deux classes de personnages à la fois. Mais le capitulaire ajoute : *Et si comes vel racemburgii eum convincere potuerint quod legem ei judicassent;* et cette phrase montre que c'est le comte et les rachimbourgs qui ont jugé. Je dis que ce texte est beaucoup plus important que le précédent, parce que ce dernier est calqué sur la loi Salique, et manque pour cette cause de toute originalité.

(3) Il est vrai que, dans la langue de cette époque, *judicare* signifie non seulement juger, mais très souvent administrer, gouverner, etc.; et *judex* non seulement un juge, mais le dépositaire de la puissance publique en général (Voy. les textes très nombreux cités par Sohm, p. 150, notes 5 et 6 ; joignez-y presque toutes les formules et tous les diplômes d'immunités, où l'on dit que le *judex* ne peut pas entrer dans les terres de l'immuniste, en prenant certainement cette expression *judex* dans le sens général de dépositaire de l'autorité royale). Mais on ne fait pas attention que si *judex* a ce sens large, c'est précisément parce que dans la pensée des hommes de ce temps-là, la fonction publique la plus importante, et celle qui résume toutes les autres, c'est la justice. On a rapproché quelquefois des textes francs les textes du Bas-Empire qui disent pareillement *judex* pour désigner le gouverneur de province (voy. par exemple Cod. Just. I, 40, const. 3, 5, 8, 10, 14); et on a voulu montrer ainsi que, dans cette langue latine de la basse époque, *judicare* signifie proprement administrer. Mais justement le gouverneur, dans le droit du Bas-Empire, est avant toutes choses le juge du droit commun dans la province (voy. le titre cité du Code Just.), et sûrement il ne s'appelle pas *judex* pour un autre motif que celui-là. Le sens étendu et large du mot *judex* ne doit donc pas nous cacher le sens propre et primitif dont l'autre n'est qu'un dérivé.

(4) Capitulaire de Clotaire II, cap. 1 (Boretius, p. 18) : *Ut in omnibus causis*

rendent la justice, de recevoir des présents d'aucun des plaideurs (1); tout cela suppose qu'ils sont les juges (2). Enfin les textes littéraires, non seulement nous représentent plusieurs fois des comtes rendant les sentences, mais encore considèrent toujours le comte comme un fonctionnaire dont

antiqui juris norma servetur et nulla sententia a quolibet judicum (les comtes certainement) *vim firmitatis obteneat quæ modum legis adque æquitatis excedit.* — Cap. 6 (*ibid.*, p. 19) : *Si judex* (le comte) *alequem contra legem injuste damnaverit, in nostri absentia, ab episcopis castigetur, ut quod perpere judicavit... emendare procuret.* — Edit de Gontran de 585 (*ibid.*, p. 12) : *Cuncti itaque judices justa... studeant dare judicia.*

(1) Loi des Ripuaires 88 (al. 90) : *Hoc autem consensu et consilio seu paterna tradicione et legis consuetudinem super omnia jubemus, ut nullus obtimatis, major domus, domesticus, comes, gravio... in judicio resedens munera ad judicio pervertendo non recipiat.* Ce chapitre a la forme d'un capitulaire inséré dans la loi (*hoc autem jubemus*). Dans l'opinion de Sohm, il doit appartenir au règne de Charles Martel ou aux premières années du règne de Pépin (*Zeitsch. für Rechtsgeschichte.* V, p. 453, 454). Dans l'opinion de Mayer, au contraire, *Entstehung der lex Ripuariorum*, p. 174 et 175, les mots *consensu et consilio paterno* prouvent que ce chapitre a été fait par un roi qui avait été associé au trône par son père, c'est-à-dire qui régnait avec son père et sous sa direction; or il n'y a que Sigebert III associé au trône par son père Dagobert I qui remplisse ici cette condition. Le chapitre 88 se placerait donc, comme le reste de la loi, entre 633 et 639. Dans tous les cas il est évident que la loi des Ripuaires considère le comte comme un juge, puisqu'elle prend des précautions pour assurer son impartialité.

(2) Il faut remarquer que les lois des autres peuples germaniques nous donnent toujours du comte la même idée. Voy. *Lex Burgundionum*, 2ᵉ préface (Pertz, *Leges*, III, p. 526 et 527) ; § 2 : *Omnes itaque administrantes ac judices secundum leges nostras.... judicare debebunt, ita ut nullus aliquid de causis vel de judiciis præmii aut commodi nomine a qualibet parte speret aut præsumat accipere.* — § 4 : *Sciant itaque optimates, comites, etc... nihil se de causis his quæ actæ aut judicatæ fuerint accepturos, aut a litigantibus promissionis vel præmii nomine quæsituros.* — § 5 : *Quod si quis memoratorum corruptus contra leges nostras, aut etiam juste judicans, de causa vel judicii præmium convictus fuerit accepisse.* — § 10, 11, 12. — Tit. 49, § 1 (*ibid.* p. 553) : *Ut locorum comites atque præpositi judicanda cognoscant.* — Tit. 81, § 1 (p. 567) : *Ut omnia cognoscat (judex) et, dato judicio, universa judicet, ut nihil inter partes dubium reservetur.* — Tit. 107, § 10 (p. 576) : *Ut omnes comites.... in omnibus judiciis justitiam teneant.* — Iᵃ *Lex Alamannorum*, tit. 41, § 1 (*ibid.*, p. 59) : *Ut nullus causas audire præsumat nisi qui a duce* (le chef du peuple des Alamans) *per conventionem populi, judex constitutus sit ut causas judicet — § 2 : Si autem per cupiditatem aut per invidiam alicujus aut per timorem contra legem judicaverit*, etc.— Iᵃ *Lex Baiuwariorum*, tit. 2, § 17 (*ibid.*, p. 288) : *Judex si, accepta pecunia, male judicaverit*, etc. — § 18 : *Si vero nec per gratiam nec*

l'attribution essentielle est la justice (1). Il est vrai qu'on a essayé d'un moyen pour se débarrasser de tous ces textes : la règle de la responsabilité du comte, formellement écrite dans les capitulaires, se rattacherait, dit-on, non à la procédure régulière et au droit commun, mais à une procédure extraordinaire et expéditive dont je parlerai plus tard, et dans laquelle on est d'accord pour écarter le jugement par les rachimbourgs, c'est-à-dire par les juges ordinaires ; et les textes historiques qui nous montrent le comte jugeant et condamnant seraient relatifs à la même procédure (2). Il est certain que cette procédure existe, et je crois aussi que c'est à elle que se réfèrent la plupart de ces récits de Grégoire de Tours dans lesquels la condamnation semble avoir été prononcée par le comte seul (3). Je consentirai donc très volontiers à les sacrifier, et je n'en veux faire aucun usage. Mais les passages des capitulaires que j'ai cités, et qui désignent le comte comme le juge par excellence, sont beaucoup trop nombreux et surtout trop généraux pour qu'il soit possible de les

per cupiditatem, sed per errorem, injuste judicavit. — Tit. 9, § 17 (*ibid.,* p. 306) : *Judex causam bene cognoscat...Ut causam investigatam et veraciter inventam apud judicem sit judicata.* — Tit. 13, § 2 (*ibid.,* p. 314) : *Judex jubeat eum in præsente venire et judicet ei.* — Sur ces textes des lois barbares, voy. Fustel de Coulanges, *Recherches*, p. 412 à 415. Pour les difficultés relatives au *judex* des lois des Alamans et des Bavarois, Waitz, II, 2e partie, p. 146 à 157.

(1) Fortunat, VII, 5, 25 (Migne, tome 88, p. 238 ; Eloge du comte Bodegisil). *Justitiam pauper nunquam te judice perdit — nec poterit pretio vertere verba potens.* — 36 (*ibid.,* p. 239) : *Implicitæ causæ solvere fila potes.* — VII, 7, 37 (p. 241 ; Eloge du comte Lupus) : *Justitia florente favent, te judice, legescausarum que æquo pondere libra manes.* Cf. d'autres textes cités par W. Sickel, *Savigny-Stiftung*, VI, p. 29.

(2) Beauchet, p. 38 à 40.

(3) Ces textes sont cités par Beauchet, p. 39 et par Fustel de Coulanges, *Recherches,* p. 415 et 416. On y voit en général un voleur ou un autre criminel saisi par le comte, jugé par lui séance tenante, et pendu. Ce n'est pas là évidemment la procédure que nous avons vu pratiquer dans les formules. C'est une procédure extraordinaire et expéditive dont j'expliquerai plus tard la naissance et les caractères (§ 5). J'écarte donc tous ces textes, parce que je ne crois pas qu'ils concernent la justice ordinaire. Dans la justice ordinaire, le comte juge les accusés, à la suite d'une assignation régulière de la victime, et il est toujours assisté de rachimbourgs qui jugent avec lui. Mais il ne faut pas dire qu'il ne juge pas lui-même.

expliquer en disant qu'ils se réfèrent tous nécessairement à des cas exceptionnels et à une procédure extraordinaire. En somme le comte est le *judex* dans tous les cas ; seul lorsqu'on suit cette procédure, avec les rachimbourgs lorsqu'on reste fidèle au droit commun. Ainsi seulement peut s'expliquer le nom qu'il porte (*judex*), et la responsabilité comme les devoirs que les capitulaires lui imposent (1).

Restent deux autres questions auxquelles je ne crois pas possible de faire une réponse sûre. Nous avons vu que les rachimbourgs sont des notables et non pas tous les hommes libres. Il vient dès lors naturellement à l'esprit l'idée de se demander qui choisit ces notables et combien on en prend. — A la première question on a répondu de façons très différentes. Les uns veulent que les rachimbourgs soient choisis par le comte ; d'autres attribuent le choix au demandeur ou au défendeur, ou aux deux à la fois ; d'autres enfin y font concourir le comte et les parties (2). Aucune de ces opinions n'apporte d'argument décisif, et il est préférable de reconnaître son ignorance (3). Le seul point certain c'est que les rachimbourgs ne sont pas des fonctionnaires judiciaires, des hommes qui ont une mission permanente et une profession ; ils sont simplement des hommes libres choisis dans le public, et rien ne les désigne au choix des parties ou du comte que leur influence et leur considération dans le pays ou leur connaissance du droit. Il n'y aura de fonctionnaires pour remplir ce rôle que le jour

(1) En ce sens Sybel, *Entstehung der Deutschen Königthums*, p. 387, 388 ; W. Sickel, *Savigny-Stiftung*, VI, p. 28 à 33.

(2) Voir l'énumération de ces opinions dans Bethmann - Hollweg, IV, p. 427 à 429 ; Beauchet, p. 34, 35.

(3) Le texte sur lequel on se fonde en général, pour dire que les rachimbourgs sont choisis à la fois par le comte et par les parties (opinion de Bethmann-Hollweg et de Beauchet), est le titre 50 de la loi Salique, § 3, qui parle de l'exécution du débiteur, et que j'ai expliqué plus haut, p. 38 à 40 : *Tunc grafio collegat secum septem rachineburgius idoneos et sic cum eos ad casa illius qui fidem fecit ambulet et dicat... Elege tu duos quos volueris cum rachineburgius istos.* Ainsi le comte choisit, dans ce texte, sept rachimbourgs, et le débiteur choisit de son côté deux autres personnes. Mais ce titre de la loi Salique n'est pas relatif à un jugement. De plus les sept rachimbourgs paraissent ici désignés par le comte seul et les deux personnages désignés par le débiteur ne comptent pas parmi ces sept rachimbourgs. Il n'y a donc rien à tirer d'un texte pareil en faveur de l'opinion qui s'en sert.

où Charlemagne aura remplacé les rachimbourgs par les scabins (1). Quant au nombre de rachimbourgs, je ferai remarquer que les formules n'indiquent jamais aucun chiffre, et
il en faut conclure, à mon avis, qu'il n'y a pas un nombre légal
et fixe de rachimbourgs, nécessaires pour juger un procès,
mais que le comte ou les parties en prennent tantôt plus tantôt moins, selon l'importance du procès à juger ou la quantité
de personnes notables qui assistent à l'affaire. S'il y avait eu
en effet, dans la loi, ou seulement même dans l'usage, un
nombre déterminé, les formules indiqueraient sûrement ce
nombre, sinon toujours, au moins de temps en temps. Dans
l'opinion générale, il y a sept rachimbourgs (2). Les preuves
que l'on en donne n'ont pas grande portée. Tout ce qu'il est
permis d'affirmer c'est que sept rachimbourgs sont probablement nécessaires et suffisants pour rendre un jugement valable : en effet, le titre de la loi Salique sur les rachimbourgs,
que j'ai expliqué antérieurement, dit que si les rachimbourgs
refusent de juger, le demandeur s'adresse spécialement à sept
d'entre eux pour les sommer de s'exécuter. Mais, sans compter
que l'organisation judiciaire de la loi Salique n'est déjà plus
exactement celle que je décris en ce moment, ce texte lui-
même ne signifie pas le moins du moins du monde qu'il n'y
ait pas eu très souvent plus de sept rachimbourgs (3).

(1) Hermann, *Ueber die Entwickelung des altdeutschen Schöffengerichts*, Breslau, 1881, a essayé de prouver que les rachimbourgs étaient déjà des fonctionnaires véritables, des juges permanents, et que sur ce point là Charlemagne, en créant les scabins, n'a fait aucune innovation. Mais ce système est
rejeté unanimement. Voy. surtout Beauchet, p. 258 à 260.

(2) Sohm, *Reichs-und Gerichtsverf*, p. 386 ; Bethmann-Hollweg, IV, p. 427 ;
Beauchet, p. 30 à 34. — Waitz, II, 2e part., p. 166, croit qu'il y a en règle
douze rachimbourgs, mais que sept (la majorité d'entre eux) sont suffisants
pour rendre une sentence valable.

(3) Pour démontrer que les rachimbourgs sont au nombre de sept, on invoque les trois arguments suivants : 1º le titre 57, § 1, de la loi Salique
dont je viens de parler et qui dit que le demandeur, pour obtenir justice, doit
s'adresser à sept rachimbourgs ; 2º le titre 50, § 3, de la loi Salique, le titre
32, § 4, de la loi des Ripuaires, et le capitulaire de Chilpéric 1er, cap. 8
(Boretius, p. 9), qui, parlant de la saisie des biens meubles du débiteur, disent que le comte y procède avec sept rachimbourgs ; 3º les capitulaires carolingiens relatifs aux scabins qui disent que le comte juge avec sept scabins
(voy. capitul. de 803, cap. 20, Boret., p. 116). J'ai dit comment il fallait en-

VI.

Il me reste à dire quelques mots des différents systèmes qui s'écartent du mien, et à discuter les raisons données par leurs partisans.

J'insisterai très peu sur le plus grand nombre de ces systèmes, parce que j'ai déjà eu l'occasion çà et là d'en présenter la réfutation.

L'opinion d'après laquelle les rachimbourgs sont tous les hommes libres jugeant au plait, se fonde principalement sur des textes assez nombreux qui nous montrent ces hommes libres assistant en foule à l'audience (1). On peut faire, à mon avis, deux réponses à ces textes. D'abord, je crois qu'ils se réfèrent à une procédure que j'appellerai extraordinaire et dans laquelle les rachimbourgs ne jouent aucun rôle, procédure dont on n'a pas assez remarqué l'importance, mais que je me réserve d'étudier plus tard avec soin. Je ne dis pas cela à cause de la présence des hommes libres à l'audience, puisque telle est bien la règle dans la procédure ordinaire, mais à cause

tendre, à mon avis, le premier de ces textes, le seul qui ait dans cette question une portée sérieuse. Quant aux textes qui sont relatifs à la saisie, il faut les écarter, parce qu'ils ne parlent pas du jugement, mais des voies d'exécution. Enfin, je montrerai plus tard qu'il n'est pas exact du tout que le nombre des scabins, dans l'organisation carolingienne, ait été fixé à sept; et cela fût-il exact, on n'en pourrait rien conclure encore quant au nombre des rachimbourgs ; car il est évident que Charlemagne, en créant l'institution nouvelle des scabins, a voulu réformer la pratique antérieure, et par conséquent, ne s'est pas astreint scrupuleusement à la respecter dans tous ses détails.

(1) *Vita S. Amandi,* 12 (Bouquet, III, p. 533) : *Comes quidam ... cognomine Dotto, congregata non minima multitudine Francorum, in urbe Tornaco, ad dirimendas resideret actiones. Tunc subito a lictoribus ante eum præsentatus est quidam reus quem omnis turba acclamabat dignum esse morte... Cumque præfatus Dotto decrevisset ut eum patibulo deberent affigere,* etc. — Greg. Tur., *Hist. franc.,* VI, 8 : *Insultante vulgo atque vociferante quod, si hic dimittentur, neque regioni neque judici posset esse consultum, dimitti non potuit.* — Cf. IV, 43 (alias 44) : *Albinus* (le comte) *... apprehensum archidiaconum detrahit, pugnis calcibusque cædit, et custodia carcerali coarctat. Pro quo nunquam obtinere potuerunt nec episcopus, nec cives, nec nullus major natu, nec ipsa vox totius populi acclamantes.*

de certaines particularités que présentent les textes cités et qui
prouvent, à mon avis, que, malgré cette présence des hommes
libres, on n'a pas affaire ici au droit commun. Pour ce motif,
je pense que ces textes sont à écarter absolument, et que celui
qui étudie le rôle et le caractère des rachimbourgs ne doit
pas s'en préoccuper. Mais voici une autre réponse encore.
Admettez même, comme on le fait généralement, que ces
textes soient relatifs à la procédure du droit commun et à l'assemblée judiciaire dans laquelle jugent les rachimbourgs; être
présent et juger sont deux choses très différentes, et de ce que
le plait est public il ne faut pas conclure que tout le public
prend part à la sentence. Les textes mêmes que l'on cite et
qui montrent que les assistants ont pu influer quelquefois sur
la condamnation par des cris et des malédictions, laissent voir
parfaitement que la sentence a été rendue en définitive non
par la foule, mais par le comte. C'est ainsi que l'auteur de la
vie de saint Amand nous représente la foule demandant la
mort d'un criminel, mais dit que c'est le comte qui le con-
damna à mort; et Grégoire de Tours raconte pareillement
que le comte dut maintenir en prison des accusés, parce que
le public s'opposait à grands cris à leur élargissement. Dans
les moments de trouble, ce public a donc pu être assez puis-
sant pour intimider l'autorité; mais des cris ne sont ni une
délibération ni une sentence, et, dans les passages mêmes que
l'on cite, la sentence est prononcée par le comte seul.

Quant à l'opinion d'après laquelle les rachimbourgs seraient
non des juges, mais les conseillers chargés de dire à l'assemblée des hommes libres ce qui leur paraît être la loi, sans
compter qu'elle revient, comme la première, à remettre la
sentence à tous les hommes libres indifféremment, elle n'a
pour elle que l'étymologie du mot rachimbourgs, et j'ai dit,
en parlant de l'organisation judiciaire de la loi Salique, combien cette raison est insuffisante. Enfin, je me suis expliqué
déjà, et de façon à n'avoir plus besoin d'y revenir, sur deux
autres opinions, celle qui prétend que dans les pays romains
le comte juge seul, tandis que dans les pays francs la sentence
est rendue par différents personnages appelés rachimbourgs;
et celle qui distingue les plaits ordinaires et les plaits extraordinaires, voulant que la foule des hommes libres juge dans les

premiers et les rachimbourgs dans les derniers. Ces opinions n'ont de fondement que dans l'imagination de leurs auteurs, et l'envie qu'ils ont de faire un système neuf avec des morceaux de vieux systèmes.

En somme, un seul de ces systèmes vaut la peine d'arrêter quelque temps, et, grâce au talent de son défenseur, peut aujourd'hui sembler tentant; je veux parler de l'opinion de M. Fustel de Coulanges, d'après lequel le jugement n'est jamais rendu que par le fonctionnaire du roi.

Toute l'argumentation de M. Fustel de Coulanges, a le point de départ suivant. Une foule de textes, absolument positifs et clairs, parlant de condamnations et d'acquittements, ne nomment que le comte et ne semblent pas supposer l'existence d'autres juges que lui (1); donc le comte est le seul qui condamne et qui acquitte. Il faut avoir le courage de s'arracher à la séduction de la route que l'auteur nous fait suivre en partant de ce point là, revenir avec persévérance au principe qui sert de base à la discussion tout entière, remonter tous les fils jusqu'au commencement, et l'on verra que telle est bien la prémisse constante de chacun de ses raisonnements et le fondement de toute la doctrine. C'est parce que M. Fustel de Coulanges, convaincu par les textes dont je viens de parler, admet comme point acquis le jugement par le comte seul, que, pour expliquer ensuite les textes que j'ai cités et dans lesquels on parle formellement de jugements prononcés par les rachimbourgs, il a été amené à émettre les théories aussi ingénieuses que surprenantes dont je vais dire un mot tout à l'heure. Voyons donc d'abord ce qu'il faut penser du principe et des textes qui servent de base à toutes ces théories.

Il faut d'abord reconnaître que ces textes sont certains. Il y a un très gand nombre de documents dans lesquels, lorsqu'il s'agit d'affaires judiciaires et particulièrement de crimes, on nous représente le comte comme le seul juge. Je citerai plus tard ces textes dont il est indispensable de faire une étude spéciale; pour le moment, j'accorde qu'ils ne mentionnent pas d'autre juge que le comte. Reste à expliquer comment il peut

---

(1) Voy. ces textes cités dans les *Recherches*, p. 415, 416, 420 à 422.

se faire qu'il y ait des documents de cette nature, puisque tous les textes qui ont été étudiés précédemment montrent, au contraire, la participation incontestable des rachimbourgs à la sentence.

Il y en a deux explications (1). La première consiste à dire que, dans ces textes, la mention formelle que l'on fait de la présence du comte n'exclut pas le moins du monde la présence des rachimbourgs qui sont sous-entendus. Cette explication, au premier abord, semble un mauvais argument de théologien ou d'avocat, mais est vraie au fond, au moins dans plusieurs cas, si l'on y veut songer un instant. Quand un historien dit d'un criminel qu'il fut condamné par le comte, il ne commet pas la moindre inexactitude, bien qu'il oublie de parler des rachimbourgs, pas plus que n'en commettent les nombreuses formules que j'ai citées lorsqu'elles disent que telle sentence a été rendue par les rachimbourgs, négligeant de parler du comte. Ce sont deux manières de dire rapides, abrégées, et qui seraient vicieuses dans un document législatif à qui sied un langage technique et rigoureux; mais en réalité la première façon de parler n'exclut pas plus les rachimbourgs que la seconde n'exclut le comte. Comme on l'a fait observer avec raison, on entend dire tous les jours qu'un accusé a été condamné par la cour d'assises ou qu'il l'a été par le jury; et ces deux façons de dire, qui sembleraient volontiers contradictoires à un étranger peu au courant de notre organisation judiciaire, sont cependant toutes les deux exactes et même absolument synonymes (2). Cette première explication rend compte de quelques-uns des textes qu'on oppose. Mais il est certain qu'elle ne peut pas s'appliquer à tous, et, à mon avis ce n'est pas dans cette voie-là qu'on trouvera la vraie solution de ce problème. L'explication complète et décisive consistera la plupart du temps à dire que plusieurs textes supposent la sentence rendue par le comte seul, parce qu'il y a eu des cas

---

(1) J'ai rejeté celle qui consiste à distinguer les pays francs et les pays romains.

(2) Cf. Monod, *Les aventures de Sichaire* (*Revue historique*, 1886, II, p. 276). M. Monod semble croire que cette seule observation suffit à rendre compte de l'apparente contradiction qui existe entre les textes que j'ai étudiés plus haut et ceux que cite M. Fustel de Coulanges.

où, en effet, les capitulaires ont donné au comte, dans l'intérêt de la paix publique, le droit de statuer seul sur les crimes commis dans son *pagus*; il y aurait eu ainsi, à côté du droit commun, de la justice régulière rendue par le comte et par les rachimbourgs, un *judicium extraordinarium*, une justice plus expéditive rendue par le comte tout seul (1). J'expliquerai plus tard ce phénomène juridique qui est un des points les plus importants et les plus mal connus de l'organisation judiciaire et du droit criminel de cette époque; mais je réserve cette grosse question parce que, pour le moment, il s'agit seulement de déterminer le caractère et le rôle des personnages qui entourent le comte dans le *mallus*, et que ces personnages n'ont rien à faire dans la procédure extraordinaire à laquelle je viens de faire allusion.

Ces personnages, M. Fustel de Coulanges n'a pas pu éviter leur rencontre. Mais, comme il faut absolument que le comte soit le seul juge, il nie qu'ils soient aussi des juges, et, pour expliquer leur présence gênante, il essaie de prouver qu'ils sont des experts, ou des témoins, ou des conseillers du comte, ou des arbitres qui s'interposent entre des ennemis et font la paix. Ce sont ces explications variées dont il importe maintenant de faire justice.

Que les rachimbourgs soient souvent des experts ou des priseurs, je l'ai montré moi-même en étudiant différents textes relatifs à la saisie (2). Qu'ils interviennent également comme témoins dans certains actes, cela encore est incontestable (3). Enfin, je reconnais qu'ils peuvent être quelquefois des arbitres (4). Mais il faut laisser de côté toutes ces hypothèses, car

(1) Voy. le compte rendu de l'ouvrage de M. Fustel de Coulanges par M. Paul Fournier, *Revue des questions historiques*, 1886, t. XL, p. 195, 196.

(2) Loi Salique, tit. 50; loi Ripuaire, tit. 32 (alias 34); édit de Chilpéric Iᵉʳ, cap. 8 (Boretius, p. 9).

(3) Loi Ripuaire, *loc. cit.* — Form. Andec., 12, 32 = Roz., 457, 407. — Form. Turon., 29 = Roz., 440. — Cartæ Senon., 10, 17, 21, 22, 38 = Roz., 456, 492, 485, 494, 409. — Form. Merkel, 16, 18 = Roz., 252, 113.

(4) Par exemple, Form. Andec., 6, 38 = Roz., 507, 506. Une charte de *securitas* est délivrée par une partie à une autre, *admeduantis bonis hominibus; metuantes bonis hominibus ejus concordiare duxerunt*. Les *boni homines* qui sont intervenus ici peuvent être les juges d'un procès qui a eu lieu entre ces deux parties, mais ils peuvent aussi être tout simplement des personnes de

il n'y a là aucun jugement. Dans les deux premiers cas, si le
rôle des rachimbourgs n'est pas un rôle de juge, remarquez
que celui du comte ne l'est pas davantage ; et dans le troisième,
aucun tribunal n'étant convoqué, et le comte lui-même n'ap-
paraissant pas, on ne peut pas s'étonner que les rachimbourgs
ne soient pas des juges. Les seuls documents qu'il importe
d'étudier sont donc ceux où il est question de jugements ; et
c'est alors qu'on doit se demander si le comte juge seul ou si
les rachimbourgs ne jugent pas avec lui.

Voyons d'abord le jugement des procès civils. Ici, d'après
M. Fustel de Coulanges, les rachimbourgs sont non pas les
juges, mais les conseillers du comte (1). Cela est contraire à
tous les textes. Le capitulaire de Pépin, sur l'appel au tribunal du roi, dit formellement que le jugement, en première
instance, a été rendu par les rachimbourgs (2). Dans les formules que j'ai citées, nous avons des spécimens de presque
toutes les variétés possibles de procès civils, procès en revendication, actions personnelles, questions d'état, etc., et
partout on nous dit : *Sic ab ipsis viris fuit judicatum; Taliter
ei judicaverunt*, etc. (3). Il est vrai, comme le fait très juste-

bien qui ont rétabli la paix entre elles, sans qu'il y ait eu le moindre procès,
de telle sorte que la *securitas* a été le résultat non pas de leur jugement, mais
plutôt de leur entremise bienveillante. Il en est de même d'une autre *securitas*
(Marc., II, 18 = Roz., 511) ; il y est dit que deux ennemis ont fait la paix
parce que *intervenientes sacerdotes et magnificis viris ... nos ad pacis concordia
ob hoc visi fuerint revocasse.* — Cf. Marc., II, 16 = Roz., 243. Un personnage
a enlevé une fille ; il déclare que par ce crime il a mérité la mort, mais que,
grâce à l'entremise de *boni homines,* l'affaire s'est arrangée, et qu'il en a été
quitte pour épouser la personne ravie et lui donner en dot diverses terres
(*sed intervenientes sacerdotes vel bonis hominibus vitam obtenui,* etc.). On peut
très bien admettre que, dans toutes ces formules, les *boni homines* sont non
pas des juges, mais des arbitres.

(1) Fustel de Coulanges, *Recherches*, p. 440 à 450. Il considère que le rôle
des *boni homines* est ici exactement celui que joue le *consilium* du magistrat
dans l'organisation judiciaire romaine. Il en est de même de M. Dareste, *Journal des Savants,* décembre 1886, p. 725 et 726 : « Les rachimbourgs n'étaient
que les assesseurs et les conseillers du comte. Le comte mérovingien, siégeant avec ses rachimbourgs, tenant ses assises dans les lieux les plus importants de son ressort, rappelle le gouverneur romain, avec ses assesseurs ;
et le *mallus* pourrait bien n'être autre chose que le *conventus* du régime romain. »

(2) Capitulaire de 754 ou 755, cap. 7 (Boretius, p. 32).

(3) Form. Andec., 10 = Roz., 482. Procès relatif à des *servitia* exigés

ment observer M. Fustel de Coulanges, que les rachim-bourgs ne siègent, ni ne délibèrent jamais sans le comte, qu'ils ne jugent pas sans lui, et que le comte non seule-ment préside leur tribunal, mais encore prend une part importante à leur sentence. Mais de ce que les rachimbourgs ne constituent pas par eux-mêmes une justice propre, séparée et indépendante de celle du comte, il ne faut pas conclure qu'ils ne sont que des conseillers. Les textes disent qu'ils sont des juges.

Arrivons au jugement des procès criminels. Les textes par-lent le même langage : *Tunc ipsi qui aderant talem dederunt judicium; Taliter ei judicaverunt; Sic ab ipsis racimburgiis fuit judicatum*, etc. (1). Prenons, comme exemple de ces pro-cès, une formule d'Angers que justement M. Fustel de Cou-langes explique avec beaucoup de soin (2). Il s'agit d'une accusation d'homicide, portée devant le comte et les rachim-bourgs. Un tel et son frère accusent un homme d'avoir tué leur père. Le tribunal décide que, dans un délai de quarante nuits, l'accusé prêtera serment, avec douze cojurateurs de son pays et de sa condition, dans l'église principale d'Angers,

d'une certaine personne qui prétend n'en être pas tenue : *Sic visum fuit ip-sius abbati vel quibus meus* (pour *cum illo*) *aderant*. — 29 = Roz., 489. Pro-cès relatif à un dépôt : *Taliter visum fuit ab ipso abbate vel qui cum eo aderant*. — 47 = Roz., 473, § 1. Revendication de vignes : *Sic ab ipsis viris illi fuit denoncialum*. — Form. Turon., 39 = Roz., 484, § 1. Réclamation d'un héritage : *Sic ipsi viri memorato homini decreverunt judicium*. — Cartæ Se-non., 20 = Roz., 459. Procès relatif à l'état d'ingénu ou de colon d'un homme : *Sic ab ipsis viris fuit judicatum*. — Form. Bignon, 13 = Roz., 502. Revendication d'une terre : *Tunc taliter ei judicaverunt*. — 14 = Roz., 462. Réclamation d'un dépôt: *Tunc taliter ei judicaverunt*. — Form. Merkel, 27, 29 = Roz., 486, 462. Revendication d'une terre : *Tale judicium bono-rum hominum*. — 28 = Roz., 481. Procès dans lequel un homme est réclamé comme esclave : *Judicio bonorum hominum*.

(1) Form. Andec., 50 *a* = Roz., 493. Homicide : *Visum est ad ipsis per-sonas decrevisse judicio*. — Form. Tur., 31 = Roz., 491, § 2. Homicide : *Per judicium bonorum hominum*. — 32 = Roz., 465. Rapt : *Tunc ipsi viri talem dederunt judicium*. — Cartæ Senon., 51 = Roz., 466. Homicide : *Ta-liter ad ipsos bonis hominibus fuit judicatum*. — Form. Bignon, 8, 9 = Roz., 468, 469. Homicide : *Taliter ei judicaverunt; Apud ipsos honos hominibus ei fuit judicatum*. — 27 = Roz., 464. Vol avec effraction : *Sic ab ipsis racinburgiis fuit judicatum*.

(2) Form. Andec., 50 *a* = Roz., 493.

et jurera ainsi qu'il n'a ni tué, ni fait tuer le père des deux
plaignants. S'il prête ce serment, il sera libre, s'il ne peut pas
le prêter, il devra *quantum lex præstat emendare*, c'est-à-dire
qu'il payera aux enfants de la victime, la composition fixée
par la loi pour le meurtre d'un homme (1). Il est très important d'observer que, dans cette formule qui est ancienne, nous
avons la physionomie exacte du procès criminel tel qu'il se
déroule dans toutes les législations primitives et particulièrement dans le droit de cette époque. Tous les caractères du
droit ancien s'y rencontrent en effet d'une façon frappante :
1° comme procédure, l'*accusatio* intentée par la victime ou
par sa famille, mais aucune *inquisitio* dirigée par le magistrat, aucune poursuite par l'autorité publique; c'est à la victime seule ou à sa famille à poursuivre l'offense qui lui a été
adressée ; 2° comme preuve, le serment de l'accusé, corroboré
par le serment des voisins, qui est, avec les ordalies, le mode
de preuve le plus ancien ; 3° comme peine, la composition,
c'est-à-dire la réparation pécuniaire du dommage ou de l'offense, payée par l'offenseur à la victime, afin que celle-ci,
satisfaite par cette réparation, renonce au droit qu'elle a de
se venger. Ainsi notre formule nous fournit un type très pur
de procès criminel selon le droit ancien. Cela étant, qui jugea
ce procès? Le texte répond que ce furent le comte et les rachimbourgs. *Visum est ad ipsis personas decrevisse.* Or, dans
toutes les autres formules que j'ai citées et qui mentionnent
pareillement des procès criminels, les mêmes faits se repro-
duisent. Toujours la sentence est rendue par le comte et par
les rachimbourgs. Toujours la condamnation consiste dans le
paiement d'une composition. Toujours enfin le procès criminel est fait par la victime ou par sa famille. Ces deux derniers
faits sont la chose du monde la plus naturelle, et, loin de prouver qu'il s'agit ici d'une procédure extraordinaire propre aux
tribunaux des rachimbourgs, montrent au contraire que c'est
le droit commun et la justice régulière dont nos formules nous

----

(1) Bien qu'il s'agisse ici de Romains très probablement, il ne faut pas
hésiter à voir, dans la peine prononcée, une composition; car les textes que
j'ai cités (loi romaine des Burgondes, formule de Tours, récit relatif à Sichaire), prouvent que, dès une époque ancienne, les Romains eux-mêmes ont
pratiqué le système germanique de la composition.

présentent le fidèle tableau. En effet, d'une part, la composition est la peine principale dans le droit criminel de cette époque ; il suffit d'ouvrir les lois Salique ou Ripuaire pour constater qu'en ce temps-là les délits sont presque toujours réprimés de cette façon ; et d'un autre côté, la procédure criminelle régulière et ordinaire est la procédure accusatoire ; il suffit également de se reporter à ces mêmes lois pour voir que tous les délits sont poursuivis non par le magistrat agissant d'office, mais par la victime ou sa famille ajournant elle-même le criminel au *mallus*. La conclusion inévitable de cette étude est donc que, dans la justice régulière et d'après le droit commun, la sentence est prononcée par le comte et par les rachimbourgs.

M. Fustel de Coulanges a voulu à tout prix échapper à cette conclusion, et le prix a été gros ; car il lui a fallu imaginer, pour se tirer d'affaire, le plus insoutenable de tous les systèmes. Les formules, dit-il, montrent en matière de crimes la sentence prononcée par les rachimbourgs. Mais d'autre part un nombre considérable de textes montrent que le comte juge tous les crimes. Il y a donc contradiction. On en sortira cependant si l'on examine les circonstances dans lesquelles les formules parlent de jugement rendu par des rachimbourgs. Quoiqu'il s'agisse alors de crimes, cependant l'autorité n'a jamais poursuivi ; c'est un particulier et non pas le comte qui appelle le meurtrier à comparaître ; celui-ci comparaît libre, et il est remarquable qu'aucune force publique ne l'amène jamais malgré lui au *mallus*. D'autre part la peine prononcée n'est jamais une peine publique, telle que la mort, la prison, les coups ; elle consiste toujours dans une composition que la victime d'ailleurs n'est nullement obligée d'accepter, et quelle refusera si elle préfère se venger. Eh bien ! ces deux faits, qui se représentent dans toutes les formules où l'on parle de sentence rendue par les rachimbourgs, prouvent que dans ces cas là il n'y a ni véritable poursuite criminelle, ni sentence proprement dite ; car s'il s'agissait de ces choses-là, d'une part, la poursuite serait dirigée par le fonctionnaire royal qui est chargé essentiellement de maintenir la paix dans son *pagus* et d'y réprimer les crimes, et qui pour cela a reçu des lois et des capitulaires l'ordre et le pouvoir d'arrêter les cou-

pables et de les punir (1) ; d'autre part, la peine ne serait pas
une simple composition, dans laquelle il ne faut voir que des
dommages-intérêts débattus entre les parties, et non pas un
châtiment légal ; ce serait la mort, ou la mutilation des membres, ou la confiscation, toutes peines que certainement le
droit franc a connues et pratiquées (2). Du moment qu'il est
démontré par les textes que le droit de cette époque connaît
la poursuite des crimes par le magistrat et le système des
peines publiques, il est démontré par là même que, dans
toutes les formules qui viennent d'être citées, et dans lesquelles la poursuite est purement privée, et la peine aussi,
nous n'avons affaire ni a de vraies poursuites criminelles ni
à de vraies peines, mais seulement à des arrangements privés
proposés par des arbitres et acceptés par les parties. Par conséquent les rachimbourgs sont non pas des juges, mais des
arbitres ; ils ne prononcent pas de peines, mais ils proposent
à des ennemis de faire la paix moyennant quelque argent ; ils
ne sont pas un tribunal régulier, car les parties sont venues
les trouver librement et volontairement ; ils ne les jugent pas,
mais ils les invitent à s'accorder, à cesser leurs guerres, à
renoncer à leur vengeance ; ils jouent le rôle de pacifica-
teurs (3).

Rien n'est plus inadmissible que ce nouveau système. On
l'a imaginé pour expliquer nos formules. Il n'est même pas
bon à rendre ce service. Les rachimbourgs n'apparaissent pas
dans ces formules comme des arbitres, parce que des arbitres
sont des particuliers qui rendent leur sentence hors du tribunal public et régulier, et que les rachimbourgs dont il est ici
question jugent toujours au contraire avec le comte et dans
le *mallus publicus* (4). Mais ce système a l'inconvénient, bien

(1) Voir sur ce point les textes très importants cités par M. Fustel de
Coulanges, *Recherches*, p. 455 à 459.

(2) Voy. les textes cités, *ibid.*, p. 464, 469, 473 et suiv.

(3) Ce système, énoncé dans l'*Histoire des institutions politiques*, p. 510,
est développé très habilement dans les *Recherches*, p. 454 à 494.

(4) En un certain sens, on pourrait dire, je crois, sans aucune inexactitude, que les rachimbourgs sont semblables à des arbitres ; seulement ce
n'est pas dans ce sens-là que M. Fustel de Coulanges comprend les choses.
On soutiendrait avec raison non pas que les rachimbourgs sont une réunion

plus grave encore, de brouiller les idées les mieux établies sur le développement du droit criminel des peuples anciens; et c'est à ce point de vue surtout qu'on ne saurait trop s'en garder. Il y a là deux ou trois idées essentielles, aujourd'hui admises par tout le monde, sauf M. Fustel de Coulanges, trop connues pour qu'il soit utile de les exposer en détail, trop importantes cependant pour que j'aie le droit de n'en rien dire, et que je résumerai le plus brièvement que je pourrai, afin de montrer, en terminant, que l'état de choses qui nous est présenté par ces formules est naturel et simple, et

d'arbitres par opposition au comte qui est un juge véritable, mais que dans toute législation primitive, le juge véritable (magistrat, fonctionnaire ou rachimbourg) a nécessairement le caractère d'un arbitre, et la sentence le caractère d'un arrangement entre les parties, M. Thévenin fait cette observation à propos de l'ancien droit germanique (*Contributions à l'histoire du droit germanique; Revue historique du droit*, 1880, p. 455 et 456). Elle me frappe plus encore dans l'ancien droit romain. La plus vieille procédure que nous connaissions en droit romain est la *legis actio sacramenti;* Gaius (IV, 13 à 18) la décrit avec assez de détails pour que nous puissions nous dire très bien renseignés sur son compte. Or, voici en quoi elle consiste. Le demandeur, armé d'une lance, provoque son adversaire. Un combat singulier a lieu (*manuum consertio),* dans lequel les deux plaideurs se disputent l'objet litigieux, l'esclave revendiqué par exemple, ou le sol même qui fait l'objet du procès et sur lequel ont lieu les cérémonies de cette procédure. Puis intervient le magistrat qui met fin au combat; les parties conviennent de s'en rapporter à son avis, et pour cela font un pari et déposent un enjeu (*sacramentum*) qui appartiendra au gagnant. Cf. les observations faites par Ihering, *Esprit du droit romain* (trad. Meulenaere), I, p. 174 et 175; et Bernhöft, *Staat und Recht der römischen Königszeit,* 1882, p. 226 à 235. Dans cette vieille procédure ne reconnaît-on pas comme un drame qui représente l'origine en ce monde de la justice sociale : deux hommes armés se disputant l'objet contesté, le magistrat qui vient à passer sur le lieu du combat, les deux hommes convenant de s'en rapporter à lui, le prenant pour arbitre, et pariant l'un et l'autre qu'ils ont raison? Sur le bouclier d'Achille, décrit par Homère, était représentée une scène exactement pareille, et l'on dirait le récit poétique du cérémonial décrit par Gaius (*Iliade,* chant 18, vers 497 et suiv.) : « Deux hommes se disputaient pour l'amende d'un meurtre. L'un affirmait au peuple qu'il avait payé cette amende, l'autre niait l'avoir reçue. Et tous deux voulaient qu'un arbitre finît leur querelle... Les plaideurs, prenant le sceptre, se défendaient tour à tour. Deux talents d'or étaient déposés au milieu du cercle pour celui qui parlerait selon la justice. » Ainsi on peut dire que le juge ancien est un arbitre. A ce compte les rachimbourgs peuvent être traités comme tels; mais loin de dire, comme M. Fustel de Coulanges, qu'ils ne sont pas les juges véritables, parce qu'ils sont des arbitres, il faut

qu'on n'a pas besoin, pour l'expliquer, de bouleverser toutes
les notions acquises jusqu'ici sur les caractères du délit et de
sa répression dans les législations primitives.

Le point de départ du droit criminel, chez tous les peuples,
est la vengeance privée (1). Dans le droit originaire, avant que
la cité et l'État soient nés, le délit est simplement conçu comme
une offense, poursuivi, non par le magistrat, mais par la victime ou sa famille, puni, non par une peine publique établie
par l'État, mais par la vengeance de l'offensé. Dans cette période tout à fait barbare, ce droit de vengeance est même sans
limite et sans frein (2). Encore à cette heure, certains peuples

dire au contraire qu'ils ont l'air d'arbitres parce qu'ils sont les juges, et que
dans les vieilles législations, chez lesquelles le droit rappelle et imite encore
les exploits de la force dont il est sorti, tout juge est jusqu'à un certain point
un arbitre auquel ont convenu de s'en rapporter deux combattants. Cf. d'Arbois de Jubainville, *Revue archéologique,* mars 1884, p. 182, 183, qui montre
l'existence d'institutions semblables chez les Gaulois et chez les Irlandais.

(1) L'ouvrage le plus complet sur cette matière, et fait au point de vue le
plus général, est celui de Kohler, *Shakespeare vor dem forum der Jurispru-
denz,* Wurzburg, 1884. On en trouvera une analyse et un résumé dans un
article de M. Girard, *Les travaux allemands sur l'histoire du droit comparé*
(*Revue historique de droit,* 1886, p. 224 et suiv.). A un point de vue également très général, il faut lire un article remarquable de Königswarter
*Etude sur le développement de la société humaine; la vengeance et les compo-
sitions* (*Revue de législation,* 1849, II, p. 117 et suiv.), et une leçon de M.
d'Arbois de Jubainville, *Origine de la juridiction des druides et des filé* (*Revue
archéologique,* mars 1884, p. 171 et suiv.). — En ce qui concerne le droit
germanique en particulier, voy. principalement Wilda, *Strafrecht der Germanen,* Halle, 1842; Thonissen, *L'organisation judiciaire de la loi Salique,* p.
153 et suiv., et Brunner, *Deutsche Rechtsgeschichte,* I, p. 157 à 166.

(2) Les poèmes antiques ont conservé la trace de cette barbarie primitive. Ainsi dans les Gragas scandinaves, la famille outragée venge par le
meurtre de l'offenseur non seulement le meurtre de l'un des siens, mais encore les blessures légères et de simples injures; voy. Kohler, *loc. cit.,* p. 173;
Wilda, *loc. cit.,* p. 157; Thonissen, *loc. cit.,* p. 154. De même, dans l'O-
dyssée, Ulysse tue les prétendants parce qu'ils s'étaient emparés de ses biens.
Le droit de vengeance n'est donc pas encore, à cette époque, réduit par la
coutume ou par l'autorité publique au cas de meurtre ou à d'autres cas très
graves. — D'un autre côté, voy. Odyssée, XV, 271 et suiv., et XXIII, 118
et suiv.; un homme en ayant tué un autre est obligé de fuir et d'errer toute
sa vie pour échapper à la vengeance des parents de la victime. Il n'y a donc
pas encore un système de composition qui permette de rétablir la paix
entre les ennemis, ou au moins la composition n'est pas encore obligatoire,
ni même usuelle. Cf. d'Arbois de Jubainville, *loc. cit.,* p. 179 et 180.

modernes, malgré les lois et les tribunaux, ont conservé les mœurs de cette barbarie primitive; les *vendette* corses, à ce point de vue, font revivre presque exactement sous nos yeux l'humanité des premiers temps (1). Mais à mesure que les hommes entrent dans la vie civilisée, naît l'idée de la paix sociale, et avec elle l'idée de la cité et de l'État qui sont créés par les premiers hommes comme gardiens de la paix. Que fera alors la cité pour garder la paix? Un jour sans doute, elle inventera une accusation publique et des peines publiques. Mais tel ne peut pas être son premier pas; car les hommes ne comprendront ces nouveautés que lorsque l'idée de la paix sociale et de l'État se sera développée assez dans leurs esprits pour qu'ils se fassent du délit une conception tout opposée à la conception ancienne, et qu'ils l'envisagent, non plus comme une offense à un particulier, mais comme un trouble et une atteinte à l'ordre de la cité, digne dès lors d'une expiation sociale et non plus seulement de l'ancienne réparation privée. La cité antique, qui conçoit encore le délit comme une offense et la peine comme une vengeance, ne fera donc qu'une chose; elle réglementera la vengeance elle-même. La famille de la victime a le droit de tuer le meurtrier ou ses parents; mais il est évident qu'elle a aussi le droit de s'arranger avec eux moyennant la remise d'un certain nombre d'esclaves, de troupeaux ou de denrées; dans ce cas le meurtrier paie le prix du mort aux fils de la victime, et ceux-ci, satisfaits par ce paiement, renoncent à leur vengeance. La cité acceptera cette idée et fondera sur elle le premier Code criminel de l'humanité. Le prix du mort, en effet, qu'est-ce autre chose que ce que nous appelons la composition? Or, si par une composition on rachète le meurtre, il est évident que par une composition semblable on rachètera à plus forte raison tous les autres délits, membre cassé, injure, vol, etc. Voilà donc tout un système de répression trouvé; le délit, quel qu'il soit, c'est-à-dire l'offense, sera racheté par une somme d'argent qu'on appelle la composition. Nous voyons cela dans la *Germanie* de Tacite; Tacite nous

____

(1) Voyez Paul Bourde, *En Corse*, 1887, p. 155 à 223.

montre même cette institution à son état natif; car les Germains de son temps, ne connaissant pas encore la monnaie qui consiste en métal, rachètent les crimes en donnant non des *solidi*, comme le veulent les lois rédigées après la conquête, mais des troupeaux, comme font les peuples barbares. « Les haines de famille, dit-il, ne sont pas implacables : l'homicide se paye en bestiaux et en troupeaux (1). » Dès lors voici en quoi va consister tout l'effort de la justice sociale; elle tendra de plus en plus, d'abord à tarifer tous les délits, c'est-à-dire à régler d'une façon fixe le prix de la vie de chaque individu et la valeur de chaque offense; en second lieu à imposer son tarif aux offensés, afin que ceux-ci, au lieu de chercher dans le meurtre de l'offenseur la vengeance à laquelle ils ont droit, se contentent de la satisfaction pécuniaire établie par la communauté (2). La composition est donc à la fois la vengeance privée et le premier essai d'une justice sociale; ou plutôt elle est la vengeance qui, au lieu d'être abandonnée à l'offensé, est désormais réglementée par la loi. On comprend dès lors l'importance qu'ont ces tarifs de wergeld dans les vieilles lois, et pourquoi, dans la loi Salique par exemple, ils occupent presque toute la place; sans ces tarifs, en effet, la société ne serait pas restée en paix un jour. Au reste, c'est à tort qu'on s'est imaginé jadis que ce système du rachat de la vengeance est une particularité des anciennes lois

(1) Tacite, *Germ.*, 21 : *Suscipere inimicitias*, etc... *Nec implacabiles durant. Luitur enim etiam homicidium certo armentorum ac pecorum numero.*

(2) Ce caractère de la composition, rachat de la vengeance et moyen de rétablir la paix, est indiqué très nettement par les textes juridiques. Voy. *Edict. Rothari*, 74 (Pertz, *Leges*, IV, p. 23) : *Compositionem posuimus... ut faida, quod est inimicitia, post accepta suprascripta compositione, postponatur et amplius non requiratur.* — Capitulaire de 779, cap. 22 (Boretius, p. 51) : *Pro faida precium recipere;... pro faida precium solvere.* — Cap. de 802, cap. 32 (*Ibid.*, p. 97) : *Ut parentes interfecti nequaquam inimititia super commissum malum adaugere audeant, neque pacem fieri petenti denegare, sed... compositionem recipere et pacem perpetuam reddere.* — Capit. de 819, cap. 13 (*Ibid.*, p. 284) : *Compositionem solvere et faidam per sacramentum pacificari.* — J'ai expliqué ailleurs que, jusqu'à l'époque de Charlemagne, dans le cas de meurtre, l'offensé garde le droit de choisir entre sa vengeance et la composition; voy. p. 133, note 1. C'est seulement dans le cas d'offenses légères que la loi impose son tarif à la victime. La vengeance du meurtre et des crimes très graves reste légitime.

germaniques. Il est tout à fait démontré aujourd'hui que, loin d'être propre à une race ou à un peuple, il a été au contraire la règle générale du droit criminel de tous les peuples, dans la première phase de leur développement intellectuel et juridique. On le retrouve dans la Grèce homérique (1), dans les lois helléniques du viie ou du vi^e siècle avant Jésus-Christ, comme la loi de Gortyne (2), dans les lois romaines (3), dans

(1) *Iliade*, IX, 632 : « O inexorable ! N'accepte-t-on pas le prix du meurtre d'un frère ou d'un fils ? Et celui qui a tué reste au milieu du peuple dès qu'il a expié son crime, et son ennemi satisfait s'apaise. » — *Ibid.*, XVIII, 497 : « Deux hommes se disputaient pour le prix d'un meurtre. L'un affirmait au peuple qu'il avait payé ce prix ; l'autre niait l'avoir reçu. » Dans les passages de l'Odyssée que j'ai cités (p. 155, note 2), on voit que l'offensé peut encore se refuser à tout accommodement et garder son droit de vengeance ; car le meurtrier n'a d'autre salut que la fuite, lorsque la victime a laissé des parents puissants.

(2) *Loi de Gortyne* (voy. le texte et la traduction de cette loi publiés par M. Dareste dans la *Revue historique de droit,* 1886, p. 241 et suiv.). Cette loi est de la fin du viie siècle ou du commencement du vi^e siècle avant J.-C. Le principe de la composition y triomphe ; voy. les chapitres 6 à 9 qui contiennent un vrai tarif de compositions ; c'est seulement si l'offenseur ou sa famille ne veulent pas racheter l'offense, que l'offensé, exerçant alors son droit de vengeance en toute liberté, dispose de l'auteur du crime à son plaisir. Voy. sur la loi de Gortyne, les ouvrages cités dans l'article de M. Dareste, et particulièrement Bernhöft, *Daz Gesetz von Gortyn* (*Zeitschrift für vergleichende Rechtswissenchaft*, VI, 1886, p. 281 et suiv., 430 et suiv.).

(3) Les anciennes coutumes, désignées sous le nom de lois royales , fixent la composition pour certains cas, notamment pour le cas de meurtre involontaire (Servius, *ad. Bucol.*, IV, 43 : *In Numæ legibus cautum est ut si quis imprudens occidisset hominem, pro capite occisi AGNATIS EJUS in concione offerret arietem*). La loi des XII Tables conserve une trace très remarquable de cette idée dans le texte célèbre : *Si membrum rupsit, NI CUM EO PACIT, talio esto* (Festus, v° *Talionis*, p. 363 ; Gell., XX, 1, 14). Ainsi, en cas de coups et de blessures, quand l'offensé s'est entendu avec l'offenseur, autrement dit a accepté une composition, aucune peine n'est encourue. Seulement, dans le droit des XII Tables, si les parties ne se mettent pas d'accord, ce n'est pas la vengeance qui reprend tous ses droits, c'est une peine publique qui est prononcée. Mais il est à remarquer combien cette peine publique a soin d'imiter fidèlement et rappelle l'ancienne vengeance ; non seulement le talion par lui-même a ce caractère, mais encore c'est le plus proche parent de la victime qui l'exerce directement, cassant lui-même l'os ou le bras de l'offenseur ; Priscien, *Gramm.*, VI, 13, 69, citant un passage de Caton : *Si quis membrum rupit, aut os fregit, talione proximus cognatus* (pour *agnatus* probablement) *ulciscitur.* Ainsi entendue, la peine publique est presque un acte de vengeance privée. Quant aux chapitres suivants de la loi des XII Tables,

les lois et les poésies irlandaises (1), dans les documents scandinaves (2), etc. A l'époque primitive, tel est partout le droit commun. Si chez quelques peuples, cependant anciens, on ne retrouve que très peu de traces reconnaissables de la composition, c'est que, chez ces peuples-là, l'idée primitive d'après laquelle le délit n'est qu'une offense et la peine n'est qu'une vengeance a été, par suite de circonstances diverses, étouffée de très bonne heure par l'importance prépondérante soit de l'idée

qui fixent pour le bris d'un os ou pour des injures une somme d'argent déterminée (voy. Gaius, III, 223; *Collatio*, II, 5, 5, Paul), on peut les considérer comme un tarif de compositions; et c'est une opinion très répandue; mais il est possible aussi qu'il s'agisse là d'une véritable amende, c'est-à-dire d'une peine publique, et non pas de la composition; aussi, je crois mieux faire en n'én parlant pas. En somme le droit romain n'a guère conservé de l'ancienne idée de la vengeance que le principe de l'action noxale, qui a pour fondement la demande en délivrance de celui qui a causé un dommage, afin de pouvoir exercer sur lui la vengeance privée (voy. Ihering, *L'esprit du droit romain*, trad. Meulenaere, I, p. 132, 133), l'*addictio* du *fur manifestus* au volé d'après le loi des XII Tables, qui est une satisfaction du même genre (Gaius, III, 189), et le droit de tuer sur le coup l'offenseur dans certains cas très rares, tels que celui du flagrant délit d'adultère (Gell., X, 23, 5) et celui du *furtum nocturnum* ou *cum armis* (Cicéron, *Pro Tullio*, 20, 47; 21, 50; Macrobe, *Saturn.*, I, 4, 19). — Sur cette matière voir Voigt, *Ueber die leges regiæ*, 1876, p. 618 et suiv.; *Die XII Tafeln*, 1883, I, p. 473, note 3; 507, notes 21 et 22; 562 note 11; II, p. 526 et suiv.; Bernhöft, *Staat und Recht der Römischen Königszeit*, 1882, p. 209 à 213; 222 à 226; Ihering, *L'esprit du droit romain* (trad. Meulenaere), I, p. 131 et suiv.; Zocco-Rosa, *L'eta preistorica del diritto penale a Roma*, Catania, 1884; d'Arbois de Jubainville, *loc. cit.*, p. 180 à 182.

(1) Voy. Ponsinet, *Le droit celtique dans les causes de la bataille de Cnucha* (*Revue historique de droit*, 1886, p. 480. 481; d'Arbois de Jubainville, *L'antiquité des compositions pour crime en Irlande* (*Ibid.*, 1887, p. 66 et suiv.). — — Cf. Kohler, *loc. cit.*, p. 147 et suiv.

(2) Voy. les mémoires de M. Dareste sur les anciennes lois suédoises, danoises, norvégiennes et islandaises, dans le *Journal des Savants*, octobre 1880, p. 614 et suiv.; février, mai et août 1881, p. 114, 301 et suiv., 497 et suiv. Cf. Wilda, *loc. cit.*, p. 127 et suiv., 314 et suiv., 323 et suiv., 372 et suiv., 392 et suiv., 441 et suiv.; Kohler, p. 172 à 179. — On trouve, avec la pratique de la composition, des souvenirs très reconnaissables de l'ancien droit de vengeance, adouci par l'influence de l'Église et par l'action des pouvoirs publics, mais encore très vivant, dans l'ancienne loi suédoise de Vestrogothie qui remonte au xiii° siècle; voy. la traduction de cette loi publiée par M. Beauchet, dans la *Revue historique de droit*, 1887, p. 182 et suiv., 334 et suiv.; en particulier livre II, titres 1, 5, 6, 8, 11 à 15 (p. 210 et suiv. de la traduction), et livre III, IV et V (p. 335 et suiv.).

de l'État, soit de l'idée religieuse, et que, grâce à ces influences, le délit a été conçu, au contraire, presque dès le début, ou comme un tort fait à la société, ou comme un péché, et la peine ou comme une peine publique, ou comme une expiation religieuse (1). L'évolution du droit, dans cette matière, s'est donc accomplie d'une façon plus ou moins rapide selon les diverses sociétés, mais partout cependant, pourvu qu'on remonte assez haut, la vengeance a été le début de la répression criminelle, et la composition le premier essai d'organisation de cette vengeance.

(1) Ainsi l'ancien droit romain et l'ancien droit grec (la loi de Gortyne, sinon les poèmes homériques), en ce qui concerne la notion du délit et de sa répression, présentent un état beaucoup plus avancé que les anciennes lois germaniques. La loi des XII Tables, par exemple, qui, par certains côtés, appartiendrait presque à la même période du développement juridique que la loi Salique, conçoit cependant le délit et la peine d'une façon beaucoup moins antique que cette loi. Cela tient principalement à ce que, chez les peuples greco-italiens, l'idée de la cité s'est développée plus tôt qu'ailleurs, et surtout d'une façon plus complète et plus absorbante. — L'influence de l'idée religieuse se fait sentir aussi chez ces mêmes peuples. Elle se traduit, chez les Grecs, par la conception de divinités qui impliquent que le délit est désormais compris comme une offense aux dieux et à la Justice : Thémis (la loi, la justice) ; Nemesis (la vengeance, non pas celle de la victime outragée, mais la vengeance des dieux qui poursuit l'impie) ; Eunomiè (l'ordre) ; Orcos (le serment), etc. Voy. comment Hésiode et Sophocle parlent de la Justice, fille de Jupiter, assise à côté du trône de son père, ne se lassant jamais de dénoncer les crimes et de réclamer leur châtiment (Hésiode, *OEuvres et Jours*, 254 et suiv. — Cf. *ibid.*, 274 et suiv. ; Sophocle *OEdipe à Colonne*, 1382 : Δίκη ξύνεδρος Ζηνός ἀρχαίοις νόμοις). Cette façon de comprendre le crime est en opposition évidente avec celle qui a donné lieu au système de la composition. Voy. sur ce point : Thonissen, *Le droit pénal de la république athénienne,* p. 11 à 17. — Il en est de même dans le plus ancien droit romain. On y rencontre des peines telles que la *sacratio capitis,* l'*interdictio aqua et igni,* les *piamenta* très nombreux ; la présence de ces peines montre que l'on considère certains délits non pas comme une offense à un particulier, mais comme une souillure pour le coupable, pour sa famille et pour la cité tout entière. Par exemple, le patron infidèle et celui qui a violé les limites des champs sont *sacri* (Denys d'Halic., II, ch. 10 et 74 ; Servius, *ad Æneid.,* VI, 609 ; Festus, v° *Termimo,* p. 368) ; cela signifie qu'ils ne sont pas seulement des offenseurs en butte à une vengeance individuelle qu'il leur faudra racheter par une composition payée au client ou au propriétaire, mais qu'ils sont des coupables et des impies que le premier venu a le droit de tuer, et qui sont voués aux dieux infernaux. Sur ce caractère religieux du vieux droit criminel romain, voy. surtout Ihering, *loc. cit.*, 1, p. 276 à 289. Cf. pour l'his-

Quand on veut bien se souvenir de ces idées, le droit que nous présentent nos formules n'a plus rien qui puisse surprendre. Nous y voyons deux choses. D'abord c'est la victime qui se porte accusatrice et non pas le magistrat qui poursuit. M. Fustel de Coulanges s'en étonne; mais il ne peut pas en être autrement; car le délit, à cette époque, est surtout une offense, et par conséquent c'est la victime qui a qualité pour s'en plaindre. Il est donc tout naturel que le crime donne lieu à une assignation dans la forme de l'ajournement ordinaire (*mannitio*), et non à un mandat d'amener de l'autorité publi-

loire de cette évolution du droit criminel chez les peuples gréco-italiens, Leist, *Græco-italische Rechtsgeschichte*, Iena, 1884, p. 286 et suiv. — L'influence religieuse a même été si grande chez certains peuples que les plus vieilles lois de ces peuples sont presque muettes sur la vengeance et sur la composition. Ainsi, dans les anciens codes indiens, on ne rencontre guère que des peines étrangères à l'ancienne conception du délit, telles que des mutilations corporelles, des pénitences religieuses, des amendes payées, non pas à l'offensé, mais au roi ou aux prêtres (Thonissen, *Le droit criminel des peuples anciens*, p. 16 et 17; Dareste, *Codes brahmaniques, Journal des Savants*, janvier 1884, p. 51 et 52); voy. cependant, en sens contraire, Kohler, p. 144 et 145. Il en est à peu près de même de l'ancienne législation d'Israël. Le Code qui se lit dans l'Exode, XX, 24 à XXIII, 20, et qui appartient à la rédaction de l'Hexateuque dite jéhoviste, contient çà et là quelques souvenirs de l'ancienne vengeance, mais, d'une façon générale, est conçu d'après un tout autre idéal; à plus forte raison l'idéal religieux domine exclusivement dans le code correspondant de la rédaction élohiste (*Exode*, XX, 1 à 18), qui est connu sous le nom de Décalogue, et dont l'esprit est si peu primitif et barbare qu'il est devenu la loi morale de tous les peuples civilisés. Quelle que soit l'époque à laquelle l'Exode reçut sa forme actuelle, il est certain que ces deux codes sont au nombre des éléments déjà anciens qu'a employés le rédacteur, et non moins incontestable, selon moi, que la première loi, d'un caractère encore barbare, d'une conception religieuse et sociale bien plus antique que la seconde, appartient à une époque très reculée. Dans l'opinion de M. Renan, cette première loi aurait été faite au neuvième siècle dans le royaume d'Israël, tandis que la seconde *Thora* serait postérieure d'un siècle environ et l'œuvre des prophètes de Jérusalem (*Les origines de la Bible; Revue des Deux-Mondes*, 1ᵉʳ décembre 1886, p. 523 et suiv.). Nous sommes donc en face d'une législation très ancienne. Mais il ne faut pas perdre de vue que ces lois ne sont pas des codes promulgués par l'autorité publique, mais des règles idéales tracées par des prophètes. C'est à cause de ce caractère, principalement, qu'elles conçoivent le crime comme un péché, et non comme une offense à un particulier. Je crois que Kohler a beaucoup exagéré l'importance de la vengeance privée dans les livres appelés mosaïques (voy. *loc. cit.*, p. 143, 144).

que (1). Seulement cela ne veut pas dire, comme le comprend
M. Fustel de Coulanges, que l'accusé est libre de venir ou de
ne pas venir au tribunal; car les lois disent formellement que
le défendeur, régulièrement assigné, qui ne comparaît pas au
tribunal encourt une certaine peine (2). En second lieu le
tribunal prononce une composition et non une peine publique.
Rien de plus naturel encore; c'est la victime seule qui se
venge; seule par conséquent elle a droit à la satisfaction pécuniaire qui représente et qui remplace la vengeance. Ainsi,
loin qu'il faille chercher des explications compliquées pour
rendre compte de ce que montrent nos formules, il faut dire
au contraire que ces formules nous donnent l'idée du tribunal
régulier, jugeant comme on juge dans l'ancien droit et appli-
quant tout simplement les peines de l'ancien droit.

(1) C'est ce que nous voyons dans toutes les *leges* de l'époque mérovingienne, non seulement dans la loi Salique, mais dans la loi des Ripuaires
(tit. 32 cité). Cependant il est incontestable qu'à l'époque carolingienne, on
s'est départi de cette règle, et que très souvent le procès est introduit non
par la *mannitio*, c'est-à-dire l'ajournement du demandeur, mais par la *bannitio*, c'est-à-dire l'ordre de comparaître délivré par le *judex;* les capitulaires
carolingiens posent en effet comme règle que la *mannitio*, procédé de l'ancien
droit (*juxta legis constitutionem*), n'est requise que dans les procès de liberté et de propriété immobilière (*de statu, id est de libertate vel de hereditate*), et que dans tous les autres cas le défendeur est appelé par la *bannitio*
du comte (*de ceteris vero causis... non manniatur sed per comitem banniatur*).
Voy. capit. de 818 ou 819, *legibus add.*, cap. 12 (Boretius, p. 283); capit.
de 816, *legi add.*, cap. 4 (*ibid.*, p. 268). A la fin de l'époque mérovingienne,
dans les formules de Marculf, l'assignation devant le tribunal du roi se fait
également non par la *mannitio*, mais par un *indiculum* du roi, c'est-à-dire un
ordre de comparaître envoyé par lui; voy. Marc., I, 26 à 29, 37 = Roz., 431,
433, 434, 435, 444. Mais lorsqu'il s'agit du tribunal du droit commun, les
formules que j'ai citées prouvent que la règle ancienne de la *mannitio* s'est
conservée. Sohm prétend qu'à cette époque la *bannitio* entre déjà dans l'usage;
elle a pu être pratiquée de temps en temps, mais le droit commun à l'époque
mérovingienne est certainement la *mannitio*, toutes les fois que l'on va devant la justice ordinaire; toutes nos formules sont là pour en témoigner. Sur
cette matière, voy. Sohm, *Reichs-und Gerichtsverf.*, p. 115, 116; Walter
Deutsche Rechtsgesch., § 676; Waitz, IV, p. 383-387.

(2) Loi Salique, tit. 1, § 1 : *Si quis ad mallum legibus dominicis mannitus
fuerit, et non venerit... solidos XV culpabilis judicetur.* — Loi des Ripuaires,
tit. 32 (al. 34), expliqué plus haut. — Cf. Sohm, *La procédure de la lex Salica*,
trad. Thévenin, p. 82 à 86, 92 à 97, 101 à 104. Cette peine de 15 solidi, d'a-
près les lois Salique et Ripuaire, qui peut aboutir, selon la dernière de ces

Est-ce à dire maintenant qu'il ne faut tenir aucun compte des deux faits que M. Fustel de Coulanges a développés, et des documents qu'il cite à l'appui. Il expose en effet : 1° qu'à côté de l'accusation par l'offensé on rencontre, dans certains textes, la poursuite dirigée par le comte lui-même; 2° qu'à côté de la composition, il est question très souvent de véritables peines publiques, telles que la mort ou des mutilations corporelles. Ces deux faits sont exacts, et je crois même qu'il convient d'être reconnaissant à M. Fustel de Coulanges pour le talent avec lequel il a mis en pleine lumière des idées que l'on avait jusqu'ici trop négligées. Il a raison d'en faire assez grand état, mais là où il se trompe étrangement, c'est lorsqu'il veut faire de ces deux faits, la poursuite par l'autorité publique

deux lois, à l'exécution sur les meubles du défaillant, si le défendeur s'obstine à ne jamais comparaître après plusieurs asignations successives, paraît être la seule dont soit menacé le défaillant. On est très tenté au premier abord de le frapper d'une peine beaucoup plus grave, la mise hors la loi avec toutes ses conséquences si dures, car le titre 56 de la loi Salique, s'exprime ainsi : *Si quis ad mallum venire contempserit aut quod ei a rachineburgiis fuerit judicatum adimplere distulerit ... tunc ad regis præsentia ipso mannire debet. ... Tunc si... qui admallatus est ad nullum placitum venire voluerit, tunc rex ad quem mannitus est extra sermonem suum ponat eum.* Mais il a été démontré, je crois, que la mise *extra sermonem regis* est la conséquence non pas du simple défaut de comparution, mais du refus d'exécuter la sentence des juges, laquelle d'ailleurs, si le défendeur ne comparaît pas, est très bien prononcée par défaut. Telle serait justement l'hypothèse prévue par le titre 56. Il faut, en d'autres termes, traduire dans ce titre le mot *aut* par *et* non pas par *ou*. Voy. Sohm, *Procédure de la lex Salica*, p. 116 et suiv.; Thonissen, *loc. cit.*, p. 482 et suiv. — Dans tous les cas, et quel que soit le sens du titre 56, on voit qu'il n'est pas exact de dire que le défendeur est libre de venir ou de ne pas venir au tribunal, puisque, s'il ne vient pas, il encourt au moins une peine de 15 solidi, et qu'il peut, d'ailleurs, se voir condamner par défaut, ce qui mène à des conséquences plus graves encore. — On peut ajouter également que, en dehors de la *mannitio*, qui est le procédé ordinaire et régulier d'amener son adversaire devant le tribunal, et qui a les conséquences que je viens d'indiquer si le défendeur refuse de comparaître, l'ancien droit, dans le cas spécial de flagrant délit, donne à la victime le droit de saisir l'offenseur et de le traîner par force au *mallus*, et même le droit de le tuer, s'il fait trop de résistance. Voy. sur ce point Sohm, *loc. cit.*, p. 86 à 90. — Cf. dans Thonissen, *loc. cit.*, p. 190 et 191, la réfutation d'un ancien système de Rogge, d'après lequel les tribunaux francs auraient été de simples tribunaux de conciliation auxquels les malfaiteurs auraient été toujours libres de ne pas se présenter. Par un autre chemin, M. Fustel de Coulanges revient presque à cette opinion abandonnée.

et la peine publique, d'abord les caractères primitifs du droit
criminel ancien, ensuite la règle et le droit commun. C'est
tout le contraire qui est vrai. J'y reviendrai et je le démontrerai. M. Fustel de Coulanges a beau dire que la composition
n'est pas « la peine du droit, » que « ce n'est pas ainsi que
les lois germaniques punissent les crimes; » on pourra toujours lui opposer, sans compter les autres textes, la loi Salique qui est une loi germanique, et la plus ancienne de toutes,
et qui pourtant d'après lui-même, « n'est qu'un tarif de compositions... » Pour justifier cette étrange opinion, il a beau
invoquer le droit romain classique, et montrer que au IIIe
siècle la personne volée renonce quelquefois à son action de
vol moyennant une somme d'argent que lui donne le voleur (1); il ne fera croire à personne que les rédacteurs de la
loi Salique et des autres lois barbares, qui ont écrit les tarifs
de compositions que l'on connaît, aient emprunté ce système de
répression criminelle aux jurisconsultes romains du IIIe siècle.
Encore moins heureuse est cette tentative qu'il fait pour démontrer que le grand succès qu'a eu la composition chez les
peuples germaniques est dû à l'influence de l'Église. Le raisonnement vaut la peine d'être rapporté. On observe, dit-il,
que les lois germaniques d'une date ancienne sont presque

____

(1) Dig., XIII, 6, 7, pr. (Ulpien) : *Si pro fure damnum decisum sit*, etc. —
Id., II, 14, 7, § 14 (Ulpien) : *In ceteris omnibus ad Edictum prætoris perti-
nentibus, quæ non ad publicam læsionem, sed ad rem familiarem respiciunt,
pacisci licet; nam et de furto pacisci lex permittit.* — *Id.*, 17, § 1 (Paul) :
Quædam actiones per pactum ipso jure tolluntur, ut injuriarium, item furti.
— Cod. Just., VI, 2, 13 (Dioclétien) : *Post decisionem furti leges agi prohi-
bent.* — Sur cette *damni decisio*, voy. Voigt, *Die XII Tafeln*, I, p. 558 et suiv.
M. Fustel de Coulanges, *Recherches*, p. 467 et 468, donne de ces textes, et
de quelques autres qu'il en rapproche à tort, des interprétations qu'aucun
jurisconsulte certainement n'admettra. Il suffit d'ailleurs de lire les passages
que je viens de citer pour voir que ce n'est pas de la composition qu'ils
parlent, mais, toutes différences gardées entre les deux législations, à peu de
chose près de ce que nous-mêmes appelons, en langage moderne, le droit
qu'ont les parties de transiger sur l'action privée. — Il y aurait deux textes de
l'époque du Bas-Empire que M. Fustel de Coulanges ne cite pas, et qui cependant viendraient bien plus à propos dans cette discussion; je veux parler
des deux lettres de Sidoine Apollinaire qui ont donné lieu dernièrement à
une très intéressante étude de M. Esmein (*Mélanges d'histoire du droit et de
critique*, 1886, p. 360 à 370). Là, en effet, il est vraiment question non d'une

muettes sur la composition, et que ce sont au contraire les lois les plus modernes qui lui font une grande place. « La composition, repoussée des premières lois écrites par les barbares, a été grandissant toujours, et c'est au viie et au viiie siècle qu'elle est devenue la règle générale (1). » Pour être convaincu de cela, parcourez, dit-il, les lois des Burgondes, des Wisigoths et des Ostrogoths qui ont été écrites au vi[e] siècle, immédiatement après l'entrée de ces peuples en Gaule et en Italie; les deux premières admettent très rarement la composition, tandis que la dernière ne l'admet pas du tout (2). Le système de la composition, loin d'aller s'affaiblissant, a donc été grandissant. Par conséquent, on ne peut pas dire qu'il soit propre à la coutume primitive des peuples germaniques. Alors d'où vient le grand succès de la composition dans les lois postérieures? Ces lois sont faites évidemment sous une influence ecclésiastique; elles représentent l'ancien droit corrigé par l'Église. C'est donc l'Église qui a fait triompher la composition; et cette espèce de caractère légal que prend ainsi au viie siècle une chose qui n'avait été à l'origine qu'un arrangement privé intervenu entre deux adversaires, s'explique par l'influence des évêques qui, pour faire vivre en paix des gens violents, pour éviter les vengeances éternelles et l'effusion du sang, pour réconcilier des ennemis, pour protéger en même temps contre l'abus de

simple transaction, mais de l'ancienne pratique de la composition, et le texte de Sidoine est absolument semblable à celui de certaines formules de Tours ou d'Angers que j'ai expliquées. Seulement il n'en faudrait pas conclure que le droit romain du Bas-Empire pratique régulièrement ce système; il faut dire, au contraire, que le système de la vengeance et des compositions, étant le résultat de l'impuissance d'un pouvoir supérieur à imposer le respect de la paix, se rencontrera presque indifféremment au début et à la fin de l'histoire des sociétés; au début, parce que la cité ou l'État ne sont pas encore maîtres; à la fin, parce que ces mêmes institutions sociales qui ont réussi à exclure la justice privée sont alors usées, affaiblies ou paralysées. C'est ainsi que l'état de la Gaule au ve siècle, dans le trouble et le désordre des invasions, peut offrir des traits de ressemblance avec l'état d'un peuple primitif, et qu'on retrouvera dans Sidoine Apollinaire la composition des vieilles lois royales, de même qu'on retrouve la clientèle du droit primitif dans le *patronicium* et le précaire de Salvien (*De gubernatione Dei*, V, 8, § 39 et suiv., édit. Halm).

(1) Fustel de Coulanges, *loc. cit.*, p. 472.

(2) *Ibid.*, p. 469, 470.

la peine de mort prodiguée par les lois anciennes, ont conseillé ces arrangements, se sont interposés entre les ennemis en guerre et leur ont persuadé de se contenter de ces satisfactions, bref ont fini par faire entrer peu à peu dans les lois cet usage qu'ils avaient pris sous leur protection (1). Mais M. Fustel de Coulanges semble oublier ici une foule de choses. D'abord, s'il est vrai que la loi des Burgondes et celle des Wisigoths soient, comme il le dit, du vi⁰ siècle, on ne saurait cependant les considérer comme les témoins fidèles des vieilles coutumes germaniques; car un nombre considérable d'éléments romains sont entrés dans ces lois (2), et, depuis Grégoire de Tours, qui le premier a fait observer ce caractère (3), on peut

(1) *Ibid.*, p. 470 à 472.

(2) Voy. les traces assez nombreuses de l'influence du droit romain dans la loi des Burgondes qui ont été relevées par Savigny, *Hist. du droit romain au moyen-âge*, II, p. 3 à 5 (traduction). Une preuve éclatante de cette influence romaine et la mention formelle du testament (voy. tit. 43, § 1; tit. 51, § 2; tit. 60, § 1; dans Pertz, *Leges*, III, p. 550, 555, 560). Or, le testament est une institution purement romaine, inconnue non seulement du droit primitif (Tacite, *Germ.*, 20), mais encore de toutes les lois qui ont conservé la physionomie vraiment germanique, comme par exemple les deux lois franques. Une loi barbare qui admet le testament a donc subi assez visiblement l'influence romaine pour qu'on ne s'étonne plus de lui voir préférer en général la peine de mort à la composition. — Quant à la loi des Wisigoths, il ne peut être question ici que de l'*Antiqua* dont la date précise est difficile à fixer, mais qui certainement est du v⁰ ou du vi⁰ siècle (voy. sur cette date, Zoepfl, *Deutsche Rechtsgesch.*, I, p. 64 et 65). La deuxième loi, en effet (le *Forum judicum*), qui est de la fin du vii⁰ siècle, est un véritable Code du Bas-Empire, dans le fonds comme dans la forme, et une loi aussi peu germanique que possible. Donc il est inutile d'en parler ici. Or, l'*Antiqua* elle-même contient un nombre considérable d'emprunts au droit romain. Voy. ces emprunts dans Savigny, *loc. cit.*, p. 47 à 49; (il faut, dans les textes cités ici par Savigny, distinguer avec soin ceux qui appartiennent à l'*Antiqua* et ceux qui font au contraire partie de la *lex* rédigée à la fin du vii⁰ siècle). On devra tenir compte aussi, à ce point de vue, de la compilation romaine récemment découverte par M. Gaudenzi, au milieu de laquelle se trouve inséré un assez long fragment du droit wisigothique qu'il faut attribuer vraisemblablement au roi Euric, le roi qui commença l'*Antiqua;* il est remarquable que ce fragment est assez fortement inspiré par le droit romain. Voy. Gaudenzi, *Un antica compilazione di diritto romano e Visigoto, con alcuni frammenti delle leggi di Eurico*, Bologna, 1886. Cf. *Revue historique de droit*, 1886, p. 525 et suiv.; R. Schröder, *Lehrbuch*, p. 227, 228; Brunner, *Deutsche Rechtsgesch.*, p. 325, 326.

(3) Greg. Tur., *Hist. Franc.*, II, 13 : *Ipse vero* (Gondebaud)... *Burgundio-*

dire que la critique n'a jamais cessé d'en relever l'importance. Quant à ce que M. Fustel de Coulanges appelle la loi des Ostrogoths, on sait encore que cette prétendue loi barbare n'est autre que l'*Edictum Theodorici*, lequel est une loi romaine (1); là par conséquent, bien qu'on ait encore affaire à une loi du vi^e siècle, on se gardera bien de chercher le droit primitif des peuples germaniques. Dès lors toute l'objection est détruite; car si ces lois anciennes, comme le fait observer M. Fustel de Coulanges, parlent peu ou même ne parlent pas de la composition, cela tient justement à ce que deux d'entre elles ont subi l'influence romaine, tandis que la troisième est tout à fait romaine, et non pas, comme on le dit, à ce que leur physionomie est restée purement barbare et primitive. En second lieu, il est une loi encore plus ancienne que celles-là, dont on ne parle pas, mais qui pourtant est restée beaucoup plus fidèle à l'esprit de l'ancienne coutume, c'est la loi Salique; et cette loi primitive et purement germanique n'est, comme on en

nibus leges mitiores constituit ne Romanos opprimerent. Grégoire de Tours sans doute ne fait pas allusion par ces mots aux emprunts que le rédacteur de la loi des Burgondes a pu faire au droit romain; mais il signale la générosité très remarquable avec laquelle ce rédacteur a tendu à l'égalité des Romains et des Burgondes (voy. par ex. tit. 2, § 1, Pertz, *Leges,* III, p. 533 qui punit de la même manière le meurtre du Romain et celui des Burgondes. — Cf. tit. 10; *ibid.,* p. 537). Un fait pareil prouve d'une façon frappante une influence romaine. Il ne faut pas perdre de vue non plus que les Burgondes, avant l'invasion, ont eu avec les Romains des rapports fréquents, qu'ils ont servi dans les armées impériales comme *fœderati,* et que, s'ils entrèrent en Gaule au milieu du cinquième siècle, ce fut à l'appel des Gallo-Romains eux-mêmes; voy. sur ces faits, Viollet, *Précis,* p. 101 et 102, et Monod, *Sur un texte de la compilation dite de Frédégaire relatif à l'établissement des Burgundions (Bibliothèque de l'École des Hautes-Études,* fasc. 35, p. 229 et suiv.).

(1) L'*Edictum Theodorici* est certainement imposé aux Goths comme aux Romains (voy. le prologue et le dernier chapitre de cette loi, dans Pertz, *Leges,* V, 1er fasc., p. 152 et 168); mais il est fait entièrement avec des textes romains, (les constitutions des empereurs et les sentences de Paul), plus ou moins remaniés. C'est donc en réalité une loi romaine, qui diffère seulement des autres lois romaines rédigées par les rois barbares par ce fait qu'elle est commune à tous les sujets du roi Théodoric. Voy. sur les caractères de cette loi et sur le point de savoir jusqu'à quel point les Goths ont perdu l'usage de leurs lois nationales, Savigny, *loc. cit.,* p. 105 à 109; Puchta-Krueger, *Cursus des Institutionen,* 1875, I, p. 387; R. Schröder, *Lehrbuch,* p. 229, 230; Gaudenzi, *Die Entstehungszeit des Edictum Theodorici (Savigny-Stiftung,* VII, 1886, partie germanique, p. 29 et suiv.).

convient, qu'un tarif de compositions. La composition est donc le système ancien lui-même, et non pas une invention moderne. Enfin, dire que la composition doit, sinon tout à fait son origine, au moins son succès, et l'espèce de caractère légal qu'elle a fini par prendre à l'influence de l'Église, c'est oublier qu'on la trouve non seulement dans les poèmes homériques, dans la loi de Gortyne ou dans la loi des Douze-Tables, mais encore qu'elle est expliquée clairement par Tacite, et qu'il est question d'elle dans presque tous les titres de la loi Salique écrite en plein paganisme et vide de toute trace d'influence ecclésiastique. Je n'insisterai pas plus longuement sur un système qui est pour le moins une idée malencontreuse, et qui d'ailleurs n'a trouvé nul écho (1).

(1) Il est remarquable en effet que M. Dareste, c'est-à-dire le seul auteur, je crois, qui soit disposé à admettre le système de M. Fustel de Coulanges sur le rôle des rachimbourgs, après s'être rangé, dans son compte rendu, à l'opinion qui considère ces personnages comme de simples conseillers du comte, combat ensuite d'une façon très décidée les théories sur la composition inventées pour justifier cette même opinion ; *Journal des Savants,* décembre 1886, p. 727 et 728.

§ 4.

La participation des hommes libres au jugement à partir de la création des scabins.

I.

Le but de la réforme de Charlemagne a été le suivant : substituer aux rachimbourgs, pris à peu près indifféremment parmi les hommes libres de la circonscription judiciaire, un corps de fonctionnaires revêtus d'un caractère officiel, ayant une mission permanente, et chargés de rendre la justice avec le comte comme faisaient autrefois les rachimbourgs.

Je vais démontrer d'abord que les scabins sont des fonctionnaires, et indiquer les conséquences de ce premier fait.

Les capitulaires disent formellement que les *scabini* sont nommés par les *missi* du roi. Ils sont donc des fonctionnaires du roi :

Capit. *missorum* de 803, cap. 3 (Boretius, p. 115) : *Ut missi nostri scabinios... per singula loca elegant et eorum nomina, quando reversi fuerint, secum scripta deferant.*

Capit. de Worms de 829, cap. 2 (Pertz, *Leges*, I, p. 351) : *Ut missi nostri ubicunque malos scabinos inveniant, ejiciant et, totius populi consensu* (1), *in locum eorum bonos elegant.*

____

(1) Il me semble certain que le consentement du peuple est là pour la forme. On retrouve cette phrase dans plusieurs autres capitulaires, à propos de différents fonctionnaires (par exemple des centeniers), mais sans que jamais, je crois, il faille la prendre plus au sérieux ; voy. Capit. *missorum* d'Aix-la-Chapelle, de 809, cap. 22 (Boret., p. 151); capit. d'Aix-la-Chapelle de 809, cap. 11, d'après certains manuscrits (*ibid.*, p. 149, note *p*). — Voyez cependant R. Schröder, *Lehrbuch der deutschen Rechtsgesch*, p. 162, 163, qui admet le concours du peuple tant pour la nomination des scabins que pour celle du centenier lui même.

Capit. de Kiersy de 873, cap. 9 (*ibid.*, p. 521) : Même disposition.

Capit. de Louis II de 856, cap. 5 (*ibid.*, p. 438) : *A missis nostris constituantur* (les scabins).

Dans quelques textes cependant, les scabins sont nommés par le comte (1). Il est probable que, dans la pratique, les choses se sont souvent passées ainsi; car les *missi* du roi n'habitent pas le comté et n'y paraissent que de temps en temps; en leur absence le comte a dû fréquemment nommer les scabins. Des auteurs en ont conclu que la nomination des scabins par le comte est la règle, et que leur nomination par les *missi* ne serait que l'exception (2). C'est aller, je crois, contre le texte formel des capitulaires que je viens de citer. Mais, au fond, cette discussion importe assez peu, puisqu'il est certain, dans tous les cas que les scabins sont nommés tantôt par les *missi,* tantôt par les comtes, et que, étant nommés de cette façon, ils sont des fonctionnaires royaux. Ainsi le roi, lorsqu'il ordonne aux *missi* de réunir dans des assemblées annuelles, les différents fonctionnaires chargés de rendre la justice, et de faire une enquête sur leur conduite, déclare que non seulement les comtes et les centeniers seront convoqués, mais encore les scabins (au moins les principaux d'entre eux), parce que tous ont un *officium* qui leur a été conféré par le roi (3).

Étant des fonctionnaires, les scabins sont soumis, comme tous les fonctionnaires de ce temps là, à la surveillance des *missi;* ils peuvent être révoqués par eux s'ils remplissent mal leurs fonctions, et traduits devant le tribunal du roi comme

(1) Par exemple, Baluze , *Marca Hispanica,* n° 41 (an 879) : *Judices* (les scabins) *qui jussi sunt ad Mirone comite* (le comte du Roussillon) *causas audire, dirimere, vel judicare.*

(2) Sohm, *Fränkische Reichs-und Gerichtsverf.*, p. 379, note 23; p. 380, note 29; Beauchet, p. 261.

(3) *Legationis capitulum,* 826 (Boret., p. 310) : *Et habeat unusquisque comes* (à ces assemblées générales) *vicarios et centenarios suos secum necnon et de primis scabinis suis tres aut quattuor.... Deinde inquirant missi nostri ab universis qualiter unusquisque illorum qui ad hoc a nobis constituti sunt officium sibi commissum... administret.* — Les *primi scabini* dont parle ce capitulaire sont soit les chefs ou présidents du collège des scabins (Sohm, p. 453, note 187), soit les principaux, les premiers nommés (Waitz, IV, p. 396).

peuvent l'être à cette époque tous les fonctionnaires prévaricateurs :

Capit. *missorum* de 803, cap. 4 (Bor., p. 115). *De his* (les scabins et quelques autres personnages qui sont cités au chapitre 3), *qui legem servare contempserint, ut per fidejussores ad præsentiam regis deducantur* (1).

Legationis Capitulum de 826 (*ibid.*, p. 310) : *Inquirant missi nostri ab universis* (les comtes, les centeniers et les scabins), *qualiter unusquisque illorum qui ad hoc a nobis constituti sunt officium sibi commissum, secundum Dei voluntatem ac jussionem nostram, administret in populo.*

Capit. de Worms de 829, cap. 2 (Pertz, *Leges*, I, 351) : *Ut missi nostri, ubicunque malos scabinos inveniant, ejiciant.* — Cap. 4 : *Volumus ut quicumque de scabinis deprehensus fuerit propter munera aut propter amicitiam vel inimicitiam injuste judicasse, ut per fidejussores missus ad præsentiam nostram illum venire faciat.*

Capit. de Louis II de 856, cap. 5 (*ibid.*, p. 438) : *Quod si viles personæ et minus idoneæ ad hoc constitutæ sunt, rejiciantur.*

Étant des fonctionnaires, les scabins ne verront plus, comme les anciens rachimbourgs, leur titre et leur pouvoir s'évanouir avec le jugement même qu'ils viennent de rendre. Leur mis-

---

(1) Les *fidejussores*, dont il est ici question, sont des cautions qui prennent l'engagement de conduire ou de faire paraître devant le tribunal du roi le personnage obligé d'y venir. Voy. Gengler, *Germanische Rechtsdenkmäler*, p. 821, au mot *fidejussor*. On rencontre la mention de ces *fidejussores* dans un assez grand nombre de textes ; voy. Form. Tur., 33 = Roz., 445 ; Capit. d'Aix-la-Chapelle de 810, cap. 13 (Boret., p. 153) ; Capit. *missorum*, cap. 4 (*ibid.*, p. 67) ; Capit. de Worms de 829, cap. 7 (Pertz, *Leges*, I, p. 352). Mais les textes où cette mention revient le plus souvent, ce sont les diplômes et formules d'immunité qui, presque toujours, défendent au *judex publicus* de *fidejussores tollere* sur les terres de l'immunité, c'est-à-dire d'y prendre des hommes qui seront responsables de la comparution des prévenus devant lui-même ou devant le roi. Voy. pour l'explication de ces mots dans les chartes d'immunité, Prost, *L'immunité* (*Revue historique de droit*, 1882, p. 155 à 158) ; Fustel de Coulanges, *Étude sur l'immunité mérovingienne* (*Revue historique*, 1883, II, p. 285 à 290). On trouve aussi des *fidejussores* pour garantir la comparution des prévenus devant un synode ou devant un évêque. Voy. Löning, *Geschichte des deutschen Kirchenrechts*, II, p. 497, notes 1, 2.

sion leur est donnée à vie; autrement dit, ils ne peuvent être dépouillés de cette fonction de scabins que par une révocation, comme dans le cas dont il vient d'être question. Les textes que je viens de citer montrent en effet que les scabins ne cessent de l'être que s'ils sont indignes ou incapables, et, à cause de cela, révoqués par les *missi;* ce qui signifie que la seule arrivée d'un terme fixe ne met pas fin à leur mission. Dans des documents recueillis par Baluze, nous avons les noms des scabins qui ont jugé, dans le comté de Roussillon, un procès en 874, et les noms de ceux qui, dans le même comté, ont jugé un autre procès en 901. Quoiqu'il y ait entre les deux jugements un intervalle de vingt-sept ans, on retrouve dans le dernier six des sept scabins qui ont participé au premier (1).

Étant des fonctionnaires, les scabins doivent remplir certaines conditions de moralité et de capacité exigées par la loi. Les anciens rachimbourgs, qui n'étaient pas des personnages officiels, étaient choisis par le comte ou par les parties, sans doute parmi les plus capables et les plus considérés, mais sans que la loi ait pris la peine jamais de fixer des conditions et des règles. Il en est différemment pour les scabins; les capitulaires ont dû veiller à ce qu'on ne nommât pas à cette fonction publique des personnes indignes ou incapables de la remplir. Il est vrai qu'ils n'ont jamais dressé une liste d'incompatibilités, ni déterminé dans quelle classe sociale devaient être pris les nouveaux fonctionnaires; mais, en termes généraux, ils ont dit à plusieurs reprises qu'on ne peut nommer scabins que des gens honorables et des gens instruits.

Capit. d'Aix-la-Chapelle de 809, cap. 1 (Boret., p. 148) : (Il s'agit de celui qui a été condamné à mort, mais à qui on a fait grâce de la vie) : *In testimonio non suscipiatur, nec inter scabinos legem judicandam locum non teneat.*

Capit. *missorum* de 809, cap. 28 (*ibid.*, p. 151) : *Ut postquam quisque ad mortem fuerit judicatus, neque judex fiat neque scabinius.*

En effet, l'individu condamné à mort, même si on lui a fait grâce de la vie, n'appartient plus à la catégorie des personnes

____

(1) Baluze, *Marca Hispanica*, n° 34 (an 874), et n° 60 (an 901). — Cf. Sohm, p. 377, note 19.

capables d'exercer les droits des hommes libres; il n'est plus un homme libre, il est un *infamis*, il est sans droits. Aussi dit-on qu'il ne peut pas être nommé scabin, et qu'il ne pourrait pas même être témoin; il faut ajouter certainement, bien que le texte ne le dise pas, qu'il n'est pas convoqué au plait général auquel tous les hommes libres sont appelés (1).

Capit. de Louis II de 856, cap. 5 (Pertz, *Leges*, I, p. 438) : *De judicibus* (les scabins) (2), *inquirantur si nobiles et sapientes, et Deum timentes constituti sunt... Quod et si viles personæ et minus idoneæ ad hoc constitutæ sunt, rejiciantur.*

Il faut entendre ici par *nobiles*, non pas des personnes qui appartiendraient à une classe sociale déterminée appelée noblesse, mais tout simplement les hommes libres, les *ingenui*, ceux qui, comme nous dirions aujourd'hui, jouissent de tous leurs droits civiques (3). *Sapientes*, de même que *idonei*, signifie des gens instruits (4). Quant aux *viles personæ*, ce sont les mêmes hommes qu'on appelle ailleurs *infames*, et parmi lesquels notamment est l'homme condamné à mort dont il vient d'être question; ces gens ne jouissent pas de leurs droits civiques et par conséquent ne peuvent pas être nommés scabins.

Enfin, étant des fonctionnaires, les scabins doivent, immédiatement après leur nomination, et non pas avant le jugement de chaque procès en particulier, jurer de remplir fidèlement leurs devoirs de juges.

Capit. de Worms de 829, cap. 2 (Pertz, *Leges*, I, p. 351) : *Et cum electi fuerint, jurare faciant, ut scienter injuste judicare non debeant* (5).

---

(1) Sohm, p. 354.

(2) Je démontrerai tout à l'heure que, dans les textes carolingiens, *judices* est une expression très ordinaire pour dire les scabins.

(3) Voy. un diplôme de Charles le Chauve de 844 (Bouquet, VIII, p. 465) : *Ingenuitas vel nobilitas.* — Lib. Pap. Loth., 98, glose (Pertz, *Leges*, IV, p. 557) : *Nobiles sunt quorum majorum parentum suorum nemo servituti subjectus sit.* — Cf. Sohm, p. 376, 377. Ceux qui croient que les seuls véritables *ingenui* dans le droit franc sont les possesseurs de terres, disent naturellement que ceux-là seuls peuvent être scabins; voy. Waitz, IV, p. 329, 330, 394; Bethmann-Hollweg, V, p. 25; Walter, *Deutsche Rechtsgeschichte*, I, p. 73; II, p. 69.

(4) Cf. Capitulaire de Carloman de 886, cap. 9 (Pertz, *Leges*, I, p. 552) : *Franci homines mundanæ legis documentis eruditi.*

(5) Même disposition dans le Capit. de Kiersy de 873, cap. 9 (*ibid.*, p. 521.)

Capit. de Louis II de 856, cap. 5 (*ibid.*, p. 438) : *Jurent ut juxta suam intellegentiam recte judicent et pro muneribus vel humana gratia justitiam non pervertant nec differant, et quod judicaverint confirmare sua subscriptione non dissimulent…. A missis nostris constituantur, et idem sacramentum facere cogantur.*

Tels sont les scabins. En résumé Charlemagne, en les instituant, a mis à la place des rachimbourgs, sans caractère officiel, un corps de fonctionnaires nommés à vie.

Jusqu'ici nul embarras ; les faits que je viens d'exposer sont certains et admis par tout le monde (1). Il n'y a de controverse que sur un seul point, et assez secondaire. Les scabins sont-ils nommés pour chaque centaine ou pour le comté tout entier ? Quoiqu'on ait beaucoup travaillé à obscurcir cette question, elle me paraît simple en somme, si l'on veut bien se mettre en garde contre certaines considérations vagues (2), et s'en tenir aux textes qui sont clairs. Les capitulaires appellent presque toujours les scabins les scabins du comte (3); les formules et les chartes parlent le même langage (4); on dit également les scabins de tel *pagus* ou de telle *civitas* (5). Il faut

___

(1) Je fais exception pour Hermann, *Ueber die Entwickelung des altdeutschen Schöffengerichts*, Breslau, 1881, qui a sur ces matières des opinions tout à fait propres, prétendant que Charlemagne n'a rien fait de nouveau, et que les rachimbourgs sont déjà de véritables fonctionnaires et des juges permanents. Mais ce système n'a pas encore trouvé d'autre partisan que son auteur; voy. la réfutation dans Beauchet, p. 258 à 260.

(2) Je fais surtout allusion ici aux considérations par lesquelles Sohm, p. 443 à 446, défend cette opinion que les scabins sont nommés pour la centaine et non pas pour le comté (Cf. dans le même sens, R. Schröder, *Lehrbuch*, p. 163, 164). Voy. la réfutation des raisonnements de Sohm dans Beauchet, p. 264 à 266.

(3) Capitulaire d'année incertaine, cap. 1 (Boret., p. 185) : *Ut non sint comites nostri tardi causas nostras ad judicandum nec eorum scabini.* — Capit. *missorum* de 821, cap. 5 (*ibid.*, p. 300) : *Volumus ut comites… si ibi secum suos scabineos habuerit, ibi placitum teneat.* — *Legationis capitulum* de 826 (*ibid.*, p. 310) : *Habeat unusquisque comes… de primis scabinis suis tres aut quattuor.*

(4) De Courson, *Cartulaire de Redon*, p. 148 : *Scabini Frodaldi comitis.* — Bouquet, V, p. 746 : *Riseronem comitem et suos escapinios.* — Vaissete, II, p. 186 : *Sturmio comis cum suos judices Narbonenses.* — Thévenin, *Textes relatifs aux institutions privées et publiques*, 1887, n° 115 : *Ab Hildegarno comite et a suis scabinis.* — Cf. d'autres exemples dans Waitz, IV, p. 395, note 6.

(5) Form. Lindenbrog, 19 (ancienne édition, 124) = Roz., 467 : *Ab ipsis*

conclure de là que les scabins en principe sont nommés pour le comté et non pas pour la centaine (1). Je ne crois pas que les quelques passages, dans lesquels il est parlé des scabins de telle centaine ou de tel centenier, compromettent sérieusement les résultats que je viens d'indiquer (2).

II.

Quelle est la date de cette réforme de Charlemagne? La question est d'autant plus importante que cette date est, comme je l'ai montré, non seulement celle de la création des scabins, mais encore celle de la distinction des plaits généraux et des plaits non généraux (3).

---

scabinis, pagensis scilicet loci illius. — Guérard, *Cartulaire de Saint-Victor,* I, p. 43, n° 31 : *Scabinos ipsius civitatis.* — Ragut, *Cartulaire de Saint-Vincent de Mâcon*, p. 169 : *Scamineis Matiscensibus.* — Vaissete, *loc. cit., judices Narbonenses.* — Cf. d'autres exemples dans Waitz, IV, p. 395, notes 4 et 5; et Beauchet, p. 267.

(1) En ce sens, Waitz, IV, p. 395 et 396, p. 529; Bethmann-Hollweg, V, p. 24,

(2) Voy. ces passages dans Sohm, p. 444, note 160, et p. 445. — Ces textes, qui sont presque tous des documents italiens, parlent des *scabini* de tels et tels *vici* (traduisez centaines); on peut très bien comprendre par là que ces scabins sont domiciliés dans cette centaine, et que c'est parmi les habitants de cette circonscription qu'ils ont été choisis; cela n'empêche pas qu'ils ne soient juges pour tout le comté : il est évident, en effet, qu'on choisit les juges du comté dans toutes les centaines de ce comté. Quant à la charte datée de 914, qui est dans Ménard, *Histoire de la ville de Nismes*, 1750, I; *Preuves*, p. 17, la phrase que Sohm y découvre, et dans laquelle il voit des *judices* d'un centenier, ne s'y trouve pas, et d'ailleurs ne prouverait rien, si elle y était. — Je conclus de tout cela qu'il est inutile de chercher, comme le fait M. Beauchet, à mettre d'accord toutes les opinions en disant qu'il y a tout à la fois des scabins de comté et des scabins de centaine (Voy. p. 266 à 268). Si M. Beauchet veut dire simplement par là que les scabins, nommés en réalité pour tout le comté, sont juges non seulement dans le tribunal du comté, mais dans les différents tribunaux des centaines, il dit une chose tout à fait évidente. Mais s'il entend établir deux classes de scabins, des scabins de comté, compétents pour tout le comté, et des scabins de centaine, compétents seulement dans chaque centaine, il aboutit à un résultat que les textes, je crois, ne justifient pas. — W. Sickel, *Savigny-Stiftung*, VI, p. 78 à 80, très vague d'ailleurs sur cette question, semble porté à admettre aussi quelque opinion mixte semblable à celle de M. Beauchet.

(3) En ce sens, Sohm, p. 390.

En général on est porté à la faire descendre jusqu'en 800 ou 803. On fonde cette opinion sur ce fait que la mention des scabins n'apparaît dans aucun capitulaire avant cette époque; on en conclut qu'il n'a pas dû en exister auparavant, et que les quelques documents qui prononcent ce nom avant 800 entendent par là tout simplement les rachimbourgs tels qu'ils existaient à l'époque mérovingienne, c'est-à-dire des personnages qui ont pu, dans certains pays, porter le nom de *scabini*, mais qui ne sont pas des fonctionnaires comme les scabins qu'a créés Charlemagne. D'après cette manière de voir, cette réforme de Charlemagne aurait fait partie sans doute des mesures occasionnées par l'établissement de l'Empire; et dans tous les cas elle ne pourrait pas être antérieure à cet événement (1). Arrêtons-nous un instant sur cette question.

Il est incontestable que les premiers capitulaires datés qui prononcent le nom des scabins sont de 803. Par conséquent, qui ne veut consulter que cette source de renseignements, doit dire, sinon que la création des scabins n'est pas antérieure à l'année 803, au moins qu'avant cette date il est impossible d'en affirmer l'existence :

Capit. ajouté aux lois de 803, rubrique (Boret., p. 112) : *Sub ipso anno hæc capitula facta sunt, consignata Stephano comiti, ut hæc manifesta fecisset, in civitate Parisius, mallo publico, et ipsa legere fecisset coram illis scabineis;* — cap. 10 (*ibid.*, p. 114) : *Ab scabinis qui causam prius judicaverunt.*

Capit. *missorum* de 803, cap. 3 (*ibid.*, p. 115) : *Ut missi nostri scabinios... per singula loca elegant;* — cap. 20 (*ibid.*, p. 116) : *Ut nullus ad placitum banniatur... exceptis scabineis septem qui ad omnia placita praesse debent.*

Les autres capitulaires datés qui sont relatifs aux scabins sont tous postérieurs à 803, et par conséquent doivent être écartés (2).

Il faut ajouter cependant qu'il est question d'eux dans plu-

(1) Bethmann-Hollweg, V, p. 22; Beauchet, p. 253 à 255; W. Sickel, *Savigny-Stiftung*, cité, p. 65 à 68. — Waitz, IV, p. 389 et 390, ne se prononce pas sur cette question, et la considère comme douteuse.

(2) Le capitulaire qui, dans l'ordre chronologique, vient immédiatement après ceux que j'ai cités, est un capitulaire de 805, cap. 6 et 16 (Boret., p. 123 et 125).

sieurs capitulaires non datés, qui peuvent être postérieurs à 803, mais qui peuvent aussi être antérieurs. Il est donc permis de supposr qu'ils ont existé avant 803, mais l'absence de date ne permet pas de l'affirmer. Voici ces capitulaires.

Capitulaire italien entre 801 et 810, cap. 14 (*ibid.*, p. 210) : *Et ingenuos homines nulla placita faciant custodire postquam illa tria custodiant placita... excepto illos scabinos qui cum judicibus resedere debent.*

Capitulaire d'Aix-la-Chapelle entre 801 et 813, cap. 13 (*ibid.*, p. 172) : *Postquam scabini eum dijudicaverint.*

Réponse à un *missus*, entre 801 et 814, cap. 7 (*ibid.*, p. 145) : *A scabineis sententia accepta.*

Capitulaire italien entre 781 et 810, cap. 12 (*ibid.*, p. 207) : *Ut per placita non fiant banniti liberi homines excepto si... scabinus aut judex non fuerit.*

Ainsi, à ne consulter que les capitulaires, il est impossible d'affirmer d'une façon sûre l'existence des scabins avant l'année 803. Reste à voir si d'autres documents ne permettront pas de reculer cette date avec certitude.

J'écarterai d'abord tous les documents faux ou douteux. On a prétendu voir la mention des scabins dans des chartes italiennes de 724 et de 745. Mais il est généralement reconnu qu'elles sont fausses (1). On l'a trouvée également dans un acte flamand de 745, où, parmi les témoins d'une donation, se rencontre un personnage qui se donne le nom de *scavinus* (2); et de la même manière dans deux actes lombards de 774 et de 777, l'un qui est une donation, l'autre qui est un testament, dans lesquels un des témoins signe aussi *scabinus*. Mais la lecture *scabinus* n'est pas certaine, et il est plus prudent par conséquent de ne pas se servir de ces actes (3).

(1) Voy. ces documents cités dans Bethmann-Hollweg, IV, p. 356, note 91. Cf. pour la critique de ces mêmes actes, Bethmann-Hollweg, *ibid.;* Savigny, *Droit romain au moyen âge*, I, p. 172; Ficker, *Forschungen zur Reichs- und Rechtsgeschichte Italiens*, III, p. 207; Waitz, IV, p. 389, note 2; Pertile, *Storia del diritto italiano*, I, p. 159, note.

(2) Voy. cet acte dans Pardessus, *Diplômes*, II, n° 585, p. 397. Pour la critique du mot *scavinus*, voy. Pardessus, *ibid., Prolégomènes*, p. 394, 395; Beauchet, p. 251.

(3) Voy. Bethmann-Hollweg, V, p. 22 et note 11; Waitz, IV, p. 389, note 3; Beauchet, p. 251.

Arrivons à des documents certains. Le premier en date me paraît être la formule de Bignon dont il a été question plus haut : *Cum resedisset ille vigarius.... una cum ipsis scabinos* (1). Le formulaire de Bignon se place, comme je l'ai dit, entre 768 et 775. Nous avons donc la preuve positive de l'existence des scabins au plus tard en 775. Il faut conclure de là que, dans les documents lombards qui viennent d'être cités, la lecture *scabinus*, que beaucoup rejettent, n'est pas impossible en elle-même, et ne doit être repoussée que pour des raisons purement paléographiques, nullement à cause de la date de ces actes qui sont certainement d'une époque où le mot *scabinus* est employé.

Maintenant, cela veut-il dire que les *scabini* dont il est question dans la formule de Bignon soient les fonctionnaires nouveaux créés par Charlemagne (2)? Il est permis d'en douter ; et j'ai dit autrefois les raisons qui m'empêchent de le croire. *Scabinus* peut très bien être et est beaucoup plus probablement un autre nom des rachimbourgs. Rien ne prouve que Charlemagne ait créé ce nom ; il est plus croyable au contraire qu'il l'a emprunté à la pratique de son temps, et que des personnages qui entouraient le comte au *mallus* et que l'on appelait généralement rachimbourgs , mais déjà quelquefois scabins, il a fait des fonctionnaires, changeant ainsi le caractère, plutôt que le nom de ces personnages (3). Les deux mots rachim-bourgs et scabins ont d'ailleurs si peu d'antipathie réciproque que nous les verrons constamment employés l'un pour l'autre après la réforme de Charlemagne ; il ne serait donc pas extraor-dinaire qu'ils aient pu également alterner quelquefois avant cette réforme. Ainsi la formule de Bignon prouve incontesta-blement l'existence du mot *scabinus* dès 775 au plus tard, mais il est plus probable que ce mot ne désigne pas encore à cette époque les nouveaux fonctionnaires de Charlemagne, et que c'est encore aux anciens rachimbourgs que nous avons affaire.

Il en est différemment d'un acte de 780 qui se trouve dans le cartulaire de Saint-Victor. Là, au contraire, il me paraît

---

(1) Form. Bignon, 7 = Roz., 460.

(2) C'est l'opinion de R. Schröder, *Lerhbuch der deutschen. Rechtsgesch.*, p. 166, et de Brunner, *Deutsche Rechtsgesch.*, I, p. 408.

(3) Cf. Sohm, p. 389, qui fait cette remarque à propos des documents an-térieurs à 800, en général.

certain que nous avons en face de nous les véritables scabins fonctionnaires ; et c'est, à mon avis, le premier acte en date qui, d'une façon sûre, emploie le mot *scabinus* avec son sens nouveau. A cause de ce fait, cet acte a une grande importance.

Guérard, *Cartulaire de Saint-Victor de Marseille*, I, p. 43 (n° 31). — 23 février 780 : *Cum... in Digna civitate residerent missi domini nostri Karoli... una cum rationesburgiis dominicis* (suivent cinq noms) *scabinas lites scabinos ipsius civitatis, aut bonis hominibus qui cum ipsis ibidem aderant, pro multorum hominum altercationes audiendas et negociis causarum dirimendis et justis vel rectis judiciis faciendis..... Sed cum ipsas auctoritates audissent sic ipsi etiam missi vel ipsi racioneburgyiis dominicis interrogaverunt*, etc.

Dans cette charte de 780, l'expression *scabinus*, comme si elle était encore un peu nouvelle et qu'elle eût besoin d'une traduction pour se faire comprendre, alterne avec celle de rachimbourg (1). La synonymie de ces deux mots est une chose importante sur laquelle j'aurai à revenir. Mais voici le point capital. Il est certain, à mon avis, que ces rachimbourgs ou scabins sont les véritables scabins de Charlemagne, c'est-à-dire les fonctionnaires judiciaires créés par cet empereur. En effet, remarquez les noms dont ils sont appelés : *scabini civitatis* (les scabins du comté), *rationesburgii dominici* (les rachimbourgs du roi). Ces expressions, que jamais nous n'avons rencontrées dans les documents appartenant à la période précédente, montrent que nous avons affaire ici non pas à des personnages quelconques, choisis indifférem-

____

(1) La synonymie de rachimbourg et de *scabinus* dans cette charte de Saint-Victor me paraît évidente (*rationesburgiis dominicis... scabinis ipsius civitatis*). En ce sens, Sohm, p. 383 et 588 ; Bethmann-Hollweg, V, p. 20, note 5 ; Beauchet, p. 252. Il m'est impossible de comprendre les raisons que certains auteurs ont trouvées d'en douter : voy. Waitz, IV, p. 392 et 393, note ; Ficker, *Forschungen*, III, p. 210 et 466 ; W. Sickel, *Savigny-Stiftung*, VI, p. 67, note 1. — Quant à ceux qu'on appelle *bonis hominibus qui cum ipsis ibidem aderant pro multorum hominum altercationes audiendas*, il est possible que ce soient encore les mêmes hommes que ces rachimbourgs ou scabins ; mais cela n'est pas tout à fait certain, parce que, dans les actes qui appartiennent à la nouvelle organisation judiciaire créée par Charlemagne, les *boni homines* sont généralement distincts des scabins, comme je le montrerai.

ment dans la foule des hommes libres par le comte ou par les plaideurs, mais à des gens qui ont une fonction déterminée dans le comté (ils sont les scabins du comté), et qui ont reçu cette fonction du roi (ils sont les scabins du roi). Donc il ne s'agit plus de ces personnages d'un caractère assez douteux comme ceux de la formule de Bignon, qui s'appellent *scabini*, mais dont rien ne désigne le vrai caractère; il s'agit sûrement des *scabini* qui sont des fonctionnaires royaux attachés au comté (1).

Ainsi, à partir de 780, les scabins fonctionnaires existent. Il faut ajouter que ce texte du cartulaire de Saint-Victor n'est pas isolé. S'il était le seul qui fût ainsi conçu, on pourrait peut-être contester la portée que je lui attribue. Mais entre cette date de 780 et celle de 803, époque à laquelle les scabins apparaîtront dans les capitulaires, il y a assez d'actes semblables à celui que je viens de citer pour qu'on ne puisse pas douter que l'institution nouvelle ne fonctionne dans cette période.

Bouquet, V, p. 746, — an 781 : Plait tenu par Charlemagne. Le plait du roi est une juridiction exceptionnelle dans laquelle, certainement, les scabins ne sont pas les juges. Mais voici ce dont il a été question dans ce plait. L'*advocatus* de l'abbaye de Saint-Denis explique qu'il s'est présenté devant le comte de sa circonscription, *inter Riseronem comitem et suos escapinios... in mallo publico,* afin de revendiquer contre différents personnages des terres que ceux-ci possédaient indûment au préjudice de Saint-Denis. Il a gagné son procès. Le tribunal du comte a reconnu que l'abbaye était propriétaire, et a délivré à l'*advocatus* de Saint-Denis une charte constatant son droit : *ut talem notitiam bonorum hominum manu firmatam* (2), *vel ipsius comitis nomine Riserii, seu qui ibidem fuerunt sedentes* (3) *prendere et accipere deberet.* Des difficultés

(1) En ce sens Sohm, p. 383, 384, 389; Bethmann-Hollweg, V, p. 20, note 5. Il est à remarquer que, cependant, Bethmann-Hollweg est un de ceux qui soutiennent que la création des scabins n'est pas antérieure à 800 ou 803.

(2) Les *boni homines* peuvent être ici, comme dans les formules que j'ai citées précédemment, les juges ou scabins eux-mêmes; mais cela n'est pas certain.

(3) Peut-être les scabins : plus probablement, je crois, certains assistants, et vraisemblablement les mêmes que ceux qu'on vient d'appeler *boni homines* et qui signent la *notitia.*

étant survenues de nouveau entre l'abbaye et les personnages en question, on va devant le roi qui lit la *notitia*, interroge le comte, et, avec ses *fideles*, juge en faveur de l'abbaye.

Il peut y avoir doute, dans ce diplôme, sur le sens des mots *boni homines* et *qui ibidem fuerunt sedentes*. Il est permis de voir dans les personnages qu'on désigne ainsi, ou bien les scabins eux-mêmes qui ont jugé avec le comte, ou bien de simples assistants qui n'ont pas jugé, mais qui ont signé l'acte de jugement. Dans les formules antérieures à la réforme de Charlemagne, j'ai montré que ces signataires sont régulièrement les rachimbourgs, c'est-à-dire les mêmes que les juges; mais dans les actes carolingiens nous verrons que le plus souvent c'est le contraire qui arrive, et que en général les scabins qui jugent et les *boni homines* qui signent l'acte de jugement sont deux classes de personnes différentes. Il est donc permis d'hésiter sur le caractère des hommes que le diplôme de 781 désigne par l'expression *boni homines*. Mais le point important pour nous est de déterminer le caractère de ceux qu'il appelle *scabini*. Or il les nomme « les scabins du comte; » et ce langage prouve qu'il s'agit bien des nouveaux fonctionnaires institués par Charlemagne (1).

Dom Vaissete, *Histoire du Languedoc; Preuves*, II, p. 47 (ancienne édition, I, p. 24), — an 782 : *Cum resederent* (des *missi* de Charlemagne) *et judices qui jussi sunt causas dirimere et legibus deffinire, id est* (suivent six noms).

Ici le mot *scabini* n'est pas prononcé; mais ces *judices* qui jugent avec les *missi* du roi ne peuvent pas être d'autres hommes que les scabins. Si en effet, on compare cette charte avec une foule d'autres, qui sont également des procès-verbaux de plaits tenus dans le midi de la France et que j'aurai d'ailleurs l'occasion de citer maintes fois, on verra que

---

(1) On trouve une expression semblable (*sui scabini*) dans un autre diplôme encore, daté de 797 (Martene, *Veterum scriptorum collectio*, 1724, I, p. 51). Mais il faut faire attention qu'il s'agit dans ce diplôme d'un jugement rendu par ces *scabini* dans le plait du roi (*in conspectu nostro ac plurimorum procerumque nostrorum præsentia stans in judicio,... sui scabinii ei judicaverunt*). Or, dans le plait du roi, il ne peut pas être question des véritables scabins, de ceux dont je m'occupe dans ce travail (Sur le sens du mot *scabinus* dans les diplômes relatifs aux plaits royaux, voy. ce que j'ai dit plus haut, p. 52). Donc ce diplôme doit être écarté absolument.

l'expression *judices* est, dans cette région, l'expression ordinaire pour dire les scabins, et que la phrase que je viens de reproduire est la phrase constante par laquelle débutent toutes les chartes où il est question d'un jugement rendu par les scabins. Une autre circonstance démontre que c'est bien à l'organisation créée par Charlemagne que nous avons affaire. Nous avons dans cette charte les noms des six *judices* qui siègent avec les *missi* du roi, et plus loin, les noms de divers personnages appelés *boni homines* qui signent l'acte de jugement; or en lisant ces noms, on s'aperçoit que les *judices* et les signataires de l'acte ne sont pas les mêmes. C'est là un fait sans exemple, je crois, dans les documents qui appartiennent à l'ancienne organisation judiciaire; car dans les formules que j'ai citées autrefois ce sont les rachimbourgs ou *boni homines* qui sont à la fois les juges du procès et les signataires de la *notitia*. Cette circonstance que, dans l'acte dont je parle, les *boni homines* sont au contraire distincts des *judices*, démontre que les *judices* sont non pas les anciens rachimbourgs, mais les scabins carolingiens.

De Courson, *Cartulaire de Redon*, p. 148, — an 797 : *Et judicaverunt scabini Frodaldi comitis qui præsentes erant quorum ista sunt nomina* (six noms).

L'expression « les scabins du comte, » indique clairement, comme je l'ai montré, les nouveaux fonctionnaires créés par Charlemagne. On ne dit jamais cela des anciens rachimbourgs, tandis que très souvent les capitulaires désignent ainsi les scabins. Il n'est donc pas douteux qu'ici nous n'ayons affaire à ces scabins (1).

Il résulte de tout cela que le plus ancien document qui parle sûrement des scabins est de 780, et que de 780 à 803,

(1) Je crois qu'il vaut mieux laisser de côté dans cette discussion un acte qu'on y a fait quelquefois intervenir, et qui est le procès verbal d'un plaît royal tenu à Thionville à une date qui se place entre 777 et 791 : voy. cet acte cité notamment dans Beauchet, p. 252, 253; et sur la date, Böhmer-Mühlbacher, *Regesta Imperii*, deuxième édition, I, p. 94. Il y est question de scabins (*missus noster una cum scabinis;... testes et scabini ibidem adfuerunt*, etc.); mais il ne paraît pas absolument sûr que ce soient là les véritables scabins fonctionnaires créés par Charlemagne, les *scabini civitatis* comme on dit dans le cartulaire de Saint-Victor. Cela est probable, mais celui qui ne veut user que de documents certains fera mieux de négliger celui-là.

date à laquelle ce mot fait son apparition dans les capitulaires,
des actes très sûrs ne cessent d'y faire des allusions. Il est
donc impossible de soutenir, comme on le fait en général, que
la création des scabins n'est pas antérieure à 800 ou 803. On
fonde cette opinion uniquement sur ce fait qu'avant 803, les
capitulaires ne parlent pas de cette institution. Nous possédons, dit-on, un grand nombre de capitulaires rendus entre
768, date de l'avènement de Charlemagne, et 803, date de
l'apparition des scabins dans les textes législatifs; et si la réforme dont il est question avait été opérée assez longtemps
avant 800, il serait inexplicable qu'aucun de ces capitulaires
n'en eût jamais fait mention. Il faut donc considérer comme
à peu près non avenues les allusions que certains actes antérieurs à cette date, peuvent faire çà et là, ou plutôt paraissent faire à l'institution des scabins (1). Cette façon de
raisonner est on ne peut plus dangereuse ; et il est permis de
lui opposer deux choses. D'abord nous n'avons pas tous les
capitulaires, et notamment le capitulaire qui a créé les scabins, comme celui qui a créé la distinction des deux espèces de
plaits, probablement le même, est certainement perdu (2). C'est
donc une bien grande prétention que d'espérer fixer la date de
ce capitulaire perdu en ne faisant usage que des autres capitulaires et en rejetant de parti pris toutes les autres sources de
renseignements. Ensuite il est indifférent que nous trouvions
une institution mentionnée dans un document ou dans un autre,
pourvu que ce document ait les deux qualités essentielles qu'on
doit demander toujours, mais dont il est nécessaire de se
contenter, à savoir une authenticité incontestable et une date
certaine. Or les actes que j'ai cités ont ces deux qualités, et,
comme je l'ai montré, prouvent d'une façon sûre l'existence
des scabins ; après cela il importe très peu qu'ils soient des
diplômes et non pas des capitulaires ; ils seraient des capitulaires qu'ils ne prouveraient pas mieux.

(1) Voyez principalement sur ce point, Beauchet, p. 253 ; observer, p. 252,
la façon dont en conséquence cet auteur se trouve amené à traiter la charte
de Saint-Victor de 780.

(2) Voy. la remarque de Boretius, dans son édition des Capitulaires, p. 125,
note 15; p. 210, note 5.

III.

Il est très important de connaître les noms par lesquels, dans les formules et dans les chartes, les scabins sont désignés ; car c'est à cette condition seulement qu'on pourra se servir de ces documents avec profit. Notamment la question du rôle judiciaire que jouent les scabins, la plus grave que j'aie à traiter ici, ne peut être abordée qu'après avoir pris cette précaution.

Le nom officiel et technique de ces nouveaux fonctionnaires est *scabini* ; c'est ainsi par exemple que les capitulaires les appellent presque toujours. Mais les formules et les chartes emploient généralement d'autres expressions. Ces expressions sont très variées : *judices, juridici, legum magistri* ou *doctores, legislatores, auditores, rachimburgi*, etc. J'insisterai seulement sur deux de ces appellations, celle de *judices* et celle de rachimbourgs : sur la première, parce qu'il importe à l'intelligence des textes qu'on soit bien prévenu du double sens que le mot *judex* a dans la langue de ce temps-là, le sens de comte ou plus généralement de vicomte ou de centenier, et le sens de scabin ; sur la seconde, parce qu'on peut s'étonner au premier abord de rencontrer les rachimbourgs dans les textes de cette époque, et qu'il est utile par conséquent d'expliquer le sens de ce mot et la raison de son emploi (1) :

Voici d'abord des textes dans lesquels ceux qu'on appelle *judices* sont incontestablement les scabins :

Vaissete, II, p. 47 (anc. édit., I, p. 24), — an 782 : *Cumque resiacerent missi gloriosissimo atque scellentissimo...* (Charlemagne)... *in Narbona civitate... per multorum altercationes audien-*

----

(1) Voyez, pour les autres appellations, les textes cités par Waitz, IV, p. 391, note 1. On doit remarquer surtout le mot *auditores* que nous avons déjà vu employé dans les formules d'Angers et de Tours pour dire les rachimbourgs (Form. Andec., 12 = Roz., 457. — Form. Turon., 39 = Roz., 484, § 1) : Vaissete , V, p. 72 (ancienne édition, II, p. 20) : *In judicio* (suivent les noms de l'évêque et du comte, présidents du tribunal), ... *et ipsos judices vel auditores* (les scabins). — *Ibid.,* p. 160 (ancienne édition, II, p. 69): *Tunc ipsi judices et ipsi auditores... decreverunt judicium et ordinaverunt.* — Voyez d'autres exemples encore de l'emploi du mot *auditores* dans les textes

das et rectis negotiis terminando... et judices qui jussi sunt causas dirimere et legibus deffinire, id est (six noms)... *Et cum nos prefati missi... et judices videntes talem... ordinavimus,* etc.

Ibid., II, p. 287 (anc. édit., I, p. 99), — an 852 : *Cum in Dei nomine resideret vir venerabilis Udulricus comis in villa Crispiano in territorio Narbonense pro multorum hominum altercationes juxta hac recta judicia terminanda, una cum* (trois noms), *vassi dominici* (deux noms), *vice domini, seu etiam et judices qui jussi sunt causas dirimere et legibus definire, id est* (sept noms).

Ibid., V, p. 72 (anc. édit., II, p. 20), — an 883 : *In judicio* (l'évêque et le comte, présidents du tribunal; après eux différents personnages, puis quatre noms), *judicum, et in præsentia Witardo et aliorum qui supra dicto episcopo, comite, vicecomite, abbates, archidiaconos, et ipsos judices vel auditores, in illorum judicio, in publico mallo.*

Ibid., V, p. 137 (anc. édit., II, p. 56), — an 918 : *Cum in Dei nomine resideret* (l'évêque et le comte de Toulouse), *una cum... judices, scaphinos et regimburgos tam Gotos quam Romanos seu etiam Salicos, qui jussi sunt causas audire, dirimere et legibus definire.*

Ibid., V, p. 160 (anc. édit., II, p. 69), — an 933 : *Judices qui jussi sunt causas dirimere et legibus deffinire... Tunc ipsi judices et ipsi auditores... decreverunt judicium et ordinaverunt.*

Guérard, *Cartulaire de Saint-Victor,* I. p. 33 (n. 26), — au 843 : *In mallo publico, ante Rothbertum vicarium de viro illustre Adalberto comite, et tam scavinis tam romanis quam salicis vel judicibus qui cum ipsis* (avec le comte) *ibidem aderant.*

Dans tous ces textes, il est évident que les *judices,* lorsqu'on ne nomme qu'eux, sont les scabins, et que *judices et scabini* sont

cités par Waitz, *ibid.* — On trouve pêle-mêle la plus grande partie des noms employés pour dire les scabins dans un récit des *Miracula Sancti Benedicti* (livre écrit sous Charles le Chauve), cap. 25 (Bouquet, VI, p. 313). Il s'agit d'un procès entre deux abbayes : *Colliguntur ab utriusque partibus plurimi legum magistri et judices — ... Venientes itaque ad condictum locum magistri et judices... Aderant namque legum doctores tam ex Aurelianensi quam ex Wastinensi provincia.* Les *judices* dans ce texte sont, sans doute possible, les scabins; les *legum magistri* ou *doctores* paraissent être les mêmes; c'est l'opinion générale (voy. Waitz, *ibid.*).

13

les mêmes hommes, lorsqu'on se sert des deux expressions.

La synonymie de *judices* et de *scabini* apparaît plus clairement encore s'il est possible dans la charte suivante :

Garnier, *Anal. Divionens*, p. 250. = Thévenin, *Textes relatifs aux institutions privées et publiques aux époques mérovingienne et carolingienne*, 1887, n. 115; — IXe siècle : *Ante illustrem virum Hildegarnum comitem, seu judices quos scabineos vocant*, etc. (1).

Il faut aller plus loin et dire que, dans les capitulaires eux-mêmes, *judices* quelquefois signifie les scabins. Il en est ainsi dans les passages suivants, sinon sûrement, au moins d'une façon très probable.

Capitulaire italien, entre 781 et 810, cap. 12 (Boret., p. 207) : *Ut per placita non fiant banniti liberi homines; excepto... si scabinus aut judex non fuerit.*

Capitulaire de 803, ajouté aux lois, cap. 4 (*ibid.*, 113) : *Si quis hominem in judicio... coram judicibus vel comite increpatus fuerit.*

Capitulaire de 816, ajouté à la loi, cap. 2 (*ibid.*, p. 268) : *Satisfaciat tam comiti et judicibus quam adversario suo testibus producendo.*

Capitulaire de Louis II de 856, cap. 5 (Pertz, *Leges*, I, p. 438) : *De judicibus inquirantur si nobiles et sapientes*, etc.

Je crois que dans ces passages *judices* signifie scabins. Mais il n'en faut pas moins maintenir, à mon avis, que ce sens de *judex* est très rare dans la langue des capitulaires, et que, en général, par le mot *judices*, les documents législatifs entendent, comme je l'ai montré, les vicomtes et les centeniers, c'est-à-dire les agents du comte (2). En résumé *judices* avec

_____

(1) On pourrait encore citer d'autres exemples. Voy. spécialement Vaissete, II, p. 331, 370, 382, 378 (anc. édition, I, p. 113, 124, 131, 128), où toujours revient la même phrase : *Judices qui jussi sunt causas dirimere et legibus definire* ou *causas audire, dirimere vel judicare*. — Cf. *ibid.*, II, p. 400 (anc. édition, I, p. 135) : *Civiles judices*. — *Miracula Sancti Benedicti*, 25 (Bouquet, VI, p. 313), cité à la note précédente. — Manuscrit de Paris, 4418, de la *Lex Salica emendata* (époque carolingienne), glose au titre 52 (Pardessus, *Loi Salique*, p. 575).

(2) Je crois qu'en général on est beaucoup trop porté à traduire *judices* par scabins, dans les capitulaires. Par exemple, Waitz, IV, p. 391, note 1, et W. Sickel, *Savigny-Stiftung*, t. VI, p. 70, traduisent *judices* par scabins dans le passage suivant; Capitulaire italien, entre 801 et 810, cap. 12 (Boret., p. 210) :

le sens de scabins est une exception dans les capitulaires, mais au contraire s'emploie très souvent dans les chartes, et notamment est la règle dans presque tous les plaits du midi de la France.

Il me reste maintenant à expliquer le sens du mot rachimbourg. Il semble qu'à partir du jour où Charlemagne mit à la place des anciens rachimbourgs les fonctionnaires nouveaux qui portent le nom de *scabini*, le mot rachimbourg ne devrait plus se rencontrer dans aucun texte. Cependant on le trouve très souvent, et dans des textes dont la date est incontestablement postérieure à la réforme de Charlemagne. Comme il est tout a fait impossible d'entendre par là les anciens rachimbourgs qui ont disparu, il ne reste qu'un parti à prendre, c'est de dire que le mot rachimbourg est devenu synonyme de scabin. Non seulement il n'existe pas d'autre explication, mais encore celle que je propose est très naturelle. Car l'usage avait consacré le mot rachimbourg dans la pratique, et les rédacteurs de formules ou de chartes avaient l'habitude de désigner par là les hommes qui jugeaient avec le comte. Il est vrai que les capitulaires, à partir de Charlemagne, ne se servent plus de cette expression, et disent toujours, ou presque toujours, scabins; mais on sait combien la langue de la pratique et des faiseurs d'actes est immobile et routinière (1); on avait pris

Ut comites et eorum judices non dimittant testes habentes mala fama testimonium perhibere ... Et ipsi comites vel eorum judices, etc. Je crois que ce mot doit s'entendre ici plutôt des vicomtes et des centeniers qui sont précisément ceux que les textes appellent si souvent les *judices* du comte. Cette observation a une assez grande portée, comme je le montrerai en étudiant la part du président du tribunal dans la sentence.

(1) La langue des avoués et des notaires d'aujourd'hui est pleine d'expressions qui non seulement n'étaient déjà plus françaises il y a un siècle, mais encore que les Codes modernes ont rejetées; c'est autant la langue de la coutume que celle du Code civil. Souvent ces habitudes de parler sont infiniment anciennes; voyez, par exemple, ce testament de 474, lu aux magistrats de Ravenne, et publié par Marini, *Papiri diplomatici*, p. 110. = Bruns, *Fontes jures romani* (5° édition, 1887), p. 303. = Giraud, *Enchiridion*, p. 661 : *Fl. Constantius, vir honestus, procedens sanus sana mente integroque consilio*, etc.; vous diriez un mauvais thème fait d'après un testament notarié d'aujourd'hui. Le style des actes du moyen âge est plus routinier encore, s'il est possible. On sait, par exemple, combien ces actes contiennent d'allusions à des institutions romaines parfaitement disparues, dont les rédacteurs ne

l'usage d'écrire rachimbourg, on continua donc à l'écrire. D'ailleurs on se souciait assez peu, comme je viens de le montrer, de parler la langue officielle des capitulaires. Ainsi à l'époque carolingienne, le mot rachimbourgs désignera très souvent les scabins.

Voici quelques exemples de ce langage :

Guérard, *Cartulaire de Saint-Victor de Marseille*, I, p. 43, — an 780, expliqué précédemment, p. 179.

Form. Senonenses recentiores (époque de Louis le Pieux) (1). 1 = Roz., 498 : *In civitate illa, in mallo publico, ante inlustre viro illi comite vel aliis quam pluribus personis ibidem residentes... Hac causa apud ipso comite, vel ipsis racimburgiis diligenter fuit inventum vel inquisitum et legibus fuit definitum.*

Ibid., 4 = Roz., 458 : *Proinde taliter ab ipsis missis dominicis vel illo comite seu ab ipsis rachimburgis.... fuit judicatum.*

Ibid., 6 = Roz., 477 : *Ante inluster viro illo comite et apostolico viro illo vel presente quam plures viris venerabilibus racimburgis qui ibidem ad universorum causas audiendum vel recta in Dei nomine judicia terminandum resedebant vel adstabant.*

Form. Augienses, B, 40 = Roz., 474 (2) : *Vir inluster comis*

comprennent pas un mot, mais dont ils parlent par habitude. Sans revenir sur la fameuse phrase *stipulatione subnixa*, qui termine des milliers d'actes (Voyez sur l'évolution juridique qui a amené et qui explique cette formule, Stouff, *Formation des contrats par l'écriture dans le droit des formules; Revue historique de droit*, 1887, p. 249 et suiv.); les testaments sont déclarés faits *jure prætorio* (par exemple le testament de saint Remi; Pardessus, *Diplômes*, I, p. 81); ou terminés par la formule suivante : *Ita do, ita lego, ita testor, ita vos mihi, Quirites, testimonium perhibetote* (testament d'Erminethrudis de 700; Pardessus, *ibid.*, II, p. 255). Les affranchissements faits dans les églises sont déclarés faits *vindicta* (Form. de Bourges, 9 = Roz., 62 : *Vindictaque liberare servos meos... ut civis romani postea aperte vivant ingenui.* Cf. Form. de Sens, appendix 3 = Roz., 63; Form. d'Auvergne, 3 = Roz., 64); et on distingue les trois espèces d'affranchissements *latina, dolitia* (pour *dedititia*) *et cives romana* (Form. d'Auvergne, 3 = Roz., 64). Ces exemples se compteraient par centaines. Il importe d'avoir présente à cette observation sur la langue routinière des formules, pour comendre que des actes carolingiens, tels que ceux que je vais citer, sont conçus comme ceux de l'époque précédente, et doivent, par conséquent, être pour ainsi dire transposés pour être compris exactement.

(1) Voy. Zeumer, p. 83.

(2) Il s'agit ici du recueil de formules qui vient du monastère d'Augia

ille. Cum in pago illo resedissem in villa illa cum judicibus et regimburgis et aliis populis multis ad dicendum judicium. — Suit le procès dans lequel un personnage revendique des objets qu'on lui a enlevés injustement. — *Et si* (pour *sic*) *illa causa que ante nos fuit dijudicata et judicibus nostris vel regimburgis nostris vel judicibus constitutis et aliis pagensis plurimis ibidem sistentibus, hoc sunt illi et illi. Sig. testium septem ibidem adsistentium.... Sig. comitis illius et judicibus quorum ista continentia definita fuit.*

L'explication de cette formule présente deux difficultés. D'abord nous voyons autour du comte qui préside le tribunal des gens appelés *judices* et des gens appelés *regimburgi*. On peut se demander si ce sont les mêmes personnes ou si les *judices* sont différents des rachimbourgs. Il ne me paraît pas douteux qu'ils ne soient les mêmes, et je n'insiste pas sur l'objection qu'on pourrait tirer du fait que le texte se sert de deux noms; dans la langue de cette époque deux noms ne désignent pas nécessairement deux espèces d'hommes, je l'ai montré par une foule d'exemples; le plus souvent même deux noms font double emploi et disent deux fois la même chose. Ici il est facile de voir que nous avons justement affaire à une de ces tautologies si fréquentes. J'en donne deux raisons. En premier lieu, si les rachimbourgs ne sont pas ici les juges de l'affaire on ne voit pas ce qu'ils peuvent être; quand ils figurent dans un procès, c'est toujours pour juger; il faut donc qu'ils soient dans ce texte ceux qu'on appelle les *judices*. En second lieu, à la fin de la formule, nous trouvons la signature et les sceaux de deux classes très différentes de personnages, d'abord les *testes* qui n'ont fait qu'assister au procès, ensuite le comte et les *judices* par qui *ista continentia definita fuit.* Les rachimbourgs ne peuvent être dans la première classe, puisque leur rôle est toujours de juger, et non pas seulement d'être *testes;* donc ils sont dans la seconde classe, c'est-à-dire qu'ils se confondent avec les *judices*. Ainsi le texte dit au début *judices* et rachimbourgs, et à la fin *judices* tout court, parce que ce seul mot vaut les deux. Maintenant si l'on de-

(Reichenau). Les dates de chacune de ces formules sont assez diverses, et le plus souvent impossibles à déterminer exactement, mais l'ensemble appartient sûrement à l'époque carolingienne. Voy. Zeumer, p. 340, 341.

mande ce que sont ces hommes qu'on appelle indifféremment
judices et rachimbourgs, il est facile de répondre qu'ils ne
peuvent être que les scabins; car dans l'organisation carolingienne il n'y a pas place pour d'autres *judices*; d'ailleurs on
sait que le mot *judices* signifie très souvent les scabins; et enfin l'expression *regimburgi nostri* (les rachimbourgs du comte)
dont se sert notre formule ne laisse aucun doute sur leur
caractère de scabins. Voici maintenant la seconde difficulté.
Non seulement il y a dans ce plait un comte et des scabins,
mais il y a encore beaucoup d'autres personnes (*et aliis populis multis*). La présence de la foule des hommes libres n'a
rien qui puisse étonner : elle indiquerait seulement, si tous
les hommes libres étaient là, que le plait serait général; mais
la formule ne se contente pas de dire que ces hommes étaient
présents, elle semble dire aussi qu'ils ont jugé (*dijudicata et
judicibus nostris... et aliis pagensis plurimis ibidem sistentibus*);
or le jugement par tous les hommes libres est contraire à tout
ce que je me suis jusqu'ici efforcé de prouver. Je traiterai
tout à l'heure cette question du rôle des hommes libres dans
le jugement à l'époque carolingienne; mais pour le moment
je me contente de faire observer que cette formule, si on la
lit avec attention, ne dit pas que la sentence a été rendue par
tous les *pagenses*. Elle dit seulement qu'elle l'a été devant eux,
ce qui est bien différent (*ante nos fuit dijudicata et judicibus
nostris... et aliis pagensis*). Il est vrai que dans cette phrase les
pagenses paraissent sur le même pied que les *judices*, et c'est
de là que vient la difficulté; mais il faut lire jusqu'au bout.
Quand on arrive aux signatures, la formule porte ces mots :
Sig. comitis illius et judicibus quorum ista definita fuit: donc
il n'y a à avoir *definitum*, c'est-à-dire jugé, que le comte
et les scabins. Les autres sont des assistants qui n'ont pas
jugé, dont quelques-uns, il est vrai, signent l'acte, mais le
signent comme *testes*, et non pas comme juges. En résumé
les hommes libres sont tous présents probablement parce qu'il
s'agit d'un plait général; mais le jugement est rendu seulement par le comte et par les *judices* ou rachimbourgs qui ne
sont autres que les scabins.

Vaissete, V, p. 137 (anc. édition, II, p. 56). = Thévenin,
loc. cit., n° 123, — an 918 : *Cum in Dei nomine resideret Ari-*

*demandus episcopus sedis Tolosæ civitatis cum viro venerabili
Bernardu, qui est missus advocatus* (représentant) *Raymondo
comite Tolosæ civitatis et marchio... una cum abbatibus, presbyteris, judices, scaphinos et regimburgos tam Gotos quam Romanos seu etiam Salicos, qui jussis* (pour *jussi sunt*) *causas
audire, dirimere et legibus definire, id est* (trois noms) *monachi,* (quatre noms) *judices Romanorum,* (quatre noms) *judici
Gothorum,* (huit noms) *judices Salicorum, sive et in præsentia*
(dix-huit noms) *et aliorum plurimorum bonorum hominum qui
cum eo resedebant in mallo publico.*

Ce texte est très important, et l'un de ceux à l'aide desquels on peut le mieux se faire une idée complète de l'organisation judiciaire carolingienne. Il importe donc d'en bien
comprendre tous les mots. Nous avons affaire à un plait dans
lequel seront jugés des gens de nationalités différentes, à
savoir des Romains, des Goths et des Francs Saliens; il faut
des *judices* ou scabins de ces trois nationalités, en vertu du
principe de la personnalité des lois qui veut que chacun soit
jugé selon sa loi, et par conséquent par des juges vivant sous
sa loi. Il est intéressant d'observer cette application de la
personnalité des lois en 918, c'est-à-dire à une date assez
basse. C'est une des dernières. Le dixième siècle marque la
la fin de ce système au moins en France (1). Voyons mainte-

(1) En Italie et en Allemagne, le principe de la personnalité des lois s'est
maintenu beaucoup plus longtemps qu'en France. En Italie on rencontre des
professiones juris, c'est-à-dire des déclarations par lesquelles une personne
annonce quelle loi elle suit, jusqu'en 1212; voy. ces *professiones* italiennes
publiées par Muratori, et réunies dans l'ouvrage de Gaupp, *Die Germa-
nischen Ansiedlungen und Landtheilungen*, Breslau, 1844, p. 243 et 244; la
dernière est de 1212. En Allemagne, la personnalité des lois est encore affir-
mée dans les *Miroirs de Saxe et de Souabe,* qui sont de la fin du xiii° siècle
(Voy. les textes dans Zœpfl, *Deutsche Rechtsgeschichte*, II, p. 9 à 11, notes 9,
10, 14, 14ª, 16); et une *professio juris* de 1272 est citée par Gaupp (*loc. cit.,*
p. 261). La territorialité n'a donc triomphé en Allemagne qu'au xiv° siècle
(Zœpfl., *loc. cit.,* p. 10 et 11). En France, au contraire, les dernières mentions de la personnalité sont du x° siècle. Je viens de citer une charte de
918. Postérieurement encore à cette date, voyez un plait de 933, tout à fait
semblable à celui dont il est ici question (Vaissete, V, p. 160; anc. édition,
II, p. 69), et une autre de 967 ou 968, où figurent, à côté du comte, divers
personnages, *tam romanos quam salicos una cum plurimarum personarum
diversis legibus viventibus* (Guérard, *Cartulaire de Saint-Victor,* I, p. 308. =

nant les personnages qui composent ce plait. Il y a d'abord le *missus* du comte qui préside le tribunal, selon la règle, et à côté de lui l'évêque qui a une sorte de présidence d'honneur, selon les usages constants que nous avons rencontrés dès les Mérovingiens (1). Ensuite des abbés, des prêtres et des moines. Il n'en faut pas conclure que le tribunal est ecclésiastique; il est évident au contraire que c'est le tribunal du droit commun, présidé, comme de droit, par le *missus* du comte; les clercs assistent à ce plait, comme hommes libres, et ne sont mentionnés ainsi par le rédacteur de l'acte que parce qu'ils sont des personnages plus importants que le commun des assistants (2). Puis viennent les juges dont on donne les noms. On les appelle *judices*, *scabini*, et *rachimburgi*; il importe avant tout de savoir s'il y a des distinctions à faire entre les personnages qu'on nomme ainsi de trois noms différents. Savigny, qui reconnaît sans difficulté que les *judices* ou les *scabini* sont les mêmes, soutient au contraire que par *rachimburgi* il faut entendre une tout autre classe d'hommes; d'après lui ces rachimbourgs seraient tous les hommes libres; c'est le sens qu'il donne toujours au mot rachimbourg partout où il le trouve; ici particulièrement les rachimbourgs, c'est-à-dire les hommes libres, s'opposeraient aux *judices* ou scabins (3). Cette opinion n'est pas admissible. J'ai montré dans une précédente

Thévenin, *loc. cit.*, n° 137). Comme preuve de la tendance que la France a eue de très bonne heure à se débarrasser de la personnalité des lois, noter la lettre remarquable d'Agobard à Louis le Pieux (Bouquet, VI, p. 356), où l'unité de législation est conçue et réclamée comme la conséquence de l'unité du Saint-Empire : *Utinam placeret omnipotenti Deo ut sub uno piissimo rege una omnes regerentur lege,* etc. — Cf. sur cette matière, Bethmann-Hollweg, V, p. 74, 75.

(1) Voy. ce que j'ai dit, plus haut, p. 105, note 3.

(2) Cf. Sohm, p. 340. Il est certain que, dans cette charte, le plait est le tribunal ordinaire, et que les moines n'y assistent que comme hommes libres. Cependant il ne faut pas oublier que les conciles, et même les capitulaires qui donnent force de loi le plus souvent aux prescriptions des conciles, interdisent aux clercs et aux moines de prendre part aux assemblées des tribunaux séculiers. Je me suis expliqué sur cette difficulté en parlant de l'obligation pour les hommes libres d'assister au plait (voy. p. 86, note 4); j'ai dit que les clercs étaient restés libres d'y venir, mais qu'ils n'y étaient pas obligés sans doute, à la différence des laïques.

(3) Savigny, *Droit romain au moyen âge*, traduction, I, p. 150.

étude que rachimbourg, quoi qu'en dise Savigny, n'a jamais le sens d'homme libre dans les textes antérieurs à Charlemagne ; et dans le texte que j'étudie, pas un mot non plus n'indique ce sens. Il est vrai qu'après les *judices* et les scabins, ce texte nomme des personnes qu'il appelle *rachimburgi*; mais il n'y a pas de doute que ces rachimbourgs ne soient justement les mêmes que les *judices* ou scabins. Ce sens est indiqué par la façon même dont notre texte expose les fonctions remplies par ces rachimbourgs. Ils ont été convoqués, comme les *judices* ou scabins, pour rendre la justice (*qui jussi sunt causas audire et legibus definire*) ; puisqu'ils ont les mêmes fonctions, ils doivent être les mêmes personnages ; et puisque cette fonction consiste à juger, avec le *missus* du comte, ils doivent être les scabins, qui ont été institués précisément pour ce rôle là. Allons plus loin ; lorsque le texte passe à l'énumération des personnes qui ont jugé, il les divise en trois classes d'après leur nationalité, mais il leur donne à toutes le nom de *judices*. Il y a donc des juges romains, des juges goths et des juges francs ; et tous ces juges sont indifféremment ceux qu'au début de l'acte on appelait *judices* ou *scabini* ou *rachimburgi*, et que maintenant on embrasse tous sous la dénomination commune de *judices* (1). Il ne reste qu'une difficulté. Après les *judices* des trois nationalités, le texte note la présence de *plurimi boni homines*, dont dix-huit sont appelés par leurs noms, avec cette mention que ces dix-huit assistants ne sont pas les seuls. Que sont ces *boni homines ?* Certainement ils ne sont pas les *judices* puisqu'on vient de les désigner tous, et par leurs noms. Il n'est pas possible davantage qu'ils soient les rachimbourgs, quoique Savigny ait soutenu cette opinion : en effet je viens de montrer que les rachimbourgs ne sont pas autres que les *judices*. Il faut donc qu'ils soient le public, ou au moins l'élite du public. Je fais observer que la présence d'un très nombreux public est ici nécessaire ; car le plait est général (*in mallo publico*). Les *boni homines* sont donc non pas les juges, mais les

____

(1) Tout au plus peut-on dire que le mot rachimbourg, qui appartient à la langue des Francs, s'applique aux scabins francs, et que le mot *judices* désigne, au contraire, les scabins romains ou goths. Voy. W. Sickel, *Savigny-Stiftung*, VI, p. 67, note. Mais la fonction de tous ces personnages est la même ; et il n'y a de différence que dans les mots, non dans les choses.

assistants. Cette remarque est importante, parce que dans toutes les formules qui sont antérieures à l'organisation nouvelle créée par Charlemagne, *boni homines*, comme je l'ai montré, est synonyme de rachimbourgs et signifie les juges. On voit qu'il en est différemment dans le nouveau régime ; et qu'à cette époque au contraire les *boni homines* sont en général les assistants, ou les plus notables d'entre eux, mais non plus les juges. J'aurai à revenir plus tard sur cette observation indispensable à l'intelligence des textes carolingiens.

En résumé, le nom officiel des fonctionnaires créés par Charlemagne est *scabini ;* mais dans les actes ils s'appellent de plusieurs autres noms dont les principaux sont ceux de *judices* et de *rachimburgi*.

Une observation doit cependant être faite encore. Les noms que je viens d'indiquer sont ceux que portent les scabins ordinairement. On a pu remarquer, notamment par le dernier exemple que je viens de citer, que l'expression *boni homines* qui servait autrefois d'une façon constante à désigner les juges, n'a plus ce sens, en général au moins, dans les textes carolingiens, et s'entend plutôt des principaux assistants. Cependant on se tromperait, à mon avis, si on disait que *boni homines* à cette époque n'a plus jamais le sens de juges. Je reconnais qu'il ne l'a pas en général, mais il a pu l'avoir quelquefois. En somme je suis de plus en plus convaincu que la langue des actes carolingiens est extrêmement indéterminée ; et c'est ce qui fait la grande difficulté des études relatives à cette période, comme la grande importance de ces discussions sur des points de terminologie.

Voici cinq ou six actes dans lesquels *boni homines* (ou les mots, qui toujours sont synonymes de celui-là, tels que *ipsi viri, alii qui aderant,* etc.), me semblent évidemment désigner non les assistants, comme c'est l'usage à l'époque carolingienne, mais bien les juges eux-mêmes ; et je n'ai pas besoin de dire que ces juges de l'époque carolingienne ne peuvent pas être autres que les scabins :

De Courson, *Cartulaire de Redon*, p. 98, — an 832 environ. — Acte constatant une donation. Dans cet acte on rappelle, à propos du bien donné, qu'il y a eu un procès et que ce procès a été jugé par des *boni homines*. — *Et venerunt in pla-*

cidum ante vicum Anestum (1), *et ibi judicaverunt boni homines.*

Deloche, *Cartulaire de Beaulieu (Limousin)*, p. 55, — an 870 : *Noticia cum judicio ante bonos viros quamplurimos vel ante eos qui hanc notitiam subterfirmaverunt, qualiter veniens Garulfus abbas ante virum illustrem Bernardum comitem*, etc.

Il s'agit d'une terre usurpée par un personnage et revendiquée par l'abbaye de Beaulieu. On ne déclare pas en termes exprès que ce sont les *boni homines* qui ont jugé le procès ; mais cette façon de dire qu'il a été porté devant le comte et les *boni homines*, comme on dit ailleurs « devant le comte et les *judices*, » indique clairement, à mon avis, que les *boni homines* font ici fonction de juges avec le comte ; et dans un acte de 870 ces juges sont nécessairement des scabins.

Bruel, *Charte de l'abbaye de Cluny*, I, p. 6, — an 814 : *Noticia qualiter vel quibus presentibus bonis hominibus qui subterfirmaverunt, dum resideret Ostoricus comes, missi gloriosissimi domni nostri Ludovici imperatoris, in Tornone castro, in mallo publico, una cum* (trois noms) *missos Leydradi archiepiscopo, atque missos domni Imperatoris, necnon* (trois noms) *missis dominicis,* (cinq noms), *vel aliis compluris bonis hominibus cum eo aderant pro multorum hominum altercationes audienda et negocia causarum dirimenda atque juxta vel recta judicia terminanda sunt.*

A ce plait sont présents trois *missi* de l'empereur (2), le comte, trois *missi* de l'archevêque, et *complures boni homines* parmi lesquels cinq sont nommés. De *judices*, de scabins ou de rachimbourgs, il n'est pas question. Mais les *boni homines* convoqués ici pour juger (*ad multorum hominum altercationes audienda*) sont sans aucun doute ces scabins eux-mêmes ; car dans l'acte ils figurent précisément à la place où sont toujours mentionnés les *judices* (3).

---

(1) Aujourd'hui Maure, arrondissement de Redon (Ille-et-Vilaine).

(2) Il est évident que les *missi domni Imperatoris* et les *missi dominici* sont les mêmes.

(3) S'ils n'étaient pas justement nommés dans l'acte à la place où sont toujours nommés les *judices*, ce n'est pas la phrase *ad multorum hominum altercationes audienda* qui, toute seule, suffirait, je crois, à indiquer qu'ils sont juges ; car c'est là une phrase de style que les faiseurs d'actes accolent quel-

Formulæ Senonenses recentiores (époque de Louis le Pieux);
1 = Roz., 498 : *In mallo publico, ante inlustre viro illo comite vel aliis quam pluribus personis ibidem resedentes.*

Ces *plures personæ resedentes* s'appellent, quelques lignes plus bas, *racimburgii;* donc il ne faut pas entendre par là de simples assistants, mais les scabins (1).

Ibid., 2 = Roz., 479 : *In mallo publico, ante inlustre viro illo comite vel aliis quam plures qui ibidem aderant.*

Ibid., 3 = Roz., 472 : *In mallo publico,.... vel aliis plures magnificis viris qui ibidem resedebant. — Per juditium ad ipsas personas,* etc.

Ibid., 5 = Roz., 480 : *In mallo publico,* etc. *... vel ante quam plures personis qui ibidem aderant ad universorum causas audiendum vel recta judicia in Dei nomine terminandum... —
... Sic ab ipsis personis taliter fuit judicatum.*

quefois par routine, et sans faire attention à ce qu'ils disent, aux noms de gens qui ne jugent pas du tout. Par exemple, dans les plaits du midi de la France, cette façon de dire est constante; voici un acte, entre une douzaine, que je cite comme type : Vaissete, II, p. 331 (anc. édit., I, p. 113), an 862 : *In judicio Isimberto misso Unafredo comite... et judices qui jussi sunt causas dirimere et legibus definire, id est* (neuf noms) *judices, sive in presentia* (treize noms) *et aliorum multorum bonorum omnium qui cum ipsis ibidem resedebant... per multorum hominum altercationes audiendas, et negotiis causarum dirimendis vel rectis et justis judiciis faciendis.* A ne lire que ces deux dernières lignes, les *boni homines* seraient des juges ; cependant il est évident qu'ils n'en sont pas, puisqu'ils sont distingués avec soin des *judices* qui, au nombre de neuf, sont tous appelés par leurs noms. Les chartes que je citerai dans le cours de cette étude, à propos du rôle judiciaire des scabins, fourniront beaucoup d'autres exemples du même langage, et il me suffit ici d'y renvoyer. Cf. par exemple la charte donnée par M. Thévenin, *loc. cit.,* n° 115. Une phrase comme *ad altercationes audiendas, ad justitia facienda,* etc., peut donc se trouver accolée à la mention des *boni homines,* sans que cela prouve que ces *boni homines* jugent en effet. Mais dans la charte de Cluny que j'ai citée, il en est différemment; on ne nomme ni *judices,* ni scabins, ni rachimbourgs; mais à la place où ces personnages figurent ordinairement dans les actes, après le comte, les *missi* et les autres grands personnages toujours nommés à part, on mentionne les *boni homines;* c'est cette circonstance qui me fait croire que ces *boni homines* ne sont pas simplement des assistants, mais les *judices* eux-mêmes.

(1) Même observation pour une autre formule du même recueil; n° 6 = Roz., 477; au début, on dit que les parties comparaissent devant *plures viris venerabilibus racimburgis, et,* à la fin, ces rachimbourgs s'appellent *ipsi viri* (*Sic ipsi viri ipsius interrogaverunt..... Sic ipsi viri tale decreverunt juditio*).

Formules de Saint-Emmeran (de dates indéterminées, mais
en somme appartenant à l'époque carolingienne) (1), I, 1 (Zeumer, p. 463) : Procès de liberté ; le début manque. *Interrogatum fuit ab ipsis hominibus quid contra hoc respondere vellebat
aut dicere. Sed ipse et ille... in presente ante ipso vicario
vel reliquis viris, pro colonos sancti illius sibi recrediderunt vel
recognoverunt. Sic ab ipsis viris fuit judicatum*, etc.

Ibid., I, 2 (Zeumer, *ibid.*) : *Veniens homo aliquis nomine illo
in illa civitate in mallo publico ante illo vicario vel quampluris
bonis hominibus qui ibidem aderant, homine aliquo nomen illo
ibidem interpellavit et dixit quod malo ordine de servitium
suum se abstrahebat. Interrogatum fuit*, etc.

Ces formules sont conçues absolument comme les formules
mérovingiennes que j'ai citées dans le paragraphe précédent.
Or j'ai montré que, dans ces formules mérovingiennes, les
boni homines, ipsi viri, etc., qui assistent le comte ou le *vicarius*,
comme on le voit ici, sont non pas le public, mais ceux qu'on
appelle alors les rachimbourgs, c'est-à-dire ceux qui jugent
avec le comte. Donc, dans les formules de Saint-Emmeran,
qui sont restées fidèles aux anciennes habitudes de langage, le
mot *boni homines* voudra dire également les juges ; seulement
les juges ou rachimbourgs de cette époque seront, pour les
nommer par leur vrai nom, les scabins eux-mêmes. *Boni homines* signifie donc ici les scabins (2).

Ainsi dans quelques textes, assez rares il est vrai, mais

(1) Voy. Zeumer, p. 462, 463.

(2) Je crois qu'on peut citer un troisième exemple encore, dans ce même
formulaire de Saint-Emmeran, de la synonymie de *boni homines* et de scabins.
Voy. 1, 9 (Zeumer, p. 465) : *Cum resedisset vir inluster ille comis in illa civitate, in mallo publico, una cum rachimburgiis et reliquis quam plures bonis
hominibus qui ibidem aderant ad universarum causas audiendum vel recta judicia in Dei nomine terminandum.* Les rachimbourgs sont ici les scabins,
comme je l'ai démontré. A la rigueur, on pourrait peut-être admettre que les
boni homines qui sont mentionnés après eux sont d'autres personnages ; mais
cela est infiniment peu probable ; la construction de la phrase et les habitudes connues du style de cette époque, qui recherche les tautologies, sug-
gèrent plutôt la pensée que les rachimbourgs et les *boni homines* sont
exactement les mêmes hommes ; et cette pensée est confirmée par ce fait que
les formules de Saint-Emmeran, comme je l'ai montré, parlent la langue des
formules antérieures à Charlemagne, qui disent *boni homines* et *rachimburgii*
comme synonymes.

dignes d'être remarqués à cause de cette particularité de langage, *boni homines* signifie les scabins. Cette observation, jointe à celle que j'ai faite auparavant sur l'emploi du mot rachimbourg pour dire scabin, montre que, même après les réformes de Charlemagne, certaines formules ou certaines chartes ont persisté dans les habitudes de langage prises à l'époque précédente, et ont continué à dire rachimbourgs pour désigner les personnages qui rendent la justice avec le comte, de même qu'à employer *boni homines* comme synonyme de rachimbourgs.

En somme les textes que je viens d'expliquer sont tout simplement des textes dont la langue retarde sur la date; ils appartiennent incontestablement à l'époque postérieure aux réformes de Charlemagne, et cependant ils parlent la langue des documents mérovingiens. Il résulte de là que c'est en donnant aux mots dont ils se servent le sens que ces mots ont dans l'ancien langage, plutôt que celui qu'ils ont en général dans les textes carolingiens, qu'on pourra et qu'on devra les expliquer. Cette remarque n'est pas sans importance, comme je le ferai voir.

IV.

Maintenant que nous connaissons le caractère des scabins, la date de leur création et les noms dont on les désigne, nous sommes suffisamment préparés à la lecture des textes qui les concernent, et nous pouvons aborder la question la plus importante, celle de savoir quelles sont leurs fonctions.

Comme les rachimbourgs qu'ils remplacent, les scabins ont deux sortes de fonctions, des fonctions extrajudiciaires et des fonctions judiciaires.

Je n'insisterai pas sur les premières. Par exemple l'ancienne affatomie continue à se faire à l'époque carolingienne, comme dans l'ancien droit, devant le roi ou dans le *mallus publicus;* et les capitulaires ont soin de dire que le *mallus* est désormais l'assemblée tenue par le comte et par les scabins (1).

____

(1) Capit. de 803, ajouté à la Loi Ripuaire, cap. 8 (Boret., p. 119) : *Qui*

De même les chartes du midi de la France nous montrent des personnages faisant à des abbayes l'abandon de biens qu'ils déclarent posséder induement, et cela dans le plait, c'est-à-dire devant le comte et les scabins (1). On peut citer d'autres exemples encore (2), mais ceux-là suffisent. Il est plus utile de s'arrêter un certain temps sur le rôle judiciaire des scabins.

Il est certain que les scabins sont des juges, et non pas seulement des gens venus pour assister au plait, pas davantage de simples conseillers du comte ou de simples arbitres. Je ne sais si ceux qui ont réduit à l'un de ces rôles les rachimbourgs, pour faire du comte le juge unique, maintiendraient leur opinion pour l'époque carolingienne, et diraient toujours que le comte juge seul et que les scabins ne sont que des conseillers ou des arbitres. La logique le voudrait; car il serait sûrement incompréhensible, si les notables du pays n'ont aucune part au jugement à l'époque mérovingienne, que ce fût Charlemagne qui eût imaginé de leur en donner une. Mais on se heurterait alors aux textes les plus formels et les plus nombreux. Tous les documents en effet disent que les scabins sont des juges; leur nom est *judices;* dans les actes que j'ai cités déjà et que je citerai encore ils jouent le rôle de juges; enfin les capitu-

---

filios non habuerit et alium quemlibet heredem sibi facere voluerit, coram rege vel coram comite et scabineis vel missis dominicis... traditionem faciat. — Coram comite et scabineis signifie ici exactement la même chose que *in mallo publico legitimo* dans la Loi Salique, tit. 46 *in fine.*

(1) Vaissete, II, p. 382 (anc. édit. I, p. 131), — an 875 : Reconnaissance du droit réclamé par le demandeur, destinée à lui servir de titre, *in judicio Isimberto misso comite sive et de judices qui jussi sunt causas dirimere,* etc., *id est* (dix noms)...; *vel in præsentia* (dix-neuf noms) *vel aliorum plurimorum bonorum hominum præsentia qui in ipso judicio residebant. — Ibid.,* II, p. 378 (anc. édit., I, p. 128), — an 875 : Délaissement d'une terre *in judicio de judices qui jussi sunt causas audire dirimere vel judicare, id est* (six noms) *judicum... seu et in præsencia multorum bonorum hominum qui in ipso judicio residebant.* — Dans ces textes apparaissent très bien distingués les scabins qui sont les juges, et les *boni homines* qui ne sont que des assistants. — Cf. *ibid.,* V, p. 72 (anc. édit., II. p. 20), — an 883. — Guérard, *Cartulaire de Saint-Victor,* I, p. 307, 646 (nᵒˢ 290 et 654). = Thévenin. *loc. cit.,* nᵒˢ 137, 144 (an 967, 978 ou 984).

(2) Voyez quelques-unes de ces attributions extrajudiciaires dans Beauchet, p. 291.

laires déclarent en termes exprès qu'ils jugent, et appellent leurs décisions *judicium* ou *sententia* (1).

C'est précisément parce que les scabins sont des juges qu'ils doivent appartenir à la nationalité du défendeur ou de l'accusé, selon le principe de la personnalité des lois, et que par conséquent, dans les plaits où l'on juge des hommes de nationalité différente, les scabins sont aussi de plusieurs nationalités :

Guérard, *Cartulaire de Saint-Victor*, I, p. 33. = Thévenin, *loc. cit.*, n° 80, — an 845 : *In mallo publico, ante Rothbertum vicarium de viro illustre Adalberto comite, et tam scavinis tam romanis quam salicis judicibus qui cum ipsis* (avec le vicomte et l'*advocatus* de l'évêque de Marseille signalés plus haut) *ibidem aderant, id est* (vingt-sept noms).

Vaissete, V, p. 137 (anc. édit., II, p. 56). = Thévenin, *loc. cit.*, n° 123, — an 918. Cité plus haut, p. 190 et suiv.

Vaissete, V, p. 160 (anc. édit., II, p. 69). = Thévenin, *loc. cit.*, n° 128, — an 933 : *In civitate Narbonæ, in præsentia domno Aymerico archiepiscopo et domino Pontione comite,... vel judices qui jussi sunt causas dirimere et legibus diffinire, tam Gotos quam Romanos velut etiam Salicos, id est* (quatre noms).

Ménard, *Histoire de la ville de Nismes*, 1750, I, *Preuves*, p. 16. = Germer-Durand, *Cartulaire de Nîmes*, n° 8. = Thévenin, *loc. cit.*, n° 114, — an 898 : *In presencia Agilardo, gracia Dei sedis Nemausensis episcopo, vel in presencia Bernardo, vicescomite; Sentilde vasso, Regemundo comite...; seu et in presencia judicum* (sept noms) *judices; (puis dix-sept noms); vel in presencia sacerdotum* (dix noms); *vel aliarum plurimarum per-*

(1) Capit. d'Aix-la-Chapelle de 809, cap. 1 (Boret., p. 148) : *Nec inter scabinios legem judicandam locum non teneat* (l'homme condamné à mort à qui on a fait grâce de la vie). — Capit. leg. addit. de 803, cap. 10 (*ibid.*, p. 114) : *Ab scabinis qui causam prius judicaverunt.* — Capit. d'Aix-la-Chapelle de 801 à 813, cap. 13 (*ibid.*, p. 172) : *Postquam scabini eum dijudicaverint.* — Capit. *missor.*, cap. 8 (*ibid.*, p. 123) : *Qui nec judicium scabinorum adquiescere volunt.* — Capit. entre 801 et 814, cap. 7 (*ibid.*, p. 145) : *A scabineis sentenlia accepta.* — Capit. de Worms de 829, cap. 4 (Pertz, *Leges*, I, p. 351) : *Quicumque de scabinis deprehensus fuerit... injuste judicasse.* — Capit. de Louis II de 856, cap. 5 (*ibid.*, p. 438) : *De judicibus* (les scabins certainement; cela est prouvé par le contexte)... *ut juxta suam intelligentiam recte judicent... et quod judicaverint confirmare sua subscriptione non dissimulent.*

sonarum, bonorum hominum, qui cum ipsis ibidem aderant.
Réclamation par l'*advocatus* de l'évêque d'une terre retenue
injustement. *Interrogati fuerunt a judicibus qua lege vivebant.
Josue* (le demandeur) *Gotum se esse dixit. Rodestagnus* (le défendeur), *Salicum...* — Les parties sont renvoyées à quarante
jours; ce délai expiré, elles comparaissent de nouveau. — *In
presencia Agilardo episcopo, vel in presencia Arlando vasso,
Regemundo comite qui est missus, Bernardo vicecomite, seu et
judices tam Salicos quam Gotos* (sept noms dont quatre ont déjà
figuré dans la liste des *judices* du plait précédent) *judices;* (puis
onze noms); *vel in presentia sacerdotum id est* (sept noms),
vel aliorum hominum (1).

Ainsi les scabins sont certainement des juges. Mais si tout
le monde est d'accord sur ce point, il y a au contraire de très
grandes difficultés quand on veut préciser le rôle de juge
joué par les scabins.

Dans l'opinion qui paraît la plus répandue, il faut, pour
connaître ce rôle, distinguer les plaits généraux auxquels tous
les hommes libres sont convoqués, et les plaits non généraux
auxquels on n'appelle que les scabins. J'ai déjà montré plusieurs fois la corrélation étroite qui existe entre ces deux
réformes de Charlemagne, celle qui consista à créer les sca-

____

(1) Sur ces tribunaux composés de scabins qui appartiennent à des nationalités différentes, voy. les textes cités et les questions diverses examinées
par Bethmann-Hollweg, V, p. 83, 84, et Beauchet, p. 286 à 291. — On rap-
porte souvent à cette matière le principe posé par le capitulaire de 802, cap.
48 (Boret., p. 104) : *Ut comites et judices confiteantur qua lege vivere debeant
et secundum ipsam judicent.* Mais la signification de ce texte est très difficile,
pour ne pas dire impossible, à déterminer exactement. L'explication de Waitz,
IV, p. 403, d'après laquelle il faut traduire *judices* par scabins, et comprendre
tout simplement que les scabins doivent appartenir à la nationalité des parties en cause, et les juger d'après la loi de cette nationalité, quoique adoptée
en général (voy. Beauchet, p. 286), est, à mon avis, inadmissible, puisque
le texte ne parle pas seulement des scabins (*judices*), mais encore des comtes, et que les comtes ont sûrement à juger des personnes de toutes les nationalités. D'après Sohm, au contraire, p. 173 et 174, les *judices* sont ici les
centeniers ou les vicomtes; *judicare* signifie non pas juger, mais gouverner;
il ne s'agit pas de tribunaux ni de jugements; et le texte veut dire que les
fonctionnaires royaux doivent gouverner d'après leur loi nationale. Cette
explication, bien différente de la précédente, ne me paraît pas beaucoup plus
satisfaisante. Mais je n'en vois aucune à mettre à la place. Cf. W. Sickel,
Savigny-Stiftung, VI, p. 69.

bins, et celle qui fit distinguer les deux espèces de plaits. On
ne doit donc pas s'étonner que l'on fasse intervenir dans cette
question du rôle judiciaire des scabins la distinction des deux
espèces de plaits. Ceci étant, voici la règle, d'après l'opinion
que j'expose. La création des scabins n'a pas été faite en vue
des plaits généraux, mais seulement en vue des plaits non
généraux. Donc aux plaits non généraux, et à ceux-là seuls,
les scabins apparaissent avec leurs fonctions propres : dans
ces plaits , ils sont les seuls juges; et quant aux hommes
libres, si quelquefois nous les voyons apparaître, comme ils
n'y sont pas convoqués régulièrement, il est sûr qu'ils n'y
sont pas juges. En somme, le plait non général est le plait où
jugent les scabins seuls. Au contraire, dans le plait général,
les scabins ne se distinguent pas des autres hommes libres ;
car la création des scabins n'a pas été faite en vue de ces
plaits; par conséquent, comme dit M. Beauchet, un scabin n'y
possède pas plus de droits qu'un homme libre quelconque.
Donc le jugement, dans ces plaits généraux, est rendu par
l'assemblée des hommes libres (1).

(1) Maurer, *Geschichte der altgerman. Gerichtsverfassung* , p. 66 et suiv.;
Schæffner, *Geschichte der Rechtsverfassung Frankreichs*, I, p. 360, 361 ; Sohm,
p. 380, 388 ; Beauchet, p. 271 à 291 ; R. Schröder, *Lehrbuch der deutschen
Rechtsgesch.*, p. 165 et 166. — M. Beauchet est de tous ces auteurs celui chez
qui l'on trouvera la défense la plus complète et la plus développée de ce système. C'est donc surtout dans son livre qu'il convient de l'étudier. — Il
faut remarquer que l'opinion de Sohm et de Schröder s'écarte un peu de
l'opinion de M. Beauchet, non dans son principe, mais dans ses résultats, à
cause de la façon particulière dont ces auteurs comprennent le rôle des rachimbourgs à l'époque mérovingienne. Ils admettent, comme tous ceux que
je viens de citer, que l'institution des scabins ne concerne que le plait non
général, et que, par conséquent, les scabins sont seuls juges dans ce plait,
tandis que, dans le plait général, la sentence est rendue par tous les hommes
libres. Mais comme à l'époque mérovingienne, selon Sohm et Schröder, l'assemblée des hommes libres ne juge que conseillée par les rachimbourgs, le
principe d'après lequel, pour le plait général, rien n'est changé à l'ancien
droit, mène forcément à cette conséquence qu'en pareil cas les hommes libres
seront, il est vrai, les juges, mais conseillés par les scabins qui sont les rachimbourgs de l'époque mérovingienne. Ainsi, selon l'opinion de Sohm, il ne
serait pas vrai de dire que le scabin, dans le plait général, ne possède pas plus
de droit qu'un homme libre quelconque; il remplit, dans ce plait, la fonction
de rachimbourg. En résumé, il est juge au plait non général, et rachimbourg.
c'est-à-dire conseiller de l'assemblée des hommes libres , au plait général.

A côté de ce système subsiste toujours l'ancienne opinion, autrefois soutenue par Savigny, d'après laquelle le jugement par tous les hommes libres est la règle essentielle de l'organisation judiciaire de l'Empire franc à toutes les époques. Les partisans de cette manière de voir ne distinguent pas, par conséquent, les plaits généraux et les plaits non généraux; dans tous ils décident que les hommes libres sont les juges. Il est vrai qu'aux plaits non généraux tous ces hommes libres ne sont pas convoqués; mais cette règle signifie seulement qu'ils sont dispensés de l'obligation d'assister et de juger au plait, nullement qu'ils ont perdu le droit d'y venir et d'y juger, si bon leur semble. C'est une obligation, non un droit qu'on leur a enlevé. En résumé, aux plaits généraux tous les hommes libres sont obligés d'assister et de juger; aux plaits non généraux, les fonctionnaires nouveaux, appelés scabins, sont seuls obligés de venir et de juger; mais le concours des autres hommes libres, s'il n'est plus nécessaire, est toujours volontaire; et lorsqu'ils assisteront à ces plaits, ils prendront part au jugement avec les scabins (1).

Voilà deux systèmes bien différents. Ces deux opinions ont cependant un point commun. De l'avis de tout le monde, dans

(1) Savigny, *Droit romain au moyen âge* (traduction), I, p. 164 à 170; Laferrière, III, p. 417; Faustin Hélie, *Instruction criminelle* (2e édition), I, p. 165 à 167; Bethmann-Hollweg, V, p. 26, 27; Waitz, IV, p. 397 à 407. — L'opinion de Bethmann-Hollweg a lieu d'étonner de la part d'un auteur qui, pour l'époque mérovingienne, écarte d'une façon résolue le jugement par l'assemblée des hommes libres (Voy. IV, p. 431); il résulte, en effet, de la combinaison de ces deux manières de voir que les hommes libres, qui ne sont pas juges à l'époque mérovingienne, le sont devenus à l'époque carolingienne, au moins dans certains cas; rien n'est plus contraire à l'évolution naturelle du droit franc et à l'esprit de la législation de Charlemagne. Aussi, quoique Bethmann-Hollweg dise très formellement que « tous les hommes libres, par leur approbation ou par leur opposition, prenaient une part à la sentence » et plus loin que « les actes de jugement mentionnent, à côté d'un petit nombre de scabins, la présence des autres hommes libres du *pagus* (*pagenses, boni homines*), tantôt comme simples témoins, et tantôt comme coauteurs de la sentence, » je ne puis croire que, dans la pensée de l'auteur, un fait pareil ne soit considéré comme exceptionnel. — Quant à Waitz, son opinion, hésitante déjà pour l'époque mérovingienne, ne l'est pas beaucoup moins pour cette période. Il reconnaît que dans les capitulaires et dans les actes, les scabins ont le rôle principal, et que le jugement est présenté presque toujours comme leur affaire propre et comme leur œuvre (p. 400, 401); mais il ajoute : « Dans

le plait général, le jugement appartient à l'assemblée de tous les hommes libres. La controverse existe seulement en ce qui concerne le plait non général ; là les uns veulent que les scabins soient les seuls juges, tandis que les autres attribuent encore le jugement à tous les hommes libres.

Je vais reprendre la question ainsi posée, et rechercher comment les choses se passent d'abord dans le plait non général, et en second lieu dans le plait général.

Etudions d'abord le plait non général.

Ici aucun doute n'est possible, à mon avis. Le jugement est rendu non par tous les hommes libres, mais par les seuls scabins. En effet les capitulaires relatifs à la distinction des deux espèces de plaits disent d'une façon très claire qu'aux plaits non généraux, on ne convoque que les scabins avec les parties et les témoins. C'est dire que les hommes libres ne sont pas les juges puisqu'ils ne sont pas même convoqués. On répond à cela : « Les hommes libres sans doute ne sont pas convoqués, mais ils peuvent venir : et s'ils viennent, ils peuvent juger ; car on a voulu les décharger d'une obligation et non pas les priver d'un droit. » Il faudrait prouver cela. Or non seulement on ne le fait pas, mais encore on semble

quelques contrées, et notamment dans les pays allemands, il n'est fait que d'assez rares mentions des scabins ;..... là se maintint l'ancienne coutume d'après laquelle les hommes libres participaient au jugement, de sorte que cet acte était toujours considéré comme la décision de la communauté assemblée. De nombreux documents des différentes parties de l'Empire, et surtout des pays germaniques, prouvent que les jugements se rendaient encore, selon l'ancienne règle, par le peuple, par les habitants du *pagus*, par les *boni homines*, par les voisins, etc. » (p. 404 à 407). — L'opinion de Lehuërou, *Institutions carolingiennes*, 1843, p. 385, et celle de Schulte, *Histoire du droit et des institutions de l'Allemagne* (traduction), p. 375 et 377, sont beaucoup trop vagues, pour qu'il y ait lieu de les discuter. Le premier voit dans les *boni homines* qui assistent au plait avec le comte et les scabins « des juges auditeurs ayant le droit d'intervenir au procès, mais sans voix délibérative ; » le second maintient que « dans les tribunaux des comtes, le peuple prenait part au jugement, » sans donner plus d'explications. — Zœpfl, III, p. 324, dit aussi que la création des scabins n'a pas enlevé aux hommes libres le droit de prendre part au jugement, mais voit cependant dans cette séparation des scabins et des hommes libres un pas fait dans la voie qui devait aboutir à l'exclusion de ces derniers. — Quant à W. Sickel, *Savigny-Stiftung*, VI, p. 71 et suiv., il ne me paraît pas s'être préoccupé de la question, ou, s'il l'a fait, je n'ai pu parvenir à me rendre bien compte de son opinion.

prendre plaisir à brouiller toutes les idées. Il y a deux choses en effet qu'on confond ici et qui cependant sont distinctes, le droit pour les hommes libres de venir au plait, et le droit d'y juger. Le bon sens dit que ce sont là deux choses différentes. Les faits prouvent aussi qu'on n'a jamais traité ces deux choses de la même façon. Ainsi, à l'époque antérieure aux réformes de Charlemagne, il est certain que tous les hommes libres ont le droit, et même, comme je l'ai montré, l'obligation de venir au plait; car tous les plaits à cette époque sont généraux. Cependant j'ai prouvé aussi que les hommes libres ne sont pas tous juges. Il est donc indispensable de distinguer avec soin les deux questions. Voyons d'abord la première. Les hommes libres ont-ils le droit de venir aux plaits non généraux? Cela est possible. Il est certain qu'ils ne sont pas convoqués et que rien ne les oblige à venir, mais aucun texte non plus ne les oblige à rester chez eux; et comme en somme il est de principe que la justice est rendue en public, on ne voit pas d'obstacle à ce qu'ils se rendent à ce plait, s'ils en ont envie. Je crois seulement qu'ils s'y rendront très peu, parce que les hommes libres ont toujours montré peu d'empressement à venir aux plaits, même à ceux où ils sont convoqués. Voyons maintenant la seconde question. Les hommes libres, en les supposant présents, sont-ils les juges ou ne sont-ils que le public? Pour répondre à cette question, qu'on relise les textes des capitulaires ou les actes de jugement que j'ai cités. Il n'y a que deux classes de personnes que les textes appellent *judices*, d'une part le comte ou en général les fonctionnaires du roi, d'autre part les scabins. Il n'y a que ces personnes qui dans les formules et dans les chartes soient mentionnées comme ayant jugé; le *judicium* ou la *sententia* est la décision de ces gens exclusivement; eux seuls sont obligés par les capitulaires de juger équitablement et selon les lois; eux seuls prêtent serment de bien juger; eux seuls sont l'objet de la surveillance des *missi* du roi, chargés spécialement de voir s'ils rendent bien la justice; eux seuls enfin sont convoqués au plait et obligés d'y venir; les hommes libres ne viendront que s'ils le veulent car ils ne sont pas nécessaires; eux, les juges, sont au contraire indispensables. Pourquoi si les hommes libres jugent aussi bien que les scabins, toutes ces dispositions des lois? Pourquoi n'appelle-t-on pas ces hommes libres *judices;* pourquoi les hommes libres ne jurent-ils jamais de bien juger ; pourquoi les *missi* ne s'occupent-ils pas d'eux ; pourquoi les capitulaires disent-ils toujours le *judicium* des scabins et non le *judicium* des hommes libres ; pourquoi enfin ne prend-on même pas la peine de les convoquer au plait? On n'oppose rien de sérieux à ces arguments décisifs. On dit que les hommes libres ont dû continuer à exercer le droit de juger, parce qu'ils l'avaient depuis des siècles et qu'il eût été trop dur de les en priver. On oublie plusieurs choses en parlant ainsi. D'abord il n'est pas vrai que les hommes libres aient jamais été les juges, si ce n'est peut-être aux époques lointaines de la loi Salique ; donc on ne leur a enlevé aucun droit. Ensuite, eussent-ils jugé vraiment sous les Mérovingiens, que cela ne prouverait pas qu'ils jugent encore sous Charlemagne. Car il est certain que Charlemagne a fait ici des changements et des réformes ; donc les choses ne se passent nécessairement de son temps comme autrefois ; et il est peu probable précisément qu'il ait créé les scabins, fonctionnaires judiciaires, pour que les hommes libres rendissent la justice absolument comme ces scabins. Enfin, lorsqu'on prend la peine de s'apitoyer sur le sort de ces hommes libres à qui, dit-on, il eût été dur d'enlever leur droit de rendre les sentences, on entend fort mal leurs vrais sentiments. Loin d'être heureux et fiers de ce rôle de juges, ils s'en trouvaient très incommodés, et il est certain que la réforme de Charlemagne qui a réduit les plaits généraux à trois par an, n'a pas été faite dans un autre intérêt que dans celui des hommes libres qui se plaignaient d'être trop souvent convoqués (1). Ainsi, alors même que ces hommes auraient été les juges dans l'ancienne organisation, on comprendrait encore très bien qu'on les ait privés de ce droit sous Charlemagne, et cela justement pour leur rendre service. Reste alors l'argument que l'on tire d'un certain nombre d'actes dans lesquels à côté des scabins figurent des personnages appelés *boni homines;* on dit que ces *boni homines* sont la foule des hommes libres, et que ces

---

(1) Voyez les textes cités plus haut, p. 78, note, à propos de l'obligation des hommes libres de venir aux trois plaits annuels.

actes montrent que les hommes libres jugent avec les scabins.
Savigny surtout a beaucoup insisté sur cette observation (1).
Mais il comprend très mal les actes de jugement dont il se
sert. Les *boni homines* qui y sont mentionnés, après les scabins ou *judices*, jouent, quoi qu'il en dise, un rôle très différent de celui de ces scabins. Tandis que ces derniers jugent,
les *boni homines* assistent au jugement ; ils sont le public tout
simplement, ou plutôt, je crois, l'élite du public. C'est ce que
montre la lecture des actes mêmes cités par Savigny. Je laisse
de côté, parmi ces actes, ceux qui sont relatifs sûrement à
des plaits généraux, parce que je me réserve de revenir bientôt sur ces assemblées judiciaires (2) ; je me borne aux chartes
qui concernent des plaits sur les caractères desquels il ne me
paraît pas qu'on puisse se prononcer avec certitude, mais qui
peuvent bien être des plaits non généraux :

Vaissete, II, p. 47 (anc. édit., I, p. 24), — an 782 : *Cum residerent missi gloriosissimo atque scellentissimo*, etc. (Charlemagne)... *per multorum altercationes audiendas et rectis negociis
terminando... et per ordinatione de suos missos id est* (quatre
noms) *et vassis dominicis id sunt* (deux noms), *et judices qui jussi
sunt causas dirimere et legibus diffinire* (les scabins), *id est* (six
noms), *et aliorum bonorum hominum qui ibidem aderant id
est* (quatorze noms). — Suit le procès ; l'église de Narbonne
revendique des terres occupées par le comte Milon. On procède
à un interrogatoire. — *Ad tunc nos missi, vassi dominici, et judices interrogavimus jam dicto Milone comite.* — Les juges font
jurer ensuite le représentant de l'église de Narbonne. — *Pro
judicio de supradicto missos vassis dominicis et judices.* — Puis

____

(1) Savigny, *loc. cit.*, p. 165, 166.

(2) Les actes cités ici par Savigny et qui sont relatifs à des plaits généraux, sont les suivants : Vaissete, II, p. 331 (anc. édit., I, p. 113) ; V,
p. 137 (II, p. 56) ; V, p. 160 (II, p. 69) ; II, p. 369 (I, p. 124). J'aurai l'occasion de revenir sur les trois premiers ; le second, d'ailleurs, a déjà été
étudié, et j'ai eu aussi l'occasion de parler du troisième. Quant au quatrième,
il y est dit formellement qu'il s'agit d'un plait général (*in mallo publico*, synonyme de plait général, comme je l'ai expliqué plus haut ; voy. p. 87) ; au
reste, il y est question seulement de serments prêtés devant le *missus* du
comte *et judices qui jussi sunt causas dirimere et legibus diffinire* (les scabins), ... *vel aliis quamplures bonis hominibus qui cum ipsis in idem aderant*
(les assistants).

vient le jugement définitif. — *Et cum nos prefati missi, vassi dominici et judices, videntes talem adprovationem, et post tanta rei veritatem bene cognovimus, et altercavimus inter nos ante prescriptos missos... et judices, vel plures bonis hominibus qui misso judicio residebant, et ordinavimus*, etc.

Ibid., II, p. 134 (anc. édit., I, p. 55), — an 821. Serments prêtés au plait, devant *Algiberto vicedomino*, (cinq noms) *judicum, vel aliorum bonorum hominum qui subscripturi vel signa factores sunt.*

Ibid., II, p. 287 (anc. édit., I, p. 99). = Thevenin, *loc. cit.*, n° 88, — an 852 : *Cum in Dei nomine resideret vir venerabilis Udulricus commis... una cum* (trois noms), *vassi dominici* (deux noms), *vicedomini, seu etiam et judices qui jussi sunt causas derimere et legibus definire, id est* (sept noms), *seu est bonorum hominum præsentia, id est* (sept noms) *quos causa fecit esse præsentes.* — Procès en revendication intenté par une abbaye contre un particulier. — *Ad tunc nos commis, vassi dominici, hac judices interrogavimus... Dum nos commis, vassi dominici, hac judices vidissemus talem rei veritati... hordinavimus vel credimus judicio*, etc.

Vaissete, II, p. 355 (anc. édit., I, p. 118), — an 870 : *Cum in Dei nomine resideret Bernardus comes marchio,... una cum* (deux noms), *vassos dominicos, seu et judices* (six noms), *etiam et in præsentia* (huit noms), *et in præsentia aliorum plurium bonorum hominum quos causa fecit esse præsentes.* — Procès en revendication semblable au précédent. — *Tunc nos missus, et vassi dominici, et supradicti judices ordinavimus* (ils ordonnent la lecture des diplômes sur lesquels l'abbaye demanderesse fonde son droit de propriété). *Cum nos vero missus et judices vidissemus et audissemus ante nos, et cognoscentes illorum veritati, ordinavimus,* etc. (suit le jugement).

Ibid., II, p. 382 (anc. édit., I, p. 128), — an 875. Aveu fait par un défendeur à qui l'évêque réclame des hommes qu'il retient injustement. — *In judicio Isimberto misso Bernardo comite, sive et de judices qui jussi sunt causas dirimere et legibus diffinere, id est* (dix noms) *judicum... vel in præsentia* (dix-neuf noms) *vel aliorum plurimorum bonorum hominum qui in ipso judicio resedebant.*

Il est possible que ces plaits soient généraux ; mais rien ne le prouve. Dans trois d'entre eux , sont jugés des procès en revendication. D'après Sohm, ces causes seraient réservées au plait général; mais j'ai dit plus haut que cette opinion de Sohm n'est pas fondée. Le dernier des actes est relatif à la réclamation de serfs ou d'hommes quelconques au service d'une église. Les procès de liberté sont de la compétence exclusive du plait général, mais les procès en réclamation de serfs ne sont pas des questions de liberté. Enfin , dans la seconde des chartes citées, rien absolument n'indique le caractère du plait. D'un autre côté, la présence d'un certain nombre d'assistants (*boni homines*) dans chacun de ces plaits n'indique pas nécessairement que le plait soit général , puisqu'il peut y avoir des assistants même à un plait non général. Rien par conséquent ne démontre que nous ayons affaire ici à des plaits généraux. Il s'agit alors de savoir si dans ces plaits, qui sont peut-être non généraux, les *boni homines* sont les juges au même titre que les scabins. Savigny le prétend ; mais les actes que je viens de citer disent le contraire. En effet, outre les *missi*, le comte et les *vassi dominici* qu'il faut évidemment mettre à part, ces actes distinguent parfaitement deux classes de personnes ; d'abord les *judices* qui sont les scabins, comme nous savons ; ensuite les *boni homines* en présence de qui se passe l'affaire, et qui sont par conséquent le public, ou plutôt les principaux parmi les assistants, car on n'en mentionne qu'un nombre assez restreint. Des cinq textes cités, trois seulement parlent d'un jugement rendu. Or il est aisé de voir que ce sont les *judices* ou scabins (avec les *missi* et le comte) qui ont rendu ces jugements : (*Nos missi et judices, nos commis hac judices, ordinavimus*). Les *boni homines* au contraire ne sont que des assistants (*Bonorum homines præsentia , quos causa facit esse præsentes*) (1).

(1) A ces actes que je viens de citer on peut ajouter plusieurs autres dans lesquels il s'agit également de plaits que rien ne prouve être des plaits généraux, et que par conséquent on peut vraisemblablement considérer comme non généraux. Par exemple dans le plait cité plus haut, Ménard , *Histoire de Nismes*, I; *preuves*, p. 16 (an 898), il est question d'une revendication intentée par l'évêque contre des particuliers; un pareil procès est plus généralement porté au plait non général. Or, ce procès a lieu *in presencia Agilardo... sedis Nemausensis episcopo, vel in presencia Bernardo vice comite... seu et in presencia judicum* (sept noms),... *vel aliarum plurimarum personarum bonorum*

Ainsi dans le plait non général le jugement est rendu par les scabins ; et les hommes libres, qui peuvent se trouver là, n'ont aucune part à la sentence.

Étudions maintenant le plait général.

Ici, dans l'opinion ordinaire, le jugement est rendu par tous les hommes libres ; et le scabin, comme s'exprime M. Beauchet, n'a pas plus de droit dans cette assemblée qu'un homme libre quelconque.

Pour ceux qui, comme Savigny, admettent que dans les plaits non généraux, les hommes libres sont les juges, cette opinion va de soi ; il doit en être de même dans les plaits généraux, à plus forte raison, puisque dans ces plaits tous les hommes libres sont convoqués. Ceux qui croient au contraire que ces scabins sont les seuls juges dans le plait non général, sont évidemment moins à leur aise pour soutenir que dans les autres plaits la sentence est rendue par tous les hommes libres. Ils ont besoin pour faire admettre ce résultat, de démontrer deux choses : premièrement que l'institution des scabins ne concerne pas le plait général, et que par conséquent les choses se passent dans ce plait comme s'il n'y avait pas de scabins, autrement dit comme avant la réforme de Charlemagne ; secondement, qu'avant cette réforme de Charlemagne, c'est-à-dire avant la création des scabins, la justice était ren-

---

hominum qui cum ipsis ibidem aderant. Mais ceux qui dirigent le procès, qui interrogent et qui jugent, ce sont les *judices* seuls et non pas les *boni homines* : *Interrogati fuerunt a judicibus qua lege vivebant.* — *Tunc ipsi judices Rodestagno* (le défendeur), *interrogaverunt si habebat scripturas aut ullum inditium veritatis... Ille dixit quod non habebat. Tunc ipsi judices ci decreverunt judicium,* etc. — Cf. *ibid.*, p. 17 (an 914) ; autre procès en revendication intenté par l'évêque : *Ipsi judices interrogaverunt... Ipsi judices suprascripti decreverunt.* — De Courson, *Cartulaire de Redon*, p. 143 (an 836 environ) : *Ista sunt nomina scavinorum qui judicaverunt quod firma et stabilis permaneat venditio* (douze noms). — *Ibid.*, p. 354 (an 833), procès relatif à un héritage : *Et judicaverunt scavini* (trois noms), etc. — Ainsi dans tous ces plaits, probablement non généraux, certains hommes libres peuvent être présents, mais la sentence est toujours rendue par les scabins. — Dans Bruel, *Recueil des Chartes de Cluny*, I, p. 35 (n° 29). == Thévenin, n° 109 (an 887 ; réclamation d'un moulin), on ne dit, il est vrai, ni *scabini* ni *judices ;* mais les *sedentes*, qui composent avec le comte le tribunal, sont appelés par leurs noms et sont au nombre de neuf ; cela exclut visiblement l'idée d'un jugement rendu par toute l'assemblée des hommes libres.

due par l'assemblée de tous les hommes libres. Tels sont les deux points qu'il faut nécessairement ou démontrer ou supposer vrais; et si l'un des deux manque, le système tout entier s'écroule. Supposez en effet que vous ayez admis, pour dire ce qu'on répète partout, que l'institution des scabins ne concerne pas le plait général, la justice dans ce plait étant rendue dès lors comme elle était rendue avant cette création; encore n'aurez-vous prouvé qu'elle est rendue par tous les hommes libres qu'à la condition que vous ayiez prouvé qu'auparavant elle était justement rendue par eux. C'est pourquoi j'ai raison de dire que le système généralement admis suppose démontrées deux propositions dont il suffit de contester l'une sérieusement pour tout ébranler.

Or de ces deux propositions l'une a été précédemment démontrée fausse, et l'autre n'a jamais été prouvée par ceux qui vont la répétant. C'est pourquoi il m'est impossible d'admettre l'opinion que, dans les plaits généraux, le jugement est rendu par tous les hommes libres, bien que cette opinion soit celle de presque tout le monde (1). Je crois qu'au plait général, comme au plait non général, la sentence est toujours rendue par les scabins. En ce qui concerne les personnes qui jugent, il n'y a pas la moindre différence, à mon avis, entre les deux espèces de plaits; la différence porte seulement sur cette circonstance qu'aux uns tous les hommes libres sont convoqués, et qu'aux autres ils ne sont pas convoqués. Quant au jugement, il est dans les deux cas, rendu par les scabins.

J'ai dit que, pour faire admettre l'opinion contraire, il fallait d'abord qu'il fût certain qu'avant la réforme de Charlemagne, la sentence était rendue par tous les hommes libres : en effet c'est l'ancien droit qui, dit-on, est resté en vigueur dans le plait général. Or j'ai démontré que dans l'ancien droit la sen-

____

(1) Je ne connais qu'un seul livre où il soit déclaré que les scabins sont les juges dans tous les plaits sans distinction, généraux ou non généraux; c'est l'*Histoire générale du droit français* de M. Ginoulhiac, p. 290. Au milieu d'une page qui contient d'ailleurs des inexactitudes, l'auteur a inséré dans une petite phrase cette affirmation très méritoire (car on ne retrouve la pareille nulle part ailleurs), que dans tous les plaits les scabins sont les véritables juges. Malheureusement, il ne donne aucun argument en sa faveur, pas plus qu'il ne prend la peine de réfuter l'opinion contraire.

tence était rendue non par tous les hommes libres, mais par un certain nombre de notables appelés rachimbourgs. Si cela est vrai, c'en est fait de l'opinion qui veut que dans le plait général, où l'on reste fidèle à l'ancien système, tous les hommes libres aient été les juges. Admettons pour un instant cette doctrine courante que l'institution des scabins ne concerne pas le plait général, et que dans cette assemblée par conséquent les choses se passent comme elles se passaient dans l'ancien droit. Dans l'ancien droit le jugement était rendu par des notables. Donc, dans le plait général, le jugement sera encore rendu par des notables. Si l'on veut savoir ensuite qui sont ces notables à l'époque de Charlemagne, la question n'est pas bien embarrassante. Autrefois, comme il n'y avait pas une classe de gens qui eût officiellement la mission d'assister le comte et de juger avec lui, le comte ou les parties choisissaient ces notables dans l'assemblée. Maintenant qu'il y a dans le comté ou dans l'assemblée des notables tout trouvés, désignés à l'avance, créés précisément pour jouer le rôle de rachimbourgs, ayant l'habitude des affaires parce qu'ils font métier de juger, possédant une capacité qui a été reconnue par le comte ou par les *missi*, si bien faits pour juger que des centaines de textes les nomment *judices*, est-il admissible que le comte ou les parties choisissent d'autres notables que ceux-là? En droit quelles personnes plus qu'eux se trouvent désignées par la loi pour juger? En fait qui a plus qu'eux la pratique des affaires? Ajoutez que le mot même dont on se sert souvent pour les désigner, montre que c'est la fonction des anciens rachimbourgs qu'ils exercent; car ils ont gardé dans plusieurs textes ce nom de rachimbourgs. C'est pour cela que Sohm dit très bien : « Dans le plait général les scabins font fonctions de rachimbourgs. » Et Sohm, qui admet que dans le droit ancien les rachimbourgs sont les conseillers de l'assemblée des hommes libres à qui seule appartient le jugement, conclut de là très logiquement que, dans le plait général des Carolingiens, les hommes libres restent les juges et les scabins sont leur conseillers. Mais lorsqu'on croit au contraire que, dans l'ancien droit, les rachimbourgs sont les juges, la même logique oblige à dire que, dans le plait général des Carolingiens, les scabins, qui font fonctions de rachimbourgs, sont nécessairement les

juges. Enfin je n'ai pas besoin d'insister longuement sur l'é-
trangeté d'une opinion d'après laquelle les hommes libres, qui
ne sont déjà plus juges sous les Mérovingiens, le seraient
devenus sous Charlemagne.

Mais il faut aller plus loin. J'ai supposé vrai ce principe que
l'institution des scabins ne concerne pas le plait général. Mais
où en est la preuve? En réalité cette règle, donnée générale-
comme certaine et presque évidente, n'est écrite nulle part et
n'est qu'une affirmation des historiens qui l'ont inventée. Les
capitulaires qui ont posé la règle de la distinction des deux
espèces de plaits, que j'ai cités plus haut et qu'on peut relire (1),
ne disent pas du tout que dans le plait général on restera
fidèle à l'ancien droit, encore moins que tous les hommes
libres, y seront juges. Ils disent qu'à trois plaits par an tous les
hommes libres sont tenus de venir, tandis qu'aux autres plaits
on n'appellera que les scabins. On traduit cela comme il suit :
« Dans le plait général les scabins sont confondus avec les
hommes libres et n'ont pas plus de droit que le premier venu
d'entre eux ; dans le plait non général, au contraire, les scabins
viennent seuls et jugent seuls. » Le texte est très loin de ce
sens là. Il ne traite que d'une seule question, la présence des
hommes libres à l'assemblée générale ; il ne s'occupe pas de
fixer le rôle que chacun d'eux y aura ; et aucune allusion n'indique que tous y soient égaux. Il dit : « Tous doivent venir aux
trois plaits annuels ; » on conclut : « Tous doivent juger à ces
trois plaits. » C'est toujours cette confusion signalée déjà entre
l'obligation d'assister au plait et le droit d'y juger. Mais de ce
que tous les hommes libres assistent au plait général, on ne
peut pas conclure raisonnablement que tous y soient juges.

Ainsi les capitulaires relatifs à la distinction des plaits sont
muets sur la question que je discute. Il faut donc les écarter
et, au lieu de raisonner en partant d'un principe que rien ne
démontre, il faut se placer en face des textes qui parlent des
scabins, pour savoir quel est le rôle de ces personnages, et
surtout des textes qui parlent des plaits généraux, pour savoir qui est juge dans ces assemblées.

Je ne reviendrai pas sur les documents relatifs aux scabins.

(1) Voy. ci-dessus, p. 83.

Je me suis suffisamment expliqué là-dessus. J'ai montré que les scabins sont (avec le comte) les seuls à qui les capitulaires assignent la mission de juger, les seuls qui à ce titre soient l'objet de la surveillance des *missi*, les seuls qui prêtent serment de bien juger, les seuls que les textes nomment *judices*, les seuls dont la décision s'appelle *judicium* ou *sententia*. Toutes ces observations que tout à l'heure je faisais valoir à propos de leur rôle dans les plaits non généraux, s'appliquent tout aussi bien maintenant qu'il s'agit de déterminer leur rôle dans les plaits généraux ; car si les hommes libres étaient quelquefois juges, ne fût-ce que trois fois par an, les capitulaires ne considéreraient pas les scabins comme les seuls juges.

J'arrive aux documents relatifs aux plaits généraux. Les textes que je vais citer sont d'une très grande importance, car il s'agit des procès-verbaux des assemblées judiciaires elles-mêmes. C'est donc de nos yeux que nous verrons comment les choses se passaient. On peut à la rigueur craindre de se fourvoyer quand on ne raisonne que sur des textes législatifs, toujours conçus d'une façon générale ; mais on risque moins de se tromper en regardant les choses elles-mêmes.

Voyons d'abord les procès-verbaux de plaits généraux qu'on peut lire dans les formules :

Formules de Lindenbrog, 19 (édition Zeumer), 124 (d'après les autres éditions) (1) = Roz., 467 : *Carta securitatem* (2). *Dum et a plerisque vel omnibus non habetur incognitum, qualiter homo aliquis nomini illo hominem illius episcopo sive abbatis nomine illo, instigante diabolo,..... malo ordine interfecit, unde vite periculum incurrere debuit* (3). *Sed postquam venit hisdem homicida coram ipso pontifice, vel coram illo comite, seu quam plures magnificis viris quorum nomina vel signacula*

____

(1) Les formules de Lindenbrog sont de la fin du viiie siècle, d'une façon générale au moins. Voy. Zeumer, p. 265 ; Brunner, *Deutsche Rechtsgesch.*, I, p. 409 ; et principalement Richard Schröder, *Ueber die Fränkischen Formelsammlungen* (*Savigny-Stiftung*, IV, p. 94 à 111).

(2) Sur ces chartes de sécurité, voyez les explications et les textes donnés ci-dessus, p. 136, note 1.

(3) L'homicide est déjà puni de mort par la constitution de Childebert II. de 596, cap. 5 (Boret., p. 16), et le texte dit formellement que le condamné ne peut pas se racheter. La législation carolingienne ne paraît pas avoir

*subter tenentur inserta, percunctati sunt ab eo utrumque illo
hoc quando diu perpetratum haberet, an non.* — L'accusé avoue
avoir assassiné. — *Hac igitur de causa judicatus est ei ab ipso
comite, vel ab ipsis scabinis pagenses scilicet loci illius, ut
illam leudem* (la composition), *quod sunt solidos tantos... componere deberit; quod ita et fecit.* — L'accusé, ayant ainsi
payé la composition, c'est-à-dire désintéressé son adversaire,
reçoit de lui une charte de sécurité signée du comte et des
scabins. — *Postea vero necesse fuit... ut talem epistolam securitatis per manus eorum firmatam ab ipso pontifice, vel ab ipso
comite, seu et ab aliis illius loci pagensibus accipere deberet.....
Complacuit itaque tam ipso pontifici quam ipso comite seu aliis
quam plures magnificis viris, ut talem securitatem ipso homine
fecissent.*

Que le jugement soit rendu dans ce plait par le comte et
par les scabins, cela ne peut pas faire de doute; car les *magnifici viri* dont parle la formule et qui rendent la sentence ne
peuvent pas être tous les hommes libres; jamais ceux-ci ne
sont désignés de cette façon, tandis que nous savons que,
dans les formules mérovingiennes, on appelle quelquefois de
ce nom ou de noms analogues les rachimbourgs d'autrefois (1).
Ces *magnifici viri* remplissent donc la fonction que remplissaient jadis les rachimbourgs. D'ailleurs, pour qu'on ne puisse
pas hésiter sur leur caractère, et afin qu'on ne prenne pas ces
« hommes magnifiques, » pour des notables quelconques,
le rédacteur de la formule a soin, quelques lignes plus bas,
de les appeler « les scabins de ce comté » (*scabini pagenses
loci illius*). Ainsi il est évident que la sentence est rendue non
par tous les hommes libres, mais par les scabins. Reste à
voir quel est le caractère de ce plait dans lequel jugent les

gardé cette sévérité; la peine de mort est édictée seulement par les capitulaires contre le meurtre commis dans les églises ou le meurtre des parents;
et si l'homicide simple peut également entraîner la mort, comme on le voit
par notre formule, cette formule même prouve que le coupable peut se racheter en payant la composition. Voyez sur ce point Bethmann-Hollweg, V,
p. 96, 97.

(1) Form. d'Angers, 32 = Roz., 407 : *Cum reliquis venerabilibus atquæ
magnificis rei publici viris.* — Cf. pour l'époque carolingienne, *Form. Senon.
recentiores*, 6 = Roz., 477 : *Vel presente quam plures viris venerabilibus.* —
Ibid., 3 = Roz., 472 : *Vel aliis plures magnificis viris qui ibidem resedebant.*

scabins. Il s'agit ici d'une cause criminelle, d'un cas d'assassinat. Or il est admis unanimement que les causes criminelles, au moins les causes graves (et tel est ici le cas), sont de la compétence exclusive du plait général (1). En effet, non seulement il s'agit là de ces questions qui mettent en jeu la vie et la liberté des membres de la communauté, qui intéressent l'ordre public, et qui à cause de cela semblent naturellement devoir être réservées aux plaits où tous les hommes libres sont convoqués, mais encore les textes disent formellement ceci : « On ne réunira en principe que trois plaits généraux par an; néanmoins si par hasard il s'élève une accusation, alors il faudra réunir un plait général exceptionnel (2). » Or cette façon de parler ne peut signifier qu'une chose; c'est que, pour juger les accusations criminelles, le plait général seul est compétent, puisque pour ces procès il faut convoquer exceptionnellement tous les hommes libres (3). Il est vrai que M. Beauchet, en admettant cette manière de voir, y fait tout de suite une restriction très grave; il pense que les accusations criminelles sont de la compétence exclusive du plait général, lorsqu'elles entraînent l'application d'une peine publique, mais non pas lorsqu'elles tendent au simple paiement d'une composition, parce que dans ce dernier cas « le procès, quoique ayant pour cause un fait délictueux, est un procès purement privé (4). » Or il est certain que, dans

(1) Voyez Sohm, p. 423, 424; Beauchet, p. 157, 158, 240.

(2) Capit. italien de 801 à 810, cap. 14 (Boret., p. 210) : *Et ingenuos homines nulla placita fiant custodire, postquam illa tria custodiant placita* (les trois plaits généraux), *nisi forte contingat ut aliquis aliquem accuset.*

(3) Ce raisonnement (bien que contesté par Waitz, IV, p. 368, note 1), me semble établir très bien que les affaires criminelles sont de la compétence exclusive du plait général; mais il faut certainement écarter les arguments donnés par Sohm. Sohm (p. 423, 424) cite plusieurs capitulaires qui déclarent que les causes criminelles doivent être portées nécessairement *ad mallum comitis, in præsentiam comitis;* et il en conclut que le plait général est seul compétent, parce qu'il part de cette idée que le *mallus comitis* est la même chose que le plait général. Mais j'ai dit plus haut, p. 92-93, pourquoi cette manière de voir me paraît inexacte. Le comte peut présider le plait général aussi bien que le plait non général; par conséquent, de ce que telle affaire est réservée au tribunal du comte, on ne peut pas conclure qu'elle soit pareillement réservée au plait général.

(4) Beauchet, p. 158. — L'idée que le procès fondé sur un délit, mais

la formule dont il s'agit, l'assassin est condamné seulement
à payer une composition. D'après cette opinion par conséquent, nous ne serions pas sûrs d'avoir affaire au plait général. Mais la distinction que l'on fait ici est inadmissible.
Sans doute le fonctionnaire du roi peut, dans certains cas,
frapper les coupables d'une peine publique ; mais alors il ne
s'agit pas de ce procès criminel qui est poursuivi devant le
mallus publicus, selon les formes de la loi ; il s'agit d'une mesure extraordinaire de police ou de défense sociale, prise par
le fonctionnaire chargé de maintenir la paix. Dans ce cas là,
l'accusation n'est pas intentée par la partie lésée, comme le
suppose le capitulaire que j'ai cité ; et, comme je le ferai voir,
la convocation d'un plait, soit général soit non général, très
probablement n'est pas même nécessaire. En somme les
crimes sont toujours jugés dans le plait général, lorsque ces
crimes donnent lieu, selon les principes des *leges*, à une accusation de la partie lésée et au paiement d'une composition.

fait par la victime et destiné à aboutir à une composition, est en réalité un
procès privé (une *causa civilis*), et que le procès criminel proprement dit (la
causa criminalis) est, au contraire, le procès fait par le fonctionnaire public
et aboutissant à la peine de mort ou à une autre peine publique, a été récemment défendue par M. Nissl, *Der Gerichtsstand des Clerus im fränkischen
Reich*, Innsbruck, 1886. Dans la langue du droit franc, dit M. Nissl, *crimen*
signifie le crime puni de mort ou d'une autre peine publique (p. 11 à 14),
et *causa criminalis* le procès qui met en question l'une de ces peines (p. 14,
15). *Causa civilis* (synonyme de *causa de persona*, *privata*, *pecuniaria*, etc.),
signifie non pas tout procès civil, car il faut mettre à part les procès immobiliers et les questions d'état (*causæ de possessione*, *causæ de libertate* ou *de
statu*, voy. p. 141 à 182), mais proprement les procès qui aboutissent à
une composition, ceux qui naissent d'un contrat, et ceux qui ne portent que
sur des meubles (p. 182 à 196). Cette manière de voir semble en train de
triompher. Voy. le compte rendu de l'ouvrage de Nissl, par M. Esmein, *Revue
historique de droit*, 1887, p. 401 et s., et R. Schröder, *Lehrbuch*, p. 180.
Dans son ensemble je la crois exacte, à la condition d'éviter des affirmations
trop absolues. Mais elle n'enlève rien à la valeur du raisonnement que je fais
ici. Car, même en admettant que *causa criminalis* dans les capitulaires signifie un procès aboutissant à la mort et non à une composition, il reste
toujours vrai que le capitulaire italien dont il est ici question ne parle pas
d'un procès semblable, mais, tout au contraire, de celui dans lequel *aliquis
aliquem accusat*. Il s'agit donc justement du procès fondé sur un délit, mais
fait par la victime elle-même, et par conséquent destiné à aboutir à la composition en argent ; et c'est pour ces procès-là que le capitulaire déclare
indispensable la tenue d'un plait général.

On voit alors la conclusion. Dans la formule que j'explique, il s'agit certainement d'un plait général, et la sentence dans ce plait général, est rendue non par la foule des hommes libres, mais par les scabins seuls.

Ibid., 21 (Zeumer), 169 (autres éditions) = Roz., 483 : *Dum resederet autem comis ille in mallo suo publico ad universorum causas audiendas vel recta judicia definienda, ibique veniens advocatus illius episcopi aliquem hominem nomine illo interpellabat dum diceret eo quod de caput suum legibus esse servus ipsius ecclesiæ vel ipsius episcopi, et propter hoc de ipso servitio neglegens atque jectivus* (1) *adesse videretur, quod genitor suus vel genitrix sua aut avus suus vel avia fecerunt. Sed ipse vir præfatus in præsente adstabat et hanc causam in omnibus denegabat, quod nec ipse episcopo nec ipse ecclesiæ Dei secundum legem nullum servitium agere deberet, eo quod de parte paterna aut de materna secundum legem ingenuus esse videretur. Sed ipsi scabini qui tunc ibidem aderant taliter ei visi fuerunt judicasse ut supra noctes 40 cum 12 Francos, sex de paterna et sex de materna, in ecclesia illa jurare debuisset ut de parte paterna aut de materna secundum legem Salicam ingenuus esse videretur.* — Le défendeur, n'ayant pas pu jurer, est déclaré esclave et adjugé à l'évêque. — *Et ipsi scabini qui hanc causam definierunt taliter ei visi fuerunt judicasse ut ipse comis vel missus ipsius episcopi de ipso homini in præsenti revestire debuisset.*

Ici encore, il est dit formellement que ce sont les scabins qui ont jugé. La seule question est donc de savoir si le plait est général. On ne peut pas conclure cela sûrement de ce fait qu'il est présidé par le comte. Sans doute le plus souvent le plait général est le plait du comte, mais il est certain pourtant que le comte peut présider aussi des plaits non généraux (2). L'existence d'un plait général n'en est pas moins incontestable ici pour les deux motifs suivants. D'abord le procès a eu lieu *in mallo publico*. Or, sans aller jusqu'à dire, comme Sohm, que le mot *mallus* tout seul désigne nécessairement le plait général, quoiqu'il le désigne à coup sûr le plus

---

(1) Défaillant.

(2) Voyez ce que j'ai dit précédemment, p. 91-92.

souvent (1), tous les doutes cessent à mon avis, quand on se trouve en face, non du seul mot *mallus*, mais de l'expression *mallus publicus*; il n'y a en effet que le plait général, qui soit le plait public, c'est-à-dire celui où tous les hommes libres sont convoqués et sont présents; et à lui seul convient le mot technique qui dans la langue des *leges* désigne l'assemblée judiciaire (*in mallo publico legitimo*), parce que lui seul est en effet le plait de l'ancien droit, le plait selon la *lex*, celui auquel assistent tous les hommes libres. Ainsi *mallus publicus* signifie sûrement plait général. En second lieu, la question qui est discutée et jugée ici est une question de liberté : un tel est réclamé comme esclave par telle église; son père et sa mère, son grand-père et sa grand'mère ont été, dit-on, esclaves; il conteste ce fait et il s'agit de savoir si oui ou non il est esclave. Or tout le monde sans exception reconnaît que ces questions ne peuvent être jugées que par le plait général, et que par conséquent toute assemblée judiciaire à laquelle est porté un pareil procès est d'une façon nécessaire un plait général (2). En effet, sans insister sur

(1) Sohm, p. 151, note 8, 387, 401. — Cf. Beauchet, p. 141, 156, qui conteste, avec raison, je crois, que le mot *mallus* ait nécessairement le sens de plait général. — Voy. notamment le capitulaire de 809, cap. 5 (Boret., p. 148) : *Ut nullus alius de liberis hominibus ad placitum vel ad mallum venire cogatur exceptis scabinis*, etc.; le *mallus* auquel les scabins seuls sont appelés est évidemment un plait non général; donc *mallus* ne signifie pas nécessairement plait général. Mais il n'en est pas moins vrai que c'est là sûrement son sens le plus ordinaire, et qu'il y a par conséquent beaucoup de chances, lorsque un acte se sert du mot *mallus*, pour que nous ayons affaire au plait général. En effet, *mallus* est l'ancienne expression des *leges* pour désigner l'assemblée judiciaire, laquelle, comme je l'ai montré, est toujours un plait général jusqu'aux réformes de Charlemagne; il est donc très vraisemblable que ce mot désigne plus spécialement, sous Charlemagne, le plait qui est resté soumis à l'ancien droit et qui est réuni selon les règles des *leges*. De plus, le plait non général est en principe celui que préside le centenier, et il est remarquable que les capitulaires qui disent souvent *mallus comitis*, ne disent jamais *mallus centenarii*, mais *placitum centenarii, placitum minus*, etc. Enfin, dans le capitulaire de 817, cap. 14 (Boret., p. 284), *mallus* est opposé formellement à plait non général : *Ubi antiquitus consuetudo fuit de libertate sacramenta adhramire vel jurare, ibi mallum habeatur* (le plait général, comme je vais le montrer tout à l'heure)... *Minora vero placita*, etc. (le plait non général évidemment).

(2) Sohm, p. 422; Beauchet, p. 157, 158, 240.

l'argument dont j'ai parlé tout à l'heure et qui consiste à montrer que le plait où tous les hommes libres sont appelés est la juridiction la plus propre à trancher des questions comme celle-ci, qui intéressent la communauté tout entière, il est un capitulaire qui paraît décisif pourvu qu'on le lise avec attention :

Capit. *legi. addit.* de 817, cap. 14 (Boret., p. 284) : *Ubi antiquitus consuetudo fuit de libertate sacramenta adhramire vel jurare, ibi mallum habeatur.*

Il y a donc un lieu consacré par l'antiquité, par la vieille loi qui est une coutume, dans lequel doivent être promis et prêtés les serments relatifs à la liberté, c'est-à-dire les serments qui serviront de preuve dans le procès de liberté; (notre formule elle-même nous offre un des meilleurs exemples de l'emploi de ce serment dans les procès de liberté). Cela revient à dire, en termes plus nets, que le lieu où se plaident les questions relatives à la liberté est un lieu fixe et déterminé; dans ce lieu fixe se tiendra le *mallus (ibi mallum habeatur).* Or, il est certain que le plait général est le seul qui soit tenu dans un lieu consacré et requis par la loi (1); par conséquent tous les procès de liberté, devant être plaidés *ubi antiquitus consuetudo fuit,* sont nécessairement portés au plait général. Pour ces deux motifs, il faut dire que notre formule est relative à un plait général, car d'une part le procès est jugé *in mallo publico,* et d'autre part c'est un procès de liberté. La conclusion est la même que tout à l'heure; les scabins et non pas les hommes libres sont les juges dans le plait général.

Formulæ Senonenses recentiores (époque de Louis le Pieux), 1 = Roz., 498 : *Notitia qualiter vel quibus presentibus veniens homo aliquis nomine ille, advocatus sancti illius.... in mallo publico, ante inlustre viro illo comite vel aliis quam pluribus personis ibidem resedentes, interpellabat homine alico nomen illo.* — L'abbaye réclame l'homme en question comme son

lon, et demande qu'il jure dans le *mallus* et dans l'église qu'il est en effet colon. Celui-ci refuse, mais ne pouvant pas prouver qu'il est libre, perd son procès et est adjugé à l'ab-

---

(1) Voyez ce que j'ai dit plus haut, p. 91.

baye. — *Et dum hac causa apud ipso comite vel ipsis racimburgiis diligenter fuit inventum vel inquisitum et legibus fuit
definitum*, etc.

Ibid., 4 = Roz., 458. Procès semblable; un colon qui se
prétend libre, est réclamé par une abbaye. — *Taliter ab ipsis
missis dominicis vel illo comite seu et ab ipsis rachimburgiis.....
fuit judicatum.*

Dans ces deux formules, le jugement est rendu par le comte
et par les rachimbourgs. J'ai montré que ces rachimbourgs
ne sont autres que les scabins. Ce sont donc les scabins qui
ont jugé. D'un autre côté le plait est général, car la question
discutée est une question de liberté qui est de la compétence
exclusive du plait général. La première formule déclare d'ailleurs que le procès a été jugé *in mallo publico.*

Ibid., 3 = Roz., 472 : *In mallo publico, ante inluster viro
illo comite et ante illo episcopo vel aliis pluris magnificis viris
qui ibidem resedebant.* — Procès de liberté; un tel est réclamé
comme serf par une abbaye. — *Et ipsi abba per juditium ad
ipsas personas per jussionem illius comite... pro servo sancti
illius evindicabat.*

Ibid., 5 = Roz., 480 : *In mallo publico, ante inlustre viro illo
comite vel ante quam pluris personis qui ibidem aderant ad
universorum causas audiendum vel recta judicia in Dei nomine
terminandum.* — Une abbaye réclame une femme comme *co-
lona*, déclarant que telle a été la condition de son père et de
son grand-père. — *Sic ab ipsis personis taliter ei fuit judicatum.*

Dans les deux cas, le plait est général, car l'affaire s'est
passée *in mallo publico*, et elle est de celles qui ne peuvent
être portées qu'à un plait général. Quant à ceux qui ont jugé
avec le comte, on les appelle *plures magnifici viri, personæ
qui ibidem aderant, ipsæ personæ.* Or j'ai démontré plus haut
que ces expressions, qui sont celles des formules mérovingiennes, désignent non la foule des hommes libres, mais ceux
qu'avant Charlemagne on appelle les rachimbourgs, et qui, à
l'époque des formules citées, ne peuvent être que les scabins.
Le jugement, dans ces plaits généraux, a donc été rendu par
les scabins.

Ibid., 6 = Roz., 477 : *In mallo publico, ante inluster viro illo comite et ante apostolico viro illo, vel presente quam plures viris venerabilibus racinburgis qui ibidem ad universorum causas audiendum vel recta judicia terminandum resedebant vel adstabant, quorum nomina subter tenentur adnixa.* — Il s'agit ici d'un esclave qui a été acheté par le colon d'une personne et qui, en conséquence, doit être au service du maître de ce colon. — *Sic ipsi viri ipsius interrogaverunt.... — Sic ipsi viri taliter decreverunt juditio.*

Le jugement a été rendu et le procès conduit par les rachimbourgs qui sont des scabins, comme on l'a vu. Quant à la nature de ce plait, on ne peut pas dire que la question ici est de la compétence exclusive du plait général, par la raison qu'il ne s'agit pas réellement d'une question de liberté ; l'état de l'esclave n'est pas contesté, et l'on discute pour établir qu'il a été acheté par le colon et non pas qu'il est esclave. Mais il est certain tout de même que le plait est général, parce que l'affaire se passe *in mallo publico.*

Formules de Saint-Emmeran, I, 1 (Zeumer, p. 463). Procès de liberté. Le début manque, mais on voit qu'il s'agit de savoir si un tel est colon ou non. —.... *Coloni sancti illius esse deberent, et malo ordine de ipso colonatico sibi abstrahebant vel negligentes exinde aderant. Interrogatum fuit ab ipsis hominibus quid contra hæc respondere vellebant aut dicere... — Sic ab ipsis viris fuit judicatum,* etc.

Ibid., I, 2 (Zeumer, *ibid.*) : *Veniens homo aliquis nomine illo in illa civitate in mallo publico, ante illo vicario* (1) *vel quampluris bonis hominibus qui ibidem aderant, homine aliquo nomen illo ibidem interpellavit et dixit quod malo ordine de servitium suum se abstrahebat. Interrogatum fuit,* etc.

Il s'agit dans ces deux formules de questions de liberté ; la seconde dit même que l'affaire se passe *in mallo publico.* Le plait est donc général. Si l'on admet, ce que je crois avoir démontré plus haut, que, dans ces actes, conçus exactement comme les formules de l'époque mérovingienne, les *boni homines* ou les *ipsi viri* sont non pas tous les hommes libres,

(1) Le vicaire ou centenier ne peut pas présider le plait général de sa propre autorité, mais il peut le faire comme mandataire du comte incontestablement. J'ai expliqué précédemment cette règle dont on va voir dans cette étude plusieurs applications. Cf. p. 91, note 3.

mais les scabins qui, à l'époque carolingienne, jouent précisément le rôle de ceux qu'on appelle *boni homines*, *ipsi viri*, ou rachimbourgs dans ces formules mérovingiennes, on conclura nécessairement qu'ici encore, dans ce plait qui est général, le procès est porté devant les scabins et la sentence rendue par eux.

J'ai passé en revue les formules. Voyons maintenant les chartes. Comme je me place ici principalement au point de vue de la France, je n'étudierai que les cartulaires et les diplômes français; je laisserai de côté les chartes italiennes ou allemandes qui sont assez nombreuses, et dont la discussion allongerait indéfiniment ce travail. Je suis persuadé d'ailleurs que ces documents étrangers ne modifieraient pas sensiblement les résultats que j'obtiendrai en bornant mon étude à la France, mais plutôt les confirmeraient. Au surplus il suffira, je crois, d'établir un ensemble de faits tout à fait certains pour celui des pays soumis à l'empire franc qui naturellement nous intéresse le plus.

Vaissete, II, p. 331 (anc. édit., I, p. 113). = Thévenin, *loc. cit.* n° 94, — an 862 : *In judicio Isimberto, misso Unafredo comite, seu et Adaulfo, et judices qui jussi sunt causas dirimere et legibus difinire*, id est (neuf noms) *judices, sive in presentia* (treize noms) *et aliorum multorum bonorum ominum qui cum ipsis ibidem resedebant in mallo publico, in Narbona civitate, pro multorum ominum altercationes audiendas et necotiis causarum dirimendis vel rectis et justis judiciis faciendis.* — Suit le procès; une abbaye revendique des terres, disant qu'elle en est propriétaire par suite d'une donation. — *Nos missus et judices interrocavimus Savigildo* (le défendeur). — Le défendeur répond qu'il possède la terre justement, parce qu'il l'a achetée et qu'un acte écrit établit cette vente. — *Tunc nos missus et judices ordinavimus Hictore misso nostro quod ad Savigildo fidiuxorem tollere faciat ut se presentare faciat cum sua scriptura et suos auctores* (le vendeur qui est garant) *in placito ante judices in dies XV.* — Il se représente donc au bout de quinze jours... *ante Randerico, misso Isimberto qui est missus Unafredo comite, seu et Adaulfo, et judices id est* (quatre noms, dont deux seulement figurent parmi ceux des neuf juges du plait précédent), *et aliis plures bonis omnibus qui cum ipsis in ipso judicio residebant,... Et cum nos judices ipsam scripturam de Savigildo ante nos religere ordinaremus.... post hec interrogavimus Petrone* (le vendeur garant) *si vellis autoricare ipsas res ad jamdicto Savigildo.* — Celui-ci reconnaît qu'il a en effet vendu la terre et concouru à la rédaction de l'acte, mais il déclare qu'auparavant il avait déjà donné la terre en question à l'abbaye. Puis on montre le *judicium* par lequel effectivement tradition a été faite à l'abbaye de la terre ainsi donnée. — *Et cum nos judices ordinaremus ipsum judicium relatum ante nos relegere, sic invenimus eum verum et legibus factum... Post hoc interrogavimus Petrone.... A tunc nos judices, quod vidissimus quod Peter sic professus fuit ante nos,... sic ordinavimus ut suam recognitionem exinde scriptisque fecisset ... Cum nos judices vidissemus quod Peter sic conlaudavit ipsam scripturam quod fecit et tradidit ad ipsam domum Dei, sic interrocavimus Savigildo si potebat abere ullam scripturam aut alia re unde ipsas res partibus suis vindicare debeat. Savigildus dicxit : Non possum... A tunc nos judices, cum vidissimus tales recognitiones de Petrone et de Savilido factas et firmatas.... perquisivimus in lege Cotorum, in libro V, titulo IIII, era VIII, ubi dicit : De is qui aliena vendere vel donare presumserint... Tunc nos missus et judices, cum vidissemus tales recognitiones, ... tunc decrevimus judicium per legem Cotorum et ordinavimus,* etc.

J'ai cité cette charte presque toute entière malgré sa longueur. Aucune en effet ne montre plus clairement combien il est vrai de dire que les scabins sont les seuls juges. Ici le plait est général (*in mallo publico*). Dans ce plait se trouvent neuf scabins (*judices*) qu'on désigne par leurs noms, et de plus une foule d'autres personnages qu'on appelle *boni homines* et dont treize sont nommés. Mais les neufs scabins seuls, avec le *missus*, jouent le rôle de juges. Eux seuls, en effet, interrogent le défendeur, lui enjoignent de se représenter au bout de quinze jours et d'amener son garant, ordonnent qu'on lise les actes écrits sur lesquels est fondée sa prétention, interrogent le garant, font reconnaître les écritures aux intéressés, prennent acte de leurs aveux, consultent la loi, et, après toute cette longue procédure, rendent enfin la sentence qui finit le procès. Les *boni homines* sont dans tout cela des personnages muets ; les scabins seuls apparaissent comme juges.

Vaissete, II, p. 373. = Thévenin, *loc. cit.*, n° 106, — an 874.
— *In juditio Mirone comite seu de judices qui jussi sunt causas audire, dirimere, vel recte judicare, id est* (sept noms) *judicum, vel in præsentia aliorum multorum bonorum hominum* (onze noms), *omnes qui in ipso judicio residebant...* — Un personnage, au nom et comme mandataire du comte Miron, réclame un homme appelé Laurentius comme serf du fisc (*qualiter servus fiscalis debet esse ex nascendo de parentes ... cum fratres vel parentes suos et servitium fecerint,* etc.) Alors commence l'interrogatoire des parties. — *Tunc supradicti judices dixerunt Laurentio* (le défendeur) *qui est inquietatus pro se et parentes suos :* « *Quid ad hoc respondis?* » *Et ille in suis responsis dixit :* « *Non debeo esse servus fiscalis nec parentes mei* » ... *Nos vero judices Sesenendo mandatario* (le demandeur) *diximus :* « *Potes habere testes aut scripturas... unde probare possis isto Laurentio fratres vel parentes suos, ut servi fiscale seniori tuo debeant esse?* » — Suit l'interrogatoire du demandeur dirigé toujours par les seuls *judices.* — *Nos autem perquisimus* (les *judices*) *in lege Gothorum ubi dicunt,* etc. — *Proinde diximus ad isto Laurentio.* — *Tunc nos supradicti judices Sesennando diximus.* — Le demandeur n'ayant pas de témoins suffisants, renonce définitivement à sa prétention.

Le plait est général, car c'est une question de liberté qui y est portée. Il est vrai qu'aucun jugement n'intervient parce que le demandeur renonce à sa prétention. Mais nous voyons que les seuls personnages qui composent le tribunal sont les scabins ou *judices;* car seuls ils interrogent les parties, seuls ils consultent la loi, seuls ils jouent vraiment le rôle de juges.

Vaissete, II, p. 400 (anc. édit., I, p. 135). = Thévenin, *loc. cit.*, n° 108, — an 878 : *Notitia... qualiter venerunt aliqui homines his nominibus* (les plaideurs)*... in mallo publico, in præsentia Reymundo comite et civiles judices qui ibidem aderant quorum nomina qui subtus firmaverunt.* — Divers biens sont réclamés de part et d'autre, mais les parties consentent à s'arranger, et le tribunal leur donne acte de leur accord fait *per voluntatem ipsius comitis et arbitrium judicum.*

Ici encore un plait général (*in mallo publico*). Il est vrai que dans ce plait, comme dans le précédent, aucun jugement n'a été rendu ; mais il est dit formellement que l'accord a été proposé au plait par le comte et par les scabins (*arbitrium judicum*). Un certain nombre de *boni homines* interviennent, mais non pas pour proposer l'accord aux parties, seulement pour signer l'acte qui servira à le constater (*notitiam bonorum hominum… quorum præsentibus actum fuit, sub die jovis,* etc… *mallo publico*).

Ibid., V, p. 137 (anc. édit., II, p. 56), — an 918. — J'ai cité plus haut (p. 190 et suiv.) et expliqué cette charte, à propos de la synonymie des mots scabins, *judices*, et rachimbourgs. Le plait est général (*in mallo publico*); il y a seize scabins appartenant aux trois nationalités romaine, gothique et salienne, et un nombre considérable de *boni homines*, parmi lesquels dix-huit sont nommés. Il est impossible de dire que les scabins et ces hommes libres soient confondus et qu'ils aient le même rôle; les uns jugent et s'appellent *judices*; les autres sont le public, et l'on dit d'eux seulement que l'affaire a lieu *in eorum præsentia.*

Ibid., V, p. 160 (anc. édit., II, p. 69). = Thévenin, *loc. cit.,* n° 128, — an 933 : *In præsentia domno Aymerico archiepiscopo et domino Pontione comite… vel judices qui jussi sunt causas dirimere et legibus deffinire, tam Gotos quam Romanos velut etiam Salicos, id est* (quatre noms), *sive in præsentia* (quatorze noms), *et aliorum multorum hominum quicumque ipsos judices ibidem resedebant in mallo publico.* — Suit le procès : des moines se plaignent que le comte ait pris sans droit sur leur territoire du pain, du vin, des porcs et d'autres objets. — *Tunc ipsi judices et ipsi auditores… decreverunt judicium et ordinaverunt,* etc.

Le plait est général. Rien ne prouve, il est vrai, que l'affaire soit de celles pour lesquelles un plait général est nécessaire; mais l'expression *in mallo publico* suffit, comme je l'ai dit, pour nous renseigner. Quant au jugement, il est certainement rendu par les seuls scabins; car j'ai montré précédemment que le mot *auditores* doit s'entendre non pas du public, mais des scabins seuls; *judices et auditores* sont donc ici deux mots synonymes employés pour désigner ces personnages.

Ménard, *Histoire de la ville de Nismes,* 1750, I, *Preuves*, p. 10. = Germer-Durand, *Cartulaire de Notre-Dame de Nîmes,* n. 1. = Thévenin, *loc. cit.,* n° 107, — an 876 : *In mallo publico, ante Bertranno vicis-comite,* (deux noms) *vicariis,* (cinq noms) *judicibus*, (20 noms) *vel aliarum plurimarum personarum qui ibidem aderant ad causas audiendas rectaque judicia terminanda.* — L'évêque réclame une terre. Il produit, à l'appui de sa demande, une *notitia* dans laquelle il est dit que son *advocatus* a déjà revendiqué cette terre dans un plait antérieur, *in mallo publico*, contre un certain Bernard, lequel a reconnu bien fondée la prétention de l'Église, a même rendu la terre, mais dans la suite s'en est de nouveau emparé contre tout droit (*malum ordinem contra lege*). Bernard nie tout cela et transperce la *notitia* en question pour montrer qu'il la fausse. — *Tunc judices et scabini decreverunt eis judicium, in primo placito... quod comes aut vices comes in ipsam civitatem tenuerit, donent quinque homines firmatores ipsius noticie... qui ipsam noticiam legibus jurantes veram adfirment.* — Neuf mois se passent, et, au bout de ces neuf mois, selon le jugement rendu, l'évêque revient devant le vicomte, *in mallo publico*, avec ses *testes*. Les *testes*, interrogés l'un après l'autre, affirment le bien fondé de la prétention de l'évêque et la vérité de la *notitia* qu'il a lue devant les premiers juges.

Nous avons ici le récit de ce qui s'est passé dans deux plaits généraux (*in mallo publico*). Le procès-verbal du second plait n'est que l'énumération des témoignages qui ont été émis en faveur de la prétention de l'évêque ; on n'y mentionne aucun jugement. Mais, dans le premier plait au contraire, il fut jugé que les parties se représenteraient dans un certain délai, et que l'évêque produirait des témoins pour démontrer la vérité de sa *notitia*. Or nous voyons que ce jugement a été rendu par les scabins.

Guérard, *Cartulaire de Saint-Victor de Marseille*, I, p. 33, — an 845 : *Adveniens Alexandrius advocatus Alboini episcopi... in mallo publico, ante Rothbertum vicarium de viro illustri Adalberto comite, et tam scavinis tam Romanis quam Salicis vel judicibus qui cum ipsis ibidem aderant, id est* (vingt-sept noms), *vel etiam quam pluribus aliis bonis hominibus qui cum ipsis in mallo publico aderant.*

Le plait est général. Malheureusement, l'affaire s'étant terminée par un aveu du défendeur, il n'y a pas eu de jugement proprement dit, de sorte que l'acte n'indique pas d'une façon formelle que les scabins soient les seuls juges. Mais il en dit

assez pour établir que les scabins sont parfaitement distincts
des hommes libres dans le plait général, contrairement à l'o-
pinion qui voudrait que dans ce plait le scabin ne soit qu'un
homme libre quelconque ; et si d'un autre côté vous comparez
le début de cet acte au début des chartes de Vaissete que je
viens de citer, qui disent à la fin d'une façon si positive que
la sentence a été rendue par les scabins seuls, vous consta-
terez que le début de la charte de Saint-Victor est absolument
le même que le début des chartes de Vaissete; et vous en con-
clurez que, d'une façon presque certaine, la fin serait conçue
aussi dans les mêmes termes s'il y avait eu un jugement
rendu, autrement dit qu'elle contiendrait une phrase telle que
celle-ci : *Tunc ipsi judices decreverunt judicium et ordinaverunt* (1).

Ragut, *Cartulaire de Saint-Vincent de Mâcon*, p. 169, — entre 888 et 898 : *Cum resedisset Raculfus vocatus comes in civitatem, in mallo publico, una cum aliis personis his nominibus*
(trois noms) (2), *vel ceteris scamineis Matiscensibus* (quinze
noms), *et aliis pluribus ad rectas justitias judicandas seu defi-
niendas.* — *L'advocatus* de l'abbaye de Saint-Laurent revendique
un champ et une vigne; le défendeur répond en invoquant la
prescription de trente ans. — *Tunc ipsi scamini per inquisitum
judicium decreverunt quod juret, cum sua lex est, quod per se
et suos donatores XXX annos et amplius legibus vestiti fuissent,* etc.

Le jugement a été rendu par les scabins, et le plait est
général (*in mallo publico*).

Pérard, *Recueil de plusieurs pièces curieuses servant à l'histoire de Bourgogne*, 1664, p. 147. = Thévenin, *loc. cit.*, n°
100, — an 867. *Cum resedisset Isaac dono Dei episcopus, et
Odo comes, vel missi dominici, in Luco villa, in mallo publico,
ad universorum causas audiendas vel recta judicia judicantes,
vel dirimendas uno cum scabineis, et aliis plures hominibus qui
ibidem aderant.* — Il s'agit d'un attentat contre la propriété
d'une église, injustement envahie par un certain Heldebernus.

____

(1) Comparez, dans le même Cartulaire de Saint-Victor, p. 43, la charte de
780, citée déjà (ci-dessus, p. 179), dans laquelle les rachimbourgs, comme
je l'ai démontré, sont les véritables scabins cités par Charlemagne : *Sic ipsi
etiam missi vel ipsi racioneburgyis dominicis interrogaverunt,* etc.

(2) La charte ne dit pas quels sont ces personnages.

— Per judicium escabineorum. — Suit le jugement; Alcaudus, l'*advocatus* de l'église, prouvera, dans le *mallus* qui se tiendra quarante jours après, le bien fondé de sa réclamation, et un certain Vualdricus s'en porte garant.

Pérard, p. 148. = Thévenin, n° 100 *bis*, — an 868. Même affaire : *Alcaudus, advocatus S' Stephani et S' Benigni vel Isaac episcopi, in Luco villa, in mallo publico, ante prædictum Isaac episcopum et Odilonem comitem et Hisdebaldum abbatem,... et aliis plures qui ibi adfuerant ad multorum causas audiendas vel recta judicia facienda* — Alcaudus se plaint, comme dans l'acte précédent, que les terres de l'Eglise aient été injustement envahies par Heldebernus. — *Tunc ipsi scabinei decreverunt judicium quod post XL noctes, in proximo mallo, ipse Heldebernus contra Alcaudum jurasset, aut quod lex est fecisset. Deinde, post legitimas noctes, in proximo mallo... ante Isaac episcopum et Odonem comitem, ipse Alcaudus venit, Heldebernum ibi secundum legem clamavit. Cum vero Heldebernus ibi non esset, Alcaudus vuidridum juravit* (1); *sed quia Heldebernus ibi non venit... tunc judicaverunt ipsi scabinei ut Alcaudus hanc noticiam... acciperet, quod et fecit his presentibus.*

Pérard, p. 149. = Thévenin, n° 100 *ter*, — an 870. Même affaire encore : *Notitia evindicationis qualiter veniens Alcaudus advocatus S' Benigni et S' Stephani, in mallo publico... ante* (mêmes noms)... *et alios plures qui ibi adfuerant ob multorum causas audiendas sive recta judicia terminanda. Interpellavit seu mallavit quemdam hominem nomine Hildebernum et dixit quod Hildebernus, ante hos dies, per judicium scabineorum ad respectum fuisset super res S' Benigni quas idem Hildebernus injuste retinebat.* — Alcaudus invoque la *notitia* précédente constatant qu'il a assigné régulièrement Hildebernus et que celui-ci a fait défaut. — *Ipso vero Hildebernus ante prædictos missos stans, nulla certa valebat dicere*

(1) Alcaudus (le demandeur) jura qu'il avait accompli toutes les formalités exigées par la loi. — Voyez ce mot *vuidridum = videredum* dans le capitulaire de Chilpéric Ier (entre 575 et 580), cap. 8 et 10 (Boret., p. 9 et 10); et ce qui a été dit précédemment sur ce capitulaire (p. 128, note 2). Je donne de ce mot *vuidridum* l'explication proposée par Sohm, *Procédure de la Lex Salica,* trad. Thévenin, p. 135. D'après une autre opinion, le demandeur jurerait que son adversaire est coupable; voy. Zœpfl, III, p. 397. Dans la question présente, cette discussion importe peu.

cur ipsos casno (1) *sive terram ipsam retineret. Tunc judicatum est a supradictis scabineis ut de ipsis casnis quos mortificavit* (2), *legem faceret et revuadiaret* (3), *seu supradictam terram legaliter redderet, quod et fecit.*

Dans ces trois plaits qui sont généraux (*in mallo publico*), le jugement est encore rendu par les scabins seuls.

Pérard, p. 35, — an 821 : *Notitia qualiter et quibus presentibus, ibique veniens Fredelus... in mallo publico, ante illuster viro Theodorico comiti et quampluris scabineis qui cum ibidem aderant, mallavit aliqua femina nomine Adalbertane. Requirebat ei quod ancilla erat domno Ludovico rege... de parte genitori suo Adelberto et de parte genitrici sua Onbertane,* etc.

Ibid., p. 35, — an 816 : *Cum resedisset Theodericus comes... in mallo publico, ad universorum causas audiendas vel recto judicio terminandas, una cum plures scabineis qui cum eo ibidem aderant, ibique veniens Fredelus, mallabat hominem aliquo nomine Maurino. Requirebat ei de parte genitori suo Madaleno, quod servus erat domno Imperatore Karolo, et quando ipsus Imperator moriens derelinquit, de jamdicto Madaleno et filio suo Maurino Ludovico Imperator legibus hereditavit.* — Maurinus soutient au contraire *quod genitor suus nascendo ingenuus fuit.*

Ibid., p. 36, — an 818. Suite du plait précédent : *Veniens Fredelus... in mallo publico, ante Blitgario vicecomite et plures scabineis qui ibidem aderant.* — Fredelus fait entendre dans ce plait douze témoins qui affirment que Madalenus et Maurus ont toujours vécu comme esclaves.

Ces trois plaits sont généraux ; car non seulement il est dit que l'affaire s'est passée *in mallo publico,* mais encore il s'agit dans tous les trois de questions de liberté, qui sont de la compétence exclusive du plait général. Quant à la sentence, il n'en est question dans aucun de ces trois actes ; mais on nous dit partout que l'affaire a été portée, non pas devant les hommes libres, mais devant le comte (ou le vicomte), et les

---

(1) Ces chênes ; voy. Ducange, *casnus,* II, p. 217.

(2) Les chênes qu'il a coupés, détruits (probablement) ; voy. Ducange, *mortificare,* IV, p. 556.

(3) *Rewadiare,* promettre (avec cautions ou gage) l'exécution de la condamnation (*legem facere*).

scabins qui étaient avec lui; les *quamplures boni homines* qui
figurent dans tant d'actes de cette nature, non pas comme
juges, mais comme public et quelquefois comme signataires
du procès verbal du jugement, n'apparaissent même pas ici.
Il est donc évident, bien qu'on ne dise pas qui a jugé, que le
procès a été examiné seulement par le comte et par ses scabins.

Thévenin, *loc. cit.*, n° 115. — Dijon, neuvième siècle :
*Ante illustrem virum, Hildegarnum comitem, seu judices quos
scabinos vocant, et quamplures personas qui cum eo aderant...
in mallo publico, ad multorum causas audiendas et rectas justicias terminandas.* — Neuf témoins viennent déclarer à l'occasion d'une revendication immobilière intentée par l'abbaye
de Bèze (Côte-d'Or), que les territoires de cette abbaye ont
telles limites. — *Tunc ipsi scabinei unanimiter judicaverunt
quod omni tempore ipsæ res per illas marcas ad partem sancti
Petri essent vindicatæ atque legibus conquisitæ.*

Ce procès a donc été jugé par les scabins. Il s'agit d'une
question de propriété immobilière, et j'ai dit que rien ne
prouvait que ces questions fussent portées nécessairement au
plait général. Mais nous savons par ailleurs que ce plait fut
général (*in mallo publico*).

Bouquet, V, p. 746, — an 781. Ce diplôme est le procès-
verbal d'un plait tenu par Charlemagne. L'*advocatus* de l'abbaye
de Saint-Denis y explique qu'il s'est présenté devant le comte
et ses scabins au plait général (*inter Riseronem comitem et
suos escapinios... in mallo publico*) pour revendiquer contre
différents personnages des terres appartenant à Saint-Denis.
Ceux-ci ont été condamnés; mais, des difficultés étant survenues de nouveau entre eux et l'abbaye, l'*advocatus* a pris le
parti d'aller au plait du roi.

J'ai dit plus haut, en parlant de ce même diplôme, qu'en
781 l'institution des scabins existait déjà. Or nous voyons ici
que dans un plait général ce sont ces scabins, avec le comte,
qui ont rendu la sentence.

De Courson, *Cartulaire de Redon*, p. 94, — an 832-840 : *Noticia... quomodo venerunt monachi* (deux noms), *in mallo publico ante missum Nominoe* (le *missus* du comte de Bretagne),
nomine Drueuallon. — Revendication d'un pré occupé par un

particulier — *Et judicaverunt scavini.... Hic sunt scabini* (sept noms).

Ibid., p. 148, 149. = Thévenin, *loc. cit.*, n° 85, — entre 826 et 840 : *In mallo publico... judicaverunt illi scavini* (trois noms)... *Secundum judicium scabinorum.*

Dans ces deux plaits généraux les scabins seuls ont jugé; il n'est même pas question d'autres personnages qu'eux (1).

De ce long défilé de chartes, qui sont des procès-verbaux de plaits généraux et dans lesquelles il est dit positivement que la sentence a été rendue par les scabins, découle nécessairement cette conclusion que les scabins sont juges dans tous les plaits sans exception, et aussi bien dans les plaits généraux que dans les plaits non généraux (2).

(1) Je crois qu'à ces deux exemples tirés du Cartulaire de Redon, on pourrait en ajouter un troisième; mais ici l'existence d'un plait général est peutêtre moins sûre; et c'est pourquoi je n'insisterai pas sur cette charte. Voy. *Cartulaire de Redon*, p. 139 (entre 840 et 846) : *In placito publico, ante Grandlon machtiern* (nom breton qui désigne le chef d'une population)..., *et ante Juanion missus Nominoe, et multos alios viros qui ibidem aderant... Secundum judicium scabinorum qui ibidem aderant quorum hæc sunt nomina* (quatre noms). Le procès est relatif à une hérédité; cela ne prouve pas que le plait soit général; mais l'expression *placitum publicum* presque sûrement indique le plait général; elle doit, en effet, être synonyme de *mallus publicus*.

(2) A ces actes formels deux ou trois tout au plus pourraient être opposés; mais ils sont si peu nombreux, en face des documents qui déclarent positivement que la sentence a été rendue par les scabins, qu'il est impossible de les considérer autrement que comme des singularités et des exceptions, et peut-être même, plus simplement encore, comme des actes qui ont été mal rédigés. Voici les seuls actes que j'aie trouvés dans lesquels l'assemblée des hommes libres paraisse avoir jugé. J'écarte naturellement tous ceux qui représentent le jugement comme rendu par le comte et par les *boni homines* qui l'entourent. Au premier abord, ces mots pourraient suggérer l'idée que tous les hommes libres ont jugé, mais j'ai montré que le mot *boni homines* signifie ici les scabins eux-mêmes; la difficulté vient de ce que ce mot apparaît tantôt avec le sens de scabins, tantôt pour désigner les principaux parmi les assistants; mais jamais, en tous cas, il ne signifie tous les hommes libres; et, lorsqu'on dit de ces *boni homines* qu'ils ont jugé, il faut entendre alors, comme je l'ai prouvé plus haut, qu'ils ont joué le rôle de scabins. Voici, au contraire, trois ou quatre actes dans lesquels il paraît bien être dit que la foule des hommes libres a pris part au jugement. Form. de Saint-Emmeran, I, 3 (Zeumer, p. 463) : *Tunc judicaverunt tam supra dicti ipsi missi dominici quam et reliqui scabini, id sunt ille et ille, vel reliqui quamplures persone.* — *Form. Augienses*, B. 40 (Zeumer, p. 362) = Roz., 474 : *Illa causa quæ ante nos fuerit dijudicata et judicibus nostris vel reginburgis nostris, vel*

Cette conclusion est confirmée par un document littéraire curieux. Je veux parler du poëme de Théodulf qui porte généralement pour titre *Paraenesis ad judices*, et qui, malgré son style prétentieux et compliqué, n'est pas sans jeter quelque lumière sur les mœurs judiciaires du temps de Charlemagne (1). Théodulf, évêque d'Orléans, fit en 798 comme *missus dominicus* un voyage, ou, comme eût dit l'ancienne langue de l'administration française, une chevauchée, dans la vallée du Rhône, la Provence et la Septimanie. A cette occasion il nous décrit la manière dont il rendait la justice, et dont les autres la rendaient. Il faut, je crois, comme l'a

judicibus constitutis et aliis pagensis plurimis ibidem sistentibus. — Pérard, *Recueil Bourgogne*, p. 150. = Thévenin, n° 103 (an 870) : *Cumque quàmdam adversus hos testes notitiam ostendissent, et, lecta in conspectu bonorum hominum ibidem adstantium, falsa fuisset comprobata... praesentes judicaverunt scabinei cum aliis adsistentibus hominibus.* — Deloche, *Cartulaire de Beaulieu*, p. 85, 86 = Thévenin, *loc. cit.*, n° 133 (an 960) : *Judicavit praedictus Regimundus* (le comte) *et alii venerabiles et assistentes..... Judicaverunt iterum dictus comes caeteraque ei assistens turba* (Waitz, IV, p. 407, note 1, donne cette charte comme tirée de Quantin, *Cartulaire de l'Yonne*, p. 86. C'est là une erreur; rien de pareil n'existe dans ce cartulaire). Tels sont les seuls actes que j'aie trouvés où la foule paraisse au premier abord avoir jugé. De ces quatre actes, encore faut-il retrancher la formule d'Augia. J'ai montré plus haut (p. 190) que cette formule ne dit pas du tout en réalité que la foule des hommes libres ait jugé. La charte de Beaulieu est également à écarter; on aurait tort de voir dans ces *assistentes* et dans cette *turba* la foule elle-même; car l'acte déclare au début que le procès a été porté *ante Regimundum comitem vel ante alios nobilissimos viros..... ante jam dictum Regimundum comitem et ante alios nobiles viros.* C'est donc à ces personnes que se réfèrent les mots qui suivent : *Comes caeteraque ei assistens turba.* On peut s'étonner que les scabins ne soient pas nommés et qu'à la place on désigne comme juges des gens appelés *nobiles viri* (serait-il permis de voir dans cette charte, datée de 960, non plus le *mallus* carolingien, mais déjà une cour féodale, comme dans deux ou trois chartes que je vais bientôt signaler?). Mais il est, dans tous les cas, certain que le tribunal se compose ici non de la foule des justiciables, mais de *nobiles viri*. Restent donc seulement la formule de Saint-Emmeran et la charte de Pérard. Je n'en vois pas de bonne explication. Mais ces deux voix discordantes ne peuvent pas, je crois, troubler profondément le concert formé par tant d'autres actes qui attribuent la sentence aux seuls scabins.

(1) Lire principalement sur ce poëme l'étude de M. Monod, *Les mœurs judiciaires au huitième siècle d'après la Paraenesis ad judices de Theodulf* (*Revue historique*, septembre-octobre 1887, p. 1 et s. = *Mélanges Renier*, 1887, p. 193 et s.)

fait M. Monod, ne pas hésiter à dire que le tableau qu'il nous donne représente non seulement la justice exceptionnelle des *missi* du roi, mais encore la justice ordinaire des comtes et des *vicarii*, et voir par conséquent dans les récits de Théodulf la description des plaits du droit commun (1). La présence d'une foule nombreuse et bruyante, dont le portier lui-même ne peut empêcher l'irruption (2), montre, sinon nécessairement qu'il s'agit de plaits généraux, au moins que ces plaits sont très fréquentés. Or il est remarquable que dans ce tribunal le *missus* ou le comte ne siège pas seul, mais qu'il ne siège pas davantage avec toute la foule ; les juges sont les fonctionnaires du roi et les principaux personnages de la *civitas* ; la foule est présente, mais elle doit se taire (3). Théodulf garde volontiers à ces notables leur ancien nom romain de sénateurs (4) ; mais il est évident que nous avons affaire à nos scabins. On voit par là que la justice est rendue par le comte et par les scabins (5).

Enfin, indépendamment des actes que j'ai analysés et des descriptions de Théodulf, je crois que cette opinion serait presque démontrée par une seule considération. J'ai prouvé qu'à l'époque mérovingienne la foule des hommes libres ne juge pas. On ne s'expliquerait guère qu'elle eût reçu cette attribution d'un empereur comme Charlemagne, et à une époque où il est certain que les hommes libres n'éprouvent pour les fonctions judiciaires qu'une très grande répugnance.

Reste à se rendre compte de la présence de ces *boni homines* qui figurent si souvent dans les procès-verbaux de plaits. Un mot y suffira, car les actes que j'ai cités nous renseignent très bien sur le rôle que jouent ces personnages. Tandis que, dans

---

(1) Monod, *Revue historique, loc. cit.*, p. 5.

(2) Théodulf, *Paræn.*, v. 425-426 :

> *Janitor interea turbam compescat hiantem*
> *Ne ruat interius plebs sine lege furens.*

(3) *Ibid.*, v. 671-672 :

> *Cumque viris paucis, omni reticente caterva,*
> *Rem bene volve libens, atque revolve diu.*

(4) *Ibid.,* v. 445-446 :

> *Sedibus, ordinibus populi residente senatu,*
> *Cum te susceptum sella curulis habet.*

(5) Cf. Monod, *loc. cit.*, p. 7, 8.

les formules mérovingiennes, *boni homines* est synonyme
de rachimbourgs et signifie les juges; dans les actes carolingiens, tantôt ce sens ancien s'est conservé exactement et,
par conséquent, les *boni homines* sont les scabins; tantôt,
au contraire, les *boni homines* sont les principaux parmi les
assistants (1). Mais il faut, dans ce second cas qui est le plus
fréquent, leur reconnaître une autre fonction encore; dans ces
plaits où les *boni homines* ne sont pas juges, le plus souvent
ils ne jouent pas seulement le rôle de public, ils signent le
procès-verbal du jugement avec le comte et les scabins, ils
font l'office de « records, » comme disait l'ancien droit français; et si ce procès-verbal est perdu un jour, ils pourront
venir attester en justice que la sentence a été rendue de telle
façon et qu'ils ont été *testes* dans ce jugement (2). C'est le rôle
qu'assigne essentiellement à ces *testes* un capitulaire de 803 :
« Si quelqu'un, dit-il, veut recommencer le procès, en dépit
de la chose jugée, on fera venir les *testes*, et si ceux-ci démontrent que l'affaire a déjà été jugée, le plaideur paiera
quinze *solidi* ou recevra des coups (3). » Il convient d'ajouter
que les procès-verbaux des jugements ne sont pas les seuls
actes de cette époque que signent aussi des *boni homines*. Les

---

(1) Je dis les principaux, et non pas tout le public, pour deux raisons :
d'abord parce que très souvent ces *boni homines* sont désignés par leurs
noms; ensuite parce que, souvent aussi, ils signent le procès-verbal du
jugement; or, surtout dans un plait général, il n'est pas admissible que tous
les hommes libres du comté ou de la centaine soient appelés par leurs noms
et signent le procès-verbal.

(2) Guérard, *Cartulaire de Saint-Victor*, I, p. 33 : *Multisque bonis hominibus qui super erant scripturi et firmaturi.* — Vaissete, II, p. 400 (anc. édit.,
I, p. 135) : *Ut inde notitiam bonorum hominum in testimonium colligeret
quorum præsentibus actum fuit.* — *Ibid.*, II, p. 134 (anc. édit., I, p. 55) :
Aliorum bonorum hominum qui subscripturi vel signa factores sunt. — De
Courson, *Cartulaire de Redon*, p. 139 : *Secundum judicium scabinorum*, etc.
(quatre noms); et, à la fin, la signature de *multos alios nobiles viros qui ibidem aderant* (vingt-sept noms qui signent *testes* et parmi lesquels on retrouve
les quatre scabins), etc. — Dans tous ces actes, les scabins qui jugent et les
boni homines qui jouent seulement le rôle de *testes* sont distingués d'une façon
très nette. — Cf. Sohm, p. 380, 381.

(3) Capit. de 803, *legibus addit.*, cap. 10 (Boret., p. 114) : *Si quis causam
judicatam repetere in mallo præsumpserit, ibique testibus convictus fuerit,
aut quindecim solidos componat, aut quindecim ictus ab scabinis qui causam
prius judicaverunt accipiat.*

actes qui constatent les ventes, les donations, bref presque tous les contrats possibles, sont signés par des *testes* pareils portant le nom de *boni homines* ; et je parle ici non seulement des contrats faits au plait, tels que l'affatomie, mais encore de n'importe quelle opération juridique faite en dehors du plait (1).

Je résume maintenant cette longue discussion. Les scabins sont les juges dans tous les plaits ; les hommes libres ne rendent jamais la sentence ; et voici en somme quelle a été la portée exacte de la réforme de Charlemagne. Avant cette réforme, la justice était rendue par le comte et par divers notables pris indifféremment parmi les hommes libres de la circonscription judiciaire. Charlemagne décida qu'il y aurait dans chaque comté un corps de fonctionnaires appelés scabins

(1) Cet emploi du mot *boni homines*, en dehors de toute assemblée judiciaire, est très fréquent dans les actes carolingiens. Voy. par ex. : Form. Lindenbrog, 1 (ancienne édit., 18) = Roz., 200 (donation à une église) : *Præsens donatio hæc nostris et, nobis rogantibus, bonorum hominum manibus roborata, quorum nomina vel signacula subter tenentur inserta... maneat inconvulsa.* — *Ibid.*, 2 = Roz., 331, § 1 (même opération). — *Ibid.*, 5 = Roz., 306 (échange entre un évêque et un abbé) : *Sed præsentes commutationes ab eis vel a fratribus eorum seu ceterorum venerabilium hominum manibus roboratæ, quorum nomina vel signacula subter tenentur inserta.* — *Ibid.*, 6 (anc. édit., 152) = Roz., 159 (donation à une église). — *Ibid.*, 13 (anc. édit., 50) = Roz., 251 (donation entre époux) : *Hæc epistolæ tam a nobis quam ab aliis bonorum hominum manibus roboratas*, etc. — *Ibid.*, 15 = Roz., 292 (vente d'un esclave): *Hæc venditio meis et me rogantibus bonorum hominum manibus roborata quorum nomina vel signacula*, etc. — *Form. imperiales*, 3 = Roz., 317 (échange) : *Et duas commutationes pari tenore conscriptas manibusque bonorum hominum roboratas.* — Collection de Flavigny, 8 (Zeumer, p. 477) = Roz., 128 (testament) : *Præsens pagina firma permaniat, quam manu mea propria subter firmavi et bonorum hominum signis vel allegacionibus roborandum decrevi.* — *Form. extravag.*, 18 (Zeumer, p. 544) = Roz., 66 (affranchissement) : *Præsens ingenuitas mea vel aliorum bonorum hominum manibus roborata.* — Les cartulaires offrent aussi un grand nombre d'exemples pareils ; le plus remarquable à ce point de vue est le cartulaire de Redon. On a vu que, dans ce cartulaire, les juges sont toujours appelés *scabini* (excepté dans un seul acte, p. 98, qui contient une donation, et dans lequel on dit à propos d'un jugement : *judicaverunt boni homines*, en donnant à ce mot le sens de scabins, comme je l'ai montré) ; mais ce mot *boni homines* qui n'est employé qu'une seule fois pour désigner les juges, sert à l'inverse d'une façon constante pour désigner les témoins et signataires de toutes sortes d'actes qui ne se font pas au plait. Voy. p. 51, 59, 69, 85, 101, 109, 165, 170, 201, 204.

qui seraient chargés de remplir dans les plaits la fonction
qu'autrefois remplissaient ces notables. Pour le reste, rien n'a
été changé au droit antérieur ; et notamment il est inadmissible que Charlemagne ait confié les fonctions judiciaires à
l'assemblée générale de tous les hommes libres qui déjà ne
les exerçait plus sous les rois mérovingiens. La justice est
donc rendue, comme auparavant, par le comte et par des notables ; seulement ces notables sont désormais des fonctionnaires judiciaires.

V.

Deux points restent encore à éclaircir, mais le seront très
aisément, grâce aux actes que je viens d'étudier. Il s'agit de
savoir, en premier lieu, de combien de scabins se compose
le tribunal ; et, en second lieu, si les scabins jugent seuls ou
avec le président du plait, c'est-à-dire, selon les cas, avec
le comte ou le centenier.

A la première question, je réponds que le nombre des scabins est très variable, et qu'il y en a tantôt plus et tantôt
moins. Il est vrai qu'un capitulaire semble exiger qu'ils soient
au nombre de sept (1) ; mais, dans la pratique, on ne s'est
jamais astreint ni à ce nombre ni à un autre. Sans chercher
d'autres textes que ceux que j'ai étudiés jusqu'ici, voici les
renseignements que nous trouvons sur la question présente en
relisant les actes déjà cités :

(1) Capit. de 803, cap. 20 (Boret., p. 116) : *Ut nullus ad placitum banniatur... exceptis scabineis septem qui ad omnia placita praeesse debent.* — D'autres
capitulaires indiquent des nombres différents ; voy. Capit. *de justitiis fac.* de
820, cap. 2 (*ibid.*, p. 295) : *Veniat unusquisque comes et adducat secum duodecim
scabinos ; Legationis capitulum* de 826 (*ibid.*, p. 310) : *Habeat unusquisque
comes vicarios et centenarios suos secum et de primis scabinis suis tres aut quattuor* ; les *primi scabini* sont, comme je l'ai dit, soit les chefs du collège des
scabins (Sohm, p. 453, note 187), soit les premiers nommés, les plus anciens d'entre eux (Waitz, IV, p. 396). Mais je crois qu'il faut écarter ces
capitulaires de la discussion présente, parce qu'il s'agit là, non pas des plaits
véritables, mais des assemblées de fonctionnaires que réunissent les *missi* et
auxquelles les scabins sont naturellement convoqués comme fonctionnaires.
Cfr. Sohm, p. 452, 453. — Il faut certainement rejeter l'opinion de Zoepfl,
III, p. 323, qui dit que le nombre des scabins, fixé à sept par Charlemagne
(Capit. de 803), a été porté à douze par Louis le Pieux (Cap. de 820).

Vaissete.	II,	p. 47,	6	scabins.
—	—	p. 134,	5	—
—	—	p. 287,	7	—
—	—	p. 331,	9	—
—	—	p. 355,	6	—
—	—	p. 369,	5	—
—	—	p. 373,	7	—
—	—	p. 378,	6	—
—	—	p. 382,	10	—
—	V,	p. 72,	4	—
—	—	p. 137,	16	—
—	—	p. 160,	4	—
Cartulaire de Saint-Victor.	I,	p. 33,	27	—
—		— p. 43,	5	—
Histoire de Nîmes.		p. 10,	20	—
—		p. 16,	7	—
—		p. 17,	7	—
Cartulaire de Saint-Vincent de Mâcon,		p. 169,	15	—
Cartulaire de Redon.		p. 94,	7	—
—		p. 113,	12	—
—		p. 139,	4	—
—		p. 148,	6	—
—		p. 149,	3	—
—		p. 354,	3	—(1).

La seconde question est plus importante et plus discutée.
Deux points cependant sont incontestables et unanimement

(1) Ajoutez un assez grand nombre d'autres textes pareils, cités par Sohm,
p. 450 à 453; Waitz, IV, p. 397; Beauchet, p. 271 et 272. — Sohm et
Beauchet, en dépit de ces actes, prétendent que le nombre de sept scabins,
au moins, est nécessaire pour constituer valablement le tribunal, parce que,
disent-ils, le capitulaire de 803 pose formellement cette règle. Si les actes
nous montrent souvent un nombre de scabins ou supérieur ou inférieur,
c'est, dit M. Beauchet, dans le premier cas, parce que le nombre des scabins, qui est de sept au moins, peut être supérieur à sept; dans le second cas,
parce que les actes ont oublié de mentionner tous les scabins. Quant à Sohm,
il déclare que tous ces actes sont, au fond, sans grande portée, parce qu'ils
sont relatifs pour la plupart à des plaits généraux, et que, dans ces plaits,
ce ne sont pas les scabins, mais tous les hommes libres qui sont juges, de
sorte que le nombre des scabins est sans importance, et que l'acte en fera

admis. Il est certain, en premier lieu, que le comte ou le centenier, selon les cas, préside le tribunal et, par conséquent, convoque les scabins et les parties, dirige les débats, interroge les témoins, et ordonne les mesures d'instruction qui semblent utiles (1). Il est également sûr que les scabins ne siègent et ne délibèrent jamais seuls, c'est-à-dire hors de la présence du comte ou du centenier, qu'ils ne forment pas par eux-mêmes une justice propre et indépendante, et qu'il n'y a pas de plait sans la présence du fonctionnaire royal (2). Sur ces deux points tout le monde est d'accord.

Mais voici, au contraire, la question débattue. Le plait étant réuni, le comte ou le centenier, nécessairement présent, est-il nécessairement aussi juge avec les scabins ; ou bien les scabins jugent-ils seuls sous la présidence du fonctionnaire royal, mais sans sa participation ?

Cette seconde opinion est généralement admise (3). « Le pouvoir de juger, dit M. Beauchet qui, de tous les auteurs, est

figurer tantôt plus et tantôt moins, sans que cela tire à conséquence. Je crois que les actes cités prouvent évidemment que le nombre des scabins n'a jamais été fixé. — R. Schröder, *Lehrbuch*, p. 164, dit que sept scabins sont exigés par la loi, mais que, en fait, les scabins jugent, en général, au nombre de douze. Je ne vois pas sur quoi se fonde une pareille affirmation.

(1) Voy., outre les textes expliqués ci-dessus, d'autres documents pareils cités par Beauchet, p. 274, 275.

(2) On a cité quelquefois, pour combattre cette opinion, un document italien dans lequel le comte n'est pas mentionné comme présidant le plait, mais où l'on nomme à sa place un scabin. Cette singularité s'explique par ce fait, d'ailleurs très exceptionnel, que ce scabin a reçu mandat spécial du comte et préside ainsi le plait en son nom ; voy. Savigny, I, p. 191, note *a*, Bethmann-Hollweg, V, p. 25, note 32 ; et le texte qu'ils citent : *Dum resedisset H. scavinus de vico L. per jussionem B. comiti.* — Il faut expliquer de la même manière environ un ou deux actes également italiens, cités par Bethmann-Hollweg, *ibid.* — En France, une particularité analogue se rencontre dans un acte de Vaissete, II, p. 378 (anc. édit., I, p. 127), — an 875 : *In judicio de judices qui jussi sunt causas audire dirimere vel judicare, id est* (six noms), etc. Le comte n'est pas mentionné, ni aucun autre président, et il semble qu'il n'y ait eu que des scabins. Il faut dire sûrement que le comte est sous-entendu, car j'ai cité d'assez nombreux exemples de ces procès-verbaux de plait pour qu'on sache maintenant que ces plaits ne sont jamais présidés par les scabins eux-mêmes.

(3) Savigny, I, p. 173 à 175 ; Lehuërou, *Inst. caroling.*, p. 385 ; Waitz, IV, p. 402 ; Beauchet, p. 274 à 278. — En sens contraire, Bethmann-Hollweg, V, p. 25 ; W. Sickel, *Savigny-Stiftung*, VI, p. 68 à 70.

celui qui a mis le plus de soin à développer cette manière de voir, appartient non point au comte, mais aux scabins seulement, de même que dans le droit mérovingien il n'appartenait qu'aux seuls rachimbourgs. » J'ai montré, précédemment, qu'en ce qui concerne les rachimbourgs, cette opinion est inexacte; je crois qu'elle ne l'est pas moins en ce qui concerne les scabins. A toute époque, la justice a été rendue, à mon avis, par le fonctionnaire royal avec la participation de différents personnages, qui s'appellent rachimbourgs à l'origine et scabins plus tard, mais qui jamais n'ont été les seuls juges.

Je fonde cette opinion en premier lieu sur les actes de jugement que j'ai cités, et qui presque toujours disent que la sentence a été rendue par le comte et par les scabins :

Form. Lindenbrog, 19 = Roz., 467 : *Hac igitur de causa judicatus est ei ab ipso comite vel ab ipsis scabinis pagenses.*

Form. Senon. recent., 1 = Roz., 498 : *Et dum hac causa apud ipso comite vel ipsis racimburgiis... legibus fuit definitum.*

Ibid., 4 = Roz., 458 : *Taliter ab ipsis missis dominicis, vel illo comite seu ab ipsis rachimburgiis fuit judicatum.*

Vaissete, II, p. 47 : *Nos prefati missi..... et judices... ordinavimus.*

Ibid., II, p. 287 : *Nos commis.... hac judices... hordinavimus vel credimus judicio.*

Ibid., II, p. 331 : *Tunc nos missus et judices... decrevimus judicium per legem Cotorum et ordinavimus.*

Ibid., II, p. 355 : *Cum nos vero missus et judices vidissemus... ordinavimus.*

Ibid., II, p. 400 : *Per voluntatem ipsius comitis et arbitrium judicum* (1).

J'invoque en second lieu le langage et les dispositions des capitulaires. Il ne faut pas oublier en effet que si, dans les chartes du midi de la France, *judices* désigne généralement les scabins, dans la langue des capitulaires, qui est surtout

---

(1) Le poëme de Théodulf montre également que le *missus* ou le comte n'est pas un simple président jouant un rôle passif, mais qu'au contraire il juge lui-même et exerce une autorité prépondérante. Voy. l'article cité de M. Monod, spécialement p. 7 et 8 de la *Revue historique.*

la langue exacte et juridique, *judex* signifie presque toujours le fonctionnaire royal et principalement le centenier ou le vicomte (1). Or il serait étrange qu'on eût désigné par ce mot des personnages dont la fonction ne consiste pas à juger (2). J'ajoute que la loi impose à ces fonctionnaires diverses obligations qui seraient inexplicables si ceux qui en sont tenus n'étaient pas avant tout des juges; par exemple l'obligation de juger selon la loi et non pas à leur fantaisie, ou encore celle de connaître la loi pour ne pas commettre d'iniquité, de refuser les présents des plaideurs, et de ne pas se laisser inspirer dans leurs jugements par la haine ou par la faveur.

Capit. *missorum* de 802, cap. 26 (Boret., p. 96) : *Ut judices secundum scriptam legem juste judicent, non secundum arbitrium suum.*

Capit. de 801 à 814, cap. 4 (*ibid.*, p. 144) : *Ut comites et vicarii eorum legem sciant, ut ante eos injuste neminem quis judicare possit vel legem mutare.*

Capit. *missorum* de 819, cap. 21 (*ibid.*, p. 291) : *Ut comites et vicarii et centenarii... propter justitiam pervertendam munera non accipiant.*

Missi admonitio de 801 à 812 (*ibid.*, p. 240) : *Duces, comites et judices justitiam faciat populos,... pro pecunia non mutet æquitates, per odia non damnent innocentes.*

On a pu soutenir que le mot *judices* dans le premier de ces

---

(1) Voyez ci-dessus (§ 1) la démonstration de ce fait. J'ai dit également, dans ce § 4, p. 186 et note 2, qu'il fallait se défier d'une tendance trop répandue à traduire *judices* par scabins dans les capitulaires; les *judices* des capitulaires sont presque toujours les vicomtes et centeniers, et non pas les scabins. Voici notamment deux textes dans lesquels il est évident que ce mot ne signifie pas scabins. Capit. d'Aix de 809, cap. 11 (Boret., p. 149) : *Ut judices, advocati, præpositi, centenarii, scabinii, quales meliores inveniri possunt... constituantur.* Capit. italien de 800 à 810, cap. 14 (*ibid.*, p. 210) : *Scabinos qui cum judicibus resedere debent.*

(2) J'ai réfuté déjà, en discutant la même question pour l'époque mérovingienne, l'objection qui consiste à dire que le mot *judicare*, dans la langue de cette époque, signifie proprement gouverner ou administrer, et que le mot *judex*, par conséquent, doit s'entendre plutôt d'un administrateur que d'un juge. *Judicare* signifie avant tout *juger*, comme *judex* signifie *juge*; et si on emploie ces mots dans le sens large que je viens d'indiquer, c'est parce que, pour les hommes de cette époque, la justice est la plus importante des fonctions du gouvernement. Voy. ci-dessus, p. 139, note 3.

textes désigne les scabins et non pas les fonctionnaires royaux (1).
Je ne crois pas cette traduction exacte ; non pas que j'aille
jusqu'à dire que le mot *judices* n'a jamais le sens de scabins
dans les capitulaires, mais parce qu'il est certain que sa signification ordinaire et constante, par conséquent celle qu'il
faut adopter toutes les fois que le contexte n'oblige pas à s'en
écarter, est celle de vicomte ou de centenier. Mais on efface-
rait ce capitulaire de 802, sous prétexte qu'il parle des scabins,
qu'il resterait toujours les trois autres qui visent formellement
les comtes, les centeniers et les *duces*, qui les appellent par
leurs noms propres et non pas par ce nom un peu vague de
judices, et qui, ordonnant à ces fonctionnaires de savoir la loi,
de refuser les présents des plaideurs et de se mettre en garde
dans leurs jugements contre la haine ou la faveur, supposent
nécessairement qu'ils ont pour fonction de rendre la justice (2).

Les objections que l'on fait à cela ne me semblent pas bien
inquiétantes. On dit que les capitulaires s'accordent à reconnaître le rôle judiciaire des scabins (3), et l'on cite des formules ou des chartes dans lesquelles les scabins seuls sont
mentionnés comme ayant jugé (4). Personne ne nie le rôle
judiciaire des scabins ; ils jugent certainement, mais cela ne
veut pas dire que le comte ne juge pas aussi. Les formules de

(1) Beauchet, p. 277 ; Waitz, IV, p. 402.

(2) On peut ajouter et comparer aux textes que je viens de citer une foule
d'autres capitulaires semblables, dans lesquels on recommande aux *judices*
de *juste judicare, judicare secundum legem* ou *juxta legem, providere recta
judicia, justissima deliberatione diffinire, justitiam facere*, etc. Voyez l'énumération que fait de ces capitulaires W. Sickel, *Savigny-Stiftung*, VI, p. 68
et 69. Presque toujours ces *judices* sont les comtes et les centeniers ou les
vicomtes.

(3) Voy. les textes des capitulaires que j'ai cités plus haut, p. 200, note, et
qui prouvent en effet que les scabins sont juges. Cf. Beauchet, p. 276.

(4) Voy. Form. de Lindenbrog, 21 (169) = Roz., 483 : *Et ipsi scabini qui
hanc causam definierunt taliter ei visi sunt judicasse. — Form. Senon. recent,
6* = Roz., 477 : *Sic ipsi viri* (on vient de les appeler du nom de *racimburgi*)
tale decreverunt judilio. — Ibid., 5 = Roz., 480 : *Sic ab ipsis personis taliter
ei fuit judicatum.* — Vaissete, V, p. 160 : *Tunc ipsi judices et ipsi auditores...
decreverunt judicium.* — Cart. de Redon, p. 94 : *Et judicaverunt scavini.* —
Ibid., p. 113 : *Ista sunt nomina scavinorum qui judicaverunt. — Ibid.*, p. 139 :
Secundum judicium scabinorum. — Ibid., p. 148 : *Et judicaverunt scabini.* —
Ibid., p. 149 : *Judicaverunt illi scabini.* — Cf. d'autres exemples encore dans
Beauchet, p. 276, note 2.

jugement dans lesquelles les scabins, sont seuls nommés
seraient un argument un peu meilleur pour écarter la participation du comte à la sentence, si justement nous n'avions pas
une foule d'autres chartes, tout à fait de la même époque,
visant les mêmes hypothèses et tirées des mêmes régions, qui
disent d'une façon formelle que le comte et les scabins ont
jugé ; il en faut conclure que là où par hasard les scabins
sont seuls mentionnés, nous avons simplement affaire à une
façon abrégée de parler. Je n'insisterai pas sur un dernier
argument qui semble décisif à plusieurs auteurs (1), mais qu'un
mot pourtant suffit à écarter. Le nombre impair de sept scabins, dit Savigny, fait supposer que la voix du président
n'est pas comptée, car elle pourrait entraîner un partage. Mais
j'ai montré que le nombre des scabins est très variable, et
qu'il n'est pas toujours un nombre impair (2).

VI.

Je terminerai cette étude sur les scabins par une observation, sur laquelle d'ailleurs je me garderai d'insister, parce
qu'elle mènerait à l'examen d'une foule de questions très difficiles qui sont en dehors de cette étude.

Il est quelques chartes de l'époque carolingienne qui parlent
un langage assez différent de celles que j'ai citées jusqu'ici.
Le comte au lieu d'apparaître dans le *mallus*, accompagné de
scabins, rachimbourgs ou *judices*, comme on voudra les appeler, siège dans son tribunal entouré de ses *optimates*. Évidem-

---

(1) Savigny, I, p. 174 ; Lehuërou, p. 385 ; Beauchet, p. 276, 277.

(2) Dans un acte de 815, publié par Besly, *Histoire des comtes de Poitou,
Preuves*, p. 176 = Thévenin, *loc. cit.*, nº 66, le comte, ou plus exactement
le *missus* du comte, est seul mentionné, et semble composer le tribunal à lui
tout seul. Il me paraît certain que les scabins sont ici sous-entendus ; il
s'agit, en effet, d'une question d'état, procès qui, comme nous l'avons vu,
est toujours jugé par le comte et par les scabins. Je cite cet exemple pour
prouver que si, dans certains actes, les scabins ont pu être sous-entendus,
il ne faut pas s'étonner que dans d'autres actes le comte l'ait été aussi. Même
observation pour un acte pareil dans Besly, *loc. cit.*, p. 149 = Thévenin,
nº 62 ; dans un procès en revendication entre deux abbayes, les seuls juges
mentionnés sont le comte et un abbé.

ment nous ne sommes plus en face de ce plait auquel nous
ont habitué nos précédentes recherches, et le droit que nous
montrent ces documents n'a pas la physionomie de celui que
nous venons d'étudier. Je vais citer deux exemples de ces
chartes, qui d'ailleurs ne sont pas très nombreuses à l'époque
carolingienne; et, sans insister sur les nouveautés que contiennent pour nous ces actes, je dirai en deux mots dans quelle
direction il faut en chercher l'explication :

Bruel, *Chartes de Cluny*, I, p. 91, — an 903 : *More antico-
rum patrum cunctorumque civium, lege Romanorum decretum
est in orbe terrarum, ut principes seculares, legalia precepta
servantes, judiciaria potestate falsa destruerent et recta perqui-
rerent. Unde universo orbi notum debet esse quia, residente
cum obtimatibus suis domno Ebolo, venerabili comite..., Picta-
vis civitate, affuit ibi quidam advocatus S^a Mariæ... pro-
clamans* (réclamant) *rectum judicium coram domno comite et
principibus suis de Adalberto Lemovicensi, qui cupiditatis face
et seculari rabiæ silvam S^a Mariæ... prefato monasterio tum
injuste tollebat. Domnus vero comes et cuncti illius proceres,
hoc audientes, interrogaverunt æum quare hoc facerit.* — Suit
un interrogatoire. — *Tunc Adalbertus* (le défendeur), *princi-
pali judicio et legali examine constrictus, inquisicio facta a suis
qui illic adærant fidelibus, recognovit se non bene ægisse, quique
injuste abstulerat legaliter reddidit.*

De Lasteyrie, *Étude sur les comtes et vicomtes de Limoges*,
1874 (*Bibliothèque de l'École des Hautes Études,* fasc. 18, p. 115,
26 avril 927) : — *Cum resederet vir venerabilis domnus Ebolus, comes, Pictava civitate, cum suis optimatibus..... ad multorum causas audiendas rectaque judicia terminanda.* — L'abbaye
de saint Maixent réclame certaines terres injustement usur-
pées par deux personnages; ceux-ci répondent qu'ils en sont
précaristes. — *Judicatum fuit ab ipsis proceribus qui ibidem
resedebant, quod per ipsa precaria nec per alia testamenta tenere non potuissent,* etc.

Dans ces deux actes, le comte Ebolus juge non pas à la façon
des comtes ou des centeniers que nous avons rencontrés jusqu'ici, qui sont des fonctionnaires du roi et qu'entourent des
notables du comté (rachimbourgs ou scabins), mais à la façon
du souverain lui-même qui siège au plait royal avec ses *optimates*

ou *proceres*. Dans la première charte d'ailleurs, il invoque l'exemple des *principes seculares* et qualifie son jugement de *principale judicium*. On commettrait donc une grave erreur si l'on considérait les *optimates* ou *proceres* de ces deux chartes comme les scabins du droit franc; encore moins sont-ils tous les hommes libres du comté. Il me semble que la seule manière de comprendre les textes que je viens de citer est de les considérer comme les procès-verbaux de jugements rendus par une véritable cour féodale, ou, pour parler un langage peut-être plus exact ici, par une Cour de seigneurie. Le comte, autrefois agent du roi, s'est rendu souverain. Il tient sa cour entourée de ses vassaux et de ses fidèles; il juge comme suzerain féodal les vassaux avec leurs pairs; il juge comme *princeps* les hommes du comté, qui sont devenus ses sujets, avec les *proceres* ou *optimates* (qui en fait sont presque toujours les mêmes hommes que les vassaux). C'est une justice nouvelle dont le principe est l'opposé de celle du droit des capitulaires; car au lieu d'être rendue à des sujets du roi et par un fonctionnaire du roi, elle est née, au contraire, de la décomposition de l'État; elle indique la disparition de cette dépendance générale des sujets vis-à-vis du roi qui est encore la règle du droit carolingien. A ce titre, les deux chartes que je viens de citer offrent sans doute un intérêt tout spécial, mais elles échappent par là même au cercle de ces études qui sont consacrées à l'organisation judiciaire carolingienne et exclusivement à la justice d'État. J'ai voulu seulement attirer l'attention sur elles, parce qu'elles auraient pu, étant mal comprises, jeter l'esprit dans une fausse voie; ce que j'ai dit suffira pour indiquer leur caractère et pour prémunir contre les conclusions erronées auxquelles pourrait conduire, dans l'étude du droit carolingien, leur lecture faite sans réflexion, ou la lecture de quelques actes pareils qui se rencontrent çà et là à partir du dixième siècle (1).

(1) Sur le caractère de cette cour féodale et de cette justice de seigneurie, il faut lire principalement Flach, *Les origines de l'ancienne France*, 1, p. 227 à 257. On y verra ce qui distingue et ce qui rapproche cette justice du seigneur sur ses vassaux et sur ses sujets de l'ancienne justice d'État exercée sur les sujets du roi. Aux deux chartes que j'ai citées ici, il sera utile d'en comparer une autre, également relative au comté de Poitiers et citée par Flach,

§ 5.

De certains cas dans lesquels le jugement est rendu par le fonctionnaire royal sans la participation des rachimbourgs ou des scabins.

Il est certains cas dans lesquels les règles que je viens d'exposer ne s'appliquent plus ; notamment les rachimbourgs ou les scabins ne figurent pas au tribunal et ne rendent pas la sentence, mais le comte tranche l'affaire tout seul. Comme un fait pareil constitue à tout ce qui vient d'être dit une restriction extrêmement grave, ce travail serait non seulement incomplet, mais inexact, si je n'y insistais pas un instant. On s'est, comme je l'ai dit, beaucoup appuyé sur les textes dans lesquels cette procédure nous apparaît, pour contredire les opinions que j'ai soutenues ; on en a conclu que le véritable juge était toujours le comte, qu'à lui seul appartenait le droit de condamner et d'absoudre, et que, par conséquent, lorsque nous rencontrions, dans des formules ou ailleurs, l'intervention de personnages appelés rachimbourgs, ces hommes ne pouvaient être que des arbitres et non pas des juges. Les textes que je vais citer disent en effet que le comte juge seul. Mais je montrerai dans quelles limites, dans quels cas et à quelles conditions cette affirmation est vraie. Je ferai voir qu'il y a en effet des exceptions à la règle du jugement par les rachimbourgs, et que par conséquent on commettrait une erreur si l'on considérait cette règle comme absolue; mais je prouverai en même temps que là est toujours la règle, quoi qu'on en ait dit, et que les propositions établies dans les pages précédentes

loc. cit., p. 249, note 1 ; elle est de 908, et l'on y voit très clairement le même comte Ebolus tenir sa cour *adstantibus suis vassalis.* Cf. également *Chartes de Cluny*, I, p. 610 = Thévenin, *loc. cit.*, n° 129 (an 944) : procès *in præsentia marchionis* (peut-être Hugues, duc de Bourgogne) *et fidelium ejus.* — Ainsi, dès la première moitié du x° siècle, le triomphe de la féodalité, au point de vue des droits de justice, est définitivement assuré dans certaines régions. On a vu, au contraire, par les nombreuses chartes que j'ai tirées de l'*Histoire du Languedoc*, que, dans le Midi de la France, l'organisation judiciaire créée par Charlemagne s'est maintenue beaucoup plus longtemps.

restent parfaitement exactes, sauf les restrictions que je vais faire.

Ces restrictions se rencontrent exclusivement en matière criminelle. De l'étude que j'ai faite des lois, des formules et des actes relatifs à cette matière, il résulte que le droit criminel franc est fondé essentiellement sur les trois principes suivants : 1° Au point de vue de la procédure, le crime fait l'objet d'une accusation intentée par la victime ou par sa famille, dans la forme de la *mannitio* ordinaire, et devant le *mallus*, c'est-à-dire le tribunal du droit commun. 2° Au point de vue de l'organisation du tribunal, la condamnation est prononcée par les juges ordinaires de ce *mallus*, c'est-à-dire par le comte (ou en général le fonctionnaire royal), et par les rachimbourgs ou les scabins. 3° Au point de vue de la peine, cette peine est une composition, non pas, comme je l'ai montré, parce que les rachimbourgs ne sont que des arbitres, mais parce que le droit criminel des *leges* considère le crime comme une offense et trouve par conséquent très naturel de le punir par une réparation pécuniaire.

Eh bien, il y a des cas où, au lieu de suivre cette procédure et ces règles, qui sont celles du droit commun, on fera les choses d'une façon plus expéditive. Le comte, dont l'attribution essentielle est de maintenir la paix dans le comté, sait qu'un crime a été commis; il fait saisir le coupable par ses agents, instruit l'affaire tout seul et condamne à des peines variées telles que la mort, les verges ou des mutilations corporelles. Ce droit criminel nouveau et exceptionnel a donc pour caractères essentiels tous les principes opposés à ceux du droit commun : 1° Au point de vue de la procédure, le coupable, au lieu d'être assigné par la victime comme un défendeur ordinaire, est recherché et saisi par le comte ou par ses agents. 2° Au point de vue du jugement, le comte instruit et juge seul l'affaire. 3° Au point de vue de la peine, cette peine n'a pas le caractère d'une réparation pécuniaire, mais est une peine publique. En résumé, procédure inquisitoire, jugement par le comte seul, et peine publique, tels sont les caractères de ce *jus extraordinarium*, directement contraires à ceux du droit commun qui sont la procédure accusatoire, le jugement par le comte et les rachimbourgs, et la peine privée.

Étudions maintenant les textes qui démontrent l'existence de ce *jus extraordinarium*. Il va sans dire que dans ce travail, qui est consacré à la participation des hommes libres au jugement et non pas au droit criminel tout entier, il ne m'appartient pas d'insister sur la naissance et sur le développement de la procédure inquisitoire et du système des peines publiques ; je n'en dirai donc que ce qui est strictement nécessaire pour démontrer l'existence, dans l'empire franc, de ce droit criminel nouveau, et pour faire comprendre par là même comment, dans un grand nombre de cas, la justice du comte s'est substituée à celle des rachimbourgs ou des scabins.

Je dis d'abord que la peine, au lieu de consister dans une composition, sera quelquefois une peine publique, telle que la mort, ou des peines corporelles, ou une amende payée non à la victime, mais à l'Etat.

Ce système de répression s'est développé de très bonne heure ; et on se tromperait fort si l'on croyait qu'il a fallu, pour l'imaginer, une civilisation très avancée. On le trouve en effet déjà dans la *Germanie* de Tacite. J'ai dit que le droit criminel des anciens Germains a pour base la vengeance et la composition qui en est le rachat ; c'est l'idée que formule la phrase célèbre : *Luitur etiam homicidium certo armentorum ac pecorum numero.* Cependant il est d'autres peines. La plus ancienne peut-être, et dans tous les cas celle qui cadre le mieux avec les idées du droit primitif, c'est la mise hors la loi, hors la paix publique. Tacite, il est vrai, n'en parle pas, mais on la retrouvera dans plusieurs titres de la loi Salique, et en général dans toutes les *leges;* il n'y a pas de doute qu'elle n'appartienne au droit le plus ancien. Chez les peuples modernes, l'homme qui viole la loi sous laquelle vit la société, est placé plus énergiquement que tous les autres sous l'empire de cette loi ; il est emprisonné, surveillé, tenu de près par les agents de l'autorité publique. Chez les peuples primitifs, au contraire, celui qui refuse d'obéir à la loi de la cité, se met lui-même hors de la cité, hors de la protection et de la paix que procure et que garantit la cité. Il est l'*outlaw,* le *wargus,* l'*homo qui per silvas vadit,* le loup errant qui ne peut pas *habitare inter homines,* que le premier venu peut tuer, et qui, n'ayant pas voulu payer la composition encourue par son crime, reste en

butte à la vengeance de son ennemi (1). Cette vieille pénalité
se trouve être ainsi, tout ensemble, et le produit de l'idée de
la vengeance, (car elle a eu pour cause le refus de satisfaire la
victime), et le premier essai de peine publique, (car c'est la cité
qui intervient pour chasser de son sein le coupable qui viole la
paix). La peine de mort, que l'on considère comme le type des
peines publiques, n'est pas inconnue non plus du droit le plus
ancien. Elle est d'abord implicitement contenue dans la mise
hors la loi, puisque celui qui encourt cette peine est tué librement par le premier venu ; on peut dire ainsi que la plus ancienne
forme qu'ait connue la peine de mort est cette mise hors la
paix publique qui a la mort pour inévitable conséquence (2).
Il faut ajouter à cette idée ancienne celle du sacrifice humain ;
l'homme qui a violé la loi religieuse est, dans les législations
primitives, *sacer*, c'est-à-dire offert aux dieux comme victime
destinée à racheter la souillure contractée par la cité (3). Ainsi
est née la peine de mort. Les Germains de Tacite la connaissent déjà, et précisément dans les cas où le délit, concernant
non plus les particuliers, mais l'Etat, ne saurait être réprimé
par une simple composition (4). Enfin il est encore, dans le
droit ancien, une trace remarquable de la tendance des
hommes à concevoir le crime comme le trouble apporté à la
paix publique. Même dans les délits qui offensent les particuliers, et qui sont à ce titre réprimés par la composition, à
côté de cette somme payée à la victime pour satisfaire et
apaiser sa vengeance, intervient une autre somme payée au
roi ou à la *civitas* (5). Cette part de la *multa*, comme s'exprime
Tacite, qui profite à l'Etat et non pas à l'offensé, indique évi-

---

(1) Sur la mise hors la loi dans le droit primitif, voy. R. Schröder, *Lehrbuch der deutschen Rechtsgesch.*, p. 74 à 77 ; et principalement Brunner,
Deutsche Rechtsgesch., I, p. 156, 166 à 173.

(2) Voy.. sur ce point, Brunner, *loc. cit.*, p. 173 à 175.

(3) *Ibid.*, p. 175 à 177.

(4) Tacite, *Germ.*, 12 : *Distinctio pœnarum ex delicto ; proditores et trans-
fugas arboribus suspendunt ; ignavos et imbelles et corpore infames, cœno ac
palude injecta super crate mergunt.* — Sur la peine de mort, dans l'ancien
droit germanique, voy. Brunner, *loc. cit.* ; R. Schröder, *Lehrbuch*, p. 71, 72.

(5) Tacite, *Germ.*, 12 : *Equorum pecorumque numero convicti multantur ;
pars multæ regi et civitati, pars ipsi qui vindicatur vel propinquis ejus ex-
solvitur.*

demment, dans le cerveau de ces hommes encore barbares, l'idée que le crime ne concerne pas la victime seule, mais regarde aussi la cité tout entière. C'est l'ébauche de ce système nouveau dans lequel le délit est conçu comme la violation de la paix, et réprimé, par conséquent, par une peine publique. Ce germe très ancien, les lois germaniques, dans une série presque infinie de dispositions, vont nous en montrer le développement. Dans toutes ces lois, à côté de la composition payée à la victime, destinée à réparer l'offense et à racheter a vengeance, va se retrouver le *fredus*, comme dans Tacite, payé au représentant du roi, à cause de la violation de la paix du roi (1). La loi Salique, la plus ancienne de toutes, est ici évidemment la plus intéressante à consulter, puisqu'elle nous montre ces idées dans leur enfance encore, et nous fait pour ainsi dire assister à leur premier épanouissement. On a écrit avec raison que cette loi n'était guère qu'un tarif de compositions; et cependant il ne serait pas vrai de dire qu'elle ignore le système des peines publiques. Non seulement, en effet, elle parle du *fredus*, compagnon nécessaire du wergeld, et, en général, le tiers de ce wergeld (2); mais encore elle offre tout un ensemble de peines dont est évidemment absente l'idée du wergeld lui-même et de la satisfaction de la vengeance : la peine de mort, en général il est vrai avec la faculté laissée au coupable de racheter sa vie par une composition (3), mais

(1) Voy., sur ce caractère du *fredus*, opposé à celui de la composition proprement dite, Wilda, *Das Strafrecht der Germanen*, p. 438 et suiv.; Zœpfl, III, p. 381, 382; Thonissen, *Loi Salique*, p. 205 à 214. — L'idée essentielle du *fredus* est très bien exprimée dans cette phrase de la loi des Ripuaires, 89 (*alias*, 91) : *Terciam partem* (le tiers de la composition, montant ordinaire du *fredus*) *coram testibus fisco tribuat, ut pax perpetua stabilis permaneat.*

(2) Voy., sur ce point, la démonstration faite par Thonissen, p. 205 à 214.

(3) Loi Salique, 13, § 7 : *Si vero puer regi vel litus ingenuam feminam traxerit, de vita culpabilis esse debet.* — 50, § 4 (le comte qui s'est refusé à exécuter la saisie), *de vita culpabilis esse debet, aut quantum valet se redimat.* — 51, § 2 (le comte qui, faisant la saisie, a pris au débiteur plus que la somme due), *aut se redimat aut de vita componet.* — 58, § 3 (le condamné qui n'a pas de quoi payer la composition et que personne ne veut racheter), *tunc de sua vita componat.* — Les textes que je viens de citer prouvent que la peine de mort n'est prononcée, dans tous ces cas, qu'avec faculté de rachat; M. Thonissen, p. 242, 243, a démontré que les expressions *de vita componere, de vita culpabilis esse*, n'ont pas un autre sens que celui que je viens de leur attribuer. Cf. Pardessus, *Loi Salique*, p. 663, 654.

quelquefois aussi sans faculté de rachat (1); la mise hors la loi (*extra sermonem regis, wargus esse,* etc.) (2); enfin des peines corporelles, comme des coups de bâton (3). Si déjà, dans la vieille loi Salique, de telles conceptions ont pénétré, combien d'allusions aux peines publiques doit-on s'attendre à rencontrer dans les autres *leges* rédigées à des époques postérieures, sous l'influence des idées romaines et de l'Église, par ordre de rois qui trouvent dans la peine de mort ou dans les peines corporelles un moyen d'intimider les criminels et de maintenir la paix infiniment plus sûr que l'ancien procédé de la composition; et combien d'allusions aussi dans les capitulaires de ces rois! Sans descendre même jusqu'aux capitulaires des Carolingiens, il suffira, pour être convaincu de la prépondérance que tendit très vite à prendre le système des peines publiques de parcourir un édit de Childebert II daté de 596. Dans ce capitulaire de la fin du sixième siècle, la peine de mort, pour ne parler que de celle-là, revient à presque tous les chapitres, et frappe déjà presque tous les crimes graves, inceste (4), rapt (5), homicide (6), vol (7), ainsi que le fait, pour le fonctionnaire

(1) Loi Salique, 40, § 5 : *Si vero majore crimine servus compræhenditur, id est unde ingenuus* xlv *solidos possit culpabilis judicari... capitali sententia feriatur.* — Ce cas est le seul dans lequel la loi Salique prononce expressément la peine de mort sans rachat possible. Mais il est admis généralement que la mort sans rachat était encourue dans d'autres cas encore dont la loi n'a pas parlé. Voy. Pardessus, p. 663; Thonissen, p. 244 à 247.

(2) *Ibid.*, 55, § 2 (le violateur de sépulture); 56 (celui qui refuse d'obéir à la sentence des rachimbourgs et qui, appelé à cause de cela devant le tribunal du roi, refuse de venir). — Sur ces deux cas, Thonissen, p. 247 à 253.

(3) Voy., par ex., *ibid.*, 12, 40. — Sur ces peines corporelles, Thonissen, p. 253 à 256.

(4) Capit. de Childebert II, de 596, cap. 2 (Boret., p. 15) : *Uxorem patris si quis acceperit mortis periculum incurrat.*

(5) *Ibid.*, cap. 4 : *Quicumque præsumpserit raptum facere... vitæ periculum feriatur... Judex... ipsum raptorem occidat, et jaceat forbatutus* (tué).

(6) *Ibid.*, cap. 5 : *De homicidiis vero ita jussimus observare ut quicumque ausu temerario alium sine causa occiderit, vitæ periculum feriatur; nam non de precio redemptionis se redimat aut componat.*

(7) *Ibid.*, cap. 7 : *De furis et malefactoris ita decrevimus observare ut si quinque aut septem bonæ fidei homines... criminosum cum sacramenti interpositione esse dixerint,... sine lege moriatur.* — Cap. 8 : *Si debilioris personas fuerit* (le voleur), *in loco pendatur.* — Cf. *Pactus pro tenore pacis,* cap. 1 et 2 (Boret., p. 4 et 5). — Loi des Ripuaires, 79 (*alias* 81) : *Si quis homo propter furtum comprehensus fuerit... et judicio principis pendulus fuerit.*

royal, d'avoir permis que, par des violences, on empêchât de rendre la justice, ou d'avoir relâché sans raison un criminel arrêté (1). Il faut remarquer que, dans la plupart de ces cas, il est dit formellement qu'aucune composition ne peut racheter la vie d'un condamné (2). Quant aux capitulaires carolingiens, les peines publiques y figurent d'une façon trop certaine et trop fréquente pour qu'il soit utile de citer ici les textes (3).

Restent les deux autres faits caractéristiques de ce nouveau droit criminel. Dans certains cas, le crime au lieu d'être poursuivi par l'offensé sera recherché par le comte lui-même; et, dans ces mêmes cas, le comte qui a saisi le criminel sans attendre l'assignation de la victime, le jugera et le condamnera lui-même sans réunir les rachimbourgs ou les scabins. Comme ce fait est beaucoup plus délicat que le précédent, il convient d'y insister d'un peu plus près.

Cette transformation n'apparaît pas tout à fait d'aussi bonne heure que celle dont il vient d'être question. La loi Salique, qui connait déjà des peines publiques, ne connaît encore que le procès criminel introduit par la *mannitio* de la victime ou de sa famille. Mais voici deux textes très peu postérieurs à elle, qui prouvent que, dès une époque ancienne, on a attribué quelquefois au comte, dans l'intérêt de la paix publique,

(1) Capit. de Childebert II, de 596, cap. 6 : *Et forsitan... judex consenserit et fortasse adquiescit istum farfalium custodire, vitæ periculum per omnia sustineat.* — Sur le sens du mot *farfalium* (violences destinées à empêcher la justice d'être rendue), voy. la note de Boretius, p. 16, note 10. — Cap. 7 : *Si quis judex comprehensum latronem convictus fuerit relaxasse, vitam suam amittat.*

(2) Voy. cap. 5. Aux chapitres 6 et 7, les mots *per omnia vitæ periculum sustineat* et *sine lege moriatur,* font probablement allusion à la même idée. Sur le chapitre 4 (*jaceat forbatutus*), voy. la note de Boretius, p. 16, note 9, et celle de Sohm, dans son édition de la loi des Ripuaires, p. 263, note 87. — Dans le *Pactus pro tenore pacis,* cap. 2, le voleur a, au contraire, le droit de se racheter par une composition (*latro redimendi se habeat facultatem..., et si non redimitur vita carebit*).

(3) Mort, mutilations corporelles, talion, coups, exil, confiscation, emprisonnement, amendes. Voy. l'énumération de ces peines et les textes dans Bethmann-Hollweg, V, p. 92 à 94; Waitz, IV, p. 505 à 525. — Sur le développement et l'importance de la peine de mort dans la législation germanique, voy. Nissl, *Gerichtsstand des Clerus im fränkischen Reich,* p. 10, 11.

l'initiative de la poursuite, c'est-à-dire le droit et le devoir de
rechercher et d'arrêter les coupables sans qu'il soit besoin de
l'accusation de la victime.

Capitulaire ajouté à la loi Salique par un des premiers rois
mérovingiens, cap. 9 (Pertz, *Leges*, II, p. 4 = Hessels, p.
408, tit. 73) : *Sicut adsolet* (s'il arrive que) *homo juxta strade*
(sur une route) *aut inter duas villas* (exploitation rurale, village
lato sensu), *fuerit interfectus, ut homicida non appareat* (si le
meurtrier n'est pas connu), *sic debet judex, hoc est comes aut
grafio, ad locum accedere et ibi cornu sonare..... Et debet judex
dicere :* « *Homo iste in vestro agro vel vestibulo est occisus.
Contestor* (je vous somme) *et de homicidio isto vos admallo, ut
in mallo proximo veniatis et vobis de lege dicatur quid observare debeatis.*

Pactus pro tenore pacis de Childebert et de Clotaire (511 à
558), cap. 9 (Boret., p. 5) : *Decretum est ut qui, ad vigilias
constitutas nocturnas, fures non caperent, eo quod per diversa
intercedente conludio scelera sua pretermissas custodias exerce-
rent* (c'est-à-dire : comme ceux qui sont chargés des gardes
nocturnes laissent échapper les voleurs, étant de connivence
avec eux, à cause de leurs crimes, et que même ils s'abstien-
nent de faire des rondes), *centenas fierent* (en conséquence,
on établira des centaines), etc. — Suit l'organisation de cette
centaine, c'est-à-dire de cette nouvelle garde nocturne ; l'idée
la plus importante est celle qui consiste à la considérer comme
responsable des vols commis dans l'étendue du territoire
confié à sa garde.

Ces deux capitulaires sont du début de l'établissement des
Francs en Gaule. Le premier a été attribué à Clovis, et est
sûrement, sinon de lui, au moins d'un des premiers rois mérovingiens. Le second émane des fils de Clovis, et fait allusion
à des gardes nocturnes anciennement créées, semblables à
celles qu'établit cet édit, et que Clotaire et Childebert suppri-
ment, parce qu'elles faisaient mal leur service, pour les remplacer par des gardes nouvelles. Ainsi ces documents sont très
anciens. Cependant, dès cette époque lointaine apparaissent
des idées nouvelles. Le premier de ces textes suppose un
homme tué dans le *pagus* ; le comte, qui doit maintenir l'ordre
et la paix dans son *pagus*, a alors pour devoir d'informer lui-

même; il n'attend pas que les parents du mort assignent le meurtrier, il sonne du cor, il appelle le village : évidemment le village n'est pas ici accusateur; au contraire, c'est lui-même que le comte assigne au prochain *mallus* pour que les hommes qui le composent aient à prouver qu'ils ne sont pas les auteurs du meurtre commis. La recherche et l'information par le comte remplacent donc ici la *mannitio* par la victime ou sa famille. Dans le second texte, on nous parle d'une troupe de gens qui est chargée de prévenir les vols et les crimes, d'arrêter les coupables, de faire la police dans une circonscription déterminée; l'autorité publique s'attribue donc déjà la mission de prévenir et de réprimer les crimes. Ainsi dès l'époque la plus ancienne nous voyons poindre un nouveau système criminel qui ira se développant.

Jusqu'ici il n'a été question que du droit pour le comte de rechercher les crimes, d'informer, de mettre en mouvement sa police. Nous ne l'avons pas encore vu juger et condamner. Mais voici un capitulaire de la fin du sixième siècle dans lequel ce pouvoir de condamner les coupables est écrit non moins lisiblement que le pouvoir de les rechercher.

Decretio de Childebert II, de 596 (Boret., p. 15 et suiv.), cap. 4 : *Qui vero edictum nostrum* (édit relatif au rapt) *ausus fuerit contempnere, in cujuslibet judicis pago primitus admissum fuerit, ille judex collectum solatium* (ayant réuni la garde qui est chargée de rechercher et de poursuivre les crimes, comme on vient de le voir par le *Pactus pro tenore pacis*) *ipsum raptorem occidat, et jaceat forbatutus* (1).

Trois idées très importantes ressortent de ce chapitre. D'abord il y a une garde (*solatium*) chargée de maintenir la paix et de prévenir les crimes; cela indique une conception du délit toute différente de la conception primitive; le délit en effet n'est plus seulement une offense, il est une violation de la paix publique. En second lieu le comte, lorsqu'il apprend qu'un crime a été commis dans le *pagus*, a le droit et le devoir de s'emparer du criminel et de le mettre à mort; on voit bien,

---

(1) Sur le sens de *forbatutus* (*absque compositione interfectus*), voy. Boretius, *Capitula*, p. 16, note 9; Sohm, *Lex Ripuaria*, p. 263, note 87; Brunner, *Deutsche Rechtsgesch.*, I, p. 157, 158.

en effet, dans ce chapitre que la victime du délit n'a pas assigné son adversaire; et quant au droit pour le comte de mettre à mort le criminel, il est énoncé de la façon la plus formelle (*ipsum raptorem occidat.*) Voilà donc un système criminel tout à fait différent de celui que nous avons vu fonctionner jusqu'ici, qui exigeait une accusation par la victime et qui faisait prononcer la condamnation par le comte et par les rachimbourgs dans le *mallus publicus*. Enfin la peine prononcée est la mort (*occidat, jaceat forbatutus*); par conséquent au lieu de l'ancienne composition, c'est la peine publique qui réprime le crime. Ainsi, dans ce petit chapitre, apparaît une législation criminelle absolument nouvelle, et il est vrai de dire que dès 596 cette législation est déjà toute formée.

Ibid., cap. 7 : *Si quis judex comprehensum latronem convictus fuerit relaxasse, vitam suam amittat.*

Ce chapitre prouve encore deux choses, le développement du système des peines publiques, et notamment de la peine de mort, et le droit comme l'obligation pour le comte de saisir et de tenir enfermés les voleurs et les autres criminels.

Ibid., cap. 8 : *Ita bannivimus ut unusquisque judex, criminosum latronem ut audierit* (dès qu'il a entendu dire que un tel a volé), *ad casam suam ambulet, et ipsum ligare faciat, ita ut si Francus fuerit* (le voleur) *ad nostra presentia dirigatur, et si debilioris personas fuerit, in loco pendatur.*

Ainsi le comte n'attend pas l'assignation de la personne volée ; dès qu'il a ouï dire qu'il y a un voleur dans son comté, il le fait poursuivre, lier, arrêter et enfermer. Reste ensuite à le juger : le texte montre clairement que les rachimbourgs ne se mêlent pas de cela, car le *mallus publicus*, qui est leur tribunal, n'a rien à faire ici et n'est pas convoqué ; si le voleur est un Franc ingénu on l'enverra au tribunal du roi, lequel juge, comme on sait, sans rachimbourgs ; et si c'est un personnage de basse condition, on le pend sur-le-champ.

Ibid., cap. 9 : *Si quis centenario aut cuilibet judice noluerit ad malefactorem adjuvare, sexaginta solidis... condempnetur.*

Le comte se met donc lui-même ou fait mettre ses subordonnés à la poursuite des malfaiteurs ; au besoin il requiert les particuliers de lui prêter main forte, et si ceux-ci n'obéissent pas, ils encourent une peine. Dans tout cela nous sommes très loin de la procédure accusatoire.

Je ne crois pas nécessaire, dans une étude qui n'a pas pour but principal de faire connaître le droit criminel de l'empire franc, de pousser plus loin l'analyse des documents relatifs à ce pouvoir du comte de poursuivre les criminels et de les juger lui même. Il me suffit d'avoir établi que ce pouvoir existe, et je sortirais de mon sujet si j'essayais d'exposer en détail les règles de cette procédure nouvelle. Même sans quitter l'époque mérovingienne, les capitulaires, et surtout les récits des historiens, sont remplis d'allusions aux droits de police du comte, à son pouvoir d'arrêter et d'emprisonner les gens suspects et les coupables (1), aux enquêtes qu'il entreprend relativement aux crimes commis, de sa propre autorité et sans attendre la plainte ou l'accusation des victimes (2), aux exé-

(1) Greg. Tur., *Hist. Franc.*, IV, 43 (al. 44) *Albinus* : (le comte) *adprehensum archidiaconum custodia carcerali coarctat.* — VI, 24 : *Guntchramnus vero dux adpræhensum Theodorum episcopum in custodia pro hac causa detrusit* (il le soupçonnait de haute trahison). — X, 6 — *Miracula S⟶ Martini*, II, 58 : Le comte s'empare d'un suspect. *Vinctum in domum suam custodiendum dirigit.* Plus tard, *videns comes nihil se in eum prævalere posse, laxatum a vinculis liberum abscedere jubet.* — III, 53 : *Apprehensus sine causa.* — IV, 16 : *Homo quidam urbis Turonicæ judici culpabilis exstitit, quem in vincula compactum custodiri præcepit.* — IV, 35 : *Homo accusatus per calumnias malorum, adducebatur ad urbem vinctus loro, ut traderetur ergastulo.* — IV, 39 : *Culpabiles quosdam... judicis sententia carcerali ergastulo conclusisset.* — IV, 41 : *Homines qui carceris vinculis tenebantur.* — *Vitæ Patrum*, VIII, 7 : *Quod* (un homicide) *cum judex loci illius comperisset, vinctum virum in carcerem retrudi præcepit, dicens : Dignus est letho hic scelestus occumbere qui... nec expectato judice, ausus est temere mortem fratris ulcisci.* — *Vita Gaugerici* (Bouquet, III, p. 448) : *Ante ostium carceris ubi duodecim noxii tenebantur nexibus ferreis adstricti.* — Cf. les *custodes carceris* mentionnés par Grégoire de Tours, *Miracula S⟶ Martini*, I, 11 ; II, 35 ; IV, 35. — Les *lictores* du comte dans *Vita S⟶ Amandi*, 12 (Bouquet, III, p. 533) : *A lictoribus præsentatus est quidam reus*, etc.

(2) L'exemple le plus remarquable et le plus complet de ces enquêtes, pour l'époque mérovingienne ou le début des Carolingiens, se trouve dans *Form. Turon.*, 30 et 31 = Roz., 491, §§ 1 et 2 : *Ego in Dei nomine ille judex veniens in loco nuncupante illo sub die illo una cum bonis hominibus* (les *boni homines* visiblement ne sont pas ici des juges ; ils assistent le comte dans l'enquête), *ad locum accessionis ubi aliquis homo, nomine ille, quondam interfectus jacebat, requirens pro qua re ibidem interfectus fuisset. Sed venientes homines ibidem commanentes... quando jamdictus homo ibidem interfectus fuerit, testimonium pre-

cutions capitales ou autres peines corporelles qu'il ordonne
lui-même sans qu'il soit question le moins du monde de la
réunion du *mallus publicus* et des rachimbourgs (1). Dans
quelques-uns de ces récits, quand une ligne ou deux seulement nous racontent comment les choses se passèrent, il peut
être permis de sous-entendre une accusation par la victime
ou un jugement par les rachimbourgs que l'auteur aurait
passés sous silence pour aller plus vite; mais, dans la plupart, il est dit expressément, ou il est visible par suite des
circonstances, qu'aucune de ces deux choses n'a eu lieu, que
le comte seul a poursuivi le coupable, et que seul il l'a condamné; par conséquent il est impossible de nier que nous
n'ayions affaire dans ce cas là à une pratique tout opposée
à celle que nous avons trouvée dans les documents autrefois
étudiés. Pour ne pas abuser des textes, voici simplement un
récit de Grégoire de Tours dans lequel se trouvent réunis, en
quatre lignes, tous les traits essentiels de cette pratique :

Greg. Tur., *Gloria Martyrum*, I, 73 : *In hac urbe, unus ex latronibus equum presbyteri furtim abstulit. Inventus a presbytero,
judici manifestatur ; nec mora apprehensus et in vincula com-
pactus supplicio subditur. Opus suum ore proprio indicans*
(ayant avoué), *patibulo dijudicatur. Sed presbyter... judicem
deprecatur ut, concessa illi vita, hic culpa reus absolveretur a*

buerunt ut dum aliquis homo nomine ille solemniter ibi ambulabat, sic jamdictus
ille quondam ipsum adsallivit... atque violenter super ipsum evaginato gladio
venit. — Puis l'enquête continue; on fait venir l'homme soupçonné du meurtre
qui jure qu'il était en état de légitime défense : sur quoi le comte le relâche.

(1) Greg. Tur., *Hist. Franc.*, VI, 8 : *Virgis ac fustibus cæditur, et patibulo
condemnatur. — Miracula Sⁱ Martini*, III, 53 : *Servus a judice pro furti scelere
comprehensus, patibulo adjudicatur. — Gloria confessorum*, 62 : *Judex loci
violatorem sepulcri jubet abstrahi ac legali pœnæ sententia condemnari. —
Ibid.*, 101 : *Comes... fure invento ac suppliciis dedito patibulo condemnari præcepit. At ille cum duceretur ad mortem*, etc. — *Vita Dalmatii* (Bouquet, III,
p. 420) : *A quodam tribuno reus ad patibulum ultimo damnatus supplicio du-
cebatur. — Vita Gaugerici (ibid.*, p. 488) : *Duos pueros a Landrico illustri
viro... in vincula conjectos ad mortem teneri. — Vita Sⁱ Amandi*, 12 (*ibid.*, p.
533) : *Cumque præfatus Dotto* (le comte) *decrevisset ut eum patibulo deberent
affigere.* — Sur ce pouvoir du comte d'arrêter les coupables et de les condamner à mort, voy. Waitz, II, 2° partie, p. 31, 32; W. Sickel, *Savigny-Stiftung*, VI, p. 30, 31; Fustel de Coulanges, *Recherches*, p. 410, 411, 415, 416,
455 à 459.

pœna... Sed severitas judicis cum nullis precibus potuisset inflecti, reum patibulo condemnavit, etc.

Un vol a été commis. Le prêtre, victime du vol, en prévient le comte. Ce n'est pas là la *mannitio* régulière ; car le *mallus* n'est pas convoqué, pour que les deux plaideurs se présentent devant lui et discutent leur affaire en présence des rachimbourgs ; l'accusé notamment ne comparaît pas libre, comme c'est la règle dans la procédure de la *lex*. Le comte l'a fait saisir tout de suite et mis en prison. Après cela il le juge lui-même. Aucune allusion à des rachimbourgs. Comme ce voleur a avoué son crime, le comte le condamne à être pendu ; il lui inflige donc une peine publique, au lieu de cette composition que dans la *lex*, les rachimbourgs prononcent en pareil cas. Il est clair qu'il est le seul juge, car c'est à lui seul que le prêtre s'adresse pour obtenir la grâce du coupable ; mais le comte reste inflexible et le voleur monte au gibet, dont il n'est sauvé que par un miracle du prêtre. Dans tout cela il est vrai de dire que le comte apparaît comme le seul juge, et que la peine n'a nullement le caractère d'une réparation pécuniaire (1).

(1) Je ne crois pas devoir insister ici sur l'emploi très fréquent, dans les textes de cette époque, du mot *distringere*. On le trouve notamment dans le fameux capitulaire de Clotaire II, 614, cap. 4 (Boret., p. 4), qui a donné lieu à tant de difficultés, et qui défend au comte de *per se distringere aut damnare* les clercs, si ce n'est dans certains cas et à certaines conditions qu'il n'est pas à propos d'étudier ici. On le trouve également répété dans toutes les formules et tous les diplômes d'immunité, qui interdisent au comte d'entrer dans le domaine de l'immuniste pour *distringere* les personnes dépendant de ce territoire (voy., comme type de ces formules, Marc., I, 4 = Roz., 20 : *Neque... quislibet de judiciaria potestate in villas antedictæ ecclesiæ... de quaslibet causas distringendum... ibidem ingredire præsumatis*). Cela prouve que, en règle, et d'après le droit commun, lorsqu'il ne s'agit pas de clercs ou qu'on n'est pas dans un territoire d'immunité, le comte a le droit de *distringere*. Or, on traduit ce mot par « saisir, arrêter, » et l'on déclare, en conséquence, que le comte a essentiellement le droit d'arrêter les criminels (Fustel de Coulanges, *Recherches*, p. 455 et 458). Je ne nie pas ce droit du comte et je viens précisément de citer les textes qui en prouvent l'existence ; je reconnais également que *distringere*, dans certains textes, veut dire arrêter un criminel ; mais je crois que ce mot a un sens beaucoup plus large, et qu'on le rétrécit à tort lorsqu'on veut l'entendre uniquement dans le sens de faire la police. En somme, *distringere* est un mot très large et assez vague qui s'entend proprement de « contraindre, obliger par force, » à peu près comme *coercere, compellere*, qui sont également très employés et que je crois des mots synonymes. Voy.,

Il faut remarquer d'ailleurs que le comte, quoique jugeant seul, peut très bien cependant juger en public. Je ne crois pas que la convocation du *mallus* soit nécessaire au fond dans ce cas là ; aucun texte en effet n'établit cette nécessité ; et tous les textes qui parlent de l'obligation des hommes libres de venir au plait semblent se référer plutôt à la procédure ordinaire dans laquelle les rachimbourgs sont les juges ; mais la présence du public n'exclut pas nécessairement la procédure extraordinaire que je décris en ce moment, comme l'excluerait sans contestation la condamnation par les rachimbourgs. Cette observation est très importante pour la critique des textes historiques dans lesquels nous voyons le comte juger seul. Dans cette procédure que j'ai appelée extraordinaire, il faut se garder, je crois, d'entendre que le comte juge à huis-clos. Pour savoir quel est le système que l'on suit, on ne devra donc pas rechercher si la condamnation est prononcée ou non devant un public et quelque chose qui ressemble à l'assemblée des hommes libres ; mais on devra regarder : 1° si la poursuite émane de la victime du délit ou du comte lui-même,

sur ce sens de *distringere*, Ducange, *hoc verbo*, II, p. 888 ; Prost, *L'immunité* (*Revue historique de droit*, 1882, p. 158 à 161) ; Fustel de Coulanges, *Étude sur l'immunité méroving.* (*Revue historique*, 1883, II, p. 290). La contrainte ou *districtio* du comte peut donc consister dans le fait d'arrêter un criminel ; mais elle consiste aussi bien dans le fait d'obliger le défendeur condamné à payer la composition, ou, à l'époque carolingienne, lorsque l'assignation du demandeur a fait place, dans la pratique, à la *bannitio* par le comte, à ce droit du comte d'obliger les parties à se présenter en justice ; dans ces deux cas, en effet, *distringere* est le terme habituellement employé. Voy., pour le premier cas, Marc., I, 37 = Roz., 444 : *Jobemus ut quicquid lex loci vestri de tale causa edocet* (la composition fixée par la loi nationale), *vobis distringentibus, antedictus ille partibus illius componere et satisfacere non recusit.* — *Cartæ Senon.*, 26 = Roz., 443 : *Vobis distrahentibus* (pour *distringentibus*), *ipse ille partibus ipsius hic homini componit.* — *Form. Tur.*, 33 = Roz., 445, etc. — Pour le second cas : *Capitula legi addita* de 816, cap. 3 (Boret., p. 270) : *Per districtionem comitis ad mallum veniant.* Capit. de Kiersy de 873, cap. 3 (Pertz, *Leges*, I, p. 519) : *Si ad mallum non venerint, banniantur, et per res et mancipia vel mobile distringantur ut veniant*, etc. — Il faut conclure de là que le mot *distringere*, ayant simplement le sens de contraindre et pouvant s'appliquer à tous les actes de contrainte exercés par le comte, notamment à une saisie, ne se réfère pas nécessairement à la procédure extraordinaire que j'étudie en ce moment, c'est-à-dire à celle où le comte arrête et juge seul les coupables.

2° si la condamnation est prononcée par les rachimbourgs ou par le comte seul ; 3° si la peine est une composition ou une peine publique (1).

Si déjà les choses étaient ainsi à l'époque mérovingienne, on doit s'attendre à retrouver, sous les Carolingiens, les mêmes règles avec plus de précision et plus d'abondance encore ; car ce droit pour le comte de rechercher, d'instruire et de juger les malfaiteurs, comme cette nécessité de réprimer les crimes autrement que par une réparation pécuniaire, sont des idées qui ne pouvaient que grandir à mesure que le pouvoir du roi s'affermissait, et que, dans une société déjà plus régulière, le besoin d'ordre et de paix devenait plus impérieux. Comme il s'agit alors d'une législation criminelle toute formée et très connue, je me contenterai d'en indiquer sommairement les règles principales (2).

1° Le comte et en général les fonctionnaires du roi, tout particulièrement les *missi*, ont pour devoir essentiel la recherche et la poursuite des crimes. Ils n'attendent pas pour cela une accusation de la victime ou de sa famille assignant le coupable au *mallus*; dès qu'ils savent qu'un crime a été commis, ils doivent en rechercher l'auteur (3). Les anciennes *trustes*

(1) Pour expliquer cette règle par des exemples, je dirai qu'on doit considérer comme rentrant dans le système que j'appelle extraordinaire les procès qui sont rapportés dans les trois textes suivants : *Vita Sⁱ Amandi,* 12 (Bouquet, III, p. 533), Grégoire de Tours, *Hist. Franc.,* IV, 43 (alias 44), et VI, 8. J'ai cité ces textes dans le § 3, lors de la discussion des différents systèmes sur les rachimbourgs et sur le rôle judiciaire des hommes libres (ci-dessus, p. 144, note 1). Il y est question d'une foule de personnes assistant au jugement (*congregata non minima multitudine — ipsa vox totius populi — insultante vulgo atque vociferante*). Mais le jugement est prononcé par le comte seul qui a saisi et emprisonné les accusés et qui les condamne à une peine publique : *Cumque... Dotto* (le comte) *decrevisset ut patibulo deberent affigere. — Albinus* (le comte) *adprehensum archidiaconum custodia carcerali coarctat — Virgis ac fustibus cæditur et patibulo condemnatur.* Ainsi, tous les caractères de la procédure extraordinaire se rencontrent dans ces trois procès; c'est donc à tort qu'on s'est servi de ces textes pour l'étude de la procédure ordinaire et du rôle des rachimbourgs qui d'ailleurs n'y apparaissent pas.

(2) Voy. sur ces règles Bethmann-Hollweg, V, p. 97 et 98; Waitz, IV, p. 437 à 440.

(3) Capit. *de latronibus* de 804-813, cap. 1 (Boret., p. 180) : *Capitularem qualiter missi nostri de latronibus agere debent, ut, ubicumque eos repperi-*

ou centaines, qu'on a vues fonctionner dans le *pactus pro tenore pacis*, ont été mises de côté, il est vrai, comme une arme imparfaite; mais, à leur place, dans chaque comté et dans chaque centaine, se trouve une police au service du comte et du centenier (1); et, d'une façon générale, toute personne requise de prêter main forte à l'autorité pour l'arrestation d'un malfaiteur doit s'y employer de son mieux, sous peine d'une amende ou de coups de bâton, selon la qualité du délinquant (2).

2° Le fonctionnaire chargé de rechercher les crimes, a le

rent, diligenter inquirant et cum discritione examinant. — Capit. Mant. de 781, cap. 10 (*ibid.*, p. 191) : *De latronibus... ut comites eos perquirant et ipsos aut per fidejussores aut sub custodia serventur, donec missi ibidem revertunt.* — Capit. italien de 801 à 810, cap. 13 (*ibid.*, p. 210) : *Hoc volumus ut comites... malefactores et fures non patiantur quietos residere, sed semper eos, in quantum valent, infestent.* — Ainsi l'assignation de la victime n'est plus nécessaire pour que le crime soit poursuivi. — Cette réforme se lie intimement à une autre semblable, mais qui concerne, à l'inverse, le tribunal et la procédure ordinaire elle-même; dans cette procédure ordinaire, la *bannitio* du comte, c'est-à-dire la comparution forcée des parties obligées par le comte à se présenter, remplace à l'époque carolingienne, au moins dans la plupart des cas, l'ancienne *mannitio*, c'est-à-dire la comparution libre sur l'ajournement du demandeur seul; voy. Capit. de 818 ou 819, *legibus addit.*, cap. 12 (Boret., p. 283) : *Si quis de statu suo, id est de libertate vel de hereditate compellendus est, juxta legis constitutionem* (selon le procédé de l'ancienne *lex*) *manniatur; de ceteris vero causis, unde quis rationem est redditurus non manniatur, sed per comitem banniatur.* Cf. Capit. *legi addit.*, cap. 4 (*ibid.*, 268). — J'ai montré antérieurement (p. 162, note 1), qu'à l'époque mérovingienne ce système d'assignation, quoi qu'en dise Sohm, n'est pas en usage, si ce n'est devant le tribunal du roi qui est une justice tout à fait exceptionnelle; voy. sur cette matière Sohm, p. 115 et 116; Waitz, IV, p. 383 à 387; Bethmann-Hollweg, V, p. 112 et suiv.

(1) Capit. *missorum* de 802, cap. 25 (Boret., p. 96) : *Ut comites et centenarii ad omnem justitiam faciendum compellent, et juniores tales in ministeriis suis habeant, in quibus securi confident, qui... fures latronesque et homicidas, adulteros, maleficos atque incantatores vel anguriatrices, omnesque sacrilegos... nullo sub tegimine celare audeat, sed magis prodere.* Sur ces *juniores*, voy. Waitz, IV, p. 439, note 1.

(2) Convent. Silvac. de 853, cap. 5 (Pertz, *Leges*, I, p. 424) : *Si... aliquis sonum inde audierit ut ad latronem accipiendum concurratur, et se inde retraxerit ut ad hoc adjutorium non præstet, si liber homo fuerit, bannum dominicum componat, et, si colonus fuerit, sexaginta ictus accipiat.* — Capit. de Kiersy de 873, cap. 2 (*ibid.*, p. 519).

droit, pour arriver à la découverte de la vérité, de faire une enquête (*inquisitio*), c'est-à-dire de prendre un certain nombre d'hommes dans le pays où le crime a été commis et de les sommer de dire ce qu'ils savent, sous la foi du serment. J'ai dit ailleurs qu'en principe le roi seul, et les *missi* qui agissent au nom et avec les pouvoirs du roi, ont régulièrement le droit d'ordonner cette *inquisitio per testes* (1); mais il est bien entendu qu'il appartient également à tout personnage à qui le roi a donné, pour un cas particulier, le mandat spécial de procéder à une enquête pareille (*indiculus inquisitionis*), car ce personnage agit alors au nom du roi (2). Ainsi, en principe au moins, c'est-à-dire sans un mandat spécial, les comtes vraisemblablement n'ont pas le droit de procéder à l'*inquisitio* pour arriver à la découverte d'un crime (3). Mais il suffit que les *missi* aient eu ce droit, ce qui est incontestable (4), et que en outre des délégués du roi en aient également usé dans des cas fréquents, pour qu'on puisse considérer la règle et l'habi-

(1) Voy. plus haut, p. 72.

(2) Voy. Brunner, *Die Entstehung der Schwurgerichte*, p. 99 à 104.

(3) Il n'y a d'exception à ce principe que pour certaines affaires particulières, telles que les affaires fiscales, par exemple, et quelques autres. Voy. ces exceptions dans Brunner, *loc. cit.*, p. 104 à 106; *Zeugen-und Inquisitionsbeweis der Karol. Zeit*, p. 69 et suiv.; Bethmann-Hollweg, V, p. 152 à 156. — Certains capitulaires disent, il est vrai, d'une façon formelle, que les comtes ont régulièrement le droit de procéder à une *inquisitio per testes* toutes les fois qu'il s'agit d'un crime, afin d'en découvrir l'auteur (Capit. italien de 782 à 786, cap. 8; Boretius, p. 92. — Capit. de Louis II, dé 850, cap. 3; Pertz, *Leges*, I, p. 406). Mais ces deux capitulaires sont italiens; et il est probable que nous n'avons affaire ici qu'à une règle locale qui n'est vraie qu'en Italie et qu'il ne faudrait pas étendre au reste de l'Empire franc et notamment à la France. Là vraisemblablement s'est maintenue la règle que le roi seul et son mandataire peuvent procéder à l'*inquisitio* (sauf les exceptions très rares, comme les matières fiscales). Voy., sur ce point, Bethmann-Hollweg, V, p. 98, note 42; Dove, *Zeitschrift für Kirchenrecht*, IV, p. 33 et suiv.; Brunner, *Schwurgerichte*, p. 106. — Observer cependant dans *Form. Tur.* 30, 31 (cité p. 256, note 2) un exemple très positif d'*inquisitio per testes* faite par un comte au sujet d'un crime commis dans son *pagus*. On ne dit pas que le comte ait dans ce cas là un mandat quelconque du roi.

(4) Capit. *missorum* de 828, cap. 3 (Pertz, *Leges*, I, p. 328). Ce capitulaire décrit la procédure de l'*inquisitio* faite par les *missi* sur la conduite des fonctionnaires qu'ils sont chargés de surveiller. — Cf. Capit. Silvac. de 853, cap. 4 (*ibid.*, p. 424).

tude de la procédure inquisitoire comme absolument formées à l'époque des Carolingiens (1).

Il n'est peut-être pas sans importance, à propos de l'*inquisitio*, de faire l'observation suivante. L'origine du jury anglo-normand, c'est-à-dire en somme du jury moderne, que quelques auteurs ont cru trouver dans le jugement par les rachimbourgs ou les scabins, parce que ceux-ci sont en effet des notables et des hommes libres appelés à rendre la justice, doit au contraire être cherchée dans la procédure extraordinaire, et précisément dans cette *inquisitio per testes* du droit des capitulaires. Les *jurati* convoqués et entendus dans les *recognitiones* du droit anglo-normand, par la *Curia regis* à l'origine, ou, sur un bref du roi, par les *itinerants justices*, qui sont analogues aux *missi*, sont en réalité les descendants des *testes* carolingiens et les ancêtres des jurés modernes (2).

3° Le comte, ayant tout seul poursuivi et découvert le

(1) Voy., outre les deux capitulaires italiens que je viens de citer, capit. de Worms, de 829, cap. 3 (*ibid.*, p. 351) : *Ut in omni comitatu hi qui meliores et veraliores inveniri possunt, eligantur a missis nostris ad inquisitiones faciendas et rei veritatem dicendam, et ut adjutores comitum sint ad justitias faciendas.* — Capit. de Lothaire, de 835, cap. 1 (*ibid.*, p. 371) : *Quod si factum fuerit, per meliores loci illius inquirantur.* — Bethmann-Hollweg, V, p. 98, fait toutefois observer, avec raison, que l'*inquisitio* dont il est question dans tous ces textes a plutôt pour but la découverte du criminel, avant l'ouverture du procès, que la preuve du crime qui suppose le procès déjà engagé.

(2) Remarquez, en effet : 1° qu'ils sont convoqués à l'origine par le roi ou, sur l'ordre du roi, par les *itinerants justices* comme les *testes* de l'*inquisitio* carolingienne sont convoqués seulement par le roi, par les *missi*, ou par des mandataires du roi; 2° qu'ils sont employés au début pour les affaires fiscales principalement, selon la tradition des capitulaires, qui montrent l'*inquisitio* employée de préférence en ces affaires, puisqu'ils permettent même, en ce cas là, aux comtes de s'en servir par exception (voy. p. 262, note 3). Tel fut le point de départ du rôle joué par les *jurati*, et, à cette époque, ce rôle n'est pas différent de celui des *testes* des capitulaires. Par la suite, on les convoqua pour affirmer et établir par leur serment la coutume ou la loi d'un comté; et de là, enfin, pour juger les procès. Ainsi se forma, par le développement et l'agrandissement des fonctions de ces *jurati* ou *testes*, l'institution que nous nommons le jury. Voy., sur les origines et le développement du jury, Brunner, *Die Entstehung der Schwurgerichte*, et les ouvrages qu'il cite; Stubbs, *Constitutional history*, 1880, I, p. 603 et suiv. (principalement p. 613); Glasson, *Hist. du droit et des institutions de l'Angleterre*, 1882, II, p. 472 à 475; Feilden, *A short constitutional history of England*, 1882, p. 79.

crime, sans accusation de la victime et par un procédé qui s'éloigne absolument des règles de l'ancienne loi, va-t-il également juger tout seul ce crime, ou bien ne le jugera-t-il qu'avec le concours des scabins, qui sont les successeurs des rachimbourgs de cette ancienne loi? Les capitulaires carolingiens ne répondent pas directement à cette question. D'après M. Beauchet, le seul auteur à ma connaissance qui se soit nettement posé le problème, voici ce qu'il faudrait dire. Tandis que le procès criminel, qui est introduit par l'accusation de la victime ou de sa famille, et qui aboutit au paiement d'une composition, est jugé par le plait non général, c'est-à-dire par les scabins seuls, à l'inverse, les procès criminels dont il est maintenant question, ceux qui s'ouvrent sans accusation de la victime et qui conduisent à une peine publique, seront jugés par le plait général, c'est-à-dire, selon M. Beauchet, par tous les hommes libres (1). J'ai suffisamment montré que les hommes libres ne sont juges nulle part, et je n'y reviens pas. J'ai prouvé également que si le crime est poursuivi par la victime et puni par une composition, il n'y a pas de doute, quoi qu'on en ait dit, que ce crime ne soit jugé au plait général, ce qui signifie qu'il est jugé par les scabins et en présence des hommes libres. C'est là justement la procédure ordinaire; les scabins jugent parce que l'on suit cette procédure, autrement dit parce que c'est la partie lésée qui a assigné le coupable au *mallus* (2), et parce que la poursuite criminelle tend au paiement d'une composition (3). Mais il

(1) Beauchet, p. 158.

(2) Il ne faut pas oublier cependant qu'à l'époque carolingienne, dans la plupart des cas, la *bannitio* du comte remplace la *mannitio* du demandeur, non seulement, ce qui va sans dire, quand on suit la procédure extraordinaire, mais même lorsqu'on applique le droit commun et que le procès est porté par un accusateur devant les scabins.

(3) La formule de Lindendrog, 19 (alias 124) = Roz., 467, que j'ai expliquée antérieurement, (p. 183 et suiv.) nous montre d'une façon très claire le fonctionnement de cette procédure ordinaire en matière criminelle à l'époque carolingienne. On ne nous dit pas, il est vrai, qui a poursuivi l'assassin, si c'est le comte ou bien la famille même de la victime; et cette obscurité ne doit pas étonner puisque, à cette époque, la *bannitio* par le comte lui-même est devenue la règle; mais on dit très positivement que le jugement a été rendu par le comte et par les scabins, et que l'accusé a été condamné

s'agit de savoir si les scabins vont juger encore lorsqu'on suivra la procédure extraordinaire, c'est-à-dire lorsque le comte aura poursuivi lui-même le crime et que la peine sera publique. À cette question je n'hésite pas à répondre non ; les scabins seront écartés et c'est le comte qui jugera seul. Il n'y a en effet aucun motif d'appliquer ici les règles de la procédure ordinaire, qui est le jugement par les scabins, puisque tout ce qui se passe alors est contraire à cette procédure ordinaire. Il y a même toutes les raisons du monde d'écarter ces règles, en ce qui concerne le jugement, puisqu'on les écarte absolument en ce qui concerne la poursuite comme en ce qui concerne la peine. Le droit commun, celui des *leges*, ne saurait lier le comte quand il s'agit de prononcer la sentence, puisqu'il ne lie pas à tous les autres points de vue ; et ce comte jugera seul et sans scabins, ce qui est contraire à la *lex*, par la même raison qu'il a poursuivi seul et emprisonné l'accusé, qu'il a fait lui-même l'enquête sur le crime (1), et que ce crime, sera puni d'une peine publique, toutes choses qui ne violent pas moins les règles de cette *lex*. J'ajoute cette observation décisive que les capitulaires mérovingiens donnent déjà au comte le droit de condamner seul à une peine publique. S'il a ce pouvoir dès l'époque mérovingienne, il n'a pas pu le perdre sous les Carolingiens (2) ; car les principes dont l'ensemble forme ce que j'ai appelé la procédure extraordinaire, à savoir la poursuite par le fonctionnaire et la peine publique, posés déjà dans les capitulaires mérovingiens, n'ont fait,

à une composition (*judicatus est ab ipso comite vel ab ipsis scabinis pagenses... ut illam leudem quod sunt solidos tantos componere deberet*). C'est donc bien la procédure de la *lex* que l'on suit et le droit de la *lex* que l'on applique.

(1) Même en admettant que le comte n'ait pas régulièrement le droit de faire l'*inquisitio per testes* proprement dite, il faut bien pourtant reconnaître qu'il a toujours le droit de faire des recherches et de recueillir des renseignements. Son pouvoir de poursuivre et de condamner ne se comprendrait pas sans cela. C'est ce que j'appelle ici une enquête.

(2) Il ne faut pas, je crois, se laisser troubler par les textes de cette époque qui disent que les crimes doivent être poursuivis *secundum legem*, ou *secundum antiquam consuetudinem ;* voy. *Admonitio generalis* de 789, cap. 67 (Boret., p. 59) ; Capit. *de latronibus,* de 804 à 813, cap. 2 (*ibid.*, p. 180). On se tromperait beaucoup si on entendait par là que le mouvement commencé par les capitulaires mérovingiens a été enrayé, et que désormais ce

comme on l'a vu, que grandir dans la suite ; et pareillement
le droit carolingien non seulement n'a pas pu laisser périr le
pouvoir pour le comte de condamner seul les criminels, mais
encore a dû étendre, affermir et régulariser ce pouvoir. Maintenant qu'on veuille bien considérer que parmi les actes très
nombreux que j'ai cités et qui sont relatifs à des plaits, et au
rôle des scabins dans ces plaits, un seul est relatif à une
poursuite criminelle ; tous les autres actes sans exception
parlent de procès civils. Dans cet unique document, les scabins ont jugé, mais évidemment selon les règles de l'ancien
droit ; car ils condamnent à une composition, et l'auteur du
crime, après avoir payé le wergeld, reçoit de son adversaire
la *carta securitatis* qui le mettra à l'abri de la vengeance (1).
Ainsi, parmi tant de formules, tant de diplômes et tant de
chartes qui sont relatifs à des plaits, un seul acte dans lequel
il soit question d'un procès criminel jugé au plait ; et, chose
non moins remarquable, à une époque où les peines publiques
sont si nombreuses et si fréquentes, où la peine de mort
notamment est prononcée si souvent, par un seul plait dans
lequel des scabins prononcent une peine publique. — Cela
prouve évidemment deux choses. D'abord les scabins, comme
les anciens rachimbourgs dont ils dérivent, ne condamnent
jamais à une peine publique, mais à une composition seulement ; autrement dit ils restent astreints aux principes de
l'ancienne procédure criminelle ; leur présence au plait suppose cette procédure ; ils sont proprement les juges de cette
procédure ; et ils ne sont convoqués que lorsqu'on en ap-

sera toujours la procédure ancienne que l'on suivra, le droit de la *lex* et de
la coutume que l'on appliquera. J'ai montré, en effet, que les capitulaires
des Carolingiens ont travaillé, au contraire, à accentuer de plus en plus l'é-
volution du droit criminel dans le sens qui le portait à s'écarter du droit de
la *lex;* et on ne peut pas dire que les édits cités, qui ont fait triompher définitivement le principe de la poursuite par le comte, celui de la procédure
inquisitoire, et celui des peines publiques, aient eu pour but et pour effet
le retour à la *lex* ou à l'*antiqua consuetudo* en matière de crimes. Ces règles
nouvelles, posées depuis assez longtemps par des capitulaires mérovingiens,
ne pouvaient-elles pas, d'ailleurs, passer déjà pour une *antiqua consuetudo*,
et pour des règles parfaitement légales (*secundum legem*) aux yeux des empereurs carolingiens ?

(1) Form. de Lindenbrog, citée.

plique les règles. En second lieu, à l'époque carolingienne,
la tendance est d'écarter, en matière criminelle, ce droit ancien et toutes les règles juridiques qui le composent et le
caractérisent, non seulement la procédure accusatoire qu'on
remplace en général par l'*inquisitio* du fonctionnaire royal, non
seulement la composition dont les peines publiques prennent
régulièrement la place, mais aussi bien le jugement par les scabins qui tend à disparaître devant le jugement par le comte
seul (1). C'est ainsi seulement que l'on expliquera le fait auquel
je viens de faire allusion. Tandis que les procès portés devant
les rachimbourgs sont, dans les formulaires mérovingiens, des
procès criminels aussi bien que des procès civils, dans les
formulaires et dans les chartes de l'époque suivante, on ne
porte plus guère devant les scabins que des procès civils ; or
comme on ne peut pas expliquer ce fait en disant qu'il ne se
commet plus de crimes ou que les crimes ne sont plus réprimés, il faut dire nécessairement que les crimes sont réprimés
d'une autre manière et que, si les scabins ne les jugent plus,
c'est que dans le plus grand nombre des cas le comte s'est
chargé de cette mission. Cette procédure que j'ai appelée
extraordinaire, parce qu'elle est contraire aux règles de la *lex*,
a donc fait peu à peu sa trouée et son chemin jusqu'à devenir
dans la pratique, en dépit du nom que je lui ai donné, la
procédure la plus usuelle est presque la seule qu'on emploie.
Je citerai tout à l'heure, en l'empruntant à une autre législation, un exemple d'un phénomène juridique tout à fait semblable, qui fera mieux comprendre, je l'espère, celui que
j'explique en ce moment.

J'ai démontré, dans les pages qui précèdent, qu'à côté de la
législation criminelle dont les formules et les textes autrefois
cités nous ont fait voir le fonctionnement et les règles, existe,
à la même époque et dans les mêmes régions, une autre législation criminelle fondée sur des principes absolument oppo-

______

(1) On se rend compte par là de cette particularité de langage signalée
plus haut (p. 217, note) : dans la langue du droit franc, les mots *causae
criminales, actiones criminales,* ont fini par désigner presque exclusivement les
procès criminels qui aboutissent à une peine publique ; autrement dit ces
mots s'entendent de la procédure dont je décris les règles en ce moment, et
non pas de la procédure de la *lex*.

sés, basée sur une conception du délit toute différente, et gouvernée par des règles toutes contraires à celles que nous avions vues tout d'abord.

Il importe de se demander comment deux législations criminelles aussi différentes ont pu exister côte à côte ; car je viens de montrer qu'il faut prendre son parti de leur coexistence, et que c'est faire une besogne vaine que de chercher à mettre d'accord les textes que je viens de signaler avec les principes juridiques de la procédure accusatoire et du jugement par les rachimbourgs. J'ai rejeté l'opinion qui consiste à dire que l'une de ces deux législations criminelles s'applique dans les pays francs tandis que l'autre gouvernerait les pays romains. Les textes que j'ai cités prouvent que les deux législations fonctionnent dans les mêmes pays et s'appliquent indifféremment aux mêmes hommes ; et il est même à remarquer que les principes d'après lesquels le crime est poursuivi par le comte, jugé par lui seul, et réprimé par une peine publique, ont été posés principalement par les capitulaires, c'est-à-dire par la partie du droit de cette époque qui n'a jamais eu le caractère personnel, et qui régit, sans distinction de nationalité, tous les sujets du roi et toutes les parties du royaume (1). Il est également impossible, comme je l'ai montré, d'expliquer cette coexistence en disant que la poursuite et le jugement par le comte, avec la peine publique, sont la poursuite, le jugement et la peine du droit ; de sorte que, lorsqu'il s'agit d'assignation devant les rachimbourgs, de jugement prononcé par eux, et de composition, on serait en dehors des règles

(1) Il convient toutefois de faire une restriction à cette proposition un peu trop absolue. L'organisation judiciaire et les pouvoirs du fonctionnaire du roi sont certainement les mêmes, quelle que soit la nationalité des plaideurs ou des accusés ; je l'ai prouvé précédemment. Mais il n'en est pas de même de la peine qui est fixée en principe par la loi personnelle des parties (celle de l'accusé ou celle de la victime, selon des distinctions à faire entre les matières et entre les époques ; voy., sur ce point très délicat, principalement Bethmann-Hollweg, IV, p. 459 ; V, p. 80 à 83 ; Brunner, *Deutsche Rechtsgesch.*, I, p. 261 à 263). Seulement il ne faut pas perdre de vue la tendance des deux législations, germanique et romaine, à influer l'une sur l'autre en ces matières, et par exemple j'ai montré, en étudiant les formules de Tours, que des Romains sont quelquefois condamnés à une composition, c'est-à-dire à une peine propre au droit germanique, (ci-dessus, p. 110 à 114.) Cf. Bethmann-Hollweg, IV, p. 460, 461.

du droit, il n'y aurait ni véritable procès, ni véritables juges, ni véritables peines, mais il s'agirait seulement d'une querelle que les parties ont convenu de porter librement à des arbitres, et que ceux-ci arrangent de leur mieux, en suggérant de donner quelque argent pour apaiser le différend. En effet la loi Salique et les plus vieilles lois, c'est-à-dire le droit national lui-même, font de l'accusation par la victime la règle de la procédure criminelle, des rachimbourgs les juges véritables du *mallus*, et de la composition la peine destinée à réprimer tous les délits. Le système, dont voilà justement les trois caractères essentiels, est donc bien le système du droit.

Pour comprendre cette coexistence de deux législations criminelles absolument différentes, il suffit, je crois, d'observer la façon dont chacune d'elles s'offre à nous dans les textes. On peut appeler le système que nous avons vu fonctionner autrefois, dans la loi Salique et dans les formules, le droit ancien, ou le droit ordinaire, ou le droit national. En effet, ce droit est conforme à la conception primitive du délit qui, pour les législateurs anciens, est une offense, et par conséquent doit être poursuivi par l'offensé et puni par une réparation de nature à apaiser sa vengeance; et d'un autre côté ce droit est celui de la loi Salique et généralement des *leges*, c'est-à-dire le droit coutumier et national, et par excellence le droit commun. J'appellerai, au contraire, l'autre système le droit nouveau, ou le droit extraordinaire, ou le droit royal; car, d'une part, il repose sur une conception toute nouvelle du délit et de sa répression, et, d'autre part, cette législation a été surtout formulée et organisée par les capitulaires des rois francs. Aussi bien il est entendu que les mots dont je me sers ici ne doivent être pris que dans leur sens le plus général, et qu'ils ne sont vrais qu'à la condition de considérer le développement du droit criminel dans son ensemble; car, si on voulait chicaner les détails, on n'aurait pas de peine à montrer que ce que j'appelle le droit extraordinaire est devenu en réalité, sous les Carolingiens, le droit le plus usuel: et qu'à un autre point de vue les *leges* elles-mêmes, c'est-à-dire le droit commun et le droit national, contiennent plusieurs éléments qui rentrent dans ce que j'ai appelé le droit extraordinaire et le droit royal. Ainsi la loi Salique, la plus ancienne de toutes et le plus fidèle représentant de la coutume primitive, connaît, comme je l'ai montré, à côté de la composition qui est fondée sur l'ancienne conception du délit, le *fredus* qui est payé au représentant de la paix du roi, et qui par conséquent a sa base dans l'idée nouvelle; et, dans certains cas même, au lieu de la composition ordinaire, elle prononce de véritables peines publiques. Mais j'ai voulu seulement indiquer à grands traits les principes du droit criminel à cette époque; et c'est en me plaçant à ce point de vue très général que j'ai distingué deux systèmes et comme deux courants, deux façons de comprendre le délit et d'organiser sa répression, et que j'ai dit que, vu de haut et d'ensemble, l'un de ces systèmes était le plus ancien et celui de la *lex*, et le second, au contraire, un système nouveau et créé surtout par les capitulaires.

Il est dès lors assez aisé de comprendre la marche des idées qui ont fait créer, à côté de l'ancien système criminel, le système que j'ai appelé le droit nouveau.

Le point de départ, c'est une conception du délit toute différente de l'ancienne. Dans le droit primitif, le délit est une affaire privée qui regarde la victime et sa famille; le vol n'intéresse que le volé, les voies de fait ne concernent que le blessé, le meurtre regarde principalement la famille de l'assassiné. Mais à peine est-on sorti de la barbarie primitive que, grâce au contact des populations romaines, à l'influence de l'Église, au besoin d'ordre qui est d'abord la raison d'être de la royauté et qu'en retour la royauté répand, cette manière de voir fait place immédiatement à l'idée que le délit, au moins le délit grave, intéresse également la société et le roi qui est chargé d'y maintenir la paix. Alors le délit n'est plus seulement l'offense; il est, avant toute chose, la violation de la paix du roi. Cette idée qui n'est pas absolument étrangère à la loi Salique et même aux Germains de Tacite, puisque le *fredus* est déjà mentionné par cet auteur, va se manifester surtout d'une façon éclatante dès les premiers capitulaires des rois mérovingiens. Un des plus anciens de ces capitulaires a pour titre *pactus pro tenore pacis*; c'est l'accord des deux rois Childebert et Clotaire qui prennent ensemble diverses mesures pour garder la paix. Ainsi la paix, voilà l'idée principale qui préoccupe tout d'abord le roi franc; veiller au maintien de la

paix, voilà le but de ses premiers édits. De là une façon toute
nouvelle d'envisager le délit. Quand les hommes de cette
époque appellent le délit des noms de *facinus*, *scelus*, *malum*,
mala facta, *culpa* (1), il est évident qu'ils ont dans l'esprit une
autre idée que celle d'offense, et qu'ils veulent parler d'un fait
qui, pour le moraliste, est coupable, et, pour le législateur,
dangereux.

De cette façon nouvelle d'envisager le délit naît une façon
nouvelle de le réprimer. Quand le délit n'était qu'une offense,
la peine n'était qu'une réparation faite pour apaiser la vengeance de la victime et de sa famille. Le délit étant conçu désormais comme la violation de la paix, c'est une peine publique
qui châtiera l'auteur du trouble. De là la peine de mort, les
peines corporelles, l'amende payée au roi et non pas à la partie lésée; évidemment ces peines n'ont rien de commun avec
l'ancienne *ultio familiæ*, et elles n'en dérivent pas. Cette conséquence de la nouvelle conception du délit est celle qui s'est
développée la première, puisque la peine publique apparaît
déjà dans quelques passages de la *Germanie* de Tacite et de la
loi Salique. Il est vrai qu'elle est rare encore à cette époque;
mais dans les capitulaires mérovingiens, et à plus forte raison
sous les Carolingiens, c'est d'elle qu'il sera perpétuellement
question.

Enfin, une autre conséquence encore ne tardera pas à sortir.
Quand le délit n'était qu'une offense, il n'appartenait qu'à la
victime d'en demander raison; elle seule ou sa famille pour-
suivaient l'offenseur devant les juges; la victime était comme
un créancier qui a seul le droit d'agir en justice contre son
débiteur. De là la procédure accusatoire, l'introduction du
procès par la *mannitio*, en toutes choses semblable à l'ajournement du défendeur dans les affaires civiles, l'interrogatoire
des deux parties dans le *mallus* par le comte et par les rachimbourgs, et le jugement par le tribunal du droit commun qui
est composé du comte et de ces mêmes rachimbourgs. Au contraire, quand on considéra le délit comme la violation de la
paix, on enjoignit naturellement au comte, gardien de la paix

____

(1) Voy. les textes relatifs à ces expressions dans Zœpfl, III, p. 376,
notes 7 à 9.

dans son comté, de poursuivre et de réprimer lui-même les délits qui troublent l'ordre, sans l'obliger à attendre l'assignation de la victime. La filiation des idées se rétablit ici très aisément. Le premier devoir du comte c'est la garde de la paix ; donc on va l'armer pour cela de pouvoirs de police très étendus ; il aura le droit d'arrêter les voleurs et les meurtriers qui lui tomberont sous la main, et de les tenir enfermés, jusqu'à ce qu'on ait statué sur leur sort. Faisons alors un pas de plus. Un vol ou un meurtre ont été commis dans le comté. Le comte, gardien de la paix, qui a le droit de saisir les criminels quand ils lui tombent sous la main, ne peut pas raisonnablement être contraint, lorsqu'il a ouï parler d'un délit, à attendre que la victime amène le coupable à son *mallus ;* mais pour qu'il puisse maintenir l'ordre, il faut qu'on lui donne aussi le droit de faire des recherches, de procéder à une enquête, d'informer sur l'affaire et de poursuivre le criminel, puis de l'enfermer, comme nous venons de le voir, quand il l'aura trouvé. Enfin, une dernière réforme. Le criminel recherché et arrêté par le comte seul, que va-t-on en faire? Notez qu'il n'y a pas contre lui d'accusation régulière, d'assignation véritable par celui-là à qui appartient la *mannitio.* Le comte, qui s'est emparé de lui sans attendre la *mannitio,* fera lui-même l'enquête nécessaire pour savoir si le crime a été commis, et, si cette enquête aboutit à le convaincre, condamnera lui-même le coupable, sans intervention des rachimbourgs. Les règles de la *lex* qu'on a déjà mises de côté, lorsque le comte a poursuivi malgré l'absence d'assignation, seront écartées une seconde fois, lorsque le comte jugera et condamnera malgré l'absence des rachimbourgs. Le second fait n'est pas plus étonnant que le premier, et devait se produire aussitôt après lui. Ces trois idées que j'ai distinguées pour mieux montrer comment elles sont nées, en réalité apparurent très vite et presque toutes les trois ensemble. On a ici marché très rapidement, et passé presque sans transition du droit donné au comte de rechercher les criminels à son droit de les juger lui-même. Je crois que la rapidité de cette évolution a eu deux raisons. La première c'est qu'à ces époques de violence, le seul principe d'ordre et de paix et la seule chance de sécurité pour tout le monde, c'est le pouvoir absolu du roi ; et de là une tendance universelle et nécessaire à charger le fonctionnaire du roi de la recherche, de l'instruction et de la répression de crimes qui tous les jours troublent la paix. La seconde c'est que le droit impérial romain a déjà façonné les esprits des hommes à cette idée d'une justice criminelle que les agents de l'État exercent seuls, et qui n'a besoin ni d'une accusation pour être mise en mouvement, ni de l'assistance des citoyens pour être rendue. L'ancienne procédure accusatoire du droit criminel romain, avec la juridiction des *quæstiones perpetuæ*, dont elle était une des règles essentielles, avait été, dans les derniers siècles de l'Empire, remplacée par la *cognitio extraordinaria* des fonctionnaires de l'empereur, chargés de faire eux-mêmes l'*inquisitio* relative aux crimes, et de juger sans renvoi aux *judices quæstionis* (1). Une conséquence, très remarquable à mon avis, est résultée

(1) Les *quæstiones perpetuæ*, qui fonctionnent encore pendant les deux premiers siècles de l'Empire, ont déjà disparu au troisième. Voy. Dig., XLVIII, 1. 8 (Paul) : *Ordo exercendorum publicorum* (les *quæstiones*, qui s'appellent *publica judicia*, par opposition à la juridiction criminelle des fonctionnaires de l'empereur qui s'appelle *cognitio extra ordinaria;* voy. sur ce sens de *judicia publica*, Dig., ibid., 1), *capitalium in usu esse desiit, durante tamen pœna legum, quum extra ordinem crimina probantur.* Cf. Dig., XLVIII, 16, 15, § 1 (Macer) : *Eos qui hodie de judiciis publicis extra ordinem cognoscunt.* A la même époque, Ulpien déclare formellement que le jugement de tous les crimes appartient au *Præfectus urbi* à Rome et à cent milles autour, et au *Præfectus Prætorio* dans l'Italie *ultra centesimum milliarium* (*Collatio legum roman.*, XIV, 3, 2. Cf. Dig., I, 12, 1 pr.). Donc ce jugement échappe à la *quæstio perpetua* et est confié à des fonctionnaires impériaux qui connaissent *extra ordinem.* — Quant au droit pour ces fonctionnaires de faire eux-mêmes l'*inquisitio*, il s'est développé un peu plus tard; le principe est encore, à l'époque de Paul et d'Ulpien, qu'une accusation est nécessaire pour qu'un criminel soit poursuivi, accusation d'ailleurs qui appartient, selon les règles ordinaires en matière criminelle, *cuivis a populo* (action populaire). Voy. Dig., XLVIII, 2, 3 pr. (Paul), formule des *libellus accusationis;* cf. ibid., 7 et 16 (Ulpien); Cod. Just., IX, 2, 17 (Honorius). Mais cette procédure accusatoire tend à s'effacer devant le système de la poursuite d'office par le fonctionnaire, d'abord pour des crimes légers (Dig., XLVIII, 2, 6, Ulpien), ensuite pour les crimes graves eux-mêmes (Dig., I, 18, 13, Ulpien; Cod. Just., IX, 2, 14, Arcadius). Il importe d'ailleurs d'observer l'existence, à cette époque, de personnages dont la fonction consiste certainement à rechercher et à dénoncer les crimes, *irenarchæ, stationarii, nuntiatores*, etc. Voy. sur ce fait Geib, *Geschichte des Röm. Criminalprocess*, 1842, p. 515 à 536; Mispoulet, *Institutions politiques des Romains*, II, p. 525.

de cette influence du droit impérial romain. Tandis que des peuples plus avancés en civilisation, infiniment mieux préparés par les qualités mêmes de l'esprit national et par leur culture générale à la réalisation des progrès juridiques, je veux parler surtout des Romains, ont mis de longs siècles à parcourir cette étape qui de la procédure accusatoire conduit presque toutes les législations à la procédure inquisitoire, les Francs du sixième et du septième siècle ont fait d'un seul pas tout ce chemin. La loi Salique ne connaît que le procès criminel qui s'ouvre par l'accusation de la victime; les capitulaires des premiers rois francs ont déjà l'idée de la procédure inquisitoire. Chose également digne d'être notée, le droit romain, comme plusieurs autres législations, n'a pu réaliser cette évolution qu'en traversant une phase intermédiaire, celle des actions populaires. Au début le crime est poursuivi par la victime, comme c'est la règle dans les législations primitives (1); mais de très bonne heure les Romains se sont dégagés de cette idée, et, considérant que le délit intéressait la

(1) Cela est vrai au moins du vol, du *damnum*, de l'*injuria*, en un mot des délits anciens, qui sont surtout considérés comme des offenses, et qui ont formé, avec la *rapina* du droit prétorien, la classe des *delicta privata*, par opposition à celle de *delicta publica*. Il est incontestable que les actions données contre les auteurs de ces délits par le droit primitif, et notamment par la loi des Douze-Tables qui s'est beaucoup occupée de leur répression, sont des actions qui n'appartiennent qu'à la victime; ces actions ont en effet le caractère d'actions privées, même dans le droit de l'époque classique, et l'organisation de poursuites criminelles contre des faits pareils appartient, comme l'on sait, à une période de l'histoire du droit très postérieure. — Quant aux délits, également très anciens, de *parricidium* (homicide) et de *perduellio* (haute trahison), qui, dans le droit primitif, forment une classe de *delicta publica* très distincte des délits que nous venons de voir, il est certain que l'accusation n'appartient plus à la victime; car le juge est alors, à l'époque ancienne au moins et jusqu'à l'établissement des *quæstiones*, les comices centuriates, seuls compétents *de capite civis* (voy. Cicéron, *De legibus*, III, 4, 11); or, il n'y a à pouvoir saisir les comices, et par conséquent à pouvoir accuser, au sens propre du mot, que les magistrats qui ont le *jus agendi cum populo*, ou ceux qui exercent ce droit au nom et par délégation de ces magistrats, c'est-à-dire les *quæstores parricidii* ou les *decemviri perduellionis*, dont le rôle en matière criminelle a donné lieu à tant de discussions, et qui précisément sont ces délégués du magistrat convoquant les comices en son nom (voy. sur le caractère de ces personnages Mommsen, *Römisches Staatsrecht*, II, 2e édition, p. 525 à 529; 598 à 601).

société tout entière, ils ont posé en règle que l'action criminelle, à la différence de l'action née du *delictum privatum*,
pourrait être intentée par *quivis a populo* (1); c'est une transition entre les deux systèmes que j'ai décrits : car le principe
est toujours la nécessité d'une accusation; seulement tout le
monde a le droit d'accuser, parce que, dans les idées de ce
temps-là, le crime regarde déjà la société, et non plus la victime seule (2). Cette transition, le droit franc ne l'a jamais
connue. Il a presque franchi d'un bond l'espace qui sépare le
système primitif, dans lequel le crime est poursuivi par la
victime, du système moderne dans lequel le fonctionnaire,
chargé de maintenir la paix, doit rechercher lui-même les
crimes. Je crois que la rapidité de cette évolution est due
principalement à l'influence du droit romain qui avait déjà
traversé la phase intermédiaire des actions populaires et ne
pratiquait plus guère que l'*inquisitio* par le magistrat à l'époque où il a été en contact avec le droit franc.

(1) Voy. Inst. Just., IV, 18, 1 : *Publica autem dicta sunt* (les accusations
criminelles), *quod cuivis ex populo exsecutio eorum plerumque datur.* Cf. *lex
Acilia repetund.*, lignes 19 et suiv. qui déclare que seuls seront exclus du droit
de *nomen deferre*, c'est-à-dire d'accuser, les parents et les *sodales* du criminel. Les pérégrins eux-mêmes peuvent, dans certains cas, se porter accusa-
teurs, par exemple dans la *quæstio repetundarum* qui justement a été établie
surtout pour eux (voy. *ibid.*, lignes 76 et suiv.).

(2) Je ne prétends pas trancher par ces quelques mots la grosse question
qui est discutée sur le principe des actions populaires. L'action populaire
est-elle, comme le pensent Savigny et Keller, une action qui appartient au
populus, c'est-à-dire à l'État, et que l'État, par une sorte de délégation générale et tacite, charge le premier venu d'intenter en son nom; ou bien, selon
l'idée d'Ihering, le fait qui donne lieu à l'action populaire, et qui, en général,
intéresse l'ordre public, est-il un de ces faits par lesquels chacun peut se
prétendre attaqué et lésé, et pour la répression desquels chacun, par conséquent, pourra se porter accusateur en son propre nom, et non pas au nom
de l'État? Je crois qu'il faudrait répondre à cette question par des distinctions, et qu'il y a des actions populaires de deux espèces, les unes dans lesquelles le demandeur *suum jus tuitur*, les autres dans lesquelles il est plutôt
le *procurator* du *populus*. Voy. sur ce point Savigny, *Syst.* (traduction), II,
p. 132; Keller, *Actions* (traduction), p. 445; Ihering, *Esprit du droit romain*
(trad. Meulenaere), I, p. 203, 212 à 217; Bruns, *Die römische Popularklagen*
(*Klein. Schriften*, I, p. 313 et suiv.); Maschke, *Geschichte der Popularklage*
(*Savigny-Stiftung*, partie romaine, VI, p. 216 et suiv.); Pisanelli-Codacci, *Le
azioni popolari* (*Archivio giuridico*, XXXIII (1884), p. 317 et suiv.).

Ainsi s'est formé à côté de l'ancien droit criminel, certainement non abrogé, toujours vivant dans la *lex*, et appliqué d'une façon générale, dans le *mallus publicus*, c'est-à-dire dans les tribunaux ordinaires, un nouveau droit criminel dont l'importance grandit avec la toute-puissance du roi et de ses agents, et le besoin d'ordre et de sécurité ressenti par la société. S'étonner de cette coexistence de deux législations opposées, et trouver extraordinaire que la seconde, à peine formée, n'ait pas immédiatement détruit la plus ancienne, c'est oublier que dans l'histoire du droit les choses ne se sont jamais passées ainsi, et que presque toutes les époques présentent des éléments et comme des débris des systèmes autrefois florissants à côté d'éléments ou si l'on veut de commencements qui appartiennent à des systèmes destinés à ne triompher que plus tard. L'exemple le plus frappant de pareilles coexistences se rencontre peut-être dans l'histoire de la procédure romaine; et l'évolution qui s'est passée là, à l'époque impériale, est trop semblable en vérité à celle que je viens de décrire pour qu'il ne soit pas utile d'indiquer un rapprochement qui peut jeter une vive lumière. Je n'entends pas parler de la procédure criminelle, bien qu'on puisse la citer aussi à propos; car il fut une période dans laquelle, les anciennes *quæstiones perpetuæ* perdant du terrain sans avoir encore disparu, et les crimes étant à l'inverse jugés de plus en plus souvent par la *cognitio extraordinaria* des fonctionnaires impériaux, deux systèmes criminels ont nécessairement vécu quelque temps côte à côte. Je veux parler surtout de la procédure civile qui nous est connue par un nombre de textes beaucoup plus grand, et où la coexistence du système ancien et du nouveau a été, je crois, plus frappante encore. On sait qu'à partir d'une époque impossible à fixer sûrement, mais certainement très ancienne, la règle fondamentale de l'organisation judiciaire et de la procédure romaines est la distinction du magistrat qui fixe les éléments du litige et du *judex* qui tranche le procès, autrement dit de l'instance *in jure* et de l'instance *in judicio*; au contraire, à l'époque du Bas-Empire et à partir de Dioclétien, le magistrat devant qui les parties se présentent tranche le procès seul, sans renvoi à un *judex*, par une *cognitio* dite *extraordinaria*. Ce n'est pas le lieu ici de montrer comment cette *cognitio*, qui s'appelle extraordinaire parce qu'en réalité elle le fut au début, devint peu à peu la procédure ordinaire, et bientôt l'unique procédure. Mais personne n'ignore qu'au troisième siècle la distinction des deux instances est encore la règle, en théorie au moins, et que cependant un très grand nombre d'affaires, et peut-être même le plus grand nombre dans la pratique, rentrent déjà dans la *cognitio extraordinaria*, c'est-à-dire échappent absolument à cette procédure du droit commun (1). Voilà donc deux systèmes opposés qui fonctionnent à la même époque. On n'a pas assez remarqué à ce propos un fait qui me paraît la preuve la plus frappante de cette coexistence, et aussi de la prépondérance que prend déjà cette procédure dite extraordinaire, à l'époque que l'on appelle classique, et que l'on est tenté de considérer tout d'abord comme une période dans laquelle fleurit encore le droit commun. Je veux parler de la transformation qu'à cette époque est en train de subir le sens du mot *judex*. *Judex*, dans la procédure ordinaire, est le citoyen ou les citoyens à qui le magistrat renvoie un procès pour qu'ils le tranchent; dans la procédure de la *cognitio*, il est le magistrat lui-même ou son délégué qui rendent seuls la sentence. Or, tandis que dans Cicéron, et jusque

(1) Voyez la liste des affaires rentrant dans la *cognitio extraordinaria*, au Dig., L, 13. Cette liste est certainement très incomplète; on en trouvera une plus exacte dans les divers ouvrages sur la procédure romaine, principalement Keller, *Actions* (traduction), p. 376, 377, et Bethmann-Hollweg, II, p. 762 à 767. — Il est une preuve frappante de la décadence de la procédure ordinaire dès l'époque classique, et par là même de la tendance de la *cognitio* à devenir la procédure usuelle. La mention des *judices allecti in V decurias*, c'est-à-dire des personnages figurant sur l'*album* où l'on prend à la fois les *judices* des *quæstiones perpetuæ*, et le *judex* de la procédure civile ordinaire (voyez, pour la démonstration de ce point, Mommsen, *Römisches Staatsrecht*, II, 2ᵉ édition, p. 918, note 1), est très fréquente dans les inscriptions des deux premiers siècles de l'Empire, et après Marc-Aurèle cesse au contraire presque tout à fait. Les dernières mentions un peu nombreuses de ces *allecti*, sont en effet de l'époque de Marc-Aurèle (*Corp. Inscr. latin.*, II, 1180; III, 4495; VIII, 6711). Mais, après cet empereur, il n'en est plus question, si ce n'est une seule fois; je veux parler de l'inscription d'un personnage qui a été *ex V decuriis* et qui fut consul en 261 (Orelli-Henzen, 3100). Voy. Mommsen, *ibid.*, p. 918. — Cf. sur la décadence et la disparition du *judex* de la procédure ordinaire, Penet, *Du judex unus*, Thèse de doctorat, Grenoble, 1883, p. 119 à 129.

dans les Commentaires de Gaius qui sont du second siècle, *judex* n'est jamais employé qu'avec le premier sens, voilà qu'au contraire les jurisconsultes classiques désignent par ce même mot *judex*, tantôt il est vrai le *privatus* à qui le magistrat a renvoyé le procès pour qu'il le juge (1), mais tantôt aussi, et dans des textes que rien n'autorise à croire interpolés, le délégué du magistrat (2), au besoin, quoique moins sûrement, le magistrat lui-même (3). Cette observation est capitale,

(1) Dig., II, 1, 3 (Ulpien) : *Jurisdictio est... judicis dandi licentia* (définition de la juridiction ordinaire). — *Ibid.*, V, 1, 79, § 1 (Ulpien); 12, § 2 (Paul). En général, dans ce titre du Digeste (V, 1 : *De judiciis*), *judex* et *judicium* ont le sens qui leur est donné dans la procédure ordinaire.

(2) Dig., IV, 4, 18, § 4 (Ulpien) : *Ab imperatore judex datus cognoscat.* Il s'agit de la *supplicatio* ou de l'appel à l'Empereur, par conséquent d'un cas qui rentre dans la *cognitio;* d'ailleurs le texte dit formellement que ce délégué de l'Empereur, appelé *judex*, procède par *cognitio*. — *Ibid.*, XLIX, 1, 1, § 3 (Ulpien); 21, § 1 (Papirius Justus); XLIX, 2, 1, § 4 (Ulpien); XLIX, 3, 1 pr. (Ulpien); 3 (Modestin). Dans ces cinq textes il s'agit de l'appel qui est porté du *judex* à l'Empereur, au consul, au *præfectus urbi*, ou au *præfectus prætorio* qui l'ont nommé. Or la règle de l'appel prouve absolument qu'il s'agit ici non du *judex* de la procédure ordinaire, mais d'un *judex* délégué par ces magistrats, qui procède par *cognitio extraordinaria*. En effet, dans la procédure ordinaire, il ne peut pas y avoir d'appel du *judex* au magistrat qui l'a institué; car ce *judex* n'est ni un magistrat *minor* vis-à-vis du magistrat instituant, ni, au sens propre du mot, un délégué de ce magistrat; donc il ne peut être soumis ni aux règles de l'*intercessio* qui est exercée par le magistrat *major*, ni à celles de l'appel proprement dit qui est porté au déléguant. Voy. sur ce point Mommsen, *Römisches Staatsrecht*, II (2ᵉ édition), p. 939 à 941 ; Penet, *loc. cit.*, p. 114 à 119. — Cf. Dig., I 18, 9 (Callistrate). — Cod. Just., VII, 64, 2, 4 et 6 (Sévère Alexandre, Valérien, Carin). — Aulu Gelle, XII, 13, 1 : *A consulibus judex extra ordinem datus.* — Cf. Mommsen, *loc. cit.*, p. 944, note 2.

(3) Dig., VI, 1, 68 (Ulpien); il s'agit de l'action en revendication : *Qui restituere jussus... judici non paret... manu militari officio judicis ab eo possessio transfertur.* Ce *judex*, qui fait exécuter son *jussus manu militari*, ne peut pas être le juge de la procédure ordinaire; car, 1° ce juge ne condamne jamais qu'à une peine pécuniaire ; 2° n'étant qu'un *privatus*, sans *jurisdictio* ni propre ni déléguée, sans *coercitio* par conséquent, il ne peut pas disposer de la *manus militaris*. Il faut donc nécessairement ou que le texte d'Ulpien soit interpolé, ou que le *judex* soit ici le magistrat-juge de la *cognitio*. Voy. une discussion très complète de ce texte dans Montagnon, *Essai sur la nature des condamnations civiles*, Lyon, 1883, p. 44 à 57. — Cod. Just., III, 9, 1 (Septime Sévère et Caracalla) : *Lis enim tunc contestata videtur quum judex per narrationem negotii causam audire cœperit.* Même observation que sur le

car elle montre que ces hommes du troisième siècle appartiennent à une époque de transition, qu'ils parlent indifféremment la langue de l'ancien droit et celle du droit nouveau, et
qu'ils vivent ainsi sous l'empire de deux législations à la
fois. La coexistence dans l'empire franc d'un droit ancien et
d'un droit nouveau, d'un droit ordinaire et d'un droit extraordinaire, n'est donc pas en somme un autre phénomène que
celui qu'on est depuis longtemps accoutumé à voir dans le
droit romain de l'époque classique.

texte précédent. Dans la procédure ordinaire, la *litiscontestatio* se place certainement avant l'instance *in judicio*, par conséquent avant que le *judex* ait
pris connaissance de l'affaire. Donc le *judex* dont il est ici question ne peut
pas être le *judex* de cette procédure; et il faut ou que le texte ait été remanié, ou qu'il s'agisse du *judex* de la *cognitio*. Cf. Accarias, *Précis de droit
romain*, II, p. 860.

ADDITIONS ET OBSERVATIONS.

Ce travail a paru d'abord dans la *Revue historique de droit*, 1887, p. 450 et s.; p. 557 et s.; 1888, p. 137 et s. Le premier de ces trois articles était déjà sous presse lorsque j'ai pu prendre connaissance des traités de droit germanique de M. Richard Schröder (*Lehrbuch der deutschen Rechtsgeschichte*), et de M. Brunner (*Deutsche Rechtsgeschichte*), parus tous les deux dans le courant de l'année 1887. J'ai cité ces deux ouvrages dans le second et le troisième article; mais pour la raison que je viens de dire il m'a été impossible d'en tenir compte dans le premier; et comme ce livre n'est que la reproduction des articles parus dans la *Revue*, avec quelques corrections seulement, on pourrait trouver étrange que deux travaux aussi importants, d'ailleurs souvent cités à partir de la page 74, paraissent au contraire tout à fait ignorés de moi dans les 73 premières pages. C'est pour réparer cette omission que j'ajoute ces lignes. J'y indiquerai ce que les deux traités de M. Schröder et de M. Brunner apportent de nouveau et d'intéressant sur les matières étudiées dans les 73 premières pages, c'est-à-dire dans le premier de mes trois articles.

P. 9 à 16. — Explication du chap. 12 de la *Germanie* de Tacite :

M. Schröder admet, selon l'opinion générale, que par les mots *centeni comites* dont se sert Tacite, il faut entendre non pas « cent compagnons, » comme j'ai traduit, mais « les hommes de la centaine, » et que Tacite s'est servi de cette expression inexacte parce qu'il n'a pas compris qu'il avait affaire à une véritable circonscription judiciaire (voy. p. 14 et 34). Quant au rôle des hommes qui entourent le *princeps*, autrement dit à l'explication de mot *auctoritas*, M. Schröder arrive là-dessus, grâce à diverses considérations, à l'opinion que j'ai indiquée comme la plus vraisemblable et d'après laquelle *auctoritas* signifierait une approbation, un assentiment qui donnerait la force légale à la sentence rendue par le *princeps*, qui constituerait sa validité en droit (p. 34 et 35, 81 et 82). C'est le système auquel j'ai été conduit en étudiant le sens du mot *auctoritas* dans la langue juridique (*auctoritas patrum, auctoritas tutoris*). On peut comparer, a peu près dans le même sens, Sybel, *Entstehung der deutschen Königthums*, 2ᵉ édition, p. 113 et 114. — Sur la même question M. Brunner (p. 149à 155) se range à l'opinion de Sohm et de la majorité des historiens allemands à l'heure qu'il est. En règle, dit-il, le chef du tribunal (*princeps*, ou *thunginus*, ou *comes*) ne « trouve » pas la sentence, mais sa fonction consiste à donner à la sentence « trouvée » par d'autres le caractère et la force légale. Celui qui « trouve » la sentence, c'est l'assemblée judiciaire des hommes libres ; son autorité souveraine et décisive en cette matière, telle est l'idée que Tacite exprime par les mots *consilium et auctoritas* (p. 149, 150). Quant au procédé juridique employé pour « trouver » la sentence, il revêt chez les divers peuples germaniques des formes et des caractères dont le principe commun est toujours la règle de la sentence rendue par l'assemblée des hommes libres, mais qui diffèrent selon que l'on étudie en particulier l'un ou l'autre de ces peuples. Chez les Francs par exemple, la sentence est « trouvée » par un certain nombre de personnages appelés rachimbourgs pris dans l'assemblée des hommes libres ; mais elle n'est valable et légale que par l'assentiment, l'approbation, la ratification, comme on voudra dire, de cette assemblée tout entière (p. 150). D'autres systèmes ont été pratiqués chez les Bavarois, les Frisons, les Saxons, les Lombards, etc. (sur ces systèmes, voy. p. 150 à 154). Mais le principe reste toujours, malgré ces dissemblances locales, la règle énoncée dans le chapitre de Tacite : le *princeps*, ou *judex* convoquant l'assemblée et lui demandant une sentence, l'assemblée indiquant (d'ailleurs selon divers procédés) cette sentence qui est sa volonté et qui lie le *judex*, et le *judex* proclamant la sentence voulue par l'assemblée et lui donnant ainsi la force obligatoire (p. 154, 155). — J'ai suffisamment dit pourquoi, sur plusieurs points, je me séparais de ce système.

P. 17 et suiv. — Date de la loi Salique :

M. Schröder croit que cette loi a été faite entre 486 et 496 (p. 224), opinion qu'il avait soutenue plusieurs fois déjà dans diverses publications que j'ai citées. — M. Brunner la croit également contemporaine de Clovis, mais la place entre 496 et 511, par conséquent à une époque postérieure à la conversion de Clovis. Cette protestation contre l'opinion courante mérite d'autant plus d'être remarquée, que tout le chapitre consacré par M. Brunner à la loi Salique est conduit avec une critique extrêmement pénétrante (p. 293 à 303). Voici ce chapitre, très résumé. Le texte primitif de la loi Salique est perdu pour nous, et il nous est impossible de le reconstituer avec sûreté, en se servant des différents textes de la loi qui nous ont été conservés. Ces textes ne nous donnent pas la loi telle qu'elle fut écrite à l'origine ; car dans tous, même dans celui qu'on appelle avec raison le plus ancien, il y a des traces d'additions, d'interpolations et de modifications à un texte primitif (p. 295, 296). On a essayé de fixer l'âge de la loi Salique à l'aide du titre 47 qui montre qu'à l'époque où ce titre fut écrit le royaume des Francs s'étendait jusqu'à un fleuve appelé *Lige-ris*. La *Ligeris* signifie, il est vrai, la Loire ; mais on ne peut rien conclure de là quant à la date de la loi, parce que divers faits tendent à prouver que le titre 47 pourrait bien être une addition à la loi (p. 297, 298). Les prologues ne nous donnent pas de renseignements plus sûrs. Ils disent bien que la loi a été rédigée à une époque où les Francs étaient payens (*dum adhuc teneretur barbara*), et soumis au régime aristocratique (*per proceres ipsius gentis qui tunc aderant rectores*). Sans doute ces prologues, bien que rédigés au septième siècle, sont l'écho de traditions antiques. On peut donc admettre comme très vraisemblable que le texte primitif a été composé à cette époque très lointaine (p. 298, 299). Mais nous ne pouvons raisonner avec sûreté que sur les textes que nous avons. Or si nous lisons ces textes, même le plus ancien, nous n'y trouvons plus la moindre trace du gouvernement aristocratique, mais au contraire il est visible que ce texte ancien a été écrit pour un peuple soumis à un régime monarchique. Pas de traces non plus de paganisme ; le *maiale votivus* du titre 2 est parfaitement compatible avec le christianisme, puisqu'on le retrouve jusque dans la *lex emendata* que fit rédiger Charlemagne. Il est vrai que le texte ancien ne contient pas davantage d'allusions au christianisme, et qu'il ne paraît pas du tout connaître l'existence de l'Église et des clercs. Mais cela ne prouve pas que ce texte ait été écrit nécessairement avant le baptême de Clovis; car, quelque temps encore après cet événement, une grande partie du peuple franc est restée payenne ; et le roi franc n'aurait pas pu, sans grand péril pour lui-même, introduire des passages favorables au christianisme dans la coutume et la loi nationale de ses sujets (p. 299, 300). Enfin fixer l'âge de la loi Salique à l'aide de considérations tirées du régime monétaire est également impossible. Car, s'il est évident, par les tarifs de wergeld, que la la loi a été écrite à une époque de transformations dans le régime des monnaies, l'époque exacte de ces transformations reste inconnue (p. 300). Ainsi aucun des chemins que l'on a tentés pour arriver à fixer l'âge de la loi Salique n'est bon à nous mener au but. Mais voici une observation dont personne ne s'est avisé et qui au contraire nous y conduira. La loi Salique, sinon dans ses dispositions elles-mêmes, au moins dans la langue qu'elle parle, dans sa façon de poser les hypothèses, dans l'arrangement extérieur de plusieurs titres, présente un rapport frappant avec la loi des Burgondes et l'ancienne loi des Wisigoths, celle d'Euric (466-484) (Voy. les rapprochements entre ces lois et la loi Salique, p. 301). En conséquence la loi Salique ne peut pas être antérieure non seulement à Clovis, mais encore à cette période du règne de Clovis dans laquelle le royaume des Francs est déjà assez étendu pour se trouver en contact avec le royaume des Wisigoths. Cela nous donne une date extrême qui est postérieure à 496. D'un autre côté, la loi Salique a certainement un caractère ancien; par exemple, elle est muette sur le christianisme, tandis que toutes les autres lois barbares en parlent fréquemment ; par exemple encore, le chef du tribunal, au lieu de s'appeler *comes*, comme dans tous les documents postérieurs à Clovis, à son vieux nom de *grafio*; et, au lieu d'être le *judex*, comme il l'est dans ces mêmes documents, il n'est encore qu'un agent d'exécution, ne figurant pas au jugement, mais à la saisie seulement. Pour ce motif, il est impossible que la loi soit postérieure à Clovis. Cela nous donne l'autre date extrême qui ne peut pas dépasser 511. — Il m'est impossible ici de reprendre, pour les critiquer en détail, chacune de ces affirmations. Je crois, somme toute, que les rapprochements faits par M. Brunner entre certains passages de la loi Salique et

les passages correspondants des lois des Burgondes et des Wisigoths, pour la certitude et la lumière, ne valent pas encore
les vieux arguments sur lesquels se sont fondés, depuis Pardessus, tous ceux qui ont attribué à la loi Salique une date
antérieure à 496. Mais je ne veux faire qu'une seule remarque.
J'admets même, pour un seul instant, l'opinion de M. Brunner.
Il serait encore incontestable, dans ce système, que la loi Salique, étant au plus tard de 511, ayant visiblement le caractère
très antique, gardant même à coup sûr un grand nombre de
passages qui sont les débris d'un texte ancien écrit à l'époque
du paganisme et du gouvernement aristocratique, absolument
vide de toute allusion au christianisme, ce qui suffit déjà à
mettre tout un abîme entre elle et les autres *leges*, est encore
infiniment loin de ressembler à la loi des Ripuaires, et d'avoir
été écrite, comme le dit M. Fustel de Coulanges, dans le même
régime social et politique et pour les mêmes générations
d'hommes. En somme, quelqu'opinion que l'on ait du système
nouveau, que je viens d'exposer, la comparaison détaillée que
j'ai faite (p. 30 à 32) des dispositions de la loi Salique et de
celles de la loi des Ripuaires, reste inattaquable dans tous ses
détails sans exception. Il y a plus, et ceci concerne particulièrement l'objet de ce travail. Il reste encore certain que, dans tous
les documents postérieurs à la loi Salique, le chef du tribunal ou
judex est le comte, tandis que dans cette loi c'est le *thunginus*
qui a ce rôle, le comte n'étant qu'agent d'exécution. L'organisation judiciaire de la loi Salique diffère donc essentiellement de
celle qui se voit plus tard. Ces observations suffisent pour prouver tout ce que j'ai voulu prouver, à savoir : « qu'il est très
faux de considérer les deux lois franques comme ayant le même
esprit général et écrites dans le même régime, » et qu'il importe,
dans toute étude sur le droit franc et dans l'étude de l'organisation judiciaire en particulier, de distinguer avec soin la période de la loi Salique et la période suivante. Je n'ai donc à
retirer aucun mot de mes conclusions précédentes.

P. 28-29. — Date de la loi des Ripuaires :

D'après M. Schröder (p. 226), les titres 1 à 31 sont de la
seconde moitié du sixième siècle et constituent la loi primitive;
les titres 36 et 89 sont des passages intercalés à l'époque carolingienne; et tout le reste appartient au septième siècle et

vraisemblablemeut au règne de Dagobert. Cf. Schröder, *Zur Kunde der deutschen Volksrechte* (*Savigny-Stiftung*, partie german., VII, 1886, p. 22-27). — D'après M. Brunner (p. 305 à 308), les 64 premiers titres de la loi (sauf tit. 57 à 62) sont antérieurs à 596 ; mais il faut cependant distinguer dans cette masse deux parties très distinctes à l'origine (tit. 1 à 31, et tit. 32 à 64) qui n'ont été réunies qu'après coup. Le reste, tit. 57 à 62 d'une part, et tit. 65 à 89 d'autre part, est de l'époque de Dagobert. — Quelque opinion que l'on adopte sur chacun de ces points, un fait général est au moins incontestable ; c'est la grande différence de date, d'esprit et de milieu politique et religieux qui sépare la loi Salique de la loi des Ripuaires. Ce résultat, vainement contesté, paraît acquis d'une façon de plus en plus sûre.

Quant aux autres questions dont j'ai parlé dans cette partie de mon travail, M. Schröder est seul à consulter ; car M. Brunner n'a pas encore traité de l'organisation judiciaire. Au reste, sur les points controversés, M. Schröder adopte presque toujours les idées de Sohm que j'ai exposées et discutées. Ainsi, quant aux rachimbourgs de la loi Salique (*Participation*, etc., p. 46-49), il pense qu'ils sont les préparateurs du jugement et les conseillers de l'assemblée des hommes libres, mais non les véritables juges (Schröder, p. 161). Quant au rôle du comte et du *sacebaro* dans la même loi (*Participation*, p. 38-40, p. 42, 43), il déclare que le comte n'est à cette époque qu'un agent d'exécution et pas encore un juge, et que le *sacebaro* est chargé de percevoir concurremment avec lui le *fredus* dans la centaine (Schröder, p. 126, 161). Enfin, quant au *centenarius* mérovingien (*Participation*, p. 58, 59), il croit qu'il est déjà le même personnage que le *vicarius*, c'est-à-dire un mandataire du comte, et le même aussi que le *tribunus* (Schröder, p. 126, 127). En d'autres termes, pour lui comme pour Sohm, les choses se passent, à ce point de vue, à l'époque mérovingienne, comme sous les Carolingiens.

**

Je signale également, puisque j'en ai l'occasion, deux ou
trois autres travaux parus pendant la publication de mes articles, ou que je n'ai pas eu l'occasion de citer :

Sur les assemblées générales du peuple franc à l'époque
mérovingienne (*Participation*, p. 26, note 1; p. 43, note 2), et
sur le *bannus* (*ibid.*, p. 30, note 2), voyez deux brochures de
M. W. Sickel, *Die merovingische Volksversammlung; et Zur
Geschichte des Bannes*, 1886 et 1887, Marburg.

Aux deux articles cités sur la vengeance et la composition
dans l'ancien droit irlandais (*Participation*, p. 159, note 1),
ajoutez l'article de M. Dareste, *Le droit irlandais* (*Journal des
savants*, août 1887, p. 481, 482). Et sur l'existence des mêmes
faits dans le droit romain ancien (*Participation*, p. 158, note
3), voy. Girard, *Les actions noxales* (*Revue hist. de droit*, 1888,
p. 37 et suiv.).

Le second volume de l'*Histoire du droit et des institutions
de la France* de M. Glasson, qui vient de paraître (1888), et qui
est consacré a l'étude du droit franc, ne traite pas encore de
l'organisation judiciaire, ni du droit criminel et de la procédure, c'est-à-dire des questions qui font l'objet de mon travail; ces matières sont réservées à un troisième volume. Mais
on peut connaître déjà, par ce volume paru, l'opinion de M.
Glasson sur quelques-unes des questions qui sont étudiées ici.
Voir par exemple : p. 76-81, l'explication du chapitre 12 de
la *Germanie* de Tacite, conforme à l'opinion générale et très
décidément contraire à celle de M. Fustel de Coulanges; —
p. 171-176, l'étude de l'âge de la loi Salique; M. Glasson
croit que le texte ancien que nous possédons est un texte
révisé sous Clovis, un peu postérieurement à 507, mais que
derrière ce texte on distingue très sûrement une rédaction
primitive, laquelle, sans doute possible, remonte à l'époque
payenne, sans qu'on puisse dire d'ailleurs si elle est de l'époque de Clodion ou du début du règne de Clovis; cette opinion se rapproche, comme on voit, de celle de M. Sybel et

de M. Brunner, beaucoup plutôt de celle de M. Fustel de
Coulanges ; — p. 338-349, le caractère et les attributions
générales du comte, du *vicarius*, du *centenarius* et du *dux*
à l'époque mérovingienne ; M. Glasson ne croit pas à l'identité du *vicarius* et du *centenarius* durant cette période ; et,
sur le rôle et le prétendu caractère électif du *centenarius*,
paraît très hésitant ; — p. 462-479, le caractère et les attributions du comte, des *vicarii*, des *centenarii*, et des vicomtes à
l'époque carolingienne ; sur ces questions M. Glasson s'éloigne assez des opinions généralement suivies depuis l'ouvrage
de Sohm ; il croit par exemple que les centeniers et les vicai-
res sont des personnages différents. — Quant à la question
du rôle des rachimbourgs, M. Glasson n'avait pas à la traiter dans ce volume ; mais il a suffisamment indiqué, par des
allusions et des remarques faites çà et là en passant, quelle
était là-dessus sa manière de voir ; d'après lui les rachimbourgs mérovingiens sont sûrement des juges (p. 80, note 1).

* *

Monsieur Fustel de Coulanges, dans la *Revue historique de
droit* de novembre-décembre 1887, p. 758 et suiv., a répondu
à mes deux premiers articles par une « note » fort irritée,
dans laquelle il me reproche, entre autres choses, d'avoir
« de la haine » pour lui (p. 763), et de lui trouver « de l'ha-
bileté, de l'art, et des pages séduisantes » (ce qui prouve
que M. Fustel de Coulanges ne prend pas mieux les com-
pliments que les critiques). Il m'avertit au surplus qu'il n'a
pas fait son livre pour moi, mais seulement « pour peu
d'hommes » (p. 771), que « l'histoire est faite pour le petit
nombre (*historia paucorum scientia*) » (p. 774), et que les
« professeurs de province » comme moi, qui ont l'imperti-
nence d'y regarder, ne peuvent qu'être immédiatement « déroutés » par des choses si au-dessus de leur portée. M. Fustel
de Coulanges est, me dit-on, malade, de sorte qu'une polé-
mique avec lui aurait en un tel moment mauvaise grâce. Je
ne répondrai donc rien aux injures, et je laisserai le lecteur

juge des raisons, ou des équivoques qui en tiennent lieu (1).
Quant aux dédains, je m'en consolerai en réfléchissant que
ces aveugles et ces « déroutés » qui ont « la vue troublée »
par la minutie des analyses de M. Fustel de Coulanges (p.
771, 774), sont non seulement M. Waitz, M. Sohm, M. Thonissen, M. Beauchet, lesquels, ayant écrit avant l'époque où
on nous annonça la bonne nouvelle, peuvent être excusables
d'avoir partagé les vieilles erreurs, mais encore M. P. Fournier, M. Monod, M. Viollet, M. Schröder et M. Brunner, qui,
tous venus après la loi de grâce, restent toujours rebelles à
ses lumières.

(1) Par exemple dans sa discussion sur le rôle des rachimbourgs, M. Fustel de Coulanges a écrit en toutes lettres dans ses *Recherches* (p. 496), que
« les rachimbourgs ne sont pas des juges au sens moderne du mot, mais qu'ils
ressemblent plutôt à des arbitres, » que « ce qu'ils prononcent, ce n'est pas
une peine, mais un arrangement et un accord qu'ils concluent; » il a développé cette idée pendant 54 pages (p. 440 à 494); et tout le monde sans
exception a compris sa pensée de cette façon. Aujourd'hui il déclare qu'il a
toujours soutenu que les rachimbourgs sont des juges; et cela a pour but de
démontrer qu'il a dit la même chose que moi, mais que moi, voulant à toute
force le « dénigrer, » je lui ai imputé des formules absurdes que je me suis
mis ensuite à combattre triomphalement avec ses propres armes (*Revue,*
p. 758, 770, 771). Voici maintenant le jeu de mots qui sert à cette démonstration. Des arbitres jugent, n'est-il pas vrai; on dit tous les jours une sentence arbitrale, un jugement d'arbitres. Et M. Fustel de Coulanges proclame
là dessus qu'il a toujours dit que les rachimbourgs jugent. Sans doute, il
l'a dit; mais il a dit qu'ils ne jugeaient que comme arbitres, et que le véritable
tribunal était le tribunal du comte. Et voilà justement ce que j'ai combattu,
non pas, comme il le prétend en me bornant à donner de son opinion « un
résumé fantaisiste » (p. 771), sans m'embarrasser « des analyses minutieuses »
de son travail, mais au contraire en analysant moi-même une vingtaine de
formules et de textes pendant soixante-dix pages. Que M. Fustel de Coulanges
choisisse donc. S'il croit à présent que les rachimbourgs sont la justice publique et régulière, comme je l'ai soutenu, je ne suis pas pour le contredire; mais qu'il ne m'accuse pas de lui avoir prêté à tort l'opinion contraire,
car je n'ai été averti qu'elle n'était plus la sienne que par son attaque contre
moi. S'il reste au contraire fidèle à son système, qu'il le démontre; mais qu'il
n'équivoque pas sur le mot *juger*, et qu'il pense aussi qu'il lui appartient
peut-être moins qu'à personne au monde de me reprocher « une façon d'ar-
gumenter qui sent la conférence d'avocats » (p. 774), quand la sienne sent
si fortement les syllogismes célèbres des vieilles écoles de sophistique.

FIN.

TABLE.

—

(1) Une erreur de typographie a fait mettre ce § 4 en tête de page, ce qui n'a été fait pour aucun autre; il semble ainsi que c'est un nouveau travail, presque indépendant du premier, qui commence à la p. 169. L'imprimeur a cru que l'ouvrage se terminait à la page 168.

BAR-LE-DUC, IMPRIMERIE CONTANT-LAGUERRE.

www.ingramcontent.com/pod-product-compliance
Lightning Source LLC
LaVergne TN
LVHW021632060726
842527LV00003B/629